本书获2022年贵州省出版传媒事业发展专项资金资助

中国历代名著全译·丛书

风俗通义全译

[东汉]应劭 著
赵泓 译注

贵州出版集团
贵州人民出版社

学术顾问

陈祖武　张新民

特约编审（以姓氏笔画为序）

于民雄　汪泰陵　易健贤　赵　泓　袁华忠

再版说明

◎ 在人类文明历史长河中，中华民族创造了源远流长、博大精深的优秀传统文化，它是中华民族的“根”与“魂”，为中华民族生生不息、发展壮大提供了强大的精神支撑。中华优秀传统文化内容包蕴万千，而浩如烟海的历代经典名著正是其中最为璀璨的瑰宝。

◎ 为了传承和弘扬中华优秀传统文化，使广大读者了解我国历代经典名著的全豹，20世纪90年代，我们在全国学术界许多著名学者的支持下，出版了这套《中国历代名著全译丛书》。丛书分两批，每批50种，精选我国历代经史子集四部名著以全注全译的形式整理出版。由于丛书开名著全译之先河且兼具权威性、通俗性、学术性和资料性，出版之后得到书界的认可和受到读者的喜爱，并于1993年荣获第三届中宣部精神文明建设“五个一工程”奖。

◎ 随着中国开启建设社会主义现代化国家新征程，文化作为一个国家、一个民族的灵魂，在中国特色社会主义事业全局中的重要地位被进一步凸显，提高文化软实力成为实现中华民族伟大复兴的重要支撑。正是由于这样的背景，让我们开启《中国历代名著全译丛书》的再版工作具有非同寻常的意义。此次再版我们主要做了两项工作：一是对书的内容进行全面细致的校订，改正上一版中存在的舛误，同时，在尊重和保持作者学术成果原貌的基础之上，对个别属于历史局限的地方作了适当处理，使其内容更加精善；二是对书的装帧形式重新进行设计，使其形态更具审美价值并符合新时代读者的阅读习惯。

◎ 我们相信，这套新版的《中国历代名著全译丛书》在让读者领略到中华优秀传统文化独特风采与恒久魅力的同时，对提升中华民族文化自觉自信将起到应有的作用。

贵州人民出版社有限公司

2021年1月

前言

◎《风俗通义》亦称《风俗通》，是我国古代要籍中杂史类的代表作之一。

◎ 作者应劭，字仲瑗，东汉汝南郡南顿县（今河南项城县境内）人。生卒年未详。《后汉书》有传。他生于官宦世家，祖父郴曾拜武陵太守，父奉历任武陵太守、从事中郎、司隶校尉。应劭于汉灵帝建宁元年（168），由郡举孝廉，熹平二年（173）为郎，征召为车骑将军何苗的属官，又曾为萧令。中平六年（189），应劭就任五个月的营陵令后，旋被擢为泰山太守。汉献帝初平二年（191），他率部挫败了攻入泰山郡境内的三十万黄巾军。兴平元年（194），曹操父曹嵩和操弟曹德由琅邪郡进入泰山郡，应劭派兵前往迎护，未料与操有隙的徐州牧陶谦抢先遣数千骑袭杀曹氏父子。应劭畏惧曹操问罪，弃郡奔冀州，投靠袁绍。建安二年（197），诏拜应劭为袁绍军谋校尉。后卒于邺（今河北临漳西南）地。

◎ 应劭著述颇丰，除《风俗通义》外，还有《中汉辑叙》《汉官仪》《礼仪故事》《汉书集解》等。在考证名物、训诂典章制度方面，应劭颇有建树。自汉献帝迁都许后，应劭深感“旧章堙没，书记罕存”，“乃缀集所闻”，著成《汉官仪》十卷，对两汉官名、职掌、俸秩、玺绶制度、各式礼仪及其他故事，均有详尽记载。范晔在《后汉书·应邵传》中谓“凡朝廷制度，百官典式，多劭所立”，是有道理的。中华书局所出《汉官六种》，有关辑本均收录其中。至于应劭所作《汉书集解》，其书虽未流传下来，然唐颜师古注《汉书》时，已吸收其大量成果。从所征引的文字看，内容极为广博，有相当的价值。毫不夸张地说，应劭是东汉时期学识最渊博的学者之一。

◎《风俗通义》一书，代表了东汉学术思想的最高成就，其涉猎之广，鲜有及者。该书为研究东汉社会风俗和典章名物提供了第一手资料，可补正史之阙。《后汉书》称其“文虽不典，后世服其洽闻”。这一评价是十分中肯的。应劭充分发挥博览多闻、熟习典章、善于驳议的特长，以风俗视角对汉代社会风尚的各个方面客观记述，开了中国民俗学研究之先河，也为史学研究开辟出了一条新的路径。

◎《风俗通义》一书，内容以考释议论名物、时俗为主。在《皇霸》篇中，应劭叙述了三皇至六国的历史，在引经据典的同时，不囿于成说。例如在“三王”条中，应劭指出三王谓夏禹、商汤和周武王，认为将周文王位列三王，为世俗谬误。在

“五伯”条中，应劭指出伯有二义，一指五等爵之伯，二指诸侯长之伯。“伯”与“霸”于第二义通，故后人产生歧义，五伯遂有诸说。在《正失》篇中，应劭对“传言失指，图景失形”之类的谬误加以辨析，“故纠其谬曰《正失》也”。如“叶令祠”条，应劭举王乔事而辩其诬，纠东汉诸史多取古仙人名附会为时人之谬。即使是后世交口称赞的汉文帝，他也直言不讳，借刘向之口称“皆俗人所妄传，言过其实，及傅会”。

◎《风俗通义》记述了许多有关东汉社会风俗的情况，反映了当时的社会矛盾，为我们研究当时的社会生活状况和民风习俗提供了第一手资料。如记载汉灵帝喜欢驾上四匹白色骆驼，亲自握住缰绳在宫中西园驾驭，王公贵戚卿大夫纷纷仿效，结果骆驼的价格与马相当。又记载汉桓帝元嘉年间，京城妇女爱把眉毛画得细而弯折，在眼皮下薄施粉黛，犹如哭痕，梳头把发髻侧在一边，走路一步三摇，似乎不能承受身体的重量，装出像牙痛一般的苦笑。这一风气源自大将军梁冀家。应劭认为，社会风气的形成乃上行下效的结果，所以作为统治者应注意自己的一言一行，故古时齐王好细腰，后宫便有饿死的女子。在《祀典》《怪神》篇中，应劭将汉代事鬼敬神的风气盛极一时归结为统治者的倡导。《祀典》中谓：“自高祖受命，郊祀祈望，世有所增。武帝尤敬鬼神，于时盛矣。至平帝时，天地六宗已下及诸小神凡千七百所。”上行下效，民间信奉鬼神之风遂愈刮愈烈。

◎ 在《怪神》篇中，应劭给后人留下了不少揭露迷信的资料。应劭虽然算不上一个无神论者，但他所提供的这些反迷信的资料，有着质朴通俗的优点，为不少无神论者所继承。在《怪神》篇中，应劭一是以事实效验揭露神学。如“城阳景王祠”条，记载刘章被封为城阳王，死后立祠，被尊为神，人信其有灵，于是连州带郡，烹杀讴歌，祭神求福除祸，折腾数年。后来此风被禁绝，人们非但没有受祸，反倒肃然政清。他痛陈：“旧多淫祀，糜财妨农，长乱积惑，其侈可忿，其愚可愍。”二是揭示了迷信皆庸人自欺或装神弄鬼者欺人渔利。其中“鲍君神”“李君神”等条，记载世俗多有见怪惊怖而自伤者，指出“世间本无神”，皆“庸人自扰”。另外还记载了九江地区的巫祝编造唐居山有神，并为之娶妇，而且每年要更换新妇。他们借此聚敛民财，当地百姓深受其苦。太守宋均到任后，知山神娶妇之害，即召集百姓与众巫，称“众巫与神合契，知其旨欲，卒取小民不相当”，下令选取巫家的男女来献给山公、山妪。众巫叩头服罪，因此杀了他们，这一风俗因此禁绝。宋均破除迷信的手法，与战国时西门豹治邺如出一辙。

◎ 应劭站在维护封建统治者的立场，以正统的儒家思想代言人的身份臧否人物、评判得失，旨在正流俗以归义理，因而对统治阶级虚伪违礼的言行作了揭露和批判。举孝廉是汉代实行的一种由下向上推选人才为官的制度，是察举制的主要科目之一。举孝廉在弘扬儒家思想上曾经发挥过积极的作用，但同时也使得一些人为了获得升迁，沽名钓誉，导致虚伪之风日盛。在《愆礼》篇中，应劭列举了一些人为求取功名而虚诈不实的行为。如“太原郝子廉”条，谓郝“饥不得食，寒不得衣，一介不取诸人。曾过姊饭，留十五钱，默置席下去。每行饮水，常投一钱井中”。应劭讥之:“伤恩薄礼，弊之至也。”东汉末年，在人人自危的纷乱时局下，民风浇漓，礼义渐丧，人心不古。事实上，后来魏晋人士中目无礼法，视谨守绳墨为庸俗，以狂放不羁为超脱的风气，实源自汉末。在《过誉》篇中，应劭对违失礼义、行为乖张的人士进行了讥讽和揭露。如“长沙太守汝南郅恽”条，曾任郡功曹的郅恽于稠人广坐之中纠举西部督邮繇延之过失，而应劭认为“自君章（郅恽字）之后，转相放式，好干上忤忮，以采名誉，末流论起于爱憎，政在陪隶也”。又如“公车征士汝南袁夏甫”条，公车征士袁夏甫年轻时被举荐为孝廉，担任司徒属官，因避朋党之争，独自关闭门户堵塞窗牖，不见宾客，即使子女也不能去看他，只能遥拜而已。他自己则清早朝东向其母行拜礼，母亲想念他的时候才过去看望。应劭斥之“何有藏一室中，不出户庭，以此为高，斯亦婞婞”!

◎ 应劭认识到了音乐在移风易俗中所起的重大作用，故他专列《声音》篇，记述了各种乐器的制作者和形制，论证音乐在陶冶人的情操方面有不可替代的作用。此篇是研究乐器史的重要材料。如“空侯”条：“孝武皇帝赛南越，祷祠太乙、后土，始用乐人侯调，依琴作坎侯，言其坎坎应节奏也，侯以姓冠章耳。或说空侯取其空中。琴瑟皆空，何独坎侯耶？斯论是也。”这就把空侯这种乐器的产生过程和制作者讲清楚了。按这一说法，空侯应称“坎侯”才是。现今空侯写作“箜篌”。其他如《山泽》篇，则有助于研究历史地理者参考。

◎ 总之，本书涉及的范围很广，从许多侧面展现了当时的社会生活状况和文化思想面貌，为研究者提供了丰富的史料。

◎《风俗通义》各篇皆有总题，每题之下又有数条。每题有一个总说明，每一条目则先详其事，再以“谨按”云云，论证其得失。这体现了汉代儒官议事的特点，即引经据典，多为客观交代，而少议论。“谨按”部分为论说性文字，旁征博引，推理论证严密，考辨分析精当，是作者撰述的重点部分。《后汉书·应劭传》载应劭“驳议”一篇，总共只有三百八十字，而征引旧典旧事作为论据的文字竟达二百五十字，其中引用典籍原文六处，征引史事四件。纵观《风俗通义》，其行文风格亦大抵如此。

◎《风俗通义》对研究文学史亦有一定的参考价值。其《怪神》篇中关于神异鬼怪之事的记载，为后来的志怪小说《搜神记》所取材，有的被全文采录。像“杯弓蛇影”等典故，亦源自本书。

◎《风俗通义》大量采录众所共传的“俗间行语”，形成独特的叙述风格，对语言学的研究颇具价值。汉语发展到两汉时期，进入中古汉语阶段，经过两汉的演变，在语音、词汇、语法等方面都产生了巨大变化。成书于东汉末的《风俗通义》正处于从上古汉语到中古汉语的转折阶段，它所收录的口语化词汇正体现了中古汉语的词汇特点。

◎ 现今存世的《风俗通义》诸版本均为残缺本。据《隋书·经籍志》记载,《风俗通义》共三十一卷，注云《录》一卷，梁时三十卷。唐马总《意林》所记卷数与《隋书·经籍志》相同。《旧唐书·经籍志》《新唐书·艺文志》俱作三十卷。盖三十一卷包括了《录》，而三十卷则未计入内。《风俗通义》问世至北宋初年，该书并未散佚，南朝梁庾仲容《子钞》摘录颇多，唐马总《意林》征引亦众。宋太宗太平兴国年间李昉等奉命编辑《太平御览》时，也曾大量抄录。

◎ 本书存世的刻本大多为十卷本。最早的刻本为元大德本。明清两代，刻本迭出，主要有明刻单行本、明抄本、明吴琯《古今逸史》本（此本仅有《皇霸》《声音》《祀典》《山泽》四篇）、明胡维新《两京遗编》本、明何允中《广汉魏丛书》本、明程荣《汉魏丛书》本、明胡文焕《格致丛书》本、明郎壁金堂策槛本、清汪士汉《秘书廿一种》本（此本仅收四篇，与吴本同）、清《四库全书》本、清道光广州喜闻过斋本、1919年上海扫叶山房石印《百子全书》本。刻本虽多，然均不及元大德本。1980年，天津人民出版社出版了吴树平《风俗通义校释》。其后，中华书局又于1981年出版了王利器《风俗通义校注》。这是目前最重要的两种注本。

◎ 现存十卷本《风俗通义》篇幅不及原书的三分之一，且每卷之中，犹有佚条，每条之中，犹有佚句，令人扼腕。自清卢文弨《群书拾补》为之考订，钱大昕、臧庸、顾怀之、孙诒让、郝懿行、朱筠、刘师培等人曾做过一些校勘工作。其中卢氏《群书拾补》和孙氏《札迻》尤详。清严可均辑有佚文六卷（《全后汉文》卷三十六至四十一）。钱大昕、张澍等都辑有其中的《姓氏》篇佚文。

◎ 本书注释过程中，重点参考了吴树平《风俗通义校释》和王利器《风俗通义校注》二书，部分译文则参考了孙雪霞、陈桐生译注的《风俗通义》等书。在此一并感谢！本书佚文部分内容丰富，颇具价值，考虑到篇幅甚多，仅作了简注，其工作由重庆出版社编审曾海龙君完成。由于本人才疏学浅，舛误之处一定不少，谨望诸位方家不吝赐教。

赵泓

2022年8月

凡例

◎ 本书原文以元大德本（上海古籍出版社影印本，1990 年第 1 版）为底本，并参照吴树平《风俗通义校释》、王利器《风俗通义校注》等书校改。少数地方原文与以上版本不同之处，均出注予以说明。

◎ 底本中明显舛误处，均已改正；脱漏处据补，并出注说明。个别地方因脱漏以致文义不通，便依据上下文揣测其意，尽量在译文中体现。

◎ 目录编排依照《风俗通义校释》一书。内文中个别条目作了适当改动，如“燕太子丹”条。

◎《风俗通义校释》一书所附佚文为目前最完备者，并按内容大致所属分为二十七个部分。曾海龙据此作了注释，现附于书后，以备读者参考。

◎ 所引书目,《艺文类聚》简称《类聚》,《太平御览》简称《御览》,《北堂书钞》简称《书钞》。

◎ 人名、地名、书名、职官、典章制度等均于首见处加注说明，其后重出者，必要时出注指明参见前注。生僻字词皆标音释义。注释力求简洁，必要时辅以书证。译文以直译为主，必要时辅以意译。

目录

皇霸第一

正失第二

愆礼第三

过誉第四

十反第五

声音第六

穷通第七

祀典第八

怪神第九

山泽第十

附录

风俗通义序[①]

汉太山太守应劭[②]

原文 昔仲尼没而微言阙[③]，七十子丧而大义乖[④]。重遭战国，约从连横[⑤]，好恶殊心[⑥]，真伪纷争。故《春秋》分为五[⑦],《诗》分为四[⑧],《易》有数家之传[⑨]。并以诸子百家之言，纷然殽乱[⑩]，莫知所从。

注释 ①“风俗”前原有“大德新刊校正”六字，今删。

②太山：即泰山，郡名。楚、汉之际刘邦改博阳郡置，因境内泰山得名。治所在博县（今山东泰安东南），后移治奉高（今山东泰安东北）。辖境相当今山东淄博、长清以南，肥城以东，宁阳、平邑以北，沂源、蒙阴以西地区。东汉以后渐缩小。

③没：通“殁”，死亡。微言：精微要妙之言。阙：残缺，不完善。

④七十子：指孔子门徒中的七十二位贤人。《史记·孔子世家》:“孔子以诗书礼乐教，弟子盖三千焉，身通六艺者七十有二人。”举其成数，故言七十子。大义：谓有关诗书礼乐诸

经的要义。乖：违背。

⑤约从连横：从，同“纵”，即合纵连横。战国时弱国联合进攻强国，称为合纵；随从强国去进攻其他弱国，称为连横。战国后期，秦最强大，合纵就指齐、楚、燕、赵、韩、魏等国联合抗秦，连横就指这些国家中的某几国跟从秦国进攻其他国家。一说南北为纵，六国地连南北，故六国联合抗秦谓之合纵；东西为横，秦地偏西，六国居东，故六国服从秦国谓之连横。公孙衍、张仪、苏秦、庞煖即当时著名的纵横家。

⑥殊：不同。

⑦《春秋》分为五：指《春秋》分为左氏、公羊、穀梁、邹氏、夹氏五家。《春秋》，儒家经典。我国第一部编年体史书，相传为孔子根据鲁国史官所编《春秋》整理修订而成。记述自鲁隐公元年（前722）至鲁哀公十四年（前481）共242年的历史。

⑧《诗》分为四：指《诗经》分为齐、鲁、韩、毛四家。《诗》，又名《诗经》，儒家经典。相传为孔子编定，收录周初至春秋中期的民歌和朝庙乐章三百零五篇。

⑨《易》:《周易》，又名《易经》，儒家经典。一说此书为周人所撰。主要通过象征天、地、风、雷、水、火、山、泽八种自然现象的八卦形式推测自然和人事的变化。历来关于传解《易经》门派的说法不一，“数家”乃笼统而言。据《汉

书·艺文志》:“及秦燔书,而《易》为筮卜之事,传者不绝。汉兴,田何传之,讫于宣、元,有施、孟、梁丘、京氏列于学官,而民间有费、高二家之说。”持这一观点者颇多。

⑩殽:同“淆”。混杂,混淆。

译文 从前孔子离世,于是精微要妙之言隐没不彰;七十二位弟子故去,于是大义乖违。又遭逢战国,合纵连横,好恶因人而异,真伪纷争难辨。因此,对《春秋》的解释分为五家,对《诗经》的解释分为四家,《周易》有几家传本。加之诸子百家的学说,纷然杂乱,不知所从。

原文 汉兴,儒者竞复比谊会意①,为之章句②,家有五六,皆析文便辞③,弥以驰远④;缀文之士⑤,杂袭龙鳞⑥,训注说难⑦,转相陵高,积如丘山,可谓繁富者矣。而至于俗间行语,众所共传,积非习贯⑧,莫能原察。今王室大坏,九州幅裂⑨,乱靡有定⑩,生民无几⑪。私惧后进,益以迷昧,聊以不才,举尔所知⑫,方以类聚⑬,凡一十卷⑭,谓之《风俗通义》。言通于流俗之过谬,而事该之于义理也⑮。

注释

①谊：通“义”。会意：古人分析汉字造字的理论。六书（指象形、指事、会意、形声、转注、假借）之一。用两个或两个以上的字，依据事理加以组合，表示出一个新的意义的造字法为会意。如拼合日、月两字，成一“明”字，表明亮、光明之义。

②章句：分章析句地解说经义。汉代解释儒家经典的两种方法之一，一曰章句，一曰训诂。

③析：分析。便：通“辨”。

④弥以驰远：谓儒者割裂字句辨解文义，离原义愈来愈远。驰远，《汉书·艺文志》作“驰逐”。《汉书·艺文志·六艺略》：“后世经传，既已乖离，博学者又不思多闻阙疑之义，而务碎义逃难，便辞巧说，破坏形体，说五字之文，至于二三万言；后进弥以驰逐，故幼童而守一艺，白首而后能言。安其所习，毁所不见，终以自蔽：此学者之大患也。”

⑤缀文：属文，即写文章。

⑥杂袭龙鳞：言排列如龙鳞。杂袭，混杂累积在一起。

⑦说：解释，说明。难：驳诘。

⑧贯：通“惯”，习惯。

⑨九州：系汉族先民古时的民族地域概念。根据《尚书·禹贡》，九州分别是冀州、兖州、青州、徐州、扬州、荆州、豫州、梁州、雍州。幅裂：谓分崩离析。幅，通“辐”。东汉末

年，经过黄巾起义的沉重打击，东汉王朝已名存实亡。东汉地方官吏在镇压黄巾起义过程中，扩充自己的势力，称霸一方，形成割据势力。

⑩乱靡有定：祸乱不止。靡，无、没有。定，止。语出《诗经·小雅·节南山》：“不吊昊天，乱靡有定。”

⑪生民：百姓，人民。

⑫举尔所知：列举你所知道的。语出《论语·子路》：“子曰：‘举尔所知；尔所不知，人其舍诸？’”

⑬方以类聚：谓来自不同方位的事物因为同类相聚在一处。《周易·系辞上》：“方以类聚，物以群分。”方，指四方，不同的方位。

⑭一十卷：当作“三十一卷”。应劭《风俗通义》原为三十一卷，后来散佚为一十卷。此“一十卷”疑为刻家私改。

⑮该：贯通。

译文 汉朝建立以后，儒生竞相附会文义，分章析句地解说经义，每一家又分为五六派，都割裂字句而曲解文义，距原义愈来愈远；写文章的人，如龙鳞般相继聚积，训释注解，阐明驳诘，著述渐渐增多，堆积如同丘山，可以说已经繁富了。而至于民间俗语，公众中流传的，如果错误相沿成习，没有人能察知。现今王室败坏，九州分崩离析，祸乱不止，活下来的人所剩无几。私下担心晚辈更加迷惑，姑且以我不才之资，列举你们所知道的，分门别类，整理论述，总共十卷，称之为《风俗通义》。旨在弄清流俗中的谬误，又用义理贯穿事物当中。

原文 风者，天气有寒煖，地形有险易，水泉有美恶，草木有刚柔也。俗者，含血之类[①]，像之而生，故言语歌讴异声，鼓舞动作殊形，或直或邪，或善或淫也。圣人作而均齐之[②]，咸归于正；圣人废，则还其本俗。《尚书》[③]：“天子巡守[④]，至于岱宗[⑤]，觐诸侯，见百年[⑥]，命大师陈诗[⑦]，以观民风俗。”《孝经》曰[⑧]：“移风易俗，莫善于乐。”传曰[⑨]：“百里不同风，千里不同俗，户异政，人殊服。”由此言之，为政之要，辩风正俗，最其上也。

注释 ①含血之类：含血的生灵。此指人类。

②作：兴起。

③此当引自《尚书大传》。《白虎通义·巡狩》引《尚书大传》云：“见诸侯，问百年，太师陈诗，以观民风俗。”

④巡守：天子巡察诸侯。守，或作“狩”。

⑤岱宗：东岳泰山的别称。

⑥百年：指老年人。

⑦大师：太师。商、西周时或称乐官之长为太师。大，同“太”。《汉书·艺文志·六艺略》：“古有采诗之官，王者所以观风俗，知得失，自考正也。”又《汉书·食货志》：“春秋之月，群居者将散，行人振木铎，徇于路以采诗；献之大师，比其音律，以闻于天子。”

⑧《孝经》：儒家经典。相传为孔门弟子曾参门人撰。阐述封建孝道，宣扬宗法思想。

⑨传：儒家先师的解经之作称为“传”。

译文

风，是指天气有寒冷与温暖，地形有险阻与平坦，水泉有美丑好坏，草木有刚强柔弱。俗，是指芸芸众生，仿效万物而生长，因而言语歌声有差异，弹奏舞蹈有区别，有的正直，有的邪恶，有的善良，有的淫邪。圣人出来整顿风俗，使之都归于正道；圣人退隐，就又恢复到原来的风俗。《尚书大传》上记载：“天子巡察，到达泰山，接受了东方诸侯君长的朝见，接见年老长者，令太师呈上搜集的诗，来观察民情风俗。”《孝经》上说：“移风易俗，没有比音乐更好的了。”经传上讲：“百里不同风，千里不同俗，每户家规各异，人们衣着不同。”因此而言，治国理政的关键，在于纠正风俗，这应当摆在首位。

原文 周、秦常以岁八月遣辅轩之使[①]，求异代方言[②]，还奏籍之，藏于秘室[③]。及嬴氏之亡，遗脱漏弃，无见之者。蜀人严君平有千余言[④]，林闾翁孺才有梗概之法[⑤]，扬雄好之[⑥]，天下孝廉卫卒交会[⑦]，周章质问[⑧]，以次注续[⑨]，二十七年，尔乃治正[⑩]，凡九千字，其所发明[⑪]，犹未若《尔雅》之闳丽也[⑫]，张竦以为悬诸日月不刊之书[⑬]。予实顽暗[⑭]，无能述演[⑮]，岂敢比隆于斯人哉！顾惟述作之功[⑯]，故聊光启之耳[⑰]。

注释 ①辅（yóu）轩之使：古时天子派出考察民情风俗的使者。辅轩，古代一种轻便的车。

②求：采集。异：异语。代：代语，别名。

③秘室：又称秘府。古时收藏书籍簿册的地方。《汉书·艺文志》：“于是建藏书之策，置写书之官，下及诸子传说，皆充秘府。”

④严君平：西汉隐士，名遵，字君平，蜀郡（今四川成都）人，与王褒、扬雄齐名。崇尚老、庄之学，著有《老子指归》，大部分已佚，现存七卷。

⑤林间翁孺：扬雄之师，临邛（今四川邛崃）人，博学洽闻，名重一时。林间为复姓。梗概：粗略。

⑥扬雄：一作杨雄。西汉文学家、哲学家。字子云，蜀郡（今四川成都）人。早年好辞赋，有《长扬》《甘泉》《羽猎》等赋。后研究哲学，有《法言》《太玄》存世。

⑦孝廉：汉代选拔官吏的科目之一。始于汉武帝元光元年（前134），与贤良同由各郡国在所属吏民中荐举。卫卒：卫士。

⑧周章：周遍。质问：核实询问。

⑨次：编次。

⑩尔乃：然后。

⑪发明：阐述，阐发。《后汉书·徐防传》："臣闻《诗》《书》《礼》《乐》，定自孔子；发明章句，始于子夏。"

⑫《尔雅》：古代经典的语词解释之书，成书于汉代及以前的几百年间，为儒家十三经之一。闳：通"宏"。

⑬张竦：西汉大臣张敞之孙。河东平阳（今山西临汾西南）人。初为京兆史，后为丹阳太守。王莽时官至郡守。王莽败亡，为乱兵所杀。刊：削除。古代书写于竹简之上，故刮除谓之"刊"。

⑭顽暗：愚拙而不明事理。此乃作者自谦之词。

⑮述演：阐述推演。

⑯顾惟：只是想。述：阐述。作：创作。

⑰光启：犹言扩大。

译文 周、秦两代常在每年的八月派遣考察民情风俗的轻车使者，采集各地不同的方言，返回后奏呈登录，收藏在秘府。到秦政权灭亡时，丢弃散佚，没有人看到这些簿籍。蜀郡人严君平存有一千余字，林闾翁孺只有粗略的条文。扬雄喜好这些，和天下孝廉、文学侍从聚在一起，周遍核实询问，逐条注解阐述，经过二十七年，这才订正，共九千字。他在这一著作中所阐发的，仍然不及《尔雅》宏富，但张竦还是认为这是一部与日月同辉永不磨灭的著作。我实在愚昧无知，不能阐述推演，怎敢和这类人同享盛誉！只是考虑到阐述创作的事业，所以姑且补充说明这些罢了。

原文 昔客为齐王画者，王问："画孰最难，孰最易？"曰："犬马最难，鬼魅最易。犬马旦暮在人之前，不类不可，类之故难。鬼魅无形，无形者不见，不见故易①。"今俗语虽云浮浅，然贤愚所共咨论，有似犬马，其为难矣。并综事宜于今者。孔子称："幸苟有过，人必知之②。"俾诸明哲幸详览焉。

注释 ①“昔客为齐王画者”几句：事见《韩非子·外储说左上》。

②见《论语·述而》。

译文 从前有个人替齐王画画，齐王问他：“画什么最难，什么最易？”回答说：“画犬马最难，画鬼魅最易。犬马日夜都在人们面前，画得不像不行，要画得很像当然难。鬼魅没有形状，没有形状的东西人们看不见，看不见的东西自然容易画。”当今流俗之言虽然浮浅，但无论贤愚都一起议论，类似犬马，要准确表述就难了。何况要综述合乎当今的事理。孔子讲：“假若有错误，人们一定会知道的。”请诸位明智睿哲的人仔细审察。

皇霸第一

题解 在这一篇中，应劭叙述了三皇至六国的历史，分析其名称、由来及地位，在综述各家之说时，取其上者，阐明自己的见解。在“三皇”条中，应劭不囿于成见及迷信传说，认为三皇应指伏羲、神农、燧人。关于五帝，其说亦颇不一，在“五帝”条中，应劭引征诸书，指出黄帝、颛顼、帝喾、唐尧、虞舜为五帝，足以为信。在“三王”条中，应劭指出三王谓夏禹、商汤和周武王。将周文王位列三王，为世俗谬误。在“五伯”条中，应劭指出伯有二义，一指五等爵之伯，二指诸侯长之伯。“伯”与“霸”于第二义通，故后人产生歧义，五伯遂有诸说。按此条，五伯指昆吾氏、大彭氏、豕韦氏、齐桓公、晋文公。而齐桓公、晋文公、秦缪公、宋襄公、楚庄王当为五霸。在“六国”条中，应劭叙述了六国历史，并引贾谊之言来阐明自己的观点。此篇为历来受到封建统治者及儒家尊奉的圣王贤君正本清源，从而也为自己的“辩风正俗”确立准则，对研究上古历史和考释名物有一定帮助。

原文 盖天地剖分[①]，万物萌毓[②]，非有典艺之文[③]，坚基可据，推当今以览太古，自昭昭而本冥冥[④]，乃欲审其事而建其论，董其是非而综其详略[⑤]，言也实为难哉！故《易》纪三皇,《书》叙唐、虞[⑥]，惟天为大，唯尧则之，巍巍其有成功，焕乎其有文章[7]。自是以来，载籍昭哲[8]。然而立谈者人异，缀文者家舛[9]。斯乃杨朱哭于歧路[10]，墨翟悲于练素者也[11]。是以上述三皇，下记六国，备其终始曰《皇霸》。

注释

①天地剖分：传说天地最初处于混沌状态中，后来天地开辟，天渐增高，地渐增厚。

②毓：通“育”。

③典艺：指经典。

④自昭昭而本冥冥：言自显明的事物来探求冥然未化的事物。《庄子·知北游》：“夫昭昭生于冥冥。”《淮南子·人间训》：“人能由昭昭于冥冥，则几于道矣。”

⑤董：辨别是非。综：总集，聚合。

⑥《书》：指《尚书》，又名《书经》，儒家经典。相传由孔子编选而成。为中国上古历史文献及部分追述古代事迹著作的汇编。

⑦“惟天为大”几句：语出《论语·泰伯》。则，以……为准则。

⑧昭哲（zhé）：明亮。

⑨家：义与“人”同。

⑩杨朱：又称杨子。春秋末战国初哲学家，魏国人，主张“贵

生”“重己”,“全性葆真,不以物累形”。《列子·说符》云:“杨子之邻人亡羊,既率其党,又请杨子之竖追之。杨子曰:‘嘻!亡一羊何追者之众?’邻人曰:‘多歧路。’既反,问:‘获羊乎?’曰:‘亡之矣。’曰:‘奚亡之?’曰:‘歧路之中又有歧焉,吾不知所之,所以反也。’杨子戚然变容,不言者移时,不笑者竟日。”《吕氏春秋·疑似》《新书·审微》皆云墨子见歧路而哭,盖传闻不一。

⑪墨翟:又称墨子。春秋战国之际思想家、政治家,墨家创始人,宋国人。力主“兼爱”“非攻”,并提出“尚贤”“尚同”的政治主张。练素:白色的绢。《墨子·所染》云:“墨子见染丝而叹曰:‘染于苍则苍,染于黄则黄。’”《论衡·艺增》云:“墨子哭于练素,杨子哭于歧道,盖伤其本,悲离其实也。”

译文 天地开辟,万物萌育,如没有经典的文献、可靠的依据,以当今的现世来推想远古的社会,从显明的事例去探求冥然未化的事物,要想明察其事确立论据,辨别是非,综括事物的本末详略,实在是困难!所以《周易》记载三皇,《尚书》叙述唐虞,只有天最为高大,也只有尧能以天为准则,他的功业实在太伟大了,他的礼乐制度也真够美好的了。从此以后,典籍记载清楚明白。然而立论因人而异,著文人各有别。

这就是杨朱痛哭于歧路，墨翟悲伤于素绢的原因。因此上述三皇，下记六国，完备地记述这些名号的终始由来，称之为《皇霸》。

三皇[①]

原文 《春秋运斗枢》说[②]："伏羲、女娲、神农[③]，是三皇也。"皇者天，天不言，四时行焉，百物生焉。三皇垂拱无为[④]，设言而民不违，道德玄泊[⑤]，有似皇天，故称曰皇。皇者，中也，光也，弘也。含弘履中[⑥]，开阴阳[⑦]，布刚正[⑧]，含皇极[⑨]，其施光明，指天画地，神化潜通，煌煌盛美[⑩]，不可胜量。

《礼号谥记》说[⑪]："伏羲、祝融[⑫]、神农。"

《含文嘉》记[⑬]："虙戏、燧人[⑭]、神农。"伏者，别也，变也；戏者，献也，法也。伏羲始别八卦，以变化天下，天下法则，咸伏贡献，故曰伏羲也。燧人始钻木取火，炮生为熟，令人无复腹疾，有异于禽兽，遂天之意，故曰遂人也。神农，神者，信也；农者，浓也。始作耒耜[15]，教民耕种，美其衣食，德浓厚若神，故为神农也。

《尚书大传》说[16]："遂人为遂皇，伏羲为戏皇，神农为农皇也。遂人以火纪[17]，火，太阳也[18]，阳尊，故托遂皇于天。伏羲以人事纪，故托戏皇于人。盖天非人不因[19]，人非天不成也。神农以地纪[20]，悉地力，种穀疏[21]，故托农皇于地。天地人之道备，而三五之运兴矣[22]。"

注释

①三皇：传说中的远古帝王。历来说法不一，有以下七种：一是天皇、地皇、泰皇；二是天皇、地皇、人皇；三是伏羲、女娲、神农；四是伏羲、神农、祝融；五是伏羲、神农、共工；六是伏羲、神农、黄帝；七是燧人、伏羲、神农。

②《春秋运斗枢》:《春秋》纬书篇名。纬书为汉代依托儒家经义宣扬符箓瑞应占验之书，乃相对于经书，故称。《易》《书》《诗》《礼》《乐》《春秋》及《孝经》均有纬书，称"七纬"。纬书内容附会人事吉凶，预言治乱兴替，颇多怪诞之谈，但对古代天文、历法、地理等知识以及神话传说之类，均有所记载。纬书兴于西汉末年，盛行于东汉，南朝宋时开始禁止，及隋禁之愈切。炀帝即位，搜天下书籍与谶纬相涉者皆焚之，其书遂散亡。纬书虽亡失殆尽，但散见于诸经注疏及为其他

书籍所征引者不少，后代学者曾加以搜辑。明孙瑴辑有《古微书》，清马国翰《玉函山房辑佚书》辑有纬书数十种。《易纬》八种:《乾坤凿度》《乾凿度》《稽览图》《辨终备》《通卦验》《乾元序制记》《是类谋》《坤灵图》。《尚书纬》五种:《璇玑钤》《考灵曜》《刑德放》《帝命验》《运期授》。另有《尚书中候》十八篇。《诗纬》三种:《推度灾》《泛历枢》《含神雾》。《礼纬》三种:《含文嘉》《稽命征》《斗威仪》。《乐纬》三种:《动声仪》《稽耀嘉》《叶图征》。《春秋纬》十四种:《感精符》《文曜钩》《运斗枢》《合诚图》《考异邮》《保乾图》《汉含孳》《佐助期》《握诚图》《潜潭巴》《说题辞》《演孔图》《元命苞》《命历序》。另有《春秋内事》。《孝经纬》九种:《援神契》《钩命决》《中契》《左契》《右契》《内事图》《章句》《雌雄图》《古秘》。说：经书的注解。

③伏羲：一作虙羲（“虙”常俗写成“宓”）、包牺、庖牺、伏戏，亦称牺皇、皇羲。神话中人类的始祖。传说人类由他和女娲兄妹相婚而产生。又传说他教民结网，从事渔猎畜牧，反映了中国原始社会渔猎畜牧的情况。传说八卦也是他制作的。女娲：神话中人类的始祖。传说人类是由她和伏羲兄妹相婚而产生，后来他们禁止兄妹通婚，制定婚礼，反映了我国原始时代由血缘婚进步到族外婚的情况。又传说她曾用黄土造人，并炼五色石补天，折断鳌足支撑四极，治平洪水，

杀死猛兽，使人民得以安居。神农：传说中农业和医药的发明者。相传远古时人们过着采集渔猎生活，他用木制作耒、耜，教民农业生产，反映了中国原始社会由采集渔猎进步到农业的情况。又传他曾尝百草，发现药材，教人治病。

④垂拱：垂衣拱手，言无须劳神费力。

⑤玄泊：玄冥寂泊，言清净无为。

⑥含弘：宽弘。含，宽。履中：行为不偏不倚。

⑦开阴阳：分开男女。阴阳，指男女。宋高承《事物纪原·天地生植·阴阳》："《春秋内事》曰：'伏羲氏定天地，分阴阳。'"

⑧布：显露。刚正：刚直方正。

⑨皇：皇天。极：品格。

⑩煌煌：炽盛。

⑪《礼号谥记》：古代关于礼官制定谥号的文献古籍，已佚。

⑫祝融：传说中楚国君主的祖先，名重黎。高阳氏颛顼之后，为高辛氏帝喾的火正，以光明四海而称为祝融。后世祀为火神。

⑬《含文嘉》：纬书名。参见本篇注②。记：记述或解释典章制度的文字。

⑭燧人：传说中人工取火的发明者。相传远古时人们"茹毛饮血"，他钻木取火，教人熟食，中国原始时代从利用天然火

进步到人工取火。

⑮耒耜（lěi sì）：古代翻土农具。木柄称耒，犁头称耜。

⑯《尚书大传》：解释《尚书》的书。旧题西汉伏生撰，可能是伏生弟子张生、欧阳生或更后的博士们杂录所闻而成。其中除《洪范五行传》首尾完备外，其余各卷只存佚文。

⑰纪：丝缕的头绪，引申为事物的端绪。

⑱太：疑衍。因下句只解释“阳”，未涉及“太”字。

⑲因：依。

⑳以地纪：三字原无，今据《群书拾补》增。

㉑槃：同“穀（谷）”，原误作“槃”。疏：通“蔬”。

㉒三五之运：三正五行的命数。三正，即夏、商、周三代的正朔。古代历法，年初曰正，月初曰朔。三正即谓新颁的历法。古代帝王易姓受命，必改正朔，故夏、商、周正朔各不相同。夏正建寅，以正月为岁首，为人统；商正建丑，以十二月为岁首，为地统；周正建子，以十一月为岁首，为天统。故三正又称三统。所谓五行，即水、火、木、金、土。汉统治者认为历史是按三正五行周而复始的更替来变化的，并有相应的典章制度和政治措施。

译文 《春秋运斗枢》说：“伏羲、女娲、神农，是上古三皇。”皇，是指天，天不言语，四季照样运行，万物自然生长。三皇垂衣拱手无为而治，有所言教而民众不敢违背，道德玄冥寂泊，如同皇天，所以称为皇。皇，也就是中正、光明、弘大的意思。他们胸怀弘大而行于中道，区别男女，显露出刚直方正的品质，充满皇天既大又中的品格，施予光明，指点天象，规划地理，他们的精神化育天下，幽显俱通，盛德煌煌，无比盛美，难以用语言来表达衡量。

《礼号谥记》说："三皇指伏羲、祝融、神农。"

《含文嘉》说："三皇指伏戏、燧人、神农。"伏，是指分别、变化；戏，是指贡献、效法。伏羲最先分出八卦，用来改变天下，天下民众效法，都信服他的贡献，所以称他为伏羲。燧人最先钻木取火，把生食烧熟，使人们不再有腹疾，有别于禽兽，顺遂了上天的美意，所以称作遂人。神农，神，是指信；农，是指浓。最先制作耒耜，教民耕种，使他们衣食精美，他的恩德浓厚有若神灵，故称为神农。

《尚书大传》说："遂人为遂皇，伏羲为戏皇，神农为农皇。遂人以火纪事，火，属性为阳，阳的地位尊崇，所以将遂皇配天。伏羲以人事纪事，所以将戏皇配人。天没有人依靠不行，人也不能不依靠天。神农以地纪事，全靠地力，种谷物蔬菜，所以将农皇配地。天、地、人道皆备，所以三正五行的运程兴盛起来。”

原文 谨按:《易》称[①]:“古者，伏羲氏之王天下也，仰则观象于天，俯则观法于地，始作八卦，以通神明之德，以类万物之情。结绳为网罟[②]，以田以渔[③]。伏羲氏没，神农氏作，斲木为耜[④]，揉木为耒，耒耜之利，以教天下。日中为市，致天下之民，通其变，使民不倦，神而化之，使民宜之。”唯独叙二皇，不及遂人。遂人功重于祝融、女娲，文明大见[⑤]。《大传》之义，斯近之矣。

注释 ①《易》称：以下引文见《周易·系辞下》。文字略异。

②罟（gǔ）：网的总称。《说文解字》：“罟，网也。”

③田：通“畋”，狩猎。

④斲（zhuó）：砍削。

⑤文明大见：文，纹章，此指草木生发，大地锦绣有文采。明，明媚。《周易·乾卦·文言》：“见龙在田，天下文明。”

译文 谨按:《周易》上讲:“古时候伏羲氏统治天下，抬头观察天象，低头观察地理，开始制作八卦，用来沟通领会天地造化神妙高明的意图，用来区分万物的情状。结绳而织成网罟，用来狩猎捕鱼。伏羲氏死后，神农氏兴起，砍削木头制成耜，又把木头揉制成耒，将耕种的便利之法教给人们。中午时分开市贸易，招徕天下民众，让事物按照规律发展变化，使民众不感到厌倦，并神妙地发生变化，使人们感到适宜。”但只叙述了伏羲、神农二皇，没有记叙遂人。遂人功绩在祝融、女娲之上，他使大地看上去一片锦绣。《尚书大传》的意旨这才接近上面的记叙了。

五帝[①]

原文 《易传》《礼记》《春秋国语》《太史公记》[②]：黄帝、颛顼、帝喾、帝尧、帝舜是五帝也[③]。

谨按:《易》《尚书大传》，天立五帝以为相，四时施生，法度明察，春夏庆赏，秋冬刑罚。帝者任德设刑，以则象之，言其能行天道，举错审谛[④]。黄帝始制冠冕，垂衣裳[⑤]，上栋下宇[⑥]，以避风雨，礼文法度，兴事创业。黄者，光也，厚也。中和之色⑦，德施四季，与地同功，故先黄以别之也。颛者，专也；项者，信也，悫也⑧；言其承文，易之以质，使天下蒙化⑨，皆贵贞悫也。喾者，考也，成也，言其考明法度，醇美喾然⑩，若酒之芬香也。尧者，高也，饶也，言其隆兴焕炳⑪，最高明也。舜者，推也，循也，言其推行道德，循尧绪也⑫。

注释

①五帝：传说中的上古帝王。除本书一说之外，还有其他三种：一是太皞（伏羲）、炎帝（神农）、黄帝、少皞、颛顼（《礼记·月令》）；二是少昊（皞）、颛顼、高辛（帝喾）、唐尧、虞舜（《帝王世纪》）；三是伏羲、神农、黄帝、尧、舜（《皇王大纪》）。他们都是原始社会末期部落或部落联盟的领袖。

②《易传》:《周易》的组成部分，是先秦儒生对《易经》所作的各种解释。《礼记》：又名《小戴记》或《小戴礼记》，儒家经典，旧题西汉戴圣编，是战国至汉初儒家礼仪论著的总集。《春秋国语》：即《国语》，又名《春秋外传》，国别体史书，相传春秋左丘明撰。分周、鲁、齐、晋、郑、楚、吴、越八国语，记述西周末年及春秋诸国历史，着重记录各国贵族大臣言论。《太史公记》：即《史记》，汉时书无定名，故有《太

史公书》《太史公传》《太史公》等称呼，迄《隋书·经籍志》始定名为《史记》。

③黄帝：传说中的中原各族的共同祖先。姬姓，号轩辕氏、有熊氏。相传先打败炎帝，后击杀蚩尤，由部落首领被拥戴为部落联盟领袖。颛项：传说中的古代部族首领。号高阳氏。曾命重任南正之官，掌管祭祀天神；命黎任火正（一作北正）之官，掌管民事。帝喾：喾，一作“俈”。传说中的古代部族首领。号高辛氏，有四妻四子——姜嫄生弃（即后稷），是周族的祖先；简狄生契，是商族的祖先；庆都生尧；常仪生挚。帝尧：传说中的父系氏族社会后期部落联盟领袖。陶唐氏，名放勋，史称唐尧。传说曾设官掌管时令，制定历法。咨询四岳，推选舜为其继承人，死后舜继其位。帝舜：传说中的父系氏族社会后期部落联盟领袖。姚姓，有虞氏，名重华，史称虞舜。死后禹继其位。

④错：通“措”。安置，任用。谛：细察，详审。

⑤垂：向下挂着。这里作“穿”讲。尧以前人们披兽皮，此时始穿上衣服。

⑥上栋下宇：言建筑房屋。栋，屋的正梁。宇，屋檐。《周易·系辞下》：“上古穴居而野处，后世圣人易之以宫室，上栋下宇，以待风雨。”

⑦中和之色：中正平和的颜色，即黄色。

⑧悫（què）：诚实，谨慎。

⑨蒙化：开化。蒙，愚昧。

⑩喾：通“酷”。酒味浓、香气浓。

⑪隆兴：兴盛。焕炳：昭彰。

⑫绪：本指丝的头，比喻事物的开端。这里指前人留下来的未竟的事业。

译文

《易传》《礼记》《国语》《太史公记》记载：黄帝、颛顼、帝喾、帝尧、帝舜称为五帝。

谨按：《周易》《尚书大传》记载，上天设立五帝作为辅佐，春夏秋冬四时历法得以施行，法令制度明察，春夏生长繁茂，以示庆赏，秋冬肃杀凄凉，以示刑罚。作为帝者，依凭德行设置刑罚来效法上天，是说他们能替天行道，举措都谨慎周密。黄帝最先制作冠冕，教人们穿上衣裳，建筑房屋，用来躲避风雨，修饰礼仪文辞法律制度，兴起事功开创伟业。黄，是指光明、浑厚。中正平和的黄色，恩德施予四季，与大地有着同样的功劳，所以黄色摆在第一以示区别。颛，指专一；顼，指诚信，谨慎；是说他在黄帝重视礼文法度之后，转向淳厚质朴，使天下蒙受教化，都看重正直诚挚的品格。喾，指考察、成功，是说他考察明确法令制度，道德醇美，有如香浓的美酒。尧，指崇高、宽容，是说他昭彰卓著，最为高明。舜，指推行、遵循，是说他能够推行帝尧的道德，遵循帝尧留下来的事业。

三王

原文 《礼号谥记》说："夏禹、殷汤、周武王是三王也[①]。"《尚书》说[②]："文王作罚，刑兹无赦[③]。"《诗》说："有命自天，命此文王[④]。""文王受命，有此武功[⑤]。""仪刑文王，万国作孚[⑥]。"《春秋》说："王者孰谓？谓文王也[⑦]。"

谨按：《易》称："汤、武革命[⑧]。"《尚书》："武王戎车三百两[⑨]，虎贲八百人[⑩]，擒纣于牧之野[⑪]。""惟十有三祀[⑫]，王访于箕子[⑬]。"《诗》云："亮彼武王，袭伐大商[⑭]。""胜殷遏刘，耆定武功[⑮]。"由是言之，武王审矣。《论语》[⑯]：文王率殷之叛国[⑰]，以服事殷[⑱]。时尚臣属，何缘便得列三王哉？经美文王，三分天下有其二，王业始兆于此耳。俗儒新生[19]，不能采综，多共辨论，至于讼阋[20]。大王、王季，皆见追号[21]，岂可复谓已王乎？禹者，辅也，辅续舜后，庶绩洪茂。自尧以上王者，子孙据国而起，功德浸盛，故造美论。舜、禹本以白衣砥行显名[22]，升为天子，虽复更制，不如名著，故因名焉。经曰："有鳏在下曰虞舜[23]"，"佥曰伯禹"，"禹平水土[24]"，是也。汤者，攘也，昌也，言其攘除不轨，改亳为商，成就王道，天下炽盛。文、武皆以其所长。夫擅国之谓王，能制割之谓王，制杀生之威之谓王[25]。王者，往也，为天下所归往也。

注释

①夏禹：传说中的古代部落联盟领袖，亦称大禹、戎禹。鲧之子。原为夏后氏部落领袖，奉舜命治理洪水。舜死后担任部落联盟领袖，传曾铸造九鼎。其子启建立了中国历史上第一个奴隶制国家，即夏朝。殷汤：又称武汤、武王、天乙、成汤，或称成唐，甲骨文称唐、大乙，又称高祖乙。商朝的建立者，商朝亦称殷商。原为商族领袖，后一举灭夏，建立商朝。周武王：西周王朝的建立者。姬姓，名发。继承其父文王遗志，联合其他部族灭商，建立西周王朝。

②《尚书》：又名《书》《书经》，儒家经典，相传由孔子编选而成，为中国上古历史文献及部分追述古代事迹著作的汇编。

③见《尚书·康诰》。兹：这，指不孝不友之人。

④见《诗经·大雅·大明》。

⑤见《诗经·大雅·文王有声》。

⑥见《诗经·大雅·文王》。“国”原为“邦”，疑应劭避汉高祖刘邦讳改。孚：信。

⑦见《春秋公羊传·隐公元年》。

⑧见《周易·革卦》。革命：指改朝换代。

⑨此句见《尚书·周书·牧誓序》。两：同“辆”。

⑩虎贲八百人:《尚书·周书·牧誓序》作“虎贲三百人”。虎贲，勇士。《汉官仪》:“《书》称虎贲三百人，言其猛如虎之奔赴也。”八百人,《史记》作“三千人”。

⑪纣：一作“受”，亦称帝辛，商代最后一位君主。在位时荒淫暴虐，在牧野之战中，因“前徒倒戈”，兵败自焚。牧：指牧野，地名，在商都朝歌南七十里，今河南淇县南。

⑫此句及下一句均见《尚书·周书·洪范》。十有三祀：指周文王建国后的第十三年，周武王灭商后的第二年。有，通“又”。祀，年。

⑬王：指周武王。访：咨询。箕子：商代贵族。纣王的诸父，官太师。封于箕（今山西太谷东北）。曾劝谏纣王，纣王不听，把他囚禁。周武王灭商后被释放。《尚书·周书·洪范》中记述的他对答武王的话，出于后人拟作。

⑭见《诗经·大雅·大明》。亮：辅佐。

⑮见《诗经·周颂·武》。遏：遏止。刘：杀戮。耆：达到，致使。《集韵·旨韵》：“耆，致也。”

⑯《论语》：儒家经典，孔子弟子、再传弟子以及时人关于孔子言行思想的记录。

⑰《论语》中不见此句。又,《左传·襄公四年》：“文王帅殷之叛国以事纣。”应劭引用两家之说，常并为一文，而书名并列于引文前。若应劭引本《春秋左氏传》，则《论语》前应有《春秋左氏传》五字，或因辗转传抄而脱漏。文王：指周文王。殷之叛国：背叛殷商的国家。

⑱此句见《论语·泰伯》：“三分天下有其二，以服事殷。”服事殷：侍奉殷纣。相传当时三分天下，文王有其二，但因时机未到，仍侍奉殷纣。

⑲俗儒：迂腐无能的儒生。新生：学识浅薄的年轻人。《汉书·张禹传》：“新学小生，乱道误人。”

⑳讼：争辩。阋（xì）：不和，争吵。《左传·僖公二十四年》：“兄弟阋于墙，外御其侮。”

㉑大王：大，通“太”。太王，周太王，即古公亶父，周文王的祖父。王季：即公季，周文王的父亲。追号：追尊谥号。《史记·周本纪》：“追尊古公为太王，公季为王季，盖王瑞自太王兴。”

㉒白衣：没有功名和官职。与“布衣”义同。《史记·儒林列传》：“公孙弘以《春秋》白衣为天子三公。”砥行：砥砺品行。显名：扬名。

㉓此句见《尚书·虞书·尧典》。鳏（guān）：疾苦。《尔雅·释诂》：“鳏，病也。”称舜为“鳏”，意思是疾苦之人。

㉔此二句见《尚书·虞书·舜典》：“舜曰：‘咨四岳！有能奋庸，熙帝之载，使宅百揆，亮采惠畴？’佥曰：‘伯禹作司空。’帝曰：‘俞！’咨禹：‘汝平水土，惟时懋哉！’”又《尚书·周书·吕刑》云：“禹平水土，主名山川。”佥（qiān）：都，皆。伯禹：即大禹。禹平水土：大禹曾制服洪水。

㉕此三句本范雎说秦昭王语，见《史记·范雎蔡泽列传》《战国策·秦策》。

译文 《礼号谥记》上讲：“夏禹、殷汤、周武王是三王。”《尚书》则称：“文王制定刑罚，惩罚这些不孝不友之人而不予赦免。”《诗经》上说：“大命由天而定，这个大命归于文王。”“文王接受了天命，平定叛乱有功。”“效法文王，天下万国才会信服。”《春秋》上讲：“王指的是谁呢？指的是周文王。”

谨按：《周易》上讲：“汤、武取代桀、纣。”《尚书》上记载：“武王用战车三百辆，虎贲八百人，在牧野擒获纣王。”“周文王十三年，武王向箕子咨询治国方略。”《诗经》上讲：“勤勤恳恳辅佐武王，出其不意讨伐大商。”“打败殷商制止了杀戮，奠定了不朽的武功。”由此看来，武王伐纣是审慎的。《论语》上讲：周文王率领背叛殷商的国家，侍奉殷商。当时文王尚且处于臣子的地位，凭什么能位列三王呢？经书上称颂文王得到了天下九州的三分之二，王业的兆瑞从这里开始。迂腐的儒生和浅薄的后学不能博采众说，多在一起辩论，以至于争吵不休。太王、王季都是见于追封的称号，怎么能又说已称王了呢？禹，是指辅佐，继承舜的事业后，希望功绩卓著。帝尧以上的上古王者，子孙依凭封国而兴起，功德渐渐隆盛，所以他们为先人奉上溢美之词。舜、禹出身本非显贵，砥砺品行以至于扬名，升为天子，即使再追尊谥号，还是不如他们的名字卓著，所以就称他们的名字。《尚书》上记载的“下面有个疾苦的人，名叫虞舜”“都说大禹可以担任司空”“禹曾平定水土有功”，都是直呼舜、禹之名。汤，是指排除、昌盛，称他排除异己，改亳为商，成就了王道，天下昌盛。周文王、周武王都是根据他们的优点而制定谥号的。能够总揽国家政权的人，才可称为君王；能够掌握利害权柄的人，才可称为君王；能够把持生杀权威的人，才可称为君王。王，就是归往，说他为天下的人归附向往。

五伯①

原文 《春秋》说：齐桓、晋文、秦缪、宋襄、楚庄是五伯也②。

注释 ①五伯：即春秋五霸。伯，通“霸”。关于春秋五霸，历来说法不一。通行的说法有两种：一是齐桓公、晋文公、秦穆公、宋襄公、楚庄王；二是齐桓公、晋文公、楚庄王、吴王阖闾、越王勾践。其他说法还有三种：一是昆吾氏、大彭氏、豕韦氏、齐桓公、晋文公；二是齐桓公、晋文公、秦穆公、楚庄王、吴王阖闾；三是齐桓公、宋襄公、晋文公、秦穆公、吴王夫差。应劭认为五伯当指昆吾氏、大彭氏、豕韦氏、齐桓公、晋文公。

②齐桓：即齐桓公，春秋时齐国君。姜姓，名小白。公元前685～前643年在位。多次大会诸侯，订立盟约，成为春秋时

第一个霸主。晋文：即晋文公，春秋时晋国君。名重耳。公元前636～前628年在位。城濮之战大败楚军，并在践土（今河南荥阳东北）大会诸侯，成为霸主。秦缪：即秦穆公。缪，古与“穆”通。春秋时秦国君。嬴姓，名任好。公元前659～前621年在位。曾攻灭西部十二国，称霸西戎。宋襄：即宋襄公，春秋时宋国君。名兹父。公元前650～前637年在位。公元前638年与楚兵战于泓水（今河南柘城西北），次年伤重而死。楚庄：即楚庄王，春秋时楚国君。芈姓，名旅（一作吕、侣）。公元前613～前591年在位。曾在邲（今河南荥阳北）大败晋军，陆续使鲁、宋、郑、陈等国归附，成为霸主。

译文 《春秋》说：齐桓公、晋文公、秦穆公、宋襄公、楚庄王是五霸。

原文 谨按:《春秋左氏传》①：夏后太康②，娱于耽乐，不循民事③，诸侯僭差④。于是昆吾氏乃为盟主⑤，诛不从命，以尊王室。及殷之衰也，大彭氏、豕韦氏复续其绪⑥，所谓王道废而霸业兴者也。齐桓九合一匡⑦，率成王室⑧，责强楚之罪，复青茅之贡⑨。晋文为践土之会⑩，修朝聘之礼，纳襄克带⑪，翼戴天子⑫。孔子称“民到于今受其赐⑬”。又曰:“齐桓正而不谲，晋文谲而不正[14]。”至于三国，既无叹誉一言。而缪公受郑甘言，置戍而去[15]，违黄发之计[16]，而遇殽之败[17]，杀贤臣百里奚[18]，以子车氏为殉[19]，《诗·黄鸟》之所为作[20]，故谥曰缪[21]。襄公不度德量力，慕名而不综实[22]，六鹢五石[23]，先著其异[24]，覆军残身，终为僇笑[25]。庄王僭号[26]，自下摩上[27]，观兵京师，问鼎轻重[28]，恃强肆忿，几亡宋国，易子析骸[29]，厥祸亦巨[30]。皆无兴微继绝、尊事王室之功。世之纪事者，不详察其本末，至书于竹帛，同之伯功[31]，或误后生[32]，岂不暗乎[33]！

注释

①《春秋左氏传》：又名《左传》《左氏春秋》《左氏传》，编年体史书，旧题春秋鲁左丘明撰，记述春秋时代的历史。《左传》同《春秋》最初各自为书，时称《左氏春秋》（这里的“春秋”为编年史的通称）。汉儒则以此书为解释《春秋》经的“传”文，故称《春秋左氏传》《左氏传》。

②太康：夏朝君主，启之子，继启即位。耽于狩猎，不理民事，被东夷族后羿夺去王位。

③循：省察，察看。

④僭（jiàn）差：逾越等级。

⑤昆吾氏：夏代诸侯。《国语·郑语》云：“昆吾为夏伯矣。”

韦昭注:“昆吾,祝融之孙,陆终第一子,名樊,为己姓,封于昆吾。昆吾卫是也。其后夏衰,昆吾为夏伯,迁于旧许。传曰:‘楚之皇祖伯父昆吾,旧许是宅。’”

⑥大彭氏、豕韦氏:商代诸侯。《国语·郑语》云:“大彭、豕韦为商伯矣。”韦昭注:“大彭,陆终第三子曰篯,为彭姓,封于大彭,谓之彭祖,彭城是也。豕韦,彭姓之别封于豕韦者也。殷衰,二国相继为商伯。”续:承续。绪:指前人留下来的事业。《诗经·鲁颂·閟宫》:“缵禹之绪。”

⑦九合:指齐桓公前后多次召集各国诸侯合盟。九,言其多,非确数。一匡:一匡天下。匡,匡正。《论语·宪问》:“子曰:‘桓公九合诸侯,不以兵车,管仲之力也。’”又曰:“管仲相桓公,霸诸侯,一匡天下,民到于今受其赐。”齐桓公九合诸侯之事,参见《史记·齐太公世家》及张守节《史记正义》。

⑧率成:顺服辅佐。率,顺服,顺从。成,辅成,辅佐。

⑨青:当作“菁”。菁茅,生长于江淮之间的白茅,可以用来滤酒,常作为贡物呈献周王。《穀梁传·僖公四年》云:“菁茅之贡不至。”

⑩践土之会:指公元前632年,晋文公在践土会盟诸侯,相约共同扶助周王,不再相互攻伐。事详《左传·僖公二十八年》。践土,郑国地名,在今河南荥阳。

⑪纳:接纳。襄:指周襄王。克:打败。带:指周襄王同母

弟子带。据《左传》记载，鲁僖公二十四年（前636），周襄王因弟子带之乱出居郑，派简师父向晋告急。第二年，晋文公发兵，杀子带于隰城。

⑫翼：辅翼。戴：拥戴。

⑬参见本篇注⑦。

⑭《论语·宪问》中此二句互倒。谲（jué）：诡诈。

⑮甘言：指郑人烛之武劝退秦师之言。置戍而去：指秦穆公与郑国订立盟约，派杞子、逢孙、杨孙驻扎在那里，就回去了。戍，驻扎。事详《左传·僖公三十年》。

⑯黄发：年老之人。这里指蹇叔。

⑰殽：同“崤”，山名。在今河南洛宁西北，地势极险。据《左传》记载，鲁僖公三十二年（前628），秦穆公不听蹇叔的一再劝阻，坚持出兵袭郑，结果不出蹇叔所料，在崤山被晋军伏击，全军覆没。

⑱百里奚：奚，一作“傒”。春秋时秦国大夫。百里氏，一说百氏，字里，名奚。原为虞大夫，虞亡时被晋俘去，作为陪嫁之臣送入秦国。后出走到楚，为楚人所执，又被秦穆公以五张牡黑羊皮赎回，用为大夫，称为五羖大夫。与蹇叔、由余等共同辅助秦穆公建立霸业。

⑲子车氏：子车为姓氏。秦国大夫。

⑳据《左传·文公六年》记载：“秦伯任好卒，以子车氏之三

子奄息、仲行、鍼虎为殉，皆秦之良也。国人哀之，为之赋《黄鸟》。"《黄鸟》是《诗经·秦风》中的篇名，是一首哀痛三良、讽刺秦穆公用活人殉葬的诗。

㉑《周书·谥法》："名与实爽曰谬。""谬"与"缪"古通。

㉒度（duó）：度量，揣度。综实：综核实际。综，总聚，总合。据《左传》记载，齐桓公死后，宋襄公与楚争霸。鲁僖公二十一年（前639），宋襄公为楚所执，后释之。二十二年，宋攻郑，楚派兵救郑。宋襄公不听大司马之谏，与楚战于泓水（今河南柘城西北），宋师大败，宋襄公伤股而死。此二句即述以上事。

㉓鶃（yì）：同"鹢"。古书上说的一种水鸟，能高飞。《左传·僖公十六年》："陨石于宋五，陨星也；六鹢退飞过宋都，风也。"

㉔著：显露。异：灾异。以六鹢五石附会灾异，是汉代的一种迷信说法。《公羊解诂》云："石者，阴德之专者也；鹢者，鸟中之耿介者；皆有似宋襄公之行。襄公欲行霸事，不纳公子目夷之谋，事事耿介自用，卒以五年见执，六年终败，如五石六鹢之数。"

㉕僇（lù）：侮辱，耻辱。

㉖僭号：称号逾越等级。楚本为子爵，庄王自称王，故云"僭号"。

㉗摩：揣测。

㉘鼎：夏禹所铸的大鼎。三代相传，以为重器，犹如后世的传国玉玺。庄王问鼎轻重，有觊觎王权之意。事见《左传·宣公三年》：“楚子伐陆浑之戎，遂至于雒，观兵于周疆。定王使王孙满劳楚子，楚子问鼎之大小轻重焉。”

㉙易子：易子而食。析骸：拆开尸骨当柴火做饭。析，分开，拆开。骸，骸骨，尸骨。《左传·宣公十五年》：“敝邑易子而食，析骸以爨。”

㉚厥：代词，这。

㉛伯功：方伯之职。伯，古代一方的首领。

㉜或：通“惑”。

㉝暗：愚昧，糊涂。

译文

谨按：《春秋左氏传》上讲，夏后太康，沉湎于娱乐，不省察民事，诸侯僭越等级。于是昆吾氏作为盟主，诛讨不从王命的诸侯，来尊奉王室。到殷朝衰落时，大彭氏、豕韦氏又继承昆吾氏留下来的事业，这就是所说的王道弛废而霸业兴起。齐桓公九合诸侯，一匡天下，顺从辅佐王室，责问强楚之罪，恢复菁茅之贡。晋文公在践土盟会诸侯，重修朝聘之礼，接纳周襄王，打败子带，辅翼拥戴天子。孔子称赞“民众到现在还蒙受他的恩赐”。又说：“齐桓公正派，不诡诈；晋文公诡诈，不正派。”对于其余三国，最终没有一句赞许的话。而秦缪公接受郑人烛之武的好言相劝，留下人马驻扎在那里，然后离去，违背了蹇叔的计策，结果在崤山遭到大败，杀掉贤臣百里奚，用子车氏殉葬,《诗经》中的《黄鸟》篇即为此而作，所以按《谥法》称为“缪”。宋襄公不度德量力，追慕虚名而不综核实际，六鹢五石，先前就显露出了灾异，军队覆灭，自身伤残，最终被人耻笑。楚庄王称号僭越等级，自下揣摩上意，在周朝都城观兵，询问鼎的轻重，依恃强大，发泄愤怒，差点灭了宋国，致使百姓易子而食，析骸而爨，这祸害也太大了。这三国都没有兴微继绝、尊事王室之功。世上记载史事的人不详察史事，最后书写在竹帛上，与伯功等同，迷惑误导晚辈，岂不糊涂！

原文 伯者，长也，白也。言其咸建五长[①]，功实明白也[②]。或曰：霸者，把也，驳也[③]。言把持天子政令，纠率同盟也。桓公问管仲：“吾何君也？”对曰：“狄困于卫，复兵不救，须灭乃往存之。仁不纯，为霸君也[④]。”盖三统者，天地人之始，道之大纲也[⑤]；五行者，品物之宗也[6]。道以三兴，德以五成，故三皇、五帝、三王、五伯，至道不远，三五复反[7]，譬若循连镮[8]，顺鼎耳[9]，穷则反本，终则复始也。

注释

①咸：都。五长：诸侯五国立贤者为方伯，谓之五长。《礼记·王制》："五国以为属，属有长。"

②功实：实际的功效。

③驳：混杂，不纯。《荀子·王霸》："粹而王，驳而霸，无一焉而亡。"

④鲁闵公二年冬十二月，狄灭卫，杀卫懿公，齐桓公按兵不救。至鲁僖公二年春，齐桓公才率诸侯在楚丘修城封卫。事详《左传》。

⑤参见"三皇"条注㉒。

⑥品：众多。宗：本。

⑦参见"三皇"条注㉒。

⑧循连镮：犹循环，往复回旋，指事物周而复始地运动或变化。镮，同"环"。《史记·高祖本纪》："三王之道若循环，终而复始。"

⑨顺：顺应。鼎：《说文解字·鼎部》："鼎，三足两耳，和五味之宝器也。""顺鼎"乃附会之说。

译文 伯，就是首领，就是明白。是说他们做过五国诸侯的首领，功业实绩明白。有人说：霸，就是把持，就是驳杂不纯。是说把持天子政令，纠集盟会诸侯。齐桓公问管仲："我是怎样的国君？"回答说："狄人围困卫国，按兵不救，等到卫国灭掉了才去保存它。仁德不纯正，是霸君。"三统，是天地人的初始，道的关键所在；五行，是万物之本。道因三统而兴，德因五行而成，所以三皇、五帝、三王、五伯，到达道的顶点不远，三统五行交替始终，如同反复循环，顺应鼎所寓含的三五之数，到了尽头又返回初始，就这样周而复始地循环下去。

六国

原文 楚之先，出自帝颛顼①。其裔孙曰陆终②，娶于鬼方氏③，是谓女溃。盖孕而三年不育，启其左胁④，三人出焉，启其右胁，三人又出焉。其六曰季连，是为芈⑤。其后有鬻熊子，为文王师。成王举文、武勤劳[⑥]，而封熊绎于楚，食子男之采[⑦]，其十世称王[⑧]。怀王信任佞臣上官、子兰[⑨]，斥远忠臣；屈原作《离骚》之赋，自投汨罗[⑩]。王因为张仪所欺[⑪]，客死于秦[⑫]。到王负刍，遂为秦所灭。百姓哀之，为之语曰："楚虽三户，亡秦必楚[⑬]。"自颛顼至负刍六十四世，凡千六百一十六载。

注释

①颛顼（zhuān xū）：传说中的五帝之一，号高阳氏，居帝丘（故城在今河南濮阳西南）。

②据《史记·楚世家》载：黄帝生昌意，昌意生颛顼，颛顼生称，称生卷章，卷章生重黎、吴回，吴回生陆终。

③鬼方：上古种族名，为殷周西北境强敌。

④胁：从腋下到腰上的部分。

⑤是：通"氏"。芈（mǐ）：季连始据以为姓。《史记·楚世家》："陆终生子六人，坼剖而产焉。其长一曰昆吾；二曰参胡；三曰彭祖；四曰会人；五曰曹姓；六曰季连，芈姓，楚其后也。"

⑥成王举文、武勤劳：指周成王提举周文王、周武王时勤劳王室功臣的后嗣。

⑦采：卿大夫受封的土地，也称"采地""采邑""食邑"。

⑧此云"十世称王"盖举其成数。据《史记》，从熊绎至熊通，

不止十世。

⑨上官：即上官大夫，战国时楚国大臣。因嫉妒屈原才能，向楚怀王进谗言，使楚怀王疏远屈原。楚顷襄王即位后，他受令尹子兰指使，诬害屈原，屈原因而被放逐江南。一说即靳尚。子兰：楚顷襄王弟，任令尹之职。

⑩汨罗：汨罗江，湘江支流，在湖南省东北部。

⑪张仪：战国时魏国贵族后代，秦惠文君十年（前328）任秦相，封武信君。执政时迫使魏献上郡，帮助秦惠文君称王，游说各国服从秦国，瓦解齐楚联盟，夺取楚汉中地。秦武王即位后，他入魏为相，不久即死。

⑫据《史记·楚世家》载：楚怀王十六年，秦欲伐齐，而楚与齐联盟，秦惠王使张仪说楚云："王为仪闭关而绝齐，今使使者从仪西取故秦所分楚商於之地六百里。"怀王果信，遂与齐失和，然秦地亦不得。怀王怒，伐秦，大败。三十年，秦昭王遗怀王书，约盟武关，怀王赴会，遂为秦所留，卒于秦。

⑬语本《史记·项羽本纪》。言楚人怨秦之深。

译文 楚国的祖先，出自高阳氏颛顼帝。他的玄孙叫陆终，从鬼方族娶妻，叫作女溃。女溃怀孕三年却没有生下来，剖开她的左胁，生出三人，剖开她的右胁，又生出三人。第六子名叫季连，季连为芈姓。季连的后代有一个名叫鬻熊的，为周文王之师。周成王提拔文王、武王时勤劳王室功臣的后裔，把鬻熊后人熊绎封于楚地，给他子男爵位的采邑，后十世开始称王。楚怀王信任佞臣上官大夫、令尹子兰，疏远忠臣；屈原作赋体诗《离骚》，自投汨罗江而死。楚怀王因为被张仪所欺骗，客死在秦国。到楚王负刍时，楚国被秦国吞灭。百姓哀叹楚国灭亡，替楚国发誓说："即使楚国只剩下三户人家，也必定要灭掉秦国。"从颛顼至负刍共历六十四世，共一千六百一十六年。

原文 燕召公奭①，与周同姓；武王灭纣，封召公于燕②；成王时，入据三公③，出为二伯④，自陕以西⑤，召公主之。当农桑之时，重为烦劳⑥，不舍乡亭⑦，止于棠树之下⑧，听讼决狱，百姓各得其所。寿百九十余乃卒⑨。后人思其德美，爱其树而不敢伐，《诗·甘棠》之所作也⑩。九世称侯⑪，八世称公⑫，十世称王⑬。到王喜，为秦所灭。燕外迫蛮、貊⑭，内管齐、晋⑮，崎岖强国之间⑯，最为弱小，几灭者数矣。然社稷血食者八九百载⑰，于姬姓独后亡，非盛德之遗烈，岂其然乎！

注释

①召（shào）公：一作邵公。周代燕国始祖。因采邑在召（故城在今陕西岐山西南），故称召公。奭（shì）：召公名。

②燕：古国名。本作匽、郾。公元前11世纪周公封的诸侯国，姬姓，开国君主是召公奭。在今河北北部和辽宁西端，建都蓟（今北京西南隅）。

③三公：周以太师、太傅、太保为三公。《尚书·周官》："立太师、太傅、太保，兹惟三公，论道经邦，燮理阴阳。"

④二伯：指周初分别主管东方和西方诸侯的两位重臣周公和召公。

⑤陕：古地名。《春秋公羊传·隐公五年》："自陕而东者，周公主之；自陕而西者，召公主之。"一说即战国陕陌，汉以后陕县，今河南陕县。一说"陕"当作"郏"，指王城所在的郏鄏而言。

⑥重：不轻易，难。《汉书·孔光传》："上重违大臣正议，又内迫傅太后，猗违者连岁。"颜师古注："重，难也。"

⑦乡：基层行政区划名。周制，万二千五百家为乡。亭：古代设在道旁供行人停留食宿的处所。

⑧棠树：《诗经》作"甘棠"，即棠梨树，实似梨而小，味甜酸可食。

⑨寿百九十余乃卒：《论衡·气寿》云："邵公，周公之兄也，至康王之时，尚为太保，出入百有余岁矣。"又引传云："邵公

百八十。”皆为传闻，不足为据。

⑩《甘棠》为怀念召公而作。见《诗经·召南》。

⑪据《史记·燕召公世家》，召公以下九世至惠侯，燕惠侯时始称侯。

⑫据《史记·燕召公世家》，燕惠侯以下八世至庄公，燕庄公时始称公。

⑬据《史记·燕召公世家》，燕易王时始称王，从庄公至易王共二十世。此云十世，误。

⑭蛮、貊（mò）：古代泛指华夏族以外的其他部族，有时特指东北方的部族，含有贬义。

⑮笮（zé）：压榨，挤压。

⑯崎岖：困厄，历经险阻。

⑰血食：指享受牲牢的祭祀。

译文

燕召公奭，与周天子同为姬姓；周武王消灭商纣王以后，封召公于燕地；周成王时，召公在内身居三公之位，对外则为二伯之一，自陕以西由召公主管。正值忙于农桑之时，召公为了不烦劳百姓，不住到乡亭里，留在棠梨树下，听取诉讼判决刑狱，百姓各得其所。召公活到一百九十多岁时才死去。后人怀念他的美好德行，爱惜棠梨树而不敢砍伐,《诗经·甘棠》

就是根据这个写的。经过九世传到惠侯时始称侯，经过八世传到庄公时始称公，经过二十世传到易王时始称王。到燕王喜时，燕国被秦国吞灭。燕国外被蛮、貊所迫，内为齐、晋所困，挣扎在强国中间，最为弱小，好几次差点被灭掉。然而社稷享受牲牢的祭祀长达八九百年，在姬姓的国家中唯独燕国最后灭亡，没有先辈的盛德伟业，难道能做到这样吗？

原文 韩之先，与周同姓。武子事晋献公①，封于韩原②，因以为姓。韩厥因卜者之繇③，陈成季之功④，绍赵氏之孤⑤，建程婴之义⑥，为晋名卿，寔天所相⑦。其四代，始与赵、魏俱得列为诸侯矣⑧。五世称王⑨，到王安，为秦所灭。

注释 ①武子：韩武子。韩国的先祖。春秋时，晋封韩武子于韩原，为晋大夫。

②韩原：晋地名，在今陕西韩城南。

③韩厥：即韩献子。晋国大夫，曾任司马。卜：占卜。繇（zhòu）：古时占卜的文辞。据《史记·韩世家》记载，晋景公十七年（前583），景公生病，占卜认为是赵氏的远祖绝后的厉鬼在作祟。

④成季：赵成季，即赵衰，晋国大臣。他曾随晋文公流亡在外十九年，协助文公回国继位。

⑤绍：接续，承继。赵氏之孤：即赵武、赵文子，亦称赵孟。赵朔之子。屠岸贾诛赵氏，赵武随其母庄姬畜养于晋君宫中。后被继立为赵氏的后嗣，为晋国执政大臣。藏赵氏孤儿一事，详见《史记·赵世家》。

⑥程婴：晋国人，赵朔的朋友。他与赵朔的门客公孙杵臼一起保护赵氏孤儿。

⑦寔（shí）：同“实”。相：辅助。

⑧“其四代”句：韩献子之后四代至韩景侯时，韩与赵、魏同时被封为诸侯。见《史记·韩世家》。

⑨五世称王：韩景侯之后，历五世，到韩宣惠王称王。见《史记·韩世家》。

译文

韩国的祖先，与周天子同为姬姓。韩武子侍奉晋献公，被封到韩原，就用封邑作为姓氏。韩厥根据卜辞上的文辞，称颂赵成季的功劳，让赵氏孤儿赵武做了赵氏的继承人，成全了程婴的义举，使赵武成为晋国名卿，实在是上天在辅助他。到第四代韩景侯时，韩和赵、魏同时被承认为诸侯。称侯以后过了五世，韩氏称王，到韩王安时，被秦国攻灭。

原文　魏之先，毕公高之后也。毕公与周同姓，武王灭纣，封高于毕①，因以为姓。其裔孙曰毕万，事晋献公。献公伐魏，灭之，以封万。卜偃曰②："毕万之后必大③。万，盈数④；魏⑤，大名也。天子曰兆民，诸侯曰万民。今名之大，以从盈数，以是有众，不亦宜乎？"其六世称侯⑥，侯之孙称王⑦，到王假，为秦所灭。

注释　①毕：国名，在今陕西咸阳北。

②卜偃：晋国掌卜大夫郭偃。

③大：昌盛。

④盈数：数从一至万为盈，故称盈数。

⑤魏：通"巍"，高大。

⑥六世称侯：毕万之后六世孙魏斯始称侯，为魏文侯。见《史记·魏世家》。

⑦侯之孙称王：魏文侯之孙魏罃称王，为魏惠王。见《史记·魏世家》。

译文　魏国的祖先，是毕公姬高的后代。毕公高与周天子同姓。周武王灭商纣后，封姬高于毕，姬高便用毕作姓。他的后代子孙中有个叫毕万的，侍奉晋献公。晋献公攻伐魏国，灭了它，把魏封赏给毕万。卜偃说："毕万的后代一定昌盛。万，是盈数；魏，是高大的意思。天子统治亿万民众，诸侯统治万民。现在赐给他的号有高大的意思，名又是盈数，他会因此拥有民众，这不是很合适吗?"毕万之后六代至魏文侯时始称侯，魏文侯的孙子始称王，到魏王假时，被秦国灭掉。

原文 赵之先[1]，与秦同祖。其裔孙曰造父，幸于周穆王，为御骅骝、騄耳之乘[2]，西谒西王母[3]，东灭徐偃王[4]，日驰千里。帝念其功，赐以赵城[5]，因以为姓。子叔带始去周事晋。其后，简子地过于诸侯[6]，权重于晋君。简子疾，五日，不知人[7]；大夫皆惧，呼医扁鹊视之[8]。出，董安于问扁鹊[9]，曰："血脉治也，勿怪。昔秦穆公尝如此，七日而寤[10]，寤之日，告公孙支与子舆曰[11]：'我之帝所，甚乐。吾所以久者，适有学也[12]。帝告我：晋国且大乱，五世不安[13]，其后将霸，未老而死[14]；霸者之子，且令国男女无别[15]。'公孙支书而藏之，秦策于是出[16]。夫献公之乱[17]，文公之霸，而襄公之败秦师于殽，而归纵淫，此子之所闻。今主君之病与之同，不出三日，病必间[18]，有言也。”居二日半，简子寤，语大夫曰：“我之帝所乐，与百神游于钧天[19]，广乐九奏万舞[20]，不类三代之乐[21]，其声动心。有一熊欲援我，帝令我射之，中，熊死。有罴来，我又射之，中，罴死[22]。帝甚嘉之，赐我二笥[23]，皆有副[24]。吾见儿在帝侧，属我翟犬[25]，曰：‘及汝子之壮也，以赐之。’帝告我：‘晋国且衰，七世而亡，嬴姓将大，败周人于范魁之西[26]，亦不能有也。’”董安于受言而藏之，以扁鹊之言告简子，赐扁鹊田四万亩。他日，简子出，有人当道，辟之不去[27]，从者将刃之，当道者曰：“吾欲有谒于主君[28]。”从者以闻，简子召之曰：“嘻，吾有所见子晰也[29]！”当道者曰：“屏左右，愿有以谒。”简子屏人。当道者曰：“主君之病，臣在帝侧。”简子曰：“然。子之见我何为？”当道者曰：“帝令主君射熊罴，皆死。”简子曰：“是且何也？”当道者曰：“晋国且大难，主君首之，帝令主灭二卿[30]，夫熊罴皆其祖也。”简子曰：“帝赐我二笥皆有副，何也？”当道者曰：“主君之子，将克二国于翟，皆子姓也[31]。”简子曰：“吾见儿在帝侧，属我一翟犬，曰：‘及汝子之长以赐之。’夫儿何说以赐翟犬？”当道者曰：“儿，主君之子也；翟犬，代之先也。主君之子，其必有代。及主君之后嗣，且有革政而胡服[32]，并二国于翟。”简子问其姓而延之以官，当道者曰：“臣野人，致帝命耳。”遂不见。无几，范、中行作乱[33]，简子灭之，此熊罴之效应也[34]。简子卒，无恤立[35]，是为襄子。智伯攻襄子，襄子奔保晋阳，原过从，后，至王泽[36]，见三人，自带以上不可见[37]，与原过竹二节，莫通，曰：“为我以是遗赵无恤。”原过既至，以告。襄子斋三日，亲自剖竹，有朱书曰：“无恤，余霍太山阳侯天使，三月丙戌，余将使汝灭智氏，亦立我百邑，余将使赐若林胡之地；至于后世，且有伉王[38]，赤黑，龙面鸟噣[39]，须眉髭髯[40]，大膺大匈[41]，修下而冯上[42]，左任介乘[43]，奄有河宗[44]，至于休溷、诸貉[45]，南伐晋别[46]，北灭黑姑[47]。”襄子再拜，受三神之令。三国攻晋阳，岁余，乃以汾水灌其城，城不没者三板[48]。城中悬釜而炊，易子而食。张孟谈乃夜出见韩、魏，韩、魏反与合谋而灭智氏，共分其地。于是赵北有代，南并知氏，遂祀三神于百邑，使原过主霍太山。至武灵王，竟胡服骑射，辟地千里。到王迁，信秦反间之言，杀其良将李牧，而任赵括[49]，遂为所灭。此童谣曰：“赵为号，秦为笑，以为不信，视地上生毛[50]。”

注释

①赵：赵氏，原为晋卿。公元前403年，烈侯赵籍始为诸侯。公元前325年，武灵王赵雍始称王。原建都晋阳（今山西太原西南）。公元前386年，赵敬侯迁都邯郸（今河北邯郸）。国土有今山西中部、陕西东北隅、河北西南部。公元前222年，赵为秦所灭。

②骅骝、騄耳：均为周穆王所乘骏马。

③西王母：神话人物，亦称金母、王母，先秦及两汉著述中多有记载。

④徐偃王：相传为周穆王时的徐国国君。嬴姓，亦称徐子。古徐国在今江苏泗洪南。

⑤赵城：邑名，在今山西洪洞北。

⑥简子：即赵简子，名鞅。

⑦不知人：不省人事。

⑧扁鹊：春秋战国之际的名医。姓秦，名越人。勃海郡鄚（今河北任丘北）人。遍游各地行医，各科兼擅。后因诊治秦武王的病，为秦太医令李醯（xī）所杀。

⑨董安于：赵简子的家臣。

⑩寤：苏醒。

⑪公孙支与子舆：皆春秋时秦国大夫。公孙支即子桑，子舆亦称子车。

⑫适：正好。学：同“斅（xiào）”，接受教育。

⑬五世：指晋献公、奚齐、悼子、惠公和怀公五世。

⑭未老而死：指晋文公称霸不久即死。老，久。

⑮男女无别：男女不相别离。指晋襄公释放战俘返回秦国。

⑯秦策于是出：指公孙支写在秦国简策上的谶语，后来在晋国出现了。策,《史记》作“谶”，均通。

⑰献公之乱：晋献公宠爱骊姬，逼嫡子申生自杀，重耳、夷吾出奔。献公死，国内变乱频仍。

⑱间（jiàn）：病愈。

⑲钧天：天的中央。

⑳广乐：多种乐器合奏的音乐。九奏：多次演奏。万舞：万人齐舞。用于宗庙祭祀之舞，文舞与武舞兼有的舞蹈。

㉑三代之乐：指夏、商、周三代的音乐。

㉒罴（pí）：熊的一种，即马熊或人熊。此文中熊与罴暗指范氏及中行氏的祖先。详见下文。

㉓笥（sì）：盛东西的方形竹器。

㉔副：指笥中之策皆有副本。

㉕翟（dí）犬：代国的祖先。翟，通“狄”。

㉖周人：指卫人。卫侯的祖先康叔是周武王的同母弟。范魁：战国时曾为卫国所辖，后属齐国，在今河南范县境内。

㉗辟：屏除，驱逐。

㉘谒：陈述，请求。

㉙所见：指梦中所见。子：指当道者。晰：清楚。

㉚二卿：指晋国的范昭子及中行文子。

㉛子姓：同姓。

㉜革政：改革政令。胡服：穿着胡人的短装。

㉝范：范氏，指范吉射。中行：中行氏，指荀寅。荀寅的祖父荀偃是晋中军统帅，后中军改称中行，故荀氏也称中行氏。

㉞罴：原脱。上文以熊罴隐指二卿，当有“罴”字，今补入。

㉟无恤:《史记》作“毋恤”。“无”“毋”古同。

㊱王泽：晋地名，在今山西新绛西南。

㊲此句《史记》作“自带以上可见，自带以下不可见”。今译文从《史记》。

㊳伉（kàng）王：指赵武灵王。伉，勇健。

㊴噣（zhòu）：原作“属”，今据《史记》改。鸟嘴，特指钩形的鸟嘴。

㊵髭（zī）髯：胡须多。唇上曰髭，颊上曰髯。

㊶膺：胸脯。匈：同“胸”。

㊷修下而冯（píng）上：腿长上身大。冯，同“凭”，大。

㊸左任：衣襟朝左边开。任，通“衽”。介乘：披甲乘马。介，甲。

㊹奄：尽。河宗：指龙门河（在今河北赤城县境）的上游，岚（故治在今山西岚县北）、胜（故治在今内蒙古自治区托

克托县、包头市一带）二州之地。

㊺休溷：地名。在今山西介休、离石一带。诸狢（hé）：古时对北方少数民族的蔑称。狢,《史记》作“貉”，二字古同，为古代北方部族名。

㊻晋别：晋国别的城邑。

㊼黑姑：戎族的一支。

㊽板:《史记》作“版”。古时城墙夯土为之，此板当为夯土的夹板。在此引申作高度量词。一板约高二尺，合今一尺余。

㊾赵括：恐为“赵葱”之误。赵括与李牧不同时。又据《史记》，李牧诛，以赵葱代之。详见《史记·廉颇蔺相如列传》。

㊿毛：指庄稼，植物。

译文

赵的祖先，与秦共同。他们的后代子孙中有个叫造父的，被周穆王宠幸，替他驾驭骅骝、騄耳等骏马，到西边去拜谒西王母，又到东边消灭了徐偃王，每天驱驰上千里。周穆王感念他的功劳，将赵城赐给他，造父就用封邑作为姓。造父七世孙叔带开始离开周朝去侍奉晋国。后来，到赵简子时，采邑超过了诸侯，权力比晋君还大。赵简子生了病，有五天不省人事；晋大夫都害怕，喊来扁鹊探视他。看完病出来，董安于问扁鹊，扁鹊回答:“血脉正常，不用大惊小怪。从前秦穆公也曾这样，过了七天才醒过来，醒过来的那天，告诉公孙支和子舆：‘我到了天帝住的地方，很快乐。我之所以待了那么久，正好有所求教。天帝告诉我：晋国将大乱，五代不得安宁，他的后代将称霸，称霸不久国君就会死；霸主的儿子，将使秦国的男女免遭别离之苦。’公孙支将他的话记下，并把它收藏起来，秦国的谶言从此流传开来。晋献公时国内变乱，晋文公称霸诸侯，晋襄公在殽山打败秦国军队，回师后放纵淫逸，这是你听说到的。现在主君的病与秦穆公一样，不出三天，病会好转，一定有类似于秦穆公当年的谶言。”过了两天半，赵简子醒过来，对晋大夫说：“我到天帝住的地方过得愉快，同众神一起在天的中央游乐，无数乐器一次又一次地演奏，千万人一齐翩翩起舞，不像夏、商、周三代的音乐，这乐声激动人心。有一只熊想抓我，天帝令我射杀它，我射中了它，熊死去。有一只罴过来，我又射它，射中了，罴死去。天帝对此大加赞许，赐给我两个盛放神策的竹箱，神策都有副本。我看见一个小孩站在天帝旁边，天帝交给我一条翟犬，说：‘等你的儿子长大后，把翟犬赐给他。’天帝告诉我：‘晋国将衰落下去，经过七代就要灭亡，嬴姓将昌盛起来，在范魁西部大败周人，但也不能保有社稷。'”董安于听了这些话记下并珍藏起来，又把扁鹊的话告诉赵简子，赵简子赏赐扁鹊土地四万亩。有一天，赵简子外出，有人挡在路上，驱赶他也不走开，随从要拿刀杀他，挡路的人说：“我想拜谒你们的主君。”随从把这话告诉赵简子，赵简子召见他说：“哟，我曾在梦中清楚地见到过你呀！”挡路的人说：“屏退你的左右随从，我有事要对你讲。”赵简子令随从退去。挡路的人说：“你生病的时候，我站在天帝的旁边。”赵简子说：“是这样。你看见我时我在干什么？”挡路的人说：“天帝命令你射杀熊罴，它们都被射死了。”赵简子说：“这意味着什么呢？”挡路的人说：“晋国将有大难，你首当其冲，天帝命你灭掉两家上卿，熊和罴都是他们的祖先。”赵简子说：“天帝赐给我两个竹箱都有副本，为什么？”挡路的人说：“你的儿子，将要在翟战胜两个国家，这两国都是同姓。”赵简子说：“我见一个小孩站在天帝旁边，天帝交给我一条翟犬，说：‘等你的儿子长大后把翟犬赐给他。’为什么要我将翟犬赐给这个小孩？”挡路的人说：“那个小孩，就是你的儿子；翟犬，是代国的祖先。你的儿子将会占有代国。到了你的后代，将会改革政治而穿胡人的服装，并且要在翟地吞并两个国家。”赵简子询问这人的姓名并请他做官，挡路的人说：“我是村野之人，来转达天帝的意旨罢了。”一下子就不见了。没有多久，范氏、中行氏作乱，赵简子消灭了他们，这是射杀熊罴得到应验。赵简子死后，无恤继立，这就是赵襄子。智伯攻打赵襄子，赵襄子跑去保守晋阳。原过跟从赵襄子，落在后面，到达王泽时，看见三个人，从腰带以上可以看见，腰带以下看不见，给原过一根有两个节的竹筒，中间不贯通，说：“替我们把这个送给赵无恤。”原过到了晋阳，把这告诉赵襄子。赵襄子斋戒三天，亲自剖开竹子，里面有朱红字迹，写着：“无恤，我们是霍太山山阳侯天使，三月丙戌日，我们将使你反过来灭掉智氏，你也要在一百个城邑立庙祭祀我们，我们将把林胡的土地赏给你；到了你的后世子孙，将出现勇健的君王，面孔红黑色，龙面鸟喙，须眉浓密，身材高大魁梧，两腿修长，上身宽阔，衣襟向左边开，披甲乘马，完全拥有河宗一带的土地，直至休溷、诸貉的地界，南攻晋国其他城邑，北灭黑姑。”襄子再次跪拜，接受三神的指令。三国攻打晋阳，过了一年多，于是引汾水灌城，城墙不被水浸的只剩三板高了。城中悬起炊具做饭，交换子女来吃。张孟谈于是夜里出来约见韩、魏，韩、魏反过来与张孟谈合谋消灭智氏，一起瓜分了他的土地。于是赵国北边占有代地，南边吞并智氏，便在一百个城邑中立庙祭祀三神，派原过主持霍太山神祠的祭祀典礼。到赵武灵王时，终于穿着胡服，骑马射箭，开辟千里疆土。到赵王迁时，相信了秦国的反间计，杀掉他的良将李牧，而任用赵葱，于是被秦国灭亡。有首童谣唱道："赵人哭号，秦人欢笑，如果不信，看看地上生长的禾苗。"

原文 陈完字敬仲，陈厉公之子也①。初，懿氏卜妻之②，其繇曰："是谓'凤凰于飞，和鸣锵锵③。有妫之后④，将育于姜⑤。五世其昌，并于正卿⑥；八世之后，莫之与京⑦'。"周史有以《周易》筮之，遇《观》之《否》⑧，曰："是谓'观国之光，利用宾于王⑨'。此其代陈有国乎！不在此，其在异国⑩；非此其身，在其子孙⑪。光远而自他有耀者也⑫。"厉公为蔡所杀⑬，国内乱；完奔于齐，齐侯以为卿⑭，辞曰："羁旅之臣，幸若获宥，及于宽政，赦其不闲教训⑮，而免诸罪戾，弛于负担⑯，君之惠也，所获多矣，敢辱高位，以速官谤⑰。《诗》云⑱：'翘翘车乘，招我以弓⑲；

岂不欲往，畏我友朋。'"使为工正[20]。饮桓公酒，乐，曰："以火[21]。"辞曰："臣卜其昼，未卜其夜，不敢。"君子曰："酒以成礼，弗继以淫[22]，义也。以君成礼，弗纳于淫，仁也。"桓公嘉之，爱敬日新，位比高、国[23]，始食田采[24]，姓田氏焉。六世田成杀简公[25]。其三世曰和，迁康公于海上，食一城以祠太公以下[26]。后魏文侯乃使使言周天子及诸侯，列于周室。其孙曰威王。到王建用后胜之计[27]，又宾客多受秦金，劝王朝秦，不修战备，秦兵平步入临菑[28]，民无敢格者，迁王建于共[29]。国人歌之曰："松耶柏耶，亡建共者客耶！"疾建用客之不详也。

注释

①陈厉公：陈国第十三代国君。陈，周武王时所封诸侯国，胡公满为始封之君，妫姓，帝舜之后。封地在今河南东部和安徽一部分，都于宛丘（今河南淮阳）。

②卜妻之：根据占卜结果嫁给他。

③凤凰于飞，和鸣锵锵：此二句谓陈完夫妇定能和洽。和鸣，鸣声相和。锵锵，和鸣之声。

④有妫（guī）：即妫氏，陈国为妫姓。《史记·陈杞世家》云："陈胡公满者，虞帝舜之后也。昔舜为庶人时，尧妻之二女，居于妫汭，其后因为氏姓，姓妫氏。"

⑤姜：即齐姜。齐国为姜姓。

⑥五世：指敬仲之后第五代，谓田乞。正卿：卿之长为正卿，位高权重。

⑦八世：指敬仲之后第八代，谓田庄子。京：大，强大。

⑧遇《观》之《否》：谓由观卦变为否卦。《观》，卦名，即观卦，六十四卦之一，坤下巽上。《否》，卦名，即否卦，六十四卦之一，坤下乾上。

⑨观国之光：谓观其国之光华。宾于王：为君王的上宾。此二句是《周易·观卦》六四爻辞。《左传·庄公二十二年》孔颖达疏："谓所为筮者，观他人有国之光荣也。此有国之人，利用为宾客于王朝也。"

⑩不在此：指不在陈国。异国：他国，指齐国。

⑪在其子孙：在敬仲的子孙。此数句是对上面爻辞的解释。张守节《史记正义》："六四变内卦为中国，外卦为异国。"又云："内卦为身，外卦为子孙。变在外，故知在子孙也。"

⑫远而自他：即从别的远处。此句谓光从别的远处照来。《左传·庄公二十二年》孔颖达疏："《易》称'观国之光'，故解其'光'义。言光在此处，远照于他物，从他物之上而有明耀者也。"

⑬厉公为蔡所杀：事见《史记·田敬仲完世家》："厉公既立，娶蔡女。蔡女淫于蔡人，数归，厉公亦数如蔡。桓公之少子

林怨厉公杀其父与兄，乃令蔡人诱厉公而杀之。”蔡，古国名，始封之君为周武王弟叔度，公元前447年为楚所灭。

⑭齐侯：即齐桓公。

⑮闲：通“娴”，熟习。

⑯弛：去掉，免除。

⑰速：招致。官谤：对朝廷的批评。

⑱《诗》云：以下为逸诗的诗句，不见今本《诗经》。

⑲翘翘：高貌。一说远貌。杜预注：“翘翘，远貌。”以弓：用弓。古代聘士用弓。

⑳工正：官名，掌百工之官。正，长。

㉑以火：《左传·庄公二十二年》载：“公曰：‘以火继之。’”

㉒弗继以淫：谓不能饮酒至夜晚。杜预注曰：“夜饮为淫乐。”

㉓高、国：高氏、国氏，为周天子所命的齐国二守臣，都是上卿。

㉔食田采：食采地于田。

㉕简公：齐简公。田成杀齐简公事，见《左传·哀公十四年》。

㉖太公：指齐太公吕尚。《史记·田敬仲完世家》：“宣公卒，子康公贷立。贷立十四年，淫于酒、妇人，不听政。太公乃迁康公于海上，食一城，以奉其先祀。”

㉗后胜：齐相。《战国策·齐策》载：“后胜相齐，多受秦间金玉，使宾客入秦，皆为变辞，劝王朝秦，不修攻战之备。”

㉘平步:《史记·田敬仲完世家》作“卒”。临菑：齐国都城，故址在今山东淄博东北。

㉙共：古国名。西周时为共伯封国。后为卫兼并，成为卫邑。故址在今河南辉县。

译文

陈完字敬仲，是陈厉公的儿子。当初，懿氏占卜把女儿嫁给他，卜辞上说：“这叫作‘凤凰飞翔，和鸣的声音清脆嘹亮。妫氏的后代，养育在齐姜。到第五代时必定昌盛，位列于正卿；第八代以后，没人能与他较量’。”有一个东周的太史拿着《周易》卜筮这件事，占到观卦变成否卦，说：“这叫作‘出聘他国而观光其国，利于做君王的上宾’。这个人大概要代替陈君而享有国家吧！应验不在这里，而在别国；不在这个人本身，而在他的子孙。光是从别的远处照来的。”陈厉公被蔡人所杀，国内大乱；陈完逃亡到齐国，齐桓公任命陈完为卿，陈完辞谢说：“客居的小臣，如果有幸获得宽宥，能在宽容的政令下，赦免我不熟习教训，而得以免除罪过，卸下了负担，这是君王的恩惠，我得到的已经太多了，怎敢玷辱这样的高位，而招致对朝廷的批评。《诗》上说：‘高高的车子，用弓来招徕我；难道不想前去，是因畏惧我的朋友。’”

齐桓公让陈完做了工正。陈完请齐桓公喝酒，齐桓公喝得高兴，说："点上灯。"陈完辞谢说："臣只知白天请君王饮酒，不知夜晚陪饮，不敢奉命。"君子说："酒用来完成礼仪，不能饮至夜晚，这是义。和国君完成了礼仪，不使他过度，这是仁。"齐桓公嘉许他，亲近敬重与日俱增，地位能与高氏、国氏相比，开始食采邑于田，就以田为氏。陈完的第六代子孙田成子杀掉齐简公。田成子的第三代子孙叫田和的，把康公贬迁到海上，以一个城池作为食邑，奉祀齐国祖先。后来，魏文侯就派使者通告周天子和其他诸侯，要求将齐国国相田和列为诸侯。田和的孙子叫齐威王。到齐王建时采纳后胜的计策，加之宾客大多接受秦国的贿金，劝说齐王投降秦国，不整饬攻战守备，结果秦兵轻易占领了临菑，民众不敢抵抗，齐王建被贬迁到共邑。齐国人因此作了首歌谣唱道："是松树呀！是柏树呀！还是使建贬迁到共邑的宾客呀！"痛恨齐王建任用宾客而不详加考察。

原文 谨案：《战国策》《太史公记》[①]：秦孝公据殽、函之固[②]，拥雍州之地[③]，君臣戮力[④]，以窥周室，有席卷天下、囊括八荒之意[⑤]。当是之时，商君佐之[⑥]，内立法度，务耕织，修守战之备[7]，外恃猛将锐卒，因间伺隙，略定西河之城[8]，南并汉中[9]，西定巴蜀[10]，东割膏腴之壤，北收要害之郡[11]，诸侯恐惧，会盟而谋，不爱尊爵重宝，以致天下之士。当此之时，齐有孟尝[12]，赵有平原[13]，楚有春申[14]，魏有信陵[15]。夫四豪者，皆明智而忠信，宽厚爱人，兼韩、魏、燕、赵、宋、卫、中山之众。其后复有甯越、苏秦、杜赫之属为之谋[16]，陈轸、召滑、乐毅之徒通其意[17]，吴起、孙膑、廉颇之属制其兵[18]。尝以十倍之地，百万之军攻秦。秦人开关延敌，六国之师，遁逃而不敢进，秦无亡矢遗镞之费[19]，而关东已困。于是从散约败，争割地而赂秦。秦有余力，而制其弊。及至始皇，承六世之遗烈[20]，抗长策而御宇内[21]，吞二周而叱诸侯[22]，履至尊而制六合[23]，兼帝皇而威四海[24]。于时议者，恨楚之疏远屈原，魏不用公子无忌[25]，故国削以至于亡。秦因愚弱之极运[26]，震电之萧条[27]，混一海内[28]，为汉驱除[29]。盖乘天之所坏，谁能枝之[30]？虽阿衡宰政[31]，贲、育驭戎[32]，何益于事。且有强兵良谋，杂袭继踵，每辄挫衄[33]，亦足以袪蔽启蒙矣[34]。始皇自以关中之固，金城千里，子孙帝王万世之业也，遂恣睢旧习[35]，矫任其私知[36]，坑儒燔书[37]，以愚其黔首[38]，穷奢肆欲，力役无餍，毒流诸夏[39]，乱延蛮、貊。由是二世绝祀，以成大汉之资。高祖践祚[40]，四海乂安。世宗攘夷辟境[41]，崇演礼学[42]，制度文章，冠于百王矣。

注释

①《战国策》：战国时游说之士的策谋和言论的汇编。本段文字见《史记》引贾谊语。贾谊有《过秦论》三篇，载于《史记·秦始皇本纪》及《史记·陈涉世家》。应劭所引文字稍有出入。

②殽、函：指殽山（今河南洛宁北）和函谷关（今河南灵宝东北）。

③雍州：相传古代分天下为九州，雍州居其一，为今陕东、陕北及甘肃部分地区。

④戮力：合力，勉力。

⑤八荒：八极，极远的地方。

⑥商君：商鞅，战国时政治家，卫国人。他在秦孝公的支持下推行新法，使秦国走向富强。

⑦修：整饬。

⑧西河：魏国在黄河以西的土地。

⑨汉中：今陕西省南部一带。

⑩巴蜀：指我国西南部以四川盆地为核心的四川省和重庆市

一带，历史上其范围还包括与四川盆地文化联系密切的汉中盆地等地。

⑪收：攻占。

⑫孟尝：即田文，战国时齐贵族，号孟尝君。门下有食客数千，名重一时。

⑬平原：即赵胜，战国时赵贵族，号平原君。任赵相，有食客数千，曾联魏、楚击败秦军。

⑭春申：即黄歇，战国时楚贵族，号春申君。门下有食客三千，曾派兵救赵攻秦。

⑮信陵：即魏无忌，战国时魏贵族，号信陵君。有食客三千，曾救赵胜秦。

⑯甯越：战国时赵人，曾为周威公之师。苏秦：战国时东周洛阳（今河南洛阳东）人，纵横家的著名代表人物。杜赫：战国时楚人，曾劝说楚王争取赵国的支持。

⑰陈轸：又称田轸。战国时秦人，游说之士。召滑：战国时楚人，为著名的权谋游说之士。乐毅：战国时燕国名将。

⑱吴起：卫人，事魏文侯为将，后又事楚。孙膑：齐将，著名军事家。廉颇：赵国名将。

⑲矢：箭。镞：箭头。

⑳六世：指秦孝公、惠文王、武王、昭襄王、孝文王、庄襄王。遗烈：遗留下来的功业。

㉑抗：举起。策：竹制的马鞭。

㉒二周：指西周和东周。周朝末年，即周赧王时，周王朝分为二：西周都洛（今河南洛阳），灭于昭襄王五十一年（前256）；东周都巩（今河南巩县），灭于庄襄王元年（前249）。皆不在始皇执政时。

㉓六合：天、地及东、南、西、北四方，指天下。

㉔兼帝皇：合并帝、皇二尊号。《史记·秦始皇本纪》载丞相王绾、御史大夫冯劫、廷尉李斯等议帝号云："古有天皇，有地皇，有泰皇，泰皇最贵。臣等昧死上尊号，王为泰皇。"始皇云："去'泰'，著'皇'，采上古'帝'位号，号曰'皇帝'。"皇帝称号即由此而来。

㉕无忌：魏无忌，即信陵君。

㉖因：承续。极运：非常之运，此指秦国愚弱不堪之运。

㉗震电：喻隆隆的车声，此借指军力。萧条：指政治、经济等不景气，衰微，衰退。

㉘混一：统一。

㉙为汉驱除：言替汉兴起排除障碍。驱除，排除。

㉚枝：通"支"。《左传·定公元年》："天之所坏，不可支也。"

㉛阿衡：即伊尹，商初大臣，商汤曾委以国政。他助汤攻灭夏桀。汤去世后，历佐卜丙、仲壬二王。仲壬死后，太甲即位，因破坏商汤法制，不理国政，被伊尹放逐。三年后，太

甲悔过，又被伊尹接回复位。

㉜贲、育：即孟贲、夏育，周朝时著名勇士。

㉝衂：挫折，失败。

㉞袪（qū）蔽：除去蔽碍。袪，同“祛”，除去。启蒙：开导蒙昧。

㉟恣睢：恣肆暴戾。

㊱知：通“智”。

㊲燔（fán）：焚烧。

㊳黔首：指百姓。周朝称作“黎民”，据《史记·秦始皇本纪》：秦始皇二十六年，“更名民曰黔首”。

㊴诸夏：指中原一带的国家。

㊵践祚：登上帝位。

㊶世宗：汉武帝庙号。

㊷崇演：尊崇推广。崇，尊崇、提倡；演，推广、传播。

译文

谨案：据《战国策》《太史公记》：秦孝公凭借着殽山和函谷关的牢固，拥有雍州之地，君臣齐心协力，窥伺周王朝的政权，有席卷天下、征服天下的企图。在这个时候，商鞅辅佐他，国内建立了法规制度，致力农耕纺织，修造防守和进攻的武器，对外凭借精兵良将，趁可乘之机，夺取了西河的城池，南进占领了汉中，西进攻取了巴蜀，东进割据了肥沃的土地，北进征服了险要的郡县。六国的诸侯都恐惧起来，会盟来想办法削弱秦国，不惜以高位和贵重的宝物，来招徕天下的贤士。在这个时候，齐有孟尝君，赵有平原君，楚有春申君，魏有信陵君。这四位豪杰，都是办事明智又讲求忠信、为人宽厚且爱护别人的贤人，聚合了韩、魏、燕、赵、宋、卫、中山等国的力量。之后又有甯越、苏秦、杜赫这批人为他们出谋划策，陈轸、召滑、乐毅这班人沟通各国的意见，吴起、孙膑、廉颇这类人统率各国的军队。他们曾用十倍于秦的土地和上百万的大军攻打秦国。秦国人敞开函谷关迎击，六国的军队退却逃跑，不敢前进，秦国没有丢掉一支箭，没有损失一个箭镞，可关东的诸侯已疲弱不堪了。于是合纵阵线崩溃，抗秦盟约瓦解，争着割地去讨好秦国。秦国却留有余力，去制服他们的弱点。等到秦始皇执政的时候，继承了六代祖先遗留下来的功业，举起长鞭驾驭天下，吞并西、东二周，叱使诸侯，登上了至尊高位君临天下，合并帝、皇尊号，威势震动四海。当时议论的人，恨楚国疏远屈原，魏国不用公孙无忌，因此国家日渐削弱以至于灭亡。秦国承续的是愚弱不堪的天运，衰微的国力，却能统一海内，替汉兴起排除了障碍。上天要谁毁败，谁能支撑下去？即使伊尹执政，孟贲、夏育指挥军队，也无济于事。并且有强兵良谋，纷至沓来，却总是遭遇挫折失败，这些事实足以祛除蒙蔽、开启蒙昧了。秦始皇自认为关中牢固，铜墙铁壁般的城防千里相连，这是子子孙孙称帝为王的万代基业，于是恣肆暴戾这一旧习不改，刚愎自用，焚书坑儒，以此愚弄百姓，穷奢极欲，无休止地征发劳役，流毒传布中原各国，祸乱蔓延蛮、貊之地。因此才传位二世就绝了祭祀，成全了大汉王业的基础。汉高祖登上帝位，天下太平无事。汉武帝外攘四夷，开疆拓土，推崇阐发礼学，制度典章，在所有君王中位居首位。

正失第二

题解 本篇旨在对“传言失指，图景失形”之类的谬误加以辨析，“故纠其谬曰《正失》也”。如“东方朔”条，传说中东方朔是太白星精，黄帝时为风后、周时为老聃、在越为范蠡，“言其神圣能兴王霸之业，变化无常”。应劭驳斥“其事浮浅，行于众，僮儿牧竖，莫不眩耀。而后之好事者，因取奇言怪语附著之耳，安在能神圣历世为辅佐哉”？又如“叶令祠”条，《后汉书·方术列传》取古仙人王乔名附会为时人，《淮南子·泰族训》又称王乔、赤松子，《淮南子·齐俗训》作王乔、赤诵子，而东汉复有王乔。应劭举王乔事而辨其诬，其识见远高出东汉诸史。又如“淮南王安神仙”条，应劭根据正史《汉书》指出淮南王刘安是因谋反被杀的，升仙之说系无稽之谈，并分析刘安成仙说是“安所养士，或颇漏亡，耻其如此，因饰诈说”。其余各条，应劭纠谬辨诬，多与此同。

原文 孔子曰：“众善焉，必察之；众恶焉，必察之①。”孟轲云：“尧、舜不胜其美，桀、纣不胜其恶②。”传言失指，图景失形③，众口铄金，积毁消骨④，久矣其患之也。是故乐正后夔有一足之论⑤，晋师己亥渡河有三豕之文⑥。非夫大圣至明⑦，孰能原析之乎？《论语》：“名不正则言不顺。”《易》称：“失之毫厘，差以千里⑧。”故纠其谬曰《正失》也。

注释

①此句语本《论语·卫灵公》:“子曰:‘众恶之，必察焉；众好之，必察焉。’”

②今本《孟子》及传世之先秦诸子著作均未载孟轲此言。

③指：同“旨”，意旨。《颜氏家训·书证》:“《孟子》曰:‘图景失形。’”又《孟子外书·孝经篇》:“传言失指，图景失形。言治者尚覈实。”

④众口铄金，积毁消骨：众口一词，能使金属熔化；积累起来的毁谤，能消融骨头。喻舆论力量之大。

⑤乐正：乐官之长。“后夔有一足之论”，详下文。

⑥晋师己亥渡河有三豕之文:《吕氏春秋·察传》云:“子夏之晋，过卫，有读史记者曰:‘晋师三豕涉河。’子夏曰:‘非也，是己亥也。夫“己”与“三”相近,“豕”与“亥”相似。’至于晋而问之，则曰‘晋师己亥涉河’也。”事又见《孔子家语·七十二弟子解》。

⑦大圣：古谓道德最完善、智能最超绝、通晓万物之道的人。

⑧今本《易》不见此语。《汉书·东方朔传》引《易》亦载此文，颜师古注谓为《易纬》中语。《易纬·通卦验》:“故正其本而万物理，失之豪厘，差以千里。”《易纬·坤灵图》:“正其本，万物理，差之豪厘，谬以千里，故君子必谨其始。”

译文

孔子说:“大家认为好的，一定要去考察；大家厌恶的，也一定要去考察。”孟轲说：“尧、舜的美德不胜枚举，桀、纣的恶行数不胜数。”辗转流传的话失去了本来的意旨，画面上的景物有别于原来的形状。众口所责，铁石之物亦能熔化；诽谤不止，足以摧毁人的筋骨。这样的祸患已经很久了。所以乐正后夔有一足之谬传，晋师“己亥”渡河有“三豕”渡河之误解。如果不是最为高明的人，谁能够探究出事情的本源？《论语》上说：“名不正则言不顺。”《易纬》上讲：“失之毫厘，差以千里。”所以纠正其谬误称为《正失》。

乐正后夔一足[①]

原文 俗说：夔一足而用精专，故能调畅于音乐。

谨按：《吕氏春秋》[②]：“鲁哀公问于孔子：‘乐正夔一足，信乎？’孔子曰：‘昔者，舜以夔为乐正，始治六律[③]，和均五声[④]，以通八风[⑤]，而天下服。重黎又荐能为音者[⑥]，舜曰：“夫乐天地之精，得失之节[⑦]，故唯圣人为能和乐之本。夔能和之，平天下，若夔一足矣。”故曰“夔一足”，非一足行。’”

注释

①后夔：相传为舜的乐官之长。《左传·昭公二十八年》：“乐正后夔取之……”杜预注曰：“夔，舜典乐之君长。”《荀子·成相》：“夔为乐正鸟兽服。”

②《吕氏春秋》：杂家著作。战国吕不韦召集门客编成，分八览、六论、十二纪。其十二纪，以春夏秋冬为序，因以“春秋”名其书。又因书中有八览，故别称《吕览》。

③六律：指黄钟、太簇、姑洗、蕤宾、夷则、无射。阳为律，阴为吕，举六律概指六律六吕。《吕氏春秋·察传》高诱注曰：“六律，六气之律，阳为律，阴为吕，合十二也。”

④五声：即五音，指古代五声音阶中的宫、商、角、徵（zhǐ）、羽五个音阶。

⑤八风：八种季候风。《吕氏春秋·有始》云：“何谓八风？东北曰炎风，东方曰滔风，东南曰熏风，南方曰巨风，西南曰凄风，西方曰飂风，西北曰厉风，北方曰寒风。”高诱注曰：“八风，八卦之风也。通和阴阳，故天下大服也。”

⑥重黎：相传为帝颛顼之孙。《吕氏春秋·察传》云：“昔者，舜欲以乐传教于天下，乃令重黎举夔于草莽之中而进之，舜以为乐正。”

⑦节：关键处。

译文 民间传言：夔仅有一足而用心专一，故能使音乐调畅和谐。

谨按:《吕氏春秋》上讲:“鲁哀公问孔子:‘听说舜的乐正夔只有一只脚，是真的吗?’孔子说:‘从前，舜任用夔做乐正，开始制定六律，协调五声，以和谐八风，因而天下完全归服。重黎还想举荐精通音律的人，舜说:“音乐是天地之气的精华，政治得失的关键，所以只有圣人才能使音乐和谐，而和谐是音乐的根本。夔能使音乐和谐，以此平定天下。像夔这样的人，有一个就足够了。”所以说“夔一足”，并不是说夔用一只脚走路。’”

丁氏家穿井得一人

原文 俗说：丁氏家穿井，得一人于井中也。

谨按:《吕氏春秋》①:“宋丁氏无井，常一人溉汲于外②。及自穿井，喜而告人:‘吾穿井得一人。’传之，闻于宋君，公问其故，对曰:‘得一人之使，非得一人于井中也。'"

注释 ①见《吕氏春秋·察传》。穿井得人辨又见《论衡·书虚篇》及《淮南子·览冥训》。

②溉汲：汲水浇地。这里作打水解。

译文 民间传言：丁姓人家挖井，从井中挖出一个人。

谨按:《吕氏春秋》上讲:"宋国的丁氏没有井，常需一人外出打水。等到他家挖了井，就高兴地告诉别人：'我挖井得到一个人。'国人传言这件事，让宋国国君听到了，问他一个究竟，他回答说:'我是说好比多得了一个人力，并不是从井下得到一个人。'"

封泰山禅梁父①

原文 俗说：岱宗上有金箧玉策②，能知人年寿修短。武帝探策得十八③，因倒读曰八十，其后果用耆长④。武帝出玺印石⑤，裁有兆朕⑥，奉车子侯即没其印⑦，乃止。武帝畏恶，亦杀去之[8]。《封禅书》说："黄帝升封泰山，于是有龙垂胡髯下迎黄帝。黄帝上骑，群臣后宫从者七十余人，小臣独不得上，乃悉持龙髯，拔堕黄帝之弓[9]。小臣百姓仰望黄帝不能复，乃抱其弓而号，故后世因曰乌号弓。孝武皇帝时，齐人公孙卿言[10]：'汉之圣者，在高祖之孙；今历正值黄帝之日，圣主亦当上封，则能神仙矣。'"

注释

①封泰山：古代帝王在泰山上筑土为坛以祭天，报天之功，为"封泰山"。禅梁父：在泰山下的梁父山辟场祭地为"禅梁父"。自秦汉以后，历代帝王都把封禅作为国家盛典。梁父，古山名。父，一作"甫"。在今山东泰安东南，西连徂徕山。秦始皇二十八年（前219）、东汉建武中元元年（56）禅梁父，皆在此。

②岱宗：泰山的别称。箧：小箱子。玉策：指仙道之书。策，古代册书的一种，帝王祭祀告天或上尊号用之，用玉简制成。晋左思《魏都赋》："窥玉策于金縢，案图箓于石室。"李善注："玉策，玉牒也。"

③武帝：即汉武帝刘彻。公元前140～前87年在位。汉武帝时期为西汉最强盛时期。元封元年（前110），汉武帝曾去泰山封禅，祀神求仙。

④用：因此。耆长：泛指长寿。耆，本指六十岁以上老人，泛指老人。

⑤玺：印。秦以后专指皇帝的印。石：石刻，碑碣。《史记·秦始皇本纪》："乃遂上泰山，立石。"封建帝王在泰山祭祀时往往勒石纪功。

⑥裁：通"才"。兆朕：也可作朕兆。兆，古代占卜时，占卜者观察龟甲烧灼形成的裂纹，用来判断吉凶，这种裂纹就叫作兆。朕，征兆，迹象。《庄子·应帝王》："而游无朕。"喻事物发展的征兆。

⑦奉车：奉车都尉，官名。汉武帝初置，秩比二千石，掌御乘舆车。子侯：霍去病之子霍嬗，字子侯。

⑧此句《史记·封禅书》《史记索隐》引本书及《新论》作"故杀之"。

⑨此句《史记·封禅书》作"乃悉持龙髯，龙髯拔，堕，堕黄帝之弓"。

⑩公孙卿：齐国方士。事详《史记·封禅书》。

译文 民间传言：泰山上有一个金匣装着的仙道之书，能从中预知人的寿命长短。汉武帝摸到一策，上写"十八"字样，于是倒读作"八十"，之后果然像上面写的那样长寿。汉武帝拿出玉玺印石，刚有了点征兆，奉车都尉霍子侯到后，印迹便没有了，于是废止了这事。汉武帝又怕又恨，所以杀了他。《封禅书》上说："黄帝登上泰山祭天，这时有龙垂下须髯来迎接黄帝。黄帝骑了上去，群臣及后宫跟着骑上去的有七十余人，唯独小臣不能上去，于是都抓住龙须，龙须掉下来，黄帝带的弓也掉了下来。小臣百姓仰望黄帝升天而去不再回来，于是抱住他的弓号啕大哭，后世因此称之为乌号弓。汉武帝时，齐人公孙卿称：'汉朝的圣君为高祖刘邦之孙，现在正与黄帝升天的时日相合，圣主也应当登上泰山祭天，这样就能够成仙了。'"

原文 谨按:《尚书》《礼》:"天子巡守，岁二月，至于岱宗[①]。"孔子称:"封泰山，禅梁父，可得而数七十有二[②]。"盖王者受命易姓，改制应天，天下太平，功成封禅，以告平也[③]。所以必于岱宗者，宗者，长也，万物之宗[④]，阴阳交代[⑤]，云触石而出，肤寸而合[⑥]，不崇朝遍雨天下[⑦]，唯泰山乎。封者，立石高一丈二赤[⑧]，克之曰[⑨]:"事天以礼，立身以义，事父以孝，成民以仁。四守之内[⑩]，莫不为郡县，四夷八蛮，咸来贡职[⑪]。与天无极，人民蕃息，天禄永得[⑫]。"祭上玄尊⑬，而俎生鱼⑭。坛广十二丈，高三尺，阶三等。必于其上，示增高也；克石纪号，著已绩也。或曰：金泥银绳，印之以玺。下禅梁父，礼祠地主⑮，去事之杀，示增广也⑯。禅谓坛墠⑰，当有所与也⑱。三皇禅于绎绎⑲，明己功成而去，德者居之。绎绎者，无所指斥也⑳。五帝禅于亭亭㉑，德不及于皇。亭亭名山，其身禅予圣人。三王禅于梁父，梁者，信也㉒，信父者子，言父子相信与也。

注释

①此句见《尚书·舜典》《礼记·王制》。

②此句言行封禅大典的王者共有七十二家。《史记·封禅书》："管仲曰：'古者封泰山、禅梁父者七十二家，而夷吾所记者十有二焉。'"

③告平：告诉上天天下太平。

④宗：统领。

⑤阴阳：昼夜。交代：交替。

⑥肤寸：均为古代长度单位，一指为寸，四指为肤。《公羊传·僖公三十一年》："触石而出，肤寸而合。"何休注曰："侧手为肤，按指为寸。"

⑦崇朝（zhāo）：终朝，从天亮到早饭时。有时喻时间短暂，犹言一个早晨。崇，通"终"，终了。《诗经·鄘风·蝃

蝀》:“朝隮于西，崇朝其雨。”毛传:“崇，终也。从旦至食时为终朝。”

⑧赤：通“尺”。

⑨克：通“刻”。

⑩四守：犹言四方。

⑪贡职：贡赋，贡品。

⑫天禄：天赐的福禄。

⑬玄：祭祀用的酒水。尊：酒器。

⑭俎：盛祭品的礼器。《荀子·礼论》云:“大飨，尚玄尊，俎生鱼，先大羹，贵食饮之本也。”

⑮地主：为迷信传说中的八神之一。《史记·孝武本纪》载武帝“礼祠八神”。八神分别为天主、地主、兵主、阴主、阳主、月主、日主、四时主。

⑯示增广也:《史记正义》引《晋太康地记》云:“为坛于太山以祭天，示增高也；为墠于梁父以祭地，示增广也。”天以高为尊，故示以增高；地以厚为德，故示以增广。

⑰墠:“禅”之本字，与“禅”通。《后汉书·光武帝纪下》:“辛卯，柴望岱宗，登封太山；甲午，禅于梁父。”李贤注:“封谓聚土为坛，墠谓除地而祭。改墠为禅，神之也。”

⑱与：赐予。

⑲绎绎：山名，在今山东邹城东南。《白虎通义·封禅》:“何

以三皇禅于绎绎之山？明已成功而去，有德者居之，绎绎者无穷之意也。”绎绎，或作“云云”。《御览》卷五三六引《礼记·逸礼》：“三皇禅云云，盛意也。”

⑳斥：指明。

㉑亭亭：传说中的山名，无确考。

㉒信：通“伸”，延续、延伸。

译文 谨按：《尚书》《礼记》上讲：“天子巡察四方，二月间到达岱宗。”孔子说：“封泰山，禅梁父，可考知行封禅大典的王者，共有七十二家。”这是因为王者接受天命，改朝换姓，适应天命，功成封禅，来报告太平。之所以要在泰山封禅，是因为宗即居于首位，是万物之本源，昼夜交替，云气贴着石缝冒出来，一点一点汇合成大雨，不到一个早晨就能普降于天下，只有泰山了。在泰山上垒土筑坛，立起一块高一丈二尺的石碑，在上面刻着：“用礼来侍奉上天，用义来立身处世，用孝来奉养父母，用仁来统治民众。境内四方，没有不设置为郡县的，周边的少数民族，都来呈上贡品。功德与天一样浩大无边，人民繁衍生息，永远得到上天赐予的福禄。”祭祀时奉上盛满酒水的尊和摆上生鱼的俎。坛宽十二丈，高三尺，台阶三级。

一定要在这上面举行封禅大典，以显示增高；勒石纪功，以昭彰自己的功绩。有人说：以金为泥，以银为绳，盖玺印封缄。禅于梁父山下，以礼祭祀地主神，除掉衰败的枯草，以显示增广。禅谓垒土为坛，除草地而祭，上天当有所赐予。三皇禅于绎绎，显示自己的功绩而后离去，有德之人居住在那里。绎绎是连绵不绝的意思。五帝禅于亭亭之山，功德赶不上三皇。用亭亭为山命名，表示自己禅位给圣人。三王在梁父山封禅，梁，意即延续，延续父亲的是儿子，这是说父子相继。

原文 孝武皇帝封广丈二尺，高九尺，其下有玉牒书[①]，书秘[②]。江、淮间一茅三脊为神藉[③]，五色土益杂封[④]，纵远方奇兽飞禽及白雉，加祠兕牛犀象之属[⑤]，其赞享曰[⑥]："天增授皇帝泰元神策[⑦]，周而复始，皇帝敬拜泰一。"其夜有光如流星，昼有白云起封中。于是作明堂汶上[⑧]，令诸侯各治邸。车驾前后五至祠[⑨]，以元鼎六年告封，改为元封，武帝已年四十七矣，何缘反更得十八也？就若所云，明神祸福，必有征应，权时倒读[⑩]，焉能诞招期乎？奉车子侯，骖乘弄臣[⑪]，不预封事，何因操印没石？乃正暴病而死，悼惕无已[12]。又言武帝与仙人对博，棋没石中，马蹄迹处，于今尚存，虚妄若此，非一事也。

注释

①玉牒书：帝王封禅所用的文书，写在简牒上，用玉作装饰。

②书秘：书写隐秘的内容。

③一茅三脊：三节的白茅。藉：衬垫。《周易·大过卦》云："藉用白茅。"

④杂：五彩颜色的土相错杂。

⑤兕（sì）：指古代犀牛一类的兽名，兕的形状似牛，全身长着黑色的毛，头上只长着一只角。

⑥享：用食物供奉鬼神。

⑦泰元：泰一。神名，为天神中最尊贵的一种。神策：卜筮所用的蓍草。

⑧明堂：古代帝王宣明政教的殿堂。汶（wèn）：水名，即今大汶河。在今山东省济南市莱芜区至梁山县一带，中经奉高城西南。

⑨车驾前后五至祠：汉武帝曾在元封元年、元封二年、太初元年、太初三年、征和四年前后五次封禅祭祀。

⑩权时：暂时。

⑪弄臣：宠臣。

⑫悼惕：忧伤恐惧。

译文 汉武帝建祭坛一座，宽一丈二尺，高九尺，坛下埋藏着武帝给仙人的玉牒文书，内容十分隐秘。用江、淮地区出产的三节白茅作为摆放祭品的衬垫，用五色土掺杂在一起祭祀，广用远方奇兽飞禽及白毛野鸡等祭祀，又增加兕牛犀象等动物。祭飨赞文上说："上天增加给皇帝泰元神策，周而复始，皇帝虔诚祭拜泰一神。"这天夜里有一道光如流星划过，白天有白云从祭天的高坛中飘出。于是武帝在汶水边上建立明堂，命令诸侯分别修建邸舍。皇帝车驾前后五次前往祭祀，因在元鼎六年宣告封禅，故年号改为元封元年，武帝年已四十七岁，有什么根据占得十八这一寿数呢？即使像前面所说，神灵预示祸福一定有所征兆应验，暂时倒读，怎么能得到所期望的年寿呢？奉车都尉霍子侯是掌御乘舆车的弄臣，不参与封禅之事，凭什么说是因他的到来印迹便没有了呢？实际上是霍子侯暴病身亡，武帝忧惧不已。又说汉武帝与仙人对弈，棋子没入石中，马蹄留下的痕迹，至今尚存，像这样的无稽之谈，不一而足。

原文 予以空伪[①]，承乏东岳[②]，忝素六载[③]，数聘祈祠[④]，咨问长老贤通上泰山者云，谓玺处克石，文昧难知也，殊无有金箧玉牒探筹之事。《春秋》以为“传闻不如亲见⑤”，亲见之人，斯为审矣⑥。传曰：“五帝圣焉死，三王仁焉死，五伯智焉死⑦。”其陨落崩薨之日，不能咸至百年。《诗》云：“三后在天⑧。”《论语》曰：“古皆没⑨。”《太史记》：“黄帝葬于桥山⑩。”骑龙升天，岂不怪乎？乌号弓者，柘桑之林⑪，枝条畅茂，乌登其上，下垂著地，乌适飞去，从后拨杀，取以为弓，因名乌号耳⑫。

注释

①空伪：谓徒有虚名。此与下面的“承乏”“忝素”均为自谦之辞。

②承乏：因人才缺乏而勉强承担。东岳：泰山别称。应劭曾任泰山太守。

③忝（tiǎn）素：此谦称任职。忝，辱；素，素餐，白吃闲饭。

④聘：经历。祈祠：祭祀，祈祷。

⑤传闻不如亲见：《春秋公羊传·隐公元年》：“所见异辞，所闻异辞，所传闻异辞。”应劭引《春秋》即本此。

⑥审：明白。

⑦“五帝圣焉死”几句：《战国策·秦策三》载范雎语：“五帝之圣焉而死，三王之仁焉而死，五伯之贤焉而死，乌获之力焉而死，贲、育之勇焉而死。死者，人之所必不免也。”语又

见《史记·范雎蔡泽列传》。

⑧三后在天：见《诗经·大雅·下武》。三后，指周朝的古公亶父、季历、文王。后，王。

⑨古皆没:《论语·颜渊》云:“自古皆有死。”即应劭所本。没，通“殁”，死。

⑩桥山：山名，在今陕西黄陵西北。《史记·五帝本纪》载：“黄帝崩，葬桥山。”

⑪柘（zhè）桑：亦名黄桑，桑科。

⑫《淮南子·原道训》高诱注曰:“乌号，柘桑，其材坚劲，乌峙其上，及其将飞，枝必桡下，劲能复巢，乌随之。乌不敢飞，号呼其上。伐其枝以为弓，因曰乌号之弓也。”

译文

我凭借虚名，暂且充任泰山太守之职，尸位素餐六载，多次经历祭祀祈祷之事，向曾登过泰山的长老贤达询问，都说玺印刻石文字模糊难辨，绝无金匣玉牒抽签问寿之事。《春秋》上讲“道听途说不如亲眼目睹”，亲眼目睹的人自当明白。经传上说：“像五帝这样圣明的君王也死了，三王这样仁慈的君主也死了，五霸这样贤能的诸侯也死了。”他们的寿数，都到不了一百岁。《诗经》上说：“三后在天。”《论语》上说：“自古人都难逃一死。”《太史记》上记载：“黄帝葬在桥山。”骑龙升天之说，岂不是怪谈吗？乌号弓这一称呼的来历，讲的是柘桑树林，枝繁叶茂，乌鸦在上面栖息，枝的下端垂于地面，乌鸦刚飞离，枝条从后弹拨，将其打死，取柘桑枝条作为弓，因此称之为乌号弓。

叶令祠

原文 俗说孝明帝时①，尚书郎河东王乔迁为叶令②，乔有神术，每月朔常诣台朝③。帝怪其来数而无车骑④，密令太史候望。言其临至时，常有双凫从东南飞来⑤。因伏伺，见凫举罗张之⑥，但得一双舄耳⑦。使尚方识视⑧，四年中所赐尚书官属履也⑨。每当朝时，叶门下鼓不击自鸣，闻于京师。后天下一玉棺于厅事前⑩，令臣吏试入，终不动摇。乔曰：“天帝独欲召我。”沐浴服饰，寝其中，盖便立覆。宿夜葬于城东，土自成坟。其夕县中牛皆流汗吐舌，而人无知之者。百姓为立祠，号叶君祠。牧守班录⑪，皆先谒拜，吏民祈祷，无不如意，若有违犯，立得祸。明帝迎取其鼓，置都亭下⑫，略无音声，但云“叶”⑬。太史候望，在上西门上⑭，遂以占星辰，省察气祥。言此令即仙人王乔者也。

注释

①孝明帝：汉明帝刘庄，公元58~75年在位。

②尚书郎：官名。东汉之制，取孝廉中有才能者入尚书台，在皇帝左右处理政务，初入台称守尚书郎中，满一年称尚书郎。河东：古地区名，指今山西省西南部。王乔：仙人名。《后汉书》有传，《列仙传》说是古仙人王子乔的化身。叶：古县名，汉属南阳郡，故地在今河南叶县南。

③朔：夏历每月初一。台朝：官署名。即尚书台，又称中台。东汉设置。

④数：频繁。

⑤凫（fú）：水鸟名，俗名野鸭。

⑥罗：捕鸟的网。

⑦舄（xì）：鞋的总称。

⑧尚方：古官名。《续汉书·百官志》：“尚方令一人，六百石，掌上手工，作御刀剑诸好器物。”

⑨四年：汉明帝永平四年，即公元61年。

⑩厅事：即听事，官府治事之所。

⑪班录：分发俸禄，此处当指上任。班，分发。录，通“禄”。

⑫都亭：都邑中的传舍。秦法，十里一亭，郡县治所则置都亭。

⑬但云“叶”：此三字疑为衍文。《后汉书·王乔传》中无此三字。

⑭上西门：洛阳城有十二门，一方三门，西面北门曰“上西门”。

译文 民间传言汉明帝时，尚书郎河东人王乔外调为叶县令。王乔有神仙之术，每月初一常从县里来到尚书台。汉明帝奇怪王乔来得频繁却不见他乘车骑马，秘密命令太史守候侦察他。太史称王乔要到的时候，就有一对野鸭从东南方飞来。于是埋伏等候，看见那对野鸭飞来就举起网去捕捉，只不过得到一双鞋子。派尚方令前往辨认，原来是汉明帝永平四年赐给尚书官属的鞋子。每次上朝时，叶县城门下的鼓不击自鸣，声音传到京师。后来天上落下一具玉棺，落在听事前，命令臣属官吏试着躺进去，但始终弄不动它。王乔说：“天帝只召见我。”于是洗了澡，换上衣服，睡在里面，棺盖于是自己盖上。当夜葬在城东，泥土自动堆成坟冢。这天夜里县里的牛都流汗吐舌，而大家毫无所知。百姓为他立祠，称为叶君祠。州郡长官上任时，都先谒拜，吏民祈求保佑，莫不如愿，若有违犯，马上遭受祸殃。汉明帝将叶县城门下的鼓迎接过来，放置在都亭下，结果没有一点声响。太史守候侦察，站在上西门上，于是占卜星辰，审察天气祥瑞。说此县令即仙人王乔。

原文

谨按:《春秋左氏传》[1]：叶公子高，姓沈名诸梁，古者，令曰公，忠于社稷，惠恤万民，方城之外[2]，莫不欣戴。白公胜作乱[3]，杀子西、子期[4]，劫惠王以兵[5]。叶公自叶而入[6]，至于北门，或遇之曰:“君胡不胄？国人望君如望慈父母焉。盗贼之矢若伤君，是绝民望也。若之何不胄?”乃胄而进。又遇一人曰:“何为胄？国人望君如望岁焉[7]，日日以几[8]。若见君面，是得艾也[9]。人知不死，其亦无有奋心，犹将旌君以徇于国[10]，而又掩面，以绝民望，不亦甚乎?”乃免胄而进之[11]，与国人攻白公。白公奔山而逝，生烹石乞[12]，迎反惠王，整肃官司，退而老于叶。及其终也，叶人追思而立祠。功施于民，以劳定国，兼兹二事，固祠典之所先也[13]。此乃春秋之时，何有近孝明乎？

注释

①《春秋左氏传》：以下叙事本《左传·哀公十六年》。

②方城：山名，在今河南叶县南。据传，春秋时楚人曾沿方城山修筑长城，拒御中原诸侯国势力南侵。

③白公胜：春秋时楚国大夫。名胜，楚平王之孙，亦称王孙胜。其父太子建因被陷害而出走。他随伍子胥出走到吴，后被召回，任巢大夫，号白公。楚惠王十年（前479），他起兵杀死令尹子西、司马子期，控制楚都。后被叶公打败，自缢而死。

④子西：名申。楚平王庶弟，惠王时为楚国令尹，掌军政大权。后与子期合立楚惠王。子期：名结，楚昭王庶兄。惠王时为楚国司马。

⑤惠王：名章，楚昭王之子，公元前488～前432年在位。

⑥《淮南子·道应训》载："九日叶公入。"

⑦望岁：盼望收成。《左传》杜预注曰："岁，年谷也。"

⑧以几：盼望你来。几，通"冀"，企望。

⑨艾（yì）：通"乂"，安定。

⑩旌：表扬，宣扬。徇：展示。

⑪之：疑为衍文，《左传》无。

⑫石乞：白公胜的党徒。

⑬祠典：祀典。有关祭祀的典制。

译文 谨按:《春秋左氏传》上记载:叶公子高,姓沈名诸梁,古时候尊称县令为公,他忠于国家,爱护体恤万民,方城之外,没有不欢欣拥戴的。白公胜作乱,杀掉了令尹子西、司马子期,依仗兵力劫持了楚惠王。叶公从叶县进入楚都,来到北门,有人遇上他说:"您为什么不戴上头盔?国人盼望您就像盼望慈爱的父母。盗贼的箭如果伤害您,这就使百姓绝望了。为什么不戴上头盔?"于是叶公戴上头盔前进。又遇见一个人说:"您为什么戴上头盔?国人盼望您就像盼望一年的收成,天天盼望您来。如果见到您的面,他们就会安心的。百姓知道不再有生命危险,他们无不有奋战的决心,还要在都城里把您的功勋向众人宣扬,可是您却把脸遮掩起来,让民众绝望,不也太过分了吗?"于是叶公脱下头盔前进,与国人一起攻打白公胜。白公胜逃到山上上吊而死,叶公于是活活烹煮了石乞,迎回楚惠王,整肃吏治,然后在叶地退休终老。等到他去世,叶地民众怀念他,为他立祠祭祀。有功于民,劳心劳力安定国家,兼有这两件功勋,这自然是祀典首先考虑的。上面讲的是春秋时的事情,怎么扯到汉明帝时期呢?

原文 《周书》称[①]：灵王太子晋，幼有盛德，聪明博达[②]，师旷与言[③]，弗能尚也[④]。晋年十五，顾而问曰："吾闻大师能知人年之短长也。"师旷对曰："女色赤白，女声清[⑤]，女色不寿[⑥]。"晋曰："然。吾后三年，将上宾于天[⑦]，女慎无言，祸将及女。"其后太子果死。孔子闻之曰："惜夫杀吾君也。"后世以其自豫知其死[⑧]，传称王子乔仙。或人问仙，扬雄以为："虙羲、神农、黄帝、尧、舜殒落，文王葬毕[⑨]，孔子葬鲁城之北，独不爱其死乎？知非人之所能也。生乎生乎，吾恐名生而实死也。"

注释 ①《周书》称：以下叙事见《逸周书·太子晋》。《周书》，即《逸周书》，古文献汇编，内容主要属周代。

②此三句今本《逸周书》不载，疑为佚文。

③师旷：晋国盲乐师，以辨博贤明著称。

④尚：加，超过。

⑤此二句《逸周书》作"女声清汗，女色赤白"。女：同"汝"。

⑥女色不寿：女,《逸周书·太子晋》作"火"。《潜夫论·相列》："故师旷曰：'赤色不寿。'火家性易灭也。"赤色即火色。

⑦上宾：谓作客于天帝之所。指帝王去世。

⑧豫：通"预"，预先。

⑨毕：周国名，在今陕西咸阳北毕原。周文王所葬地，在今咸阳市西北。

译文 《逸周书》上记载：周灵王的太子晋，年少时有美好的德行，聪明博学多才，师旷与他交谈，超过不了他。太子晋十五岁时，见到师旷问道："我听说大师您能预测人的寿数长短。"师旷回答说："你的脸色赤白如火，声音清散，你看起来寿命不长。"太子晋说："是这样的。我再过三年，将做客天庭，你千万不要说出去，不然灾祸将降临到你头上。"这之后太子晋果然死了。孔子听说了这件事，说："可惜啊，杀了我们的君王。"后世因太子晋能预料自己的死期，传言他是仙人王子乔。有人询问成仙之事，扬雄认为："伏羲氏、神农氏、黄帝、尧、舜已死，周文王葬在毕，孔子葬在鲁城之北，他们难道不爱惜生死吗？是知道生与死非人力所能为。生啊生啊，恐怕所谓成仙的人虽有活着的名声而实际上已死掉了。"

原文 国家畏天之威[①]，思求谴告，故于上西门城上候望，近太史寺[②]，令丞躬亲[③]，灵台位国之阳[④]，又安别在宫中？惧有得失，故参之也。何有伺一飞凫，遂建其处乎？世之矫诬[5]，岂一事哉！

注释

①国家：此指天子，即汉明帝。汉代人常称天子为国家。

②太史寺：官署名。掌记载史事、编写史书、起草文书，兼管国家典籍和天文历法等。

③令丞：汉代设太史令、丞各一人。《续汉书·百官志》："太史令一人，六百石。"

④灵台：观测星象气候之台。《后汉书·光武纪》下李贤注引《汉官阁疏》："灵台高三丈，十二门。天子曰灵台，诸侯曰观台。"《文选·闲居赋》李善注引陆机《洛阳记》云："灵台在洛阳南，去城三里。"

⑤矫诬：谓假借名义以行诬罔；虚妄。

译文

汉明帝害怕天的神威，想派遣合适的人报告上天，所以在上西门城上侦察。靠近太史寺，令、丞二人亲自察看。灵台在洛阳城南，怎么又说它设在宫城之中？天子害怕有什么得失，所以参验此事。哪里会为了侦察一只野鸭，在此地建立灵台呢？世上虚妄不实之谈，不一而足！

燕太子丹

原文 燕太子丹仰叹，天为雨粟，乌白头，马生角，厨中木象生肉足①，井上株木跳度渎②。俗说：燕太子丹为质于秦，始皇执欲杀之，言能致此瑞者，可得生活。丹有神灵，天为感应，于是遣使归国。

谨按:《太史记》③：燕太子质秦，始皇遇之益不善，丹恐而亡归。归求勇士荆轲、秦武阳④，函樊於期之首⑤，贡督亢之地图⑥。秦王大悦，礼而见之。变起两楹之间⑦，事败而荆轲立死。始皇大怒，乃益发兵伐燕。燕王走保辽东，使使斩丹以谢秦，燕亦遂灭。丹畏死逃归耳，自为其父所戮，手足圮绝⑧，安在其能使雨粟，其余云云乎？原其所以有兹语者，丹实好士，无所爱吝也，故闾阎小论饰成之耳⑨。

注释 ①厨：柜子。木象：即木刻的人像。象，人像。

②株木：树桩。渎：小水沟。

③燕太子丹事见《史记·刺客列传》。应劭所引多有省略。

④荆轲：战国末卫国人。后被燕太子丹尊为上卿，派他去刺杀秦王政（即秦始皇），事败身死。秦武阳：或作“秦舞阳”。

战国末燕国人，年少杀人，勇武有力，荆轲谋刺秦王，他充任副使。事败亦被杀。

⑤樊於期：战国末期人。本为秦将，逃于燕国，秦王政曾“购之金千斤，邑万家”。燕太子丹派荆轲谋刺秦王时，荆轲请求以樊於期首级和督亢地图作为进献秦王的礼物，以便行刺。太子丹不允，荆轲就自己去见樊於期，告之自己的计划，樊於期立即就自杀了。

⑥督亢：古地区名。在今河北涿州东，跨涿州、固安、新城等县界。中有陂泽，周五十余里，支渠四通，富灌溉之利。战国时为燕国著名的富饶地带。

⑦两楹之间：此指秦庭。两楹，房屋正厅当中的两根柱子。两楹之间是房屋正中所在，为举行重大仪式和重要活动的场所。

⑧圮（pǐ）：毁坏。

⑨闾阎：闾、阎均为古代的一种居民组织单位，泛指民间。饰：巧饰。

译文 燕太子丹朝天仰叹，天因此落下粟米，乌鸦头上的羽毛变白，马长出头角，厨门上的木像长出肉足，井上的树桩跳过小水沟。民间传说，燕太子丹在秦国做人质，秦王抓住他想把他杀掉，说如果能招致上面所讲的祥瑞之事，可继续活下去。太子丹有神灵保佑，天为之感应，秦王于是遣送他回国。

谨按:《太史记》上说：燕太子丹在秦做人质，秦王待他越来越不好，太子丹害怕逃了回来。回来后找到勇士荆轲、秦武阳，用匣子装着樊於期的头，并呈上督亢地图。秦王大为高兴，有礼节地接见他们。祸变起于秦庭，谋刺失败荆轲立即被杀死。秦王大怒，于是增派军队攻打燕国。燕王退保辽东，派人斩杀太子丹向秦国谢罪，燕国也由此败亡。太子丹是怕死逃回燕国的，自己被父王喜所杀，手足断绝，怎么说他能招致天落粟米这类祥瑞呢？推究之所以有这些传闻，是因为太子丹喜好结交宾客，不吝惜家财，所以民间一些人夸饰成这类传闻罢了。

孝文帝

原文 孝成皇帝好《诗》《书》[①]，通览古今，闲习朝廷仪礼[②]，尤善汉家法度故事[③]，常见中垒校尉刘向[④]，以世俗多传道：孝文皇帝[5]，小生于军，及长大有识，不知父所在，日祭于代东门外[6]。高帝数梦见一儿祭己[7]，使使至代求之，果得文帝，立为代王。及后征到，后期，不得立，日为再中。及即位为天子，躬自节俭，集上书囊以为前殿帷，常居明光宫听政[8]，为皇太薄后持三年服[9]，庐居枕块如礼[10]，至以发大病，知后子不能行三年之丧，更制三十六日服。治天下，致升平，断狱三百人，粟升一钱。“有此事不?”向对曰：“皆不然。”

注释

①孝成皇帝：即汉成帝刘骜。公元前32～前6年在位。《书》：指《尚书》。

②闲：通“娴”。熟悉，熟练。

③故事：先例，旧时典章制度。

④常：通“尝”。中垒校尉：官职名。西汉置，掌北军营垒之事。刘向：西汉著名学者。字子政，沛（今江苏沛县）人。楚元王刘交四世孙，历经宣帝、元帝、成帝三朝，曾任光禄大夫、中垒校尉等官。有《新序》《说苑》等著作存世。

⑤孝文皇帝：即汉文帝刘恒，公元前180～前157年在位。执行“与民休息”的政策，农业生产有所恢复发展。又削弱诸侯王势力，以巩固中央集权。他同景帝统治时期，称为“文

景之治”。

⑥代：汉初同姓九国之一。汉高帝六年（前201），以云中、雁门、代三郡五十三县置代国，都代县（今河北蔚县东北）；十一年，去云中郡，益太原郡，并徙都中都（今山西平遥西南），一说徙都晋阳（今太原市南）。

⑦高帝：即汉高祖刘邦。

⑧明光宫：汉官名。汉武帝时建，属北宫，尚书在此殿奏事。

⑨皇太薄后：汉高祖的妃嫔，汉文帝刘恒生母。刘恒即位后，尊为皇太后。

⑩庐居：在墓旁结庐服丧。枕块：古时居丧期间将土块枕于枕下，以事孝道。

译文

孝成皇帝喜好《诗》《书》，博古通今，熟悉朝廷礼仪，尤其是汉朝典章制度，曾经接见中垒校尉刘向，因为民间多有传言：孝文皇帝从小生长在军中，到长大懂事时，不知父亲在哪里，每天在代国都城的东门外祭告。高帝几次梦见一个男孩祭告自己，派人到代国找他，果然找到了文帝，将他立为代王。后来征召入京时，误期，不得立为天子，太阳便再次回到当空位置。即位为天子后，文帝自身节俭，收集上书用的袋子作为前殿帷帐，常住在明光宫听政。替皇太薄后服三年孝，居住在墓庐中，按丧礼枕着土块，以至于生了大病，知道后宫之子不能行三年的丧礼，改为服丧三十六天。治理天下达到太平，断案仅三百人，粟一升仅一钱。“有这等事不？”刘向回答说：“这些说法都不对。”

原文 谨按：汉高三年，魏王豹叛汉附楚[1]，汉使大将韩信击虏豹姬薄夫人[2]，传诣雒阳织室[3]。汉王见薄姬，内后宫，幸之，生文帝，二年而为王者子，常居宫阙内，不弃捐军中，祭代东门。高皇后八年后九月己酉夕即位[4]，就未央[5]，幸前殿，下赦令，即位时以昏夜，日不再中。文帝虽节俭，未央前殿至奢，雕文五采，画华榱璧珰[6]，轩槛皆饰以黄金，其势不可以书囊为帷，奢俭好丑，不相副侔[7]。又文帝以后七年六月己亥崩未央宫[8]，在时平常听政宣室[9]，不居明光宫。及皇太薄后以孝景二年四月壬子薨，葬南陵[10]，文帝先太后崩，不为皇太薄后持三年服。文帝遵汉家，基业初定，重承军旅之后，百姓新免于干戈之难，故文帝宜因修秦余政教，轻刑事少，与之休息，以俭约节欲自持。初开籍田[11]，躬劝农耕桑，务民之本。即位十余年，时五谷丰熟，百姓足，仓廪实，蓄积有余。然文帝本修黄、老之言[12]，不甚好儒术，其治尚清净无为。以故礼乐庠序未修，民俗未能大化，苟温饱完给，所谓治安之国也。其后匈奴数犯塞，侵扰边境，单于深入寇掠，贼害北地都尉[13]，杀略吏民，系虏老弱，驱畜产，烧积聚，候骑至甘泉[14]，烽火通长安，京师震动，无不忧懑。是时，大发兴材官骑士十余万军长安[15]，帝遣丞相灌婴击匈奴[16]，文帝自劳兵至太原、代郡。由是北边置屯待战，设备备胡，兵连不解，转输骆驿[17]，费损虚耗，因以年谷不登[18]，百姓饥乏，谷籴常至石五百，时不升一钱。前待诏贾捐之为孝元皇帝言[19]："太宗时民赋四十[20]，断狱四百余。"

案：太宗时民重犯法，治理不能过中宗之世[21]。地节元年[22]，天下断狱四万七千余人。如捐之言，复不类。前世断狱，皆以万数，不三百人。文帝即位二十三年，日月薄蚀[23]，地数震动，毁坏民庐舍，关东二十九山，同日崩溃，水出，河决酸枣[24]，大风坏都，雨雹如桃李，深者厚三尺，狗马及人皆生角，大雪，蝗虫。文帝下诏书曰[25]："间者，阴阳不调，日月薄蚀，年谷不登，大遭旱蝗饥馑之害，谪见天地[26]，灾及万民。丞相、御史议可以佐百姓之急。"推此事类，似不及中宗之世，不可以为升平。上曰：“吾于临朝统政施号令何如?”向未及对，上谓向：“校尉帝师傅，耆旧洽闻，亲事先帝，历见三世得失。事无善恶，如闻知之，其言勿有所隐。”向曰：“文帝时政颇遗失，皆所谓悔吝小疵耶[27]。尝辇过郎署，问中郎冯唐以赵将廉颇、马服[28]。唐言：‘今虽有此人，不能用也。’推辇而去，还归禁中，召责让，唐顿首陈言：‘闻之于祖父，道廉颇、李牧为边将[29]，市租诸入皆输莫府[30]，而赵王不问多少，日击牛酾酒[31]，劳赐士大夫，赏异有加，故能立威名。今臣窃闻云中太守魏尚[32]，边之良将也，匈奴常犯塞为寇，尚追之，吏士争居前，乐尽死力。斩首上功，误差数级，下之吏，尚竟抵罪。由是言之，虽得廉颇、李牧不能用也。’及河东太守季布治郡有声[33]，召欲以为御史大夫，左右或毁言使酒，后不用，布见辞去，自陈曰：‘臣幸得待罪河东，无故而见征召，此人必有以臣欺国者，既到无用，此人亦有以毁伤臣者。今以一人言则进之，以一人言则退之，臣恐天下有以见朝廷短也。’上有惭色，卒遣布之官。及太中大夫邓通[34]，以佞幸吮痈见爱，拟于至亲，赐以蜀郡铜山，令得铸钱。通私家之富，侔于王者、封君。又为微行，数幸通家。

文帝代服衣罽[35]，袭毡帽[36]，骑骏马，从侍中、近臣、常侍、期门、武骑猎渐台下[37]，驰射狐兔，毕雉刺彘[38]。是时，待诏贾山谏以为[39]：'不宜数从郡国贤良吏出游猎，重令此人负名，不称其举[40]。'及太中大夫贾谊亦数谏止游猎，是时，谊与邓通俱侍中同位，谊又恶通为人，数廷讥之，由是疏远，迁为长沙太傅。既之官，内不自得，及渡湘水，投吊书曰：'阘茸尊显[41]，佞谀得意。'以哀屈原离谗邪之咎[42]，亦因自伤为邓通等所愬也[43]。"成帝曰："其治天下，孰与孝宣皇帝？"向曰："中宗之世，政教明，法令行，边境安，四夷亲，单于款塞[44]，天下殷富，百姓康乐，其治过于太宗之时，亦以遭遇匈奴宾服，四夷和亲也。"上曰："后世皆言文帝治天下几至太平，其德比周成王，此语何从生？"向对曰："生于言事。文帝礼言事者，不伤其意，群臣无小大，至即便从容言。上止辇听之，其言可者称善，不可者喜笑而已。言事多褒之，后人见遗文则以为然。世之毁誉，莫能得实，审形者少，随声者多，或至以无为有。故曰：'尧、舜不胜其善，桀、纣不胜其恶。'桀、纣非杀父与君也，而世有杀君父者，人皆言无道如桀、纣，此不胜其恶。故若文帝之仁贤，不胜其善，世俗褒扬，言其德比成王，治几太平也。然文帝之节俭约身，以率先天下，忍容言者，含咽臣子之短[45]，此亦通人难及，似出于孝宣皇帝者也。如其聪明远识，不忘数十年事，制持万机，天资治理之材，恐文帝亦且不及孝宣皇帝。”向以为如此。及世间言文帝小生于军中，长大祭代东门外，使者求得之，因立为代王，征当即位，后期，日为之再中，集上书囊以为前殿帷，常居明光宫听政，为薄太后持三年服，治天下，致升平，断狱三百人，粟一升一钱，凡此十余事，皆俗人所妄传，言过其实，及傅会，或以为前皆非是[46]，如刘向言。

注释

①魏王豹叛汉：事见《史记·魏豹彭越列传》。魏王豹，即魏豹，原魏国公子，魏王魏咎弟。咎败亡后，自立为魏王。旋引兵从项羽入关，封西魏王，都平城。后刘邦还定三秦，以国属汉，后复叛汉。

②韩信：汉初诸侯王。淮阴（今江苏省淮安市淮安区）人。初属项羽，继归刘邦，被任为大将。楚汉战争时，刘邦采纳其策，攻占关中。后刘邦封他为齐王。不久率军与刘邦会合，击灭项羽于垓下（今安徽灵璧南）。汉立，改封楚王。后降为淮阴侯。又被告与陈豨谋反，为吕后所杀。

③雒阳：秦置县，汉时为河南郡治所，东汉定都于此，三国

魏改“雒”为“洛”。织室：织作之室。《汉书·宣帝纪》注引应劭曰：“旧时有东西织室，织作文绣郊庙之服。”

④后九月：即闰九月。当时以十月为岁首，至九月则岁终，闰月置岁末。

⑤未央：未央宫。遗址在今陕西西安西北汉长安故城内西南隅。汉高祖七年（前200），丞相萧何筑，立东阙、北阙、前殿、武库、太仓，周围二十八里。宫成后常为朝见之处。

⑥榱（cuī）：即椽，放在檩上支持屋面和瓦片的木条。璧珰：以玉为椽头。

⑦侔（móu）：等同，相同。

⑧后七年六月：原为“后元六年”，误。《史记·孝文本纪》载：“后七年六月己亥，帝崩于未央宫。”今据改。

⑨宣室：未央宫前殿正室名。

⑩南陵：古县名。治所在今陕西西安东南太康村。因汉文帝生母薄太后葬于此，陵号“南陵”，故名。

⑪开籍田：古代的一种礼仪。春耕开始时，帝王亲耕于划定的田地，收获以奉祀宗庙，且寓劝农之意。

⑫黄、老之言：黄帝、老子的学说，崇清心寡欲、无为而治。

⑬北地：秦置郡，西汉沿置，治马岭（今甘肃庆阳西北）。都尉：武官名。秦和汉初于郡设郡尉，辅佐郡守，并掌管全郡军事。汉景帝时改郡尉名为都尉。《史记·匈奴列传》：“汉

孝文皇帝十四年，匈奴单于十四万骑入朝那、萧关，杀北地都尉卬，虏人民畜产甚多，遂至彭阳。使骑兵入烧回中宫，候骑至雍甘泉。”

⑭甘泉：甘泉宫，在今陕西淳化西北甘泉山。

⑮材官：秦汉始置的一种地方预备兵兵种。

⑯灌婴：汉初大臣，睢阳（今河南商丘南）人。初从刘邦转战各地，后从韩信击破齐军，并攻杀项羽。刘邦称帝后，灌婴任车骑将军，封颍阴侯，后与陈平、周勃平定吕氏之乱，迎立文帝，任太尉，不久为丞相。

⑰骆驿：同“络绎”，延绵不绝貌。

⑱“谷”字前原有“岁”字，今据王利器《风俗通义校注》删。

⑲待诏：官名。汉代征士凡特别优异的待诏于金马门，称为待诏。《汉书·哀帝纪》注引应劭曰：“诸以材技征召，未有正官，故曰待诏。”贾捐之：字君房，贾谊曾孙，时为待诏。

⑳太宗：即汉文帝，庙号太宗。

㉑中宗：即汉宣帝，庙号中宗。

㉒地节元年：公元前69年。地节为汉宣帝年号。

㉓薄：晦暗。《史记·天官书》：“日月薄蚀。”裴骃《集解》：“孟康曰：‘日月无光曰薄。’韦昭曰：‘气往迫之为薄，亏毁为蚀。’”据《汉书·五行志》：文帝二年十一月癸卯、三年十月丁酉、十一月丁卯、后四年四月丙寅、后七年正月辛未发生

日食。

㉔酸枣：古县名。春秋郑邑，秦置县。治所在今河南延津西南。汉文帝十二年（前168），黄河在此决口，东溃金堤。

㉕文帝下诏书曰：以下诏书为汉文帝后元元年（前163）诏书的部分内容。

㉖谪：谴责。见：通“现”，显现。

㉗悔吝：小的差错。《周易·系辞上》：“悔吝者，言乎其小疵也。”

㉘冯唐：西汉安陵（今陕西咸阳东北）人。汉文帝时，为中郎署长，年已老。曾在文帝前为云中守魏尚辩解，指出“赏轻罚重”之失。文帝乃复以魏尚为云中守，并任冯唐为车骑都尉。景帝时，任楚相。马服：此指马服君赵奢，战国时赵国名将。公元前270年，赵奢率兵救韩，大破秦军，以功封马服君。马服，战国赵地，在今河北邯郸西北。

㉙李牧：战国末年赵国名将。长期防守赵的北方，因功封武安君。后因赵王中秦反间计，被杀。

㉚莫府：即幕府，本指将帅在外的营帐，后亦泛指军政大吏的府署。莫，通“幕”。

㉛酾（shī）：斟。

㉜云中：郡名。战国赵武灵王置，秦代治所在云中（今内蒙古托克托东北）。太守（shòu）：官名。秦汉时对郡守的尊称。

汉景帝更名为太守，为一郡的最高行政长官，除治民、进贤、决讼、检奸外，还可以自行任免所属掾史。魏尚：槐里（今陕西兴平）人。汉文帝时为云中守。后坐免，又经冯唐为其申辩，复拜为云中守。

㉝河东：郡名，秦置，治所在安邑（今山西夏县西北）。季布：汉初楚人，楚汉战争中，为项羽部将，多次围困刘邦。汉朝建立，被刘邦追捕，因夏侯婴向刘邦进言，得赦免。后任河东太守。

㉞邓通：西汉蜀郡南安（今四川乐山）人。汉文帝时为黄头郎，后得宠幸，官至太中大夫。前后赏赐无数，并赐给蜀郡严道铜山，许其铸钱，邓氏钱遍于天下。景帝即位后，免官。不久家产被抄没，穷困而死。

㉟代服：胡服。罽（jì）：毡类毛织品。

㊱袭：穿，戴。

㊲侍中：官名。秦始置，两汉沿置，为自列侯以下至郎中的加官，无定员。侍从皇帝左右，出入宫廷。常侍：官名。秦汉有中常侍，简称常侍，汉代少府之属官、宦者，秩千石，后增秩比二千石，掌侍左右，出入内宫，赞导内众事，顾问应对给事。期门：官名。为皇帝的扈从，秩比郎，无员额。汉初选陇西、天水、安定、北地、上郡、西河等六郡良家子组成。武帝微行，执兵器护卫，“期诸殿门”，故称，属光禄勋。

平帝时改称虎贲郎。渐台：台名。位于汉建章宫太液池中。

㊳毕：古时田猎用的长柄小网，此处指用长柄网捕获禽兽。

㊴贾山：西汉颍川（今河南禹州）人，尝给事颍阴侯灌婴。文帝时，以秦为喻，言治乱之道，名曰《至言》，后复谏文帝除铸钱令，又讼淮南王刘长无大罪，令返国。

㊵举：推举。

㊶阘（tà）茸：庸碌低劣。《文选·吊屈原文》李善注引胡广云："阘茸，不才之人。"

㊷离：遭受。咎：灾祸。

㊸愬（shuò）：进谗言。《玉篇·心部》："愬，谮也。"

㊹款：叩。

㊺含咽：本义为咽下、吞下，引申为对人或事的包容、忍让。

㊻或：疑当作"成"，与"诚"通。

译文

谨按：汉高祖三年，魏王豹叛汉附楚，汉派大将韩信出击虏获豹姬薄夫人，转送到雒阳织室。汉王刘邦见到薄姬，纳入后宫，宠幸她，生下文帝，第二年立为王子，经常居住在宫中，并没有把他抛弃在军中，使他在代国东门告祭。高皇后八年闰九月己酉夜文帝即位，就位于未央宫，幸临前殿，颁布赦令，即位时正值昏夜，太阳不可能再次运行到当空位置。文帝虽然节俭，未央宫前殿仍很奢华，雕琢纹饰，绘以五彩，雕画椽子，以玉为椽头，窗户和栏杆都饰以黄金，情理上不会以书囊制作帷幕，生活的奢侈与俭朴，用品的好与差，与传言不合。另外文帝于后元七年六月己亥日在未央宫驾崩，在位时平时在宣室听政，不在明光宫。皇太薄后于景帝二年四月壬子日去世，葬在南陵，文帝驾崩先于薄太后，不可能为皇太薄后服孝三年。文帝遵循汉朝法令制度，基业刚稳固，又是建立在战争废墟之上，百姓刚免除战火的灾难，所以文帝应修治暴秦遗留下的政治教化，减轻刑罚，减省民事，与民休养生息，节俭少欲自我克制。他最先下诏开籍田，亲自劝勉农桑，致力于百姓的根本生计。即位十余年，其时五谷丰登，百姓充足，仓廪丰实，蓄积有余。然而文帝信奉黄老学说，不怎么喜好儒术，他治理政事崇尚清净无为。所以礼乐学舍未能修饬，民俗未能有深入的教化，只求温饱就够了，这就是所说的治安之国。之后匈奴数次侵犯边塞，侵扰边境，单于深入劫掠，杀害北地郡都尉孙卬，杀掠吏民，掳掠老弱，驱走畜产，烧毁积聚，侦察的骑兵到达甘泉宫，烽火传至长安，京师震动，没有不忧愁愤懑的。这时，大量征发材官、骑兵十余万驻扎在长安，文帝派丞相灌婴攻打匈奴，亲自兴师到达太原、代郡。于是北边设置屯所备战，设置军备防御匈奴，战事接连不断，辗转运输络绎不绝，费损虚耗，加上年成不好，百姓忍饥挨饿，买一石谷常至五百钱，而不是一升仅一钱。从前待诏贾捐之向孝元皇帝进言："文帝时，民众要交十分之四的赋税，断案每年有四百余件。"

案：文帝时民众不轻易犯法，治政不及宣帝之世。地节元年，全国断狱四万七千余人，假如像贾捐之所说，又不符合实际。前世断狱，都以万数，不会只有三百人。文帝即位二十三年，前后五次出现日食，地震数次，毁坏百姓房舍，关东二十九座山，同一天发生崩溃，大水涌出，黄河在酸枣决堤，大风毁坏都城，落雹如桃李般大，厚的地方达三尺，狗马及人都长出角，出现大雪和蝗虫。文帝下诏书称："近来，阴阳不调，出现日食，收成不好，深受旱蝗饥馑之害，被天地谴责，灾祸殃及百姓。丞相、御史商议可以用来救助百姓急难的计策。"根据这些推断，似乎不及宣帝之世，不能认为达到了天下太平。皇上说："我在临朝摄政颁布号令上怎么样？"刘向未及回答，皇上对刘向说："你是皇帝的师傅，年高望重，见闻广博，亲自侍奉过先帝，了解三朝得失。事情无论善恶，如果听说过，一定讲一讲不要有所隐瞒。”刘向回答说：“文帝时政事颇有疏忽，都是些小的差错。曾经乘车经过郎署，问中郎冯唐关于赵将廉颇、赵奢的情况。冯唐说：‘陛下现在即使得到这两人，也不会任用他们。’文帝启动辇车离去，回到宫中，召来冯唐并责备他，冯唐顿首陈述道：‘听祖父讲，廉颇、李牧为边将时，军中市场上收取的租税，都输入到幕府，而赵王不过问多少，每天杀牛滤酒，犒劳士大夫，根据具体情况给予赏赐，所以能树立威名。现在臣听说云中太守魏尚，是边塞的良将，匈奴常犯塞寇掠，魏尚追击，吏士争着冲在前面，乐于拼死效力。斩获首级，上表奏报战功，误差仅数级，便将他交给官吏审问，魏尚最终获罪。因此说，即使得到廉颇、李牧，也不能任用。’河东太守季布，治郡政绩为人称道，想召来当御史大夫，左右有人诋毁说他使酒任性，后来不予任用，季布看见这情形告辞离去，自己陈述说：‘臣有幸在河东任职，无故而被征召，一定有人赞扬推荐臣来欺瞒国君，已到京都又不被任用，一定有人诋毁臣。现在因一个人的美言而进用，又因一个人的谗言而斥退，臣担心天下由此窥探到朝廷的短处错失。’文帝面有惭色，最后遣送季布回到原任。太中大夫邓通，因替皇上吸痈而受到宠幸，当作最亲近的人，赐给他蜀郡铜山，让他铸钱。邓通私产的富有，能与王侯相比。文帝又微服出行，几次到邓通家。文帝身穿胡服毡衣，戴毡帽，骑着骏马，与侍中、近臣、常侍、期门、武骑猎于渐台下，驱马射杀狐狸兔子，网罗野鸡，刺杀野猪。这时，待诏贾山劝谏认为：‘不宜经常同郡国贤良官吏出外游猎，屡次让这些人名誉受损，与行为不相称。’太中大夫贾谊也几次劝谏停止游猎。这时，贾谊与邓通都身居侍中之位，贾谊厌恶邓通的为人，几次在朝廷上讥讽邓通，因此被文帝疏远，贬迁为长沙王太傅。他到任后，内心郁郁不得志，等到渡过湘江时，投下凭吊屈原的文章：‘庸才尊显，佞谀小人得志。’以此来哀悼屈原遭受谗邪之言的灾祸，也由此感伤自己被邓通等人所谗害。”汉成帝说：“他治理天下，与孝宣皇帝相比如何？”刘向说：“汉宣帝之世，政教严明，法令通行，边境安宁，四夷亲近，单于叩塞归顺，天下殷实富有，百姓康乐，治政超过汉文帝之时，也因为当时匈奴归顺，四夷和睦亲善。”皇上说：“后世都称文帝治理天下几乎达到太平，其德行可与周成王相比，这一说法是怎么产生的呢？”刘向回答：“是谏官编造出来的。文帝礼待谏官，不伤害他们的意图，群臣无论官大官小，让他们从容而谈。文帝停车聆听，所陈说的可以采纳则称善，不可采纳则一笑了之。谏官大多赞扬他，后人见到留下来的文字，就认为是这样。世上的诋毁赞誉，不能符合实际，考察流言的少，人云亦云的多，有的甚至无中生有。所以说：‘尧、舜的美德好得不得了，桀、纣的恶行坏得不得了。’桀、纣没有杀害父亲与国君，而世上有杀君父的，人们都说无道如同桀、纣，这就是指其恶行坏得不得了。所以像称赞文帝的仁贤，其善行好得不得了，世俗之人褒扬他，称他的德行可与周成王相比，治政几乎达到太平。然而文帝节俭约束自己，为天下作表率，容忍谏官，包容臣子的缺点，这也是普通人难以达到的，这些似乎比孝宣皇帝做得好。像这样聪明有远见，不忘数十年往事，处理纷繁事务，治理国政的天赋才干，恐怕文帝也不及孝宣皇帝。”刘向认为如此。至于世间传言文帝年少时生长在军中，长大后在代国东门外告祭，使者寻找到他，于是立为代王，征召到京城即位，延误了时辰，太阳再次回到当空位置，收集上书用的袋子，制作成前殿的帷幕，常居住在明光宫听政，替薄太后服孝三年，治理天下，达到太平，断狱仅三百人，粟一升才一钱，大凡这十余件事，都是世俗之人虚妄传布，言过其实，牵强附会，我确实认为前面的传闻都不足信，正如刘向所言。

东方朔

原文 俗言：东方朔太白星精①，黄帝时为风后②，尧时为务成子③，周时为老聃④，在越为范蠡⑤，在齐为鸱夷子皮⑥，言其神圣能兴王霸之业⑦，变化无常。

注释 ①太白星：即金星。精：精灵。

②风后：传说是黄帝的三公之一。《史记·五帝本纪》：“(黄帝)举风后、力牧、常先、大鸿以治民。”裴骃《集解》引郑玄曰：“风后，黄帝三公也。”张守节《正义》：“四人皆帝臣也。”

③务成子：复姓务成，字昭，传说为帝尧师，也是历史上道家的代表人物。

④老聃：即老子，姓李名聃。

⑤范蠡：春秋时越国大臣，曾辅佐勾践灭吴。

⑥鸱（chī）夷子皮：即范蠡。据《史记》《汉书·货殖列传》《国语·越语》记载，范蠡既助勾践灭吴，乃泛舟江湖，变易姓名，适齐为鸱夷子皮，之陶为朱公。

⑦神圣：形容崇高、尊贵，庄严而不可亵渎。

译文 民间传言：东方朔是太白星的精灵，黄帝时为风后，尧帝时为务成子，周朝时为老聃，在越国为范蠡，在齐国为鸱夷子皮，称他尊崇高贵能兴王霸之业，变化无常。

原文 谨按:《汉书》①：东方朔，平原人也②。孝武皇帝时，招延贤良文学之士，待以不次之位③，故四方多上书言得失自衒鬻者④。于是朔诣阙自陈⑤:“十二失父，长养兄嫂，年十三学书，十四击剑，十六诵《诗》，十九习孙、吴兵法，又常服子路之言⑥。臣朔年二十三，长九尺三寸⑦，目若悬珠，齿若编贝，勇若孟贲⑧，捷若庆忌⑨，廉如鲍叔⑩，信若尾生⑪。若此，可以为天子大臣矣。”朔文辞不逊，高自称誉，由是见伟⑫，稍益亲幸，官至太中大夫，倡优畜之⑬，不豫国政⑭。刘向少时，数问长老贤人，通于事，及朔时人，皆云朔口谐倡辩，不能持论⑮，喜为凡庸诵说，故令后世多传闻者[16]。而扬雄亦以为朔言不纯师[17]，行不纯德[18]，其流风遗书，蔑如也[19]。然朔所以名过其实，以其恢诞多端，不名一行，应谐似优，不穷似智，正谏似直[20]，秽德似隐，非夷、齐[21]，是柳惠[22]，其滑稽之雄乎！朔之逢占射覆[23]，其事浮浅，行于众，僮儿牧竖[24]，莫不眩耀。而后之好事者，因取奇言怪语附著之耳，安在能神圣历世为辅佐哉？

注释

①见《汉书·东方朔传》。《汉书》：纪传体史书。东汉班固撰，记西汉一代史事。

②平原：郡名，西汉置，治所在平原（今山东平原西南）。

③不次之位：不拘常次的职位。此谓破格提拔。

④衒（xuàn）：炫耀。鬻（yù）：推销。

⑤阙（què）：皇宫门前两边的楼。两楼之间是道路，有空缺，故名阙或双阙，后作为皇宫或宫门的代称。

⑥子路：孔子的学生。姓仲名由，字子路，以勇敢著称。

⑦尺：西汉时一尺合今二十二厘米左右。

⑧孟贲：卫人，战国时勇士。

⑨庆忌：春秋时吴王僚之子，以敏捷著称。

⑩鲍叔：即鲍叔牙。春秋时齐国大夫。少时和管仲友善，后因齐乱，随公子小白出奔莒，管仲则随公子纠出奔鲁。襄公

被杀，纠与小白争夺君位，小白得胜即位，即齐桓公。桓公命他为宰，他辞谢，保举管仲。后人认为他廉洁奉公。

⑪尾生:《庄子》中人名，以守信著称。《庄子·盗跖》:“尾生与女子期于梁下，女子不来，水至不去，抱梁柱而死。”

⑫伟：奇异。

⑬畜：同“蓄”，蓄养。此处作“对待”解。

⑭豫：通“与”，参与。

⑮持论：立论，提出主张。

⑯令：原为“今”,《汉书·东方朔传·赞》作“令”，据改。

⑰纯师：纯粹的榜样。

⑱纯德：纯粹的德行。

⑲蔑如：微不足道。谓辞义浅薄，不足称道。

⑳正谏：直言规劝。

㉑夷、齐：伯夷、叔齐，皆商末孤竹君之子。初，孤竹君以次子叔齐为继承人，孤竹君死后，叔齐让位给伯夷，伯夷不受，后两人都投奔到周。到周后，反对周武王伐商。武王灭商后，他们逃避到首阳山，不食周粟而死。

㉒柳惠：即柳下惠。春秋时鲁国大夫。展氏，名获，字禽。食邑在柳下，谥惠。以善于讲究贵族礼节著称。

㉓逢占：占卜。逢，同“捀（péng）”，也作“摓”。《玉篇·手部》:“捀，灼龟观兆也。”射覆：置物于覆器下，令人猜测。

射，猜度的意思。

㉔牧竖：牧牛羊的童子。

译文 谨按:《汉书》上记载：东方朔，是平原郡人。汉武帝时，招纳引荐品行端正、具有文才的人士，破格选拔他们，所以全国有许多人上书谈论朝政得失来炫耀推销自己。这时东方朔到宫门上书自陈:“臣十二岁时失去父亲，由兄嫂抚养成人，十三岁时读书，十四岁时练习击剑，十六岁时诵习《诗经》，十九岁时研习孙子、吴起兵法，又敬服子路的言论。臣朔现年二十三岁，身高九尺三寸，眼睛如悬着的明珠，牙齿像排列整齐的贝壳，如孟贲般勇敢，庆忌般敏捷，鲍叔牙般廉洁，尾生般守信。像这样的人，可以成为天子的大臣。”东方朔文辞不谦逊，好自矜夸，因此被看作奇异之士，逐渐受到宠幸，官至太中大夫，皇上对待他如同对待优伶，不参与国政。刘向年少时，几次询问长辈贤达之士，对事情比较了解，还询问了与东方朔同时代的人，都说东方朔言语诙谐，没有自己的观点，喜欢作平庸的解说，所以让后世有许多关于他的传闻。而扬雄也认为东方朔言语不正派，德行不纯正，他流播的习气文字，不值得称道。但东方朔名过其实的原因，在于他诙谐滑稽，不拘小节，应答诙谐像戏子一般，言辞滔滔不绝如有大智，直言劝谏似乎忠直，德行污秽又像隐士，否定伯夷、叔齐，肯定柳下惠，是诙谐滑稽之辈中的雄才！东方朔占卜射覆，他的事平淡浅薄，流传于大众当中，小孩牧童莫不受到迷惑。而后来的好生事的人，于是搜集奇谈怪论附会他，怎么能称他神灵圣明数代身为辅佐呢？

淮南王安神仙

原文 俗说：淮南王安[①]，招致宾客方术之士数千人，作《鸿宝》《苑秘》枕中之书[②]，铸成黄白[③]，白日升天。

注释 ①淮南王安：即刘安，淮南厉王刘长的儿子。汉文帝前元八年（前172）封为阜陵侯，十六年（前164）立为淮南王。汉武帝元狩元年（前122）谋反事泄，自杀。国除为九江郡。

②《鸿宝》《苑秘》：书名，久佚。据《汉书·刘向传》，武帝时淮南王刘安有此书，主要讲炼金术和长生术，当为淮南

王宾客所撰。书藏于枕中，秘不示人，故名。后为刘向发现，并据以炼黄金，然所费甚多而方不验。

③黄白：黄金、白银。炼丹化金银的法术。

译文 民间传言：淮南王刘安，招徕宾客方术之士数千人，写成藏于枕中的《鸿宝》《苑秘》二书，铸成黄金、白银，白天升天成仙。

原文 谨按:《汉书》[①]：淮南王安，天资辨博[②]，善为文辞，孝武以属诸父[③]，甚尊之。招募方伎怪迂之人[④]，述神仙黄白之事，财殚力屈，无能成获。乃谋叛逆，克皇帝玺，丞相、将军、大夫已下印，汉使符节、法冠[⑤]。赵王彭祖、列侯让等议曰[⑥]:“安废法，行邪僻，诈伪心，以乱天下，营惑百姓[⑦]，背叛宗庙[⑧]。《春秋》‘无将，将而必诛[⑨]’。安罪重于将，反形已定，图书印及他逆无道事验明白。”丞相弘、廷尉汤以闻[⑩]，上使宗正以符节治王[⑪]。安自杀，太子诸所与谋皆收夷，国除为九江郡。亲伏白刃，与众弃之，安在其能神仙乎？安所养士，或颇漏亡，耻其如此，因饰诈说。后人吠声[⑫]，遂传行耳。

注释

①见《汉书·淮南王传》。

②辨博：指学识广博。辨，通“辩”。

③诸父：指伯父和叔父。《庄子·列御寇》：“三命而名诸父。”成玄英疏：“诸父，伯叔也。”

④方伎：泛指医、卜、星、相等术。伎，亦作“技”。《后汉书》有《方术传》，传主多通医术及天文、占卜、相命、遁甲、堪舆等术。怪迂：怪异迂阔。《史记·孝武本纪》：“求蓬莱安期生莫能得，而海上燕齐怪迂之方士多相效，更言神事矣。”

⑤法冠：御史冠。

⑥赵王彭祖：即刘彭祖。景帝子，母贾夫人。景帝前元二年（前155）立为广川王，次年徙为赵王。列侯：爵位名。秦制爵分二十级，彻侯位最高。汉承秦制，为避汉武帝刘彻讳，改彻侯为通侯，或称“列侯”。让：曹让。时为列侯。

⑦营：迷惑。

⑧宗庙：朝廷和国家政权的代称。

⑨无将，将而必诛：见《春秋公羊传·昭公元年》：“君亲无将，将而诛焉。”将，心存叛逆篡弑的企图。

⑩弘：指丞相公孙弘。菑川薛（今山东滕州南）人。元朔五年（前124），拜为丞相，封平津侯。汤：指廷尉张汤。杜陵（今陕西西安东南）人，历仕太中大夫、廷尉、御史大夫等职。权倾天下，数行丞相事。

⑪宗正：官名。始于秦，汉沿置，九卿之一，多由皇族中人充任，为皇族事务机关的长官。

⑫吠声：犹谚语“一犬吠影，百犬吠声”。言不问虚实，人云亦云。

译文 谨按:《汉书》上讲：淮南王刘安，有天赋见识广，擅长写文章，汉武帝因他是叔父辈，很尊重他。刘安招募天下方术怪异迂腐之士，著述有关神仙和铸造黄金白银这些道术方面的内容，财力枯竭力量穷尽，没有什么结果。于是阴谋叛逆朝廷，私刻皇帝印玺，以及丞相、将军、大夫以下官印，汉朝派遣持符节的使者和御史前去调查。赵王彭祖、列侯曹让等议决说：“淮南王刘安废弃法令制度，行为乖谬不正，心地虚伪狡诈，来扰乱天下，迷惑百姓，背叛朝廷。《春秋》上说‘不能心存叛逆篡弑的企图，如心存这一企图必将受到诛杀’。刘安的罪行比此罪还重，他谋反的情形已经显露，图谶、印玺及其他大逆不道的证据确凿明白。”丞相公孙弘、廷尉张汤奏报皇上。皇上派宗正带了符节去治刘安之罪。刘安自杀，太子迁及参与谋反的人都被收捕诛杀，淮南国除为九江郡。刘安身死于刀刃之下，与他一起谋反的众人也被杀，怎能称他升天做了神仙呢？刘安所豢养的方士，或许有不少漏网逃脱的，耻于刘安落到如此下场，于是虚诈地编出这一传闻。后人不问虚实，人云亦云，这一说法于是流传开来。

王阳能铸黄金

原文 《汉书》说：王阳虽儒生①，自寒贱，然好车马衣服，极为鲜好，而无金银文绣之物。及迁徙去处，所载不过囊衣②，不蓄积余财。去位家居，亦布衣疏食③。天下服其廉而怪其奢，故俗传王阳能作黄金。

注释 ①王阳：即王吉，字子阳。琅邪皋虞（今山东即墨东北）人。少时好学，兼通五经，能为驺氏《春秋》。以《诗》《论语》教授。初以孝廉为郎，举贤良为昌邑中尉。宣帝时为益州刺史，征为博士谏大夫。

②囊：袋子，口袋。

③布衣疏食：指穿布衣，吃粗粮。形容生活俭朴。

译文 《汉书》记载：王阳虽然是一介儒生，出身寒贱，但喜好车马衣服，这些都非常光鲜美好，但他并没有金银锦绣这类东西。他迁居别处时，所载走的不过一口袋衣服，并没有蓄积的余财。离职住在家里，也是穿布衣吃粗粮。天下的人钦服他廉洁却又奇怪他能有那么多奢侈之物，所以民间传言王阳能铸作黄金。

原文 谨按:《太史记》①：秦始皇欺于徐市之属②，求三山于海中，通甬道③，隐形体④，弦诗想蓬莱⑤，而不免沙丘之祸⑥。孝武皇帝兹益迷谬⑦，文成、五利处之不疑⑧，妻以公主，赐以甲第，家累万金，身佩四印⑨，辞穷情得，亦旋枭裂。淮南王安锐精黄白⑩，庶几轻举，卒离亲伏白刃之罪。刘向得其遗文，奇而献之。成帝令典尚方铸作事⑪，费甚多而方不验。劾向大辟，系须冬狱⑫，兄阳城侯乞入国半⑬，故得减死。秦、汉以天子之贵，四海之富，淮南竭一国之贡税，向假尚方之饶，然不能有成者，夫物之变化固自有极，王阳何人，独能乎哉？语曰:“金不可作，世不可度⑭。”王阳居官食禄，虽为鲜明，车马衣服，亦能几所，何足怪之？乃传俗说，班固之论，陋于是矣。

注释

①参见《史记·秦始皇本纪》。

②徐市：齐国方士，又名徐福。《史记·秦始皇本纪》载：秦始皇二十八年（前219），齐人"徐市等上书，言海中有三神山，名曰蓬莱、方丈、瀛洲，仙人居之。请得斋戒，与童男女求之。于是遣徐市发童男女数千人，入海求仙人"。

③甬道：古代两旁有墙垣遮蔽的通道。《史记·秦始皇本纪》："作甘泉前殿，筑甬道，自咸阳属之。"裴骃《集解》引应劭曰："筑垣墙如街巷。"甬，原为"同"，当系刻误。

④隐形体：隐藏身体。言天子行甬道中，外人不见。

⑤弦：弹奏弦乐器。诗：指《仙真人诗》。秦始皇三十六年（前211），令博士作《仙真人诗》，及行游天下，令乐人弦歌之。

⑥沙丘之祸：言秦始皇三十七年（前210）七月丙寅，卒于沙丘大平台。沙丘，古地名，在今河北广宗西北。

⑦兹：同"滋"。益：更加。

⑧文成：齐人少翁依凭通事鬼神的方术，官拜文成将军。五利：胶东宫人栾大凭方术受到武帝宠幸，官拜五利将军。

⑨四印：栾大得五利将军、天士将军、地士将军、大通将军四颗印。

⑩锐精：谓用心专一。

⑪成帝：据《汉书·刘向传》，恐为"宣帝"之误。尚方：官署名。秦置，汉末分为中、左、右三尚方，属少府。主造皇

室所用刀剑等兵器及玩好器物，主官有令及丞。

⑫须：等待。冬狱：冬天行刑。按汉律，十二月处决犯人。

⑬阳城侯：指刘向之兄阳城侯刘安民。

⑭世不可度：谓人世不可超度，即不能成仙。

译文

谨按:《太史记》上记载：秦始皇被徐市等人所欺骗，在海上寻求蓬莱、方丈、瀛洲三座仙山，修建甬道，隐藏形体，弦歌《仙真人诗》遥思蓬莱，却免不了身死沙丘平台。汉武帝更加糊涂荒谬，与文成将军、五利将军交往不存疑心，将公主嫁给他们，赏赐上等的府第，家产累至万金，身佩四颗将军印，最后理屈词穷情状败露，也立即身首异处。淮南王刘安专心于铸造黄金白银，差一点轻妄起事，最后遭受刀刃的罪罚。刘向得到刘安留下的文章，认为奇异而献上去。成帝让他主管尚方铸作之事，耗费颇多而方法不灵验。弹劾刘向死罪，关在狱中等待冬天行刑，其兄阳城侯刘安民请求削减一半食邑，因此得免一死。秦、汉凭借天子的尊贵，四海的富饶，淮南王刘安竭尽一国的贡税，刘向依靠尚方的丰足，尚且不能成事，事物的发展自有其尽头，王阳是何等人，唯独有铸黄金白银的能力吗？有句话说：“黄金不可制作，世间无法超度。”王阳身居官职食俸禄，虽然车马衣服光鲜，但这些东西能有多少，怎值得大惊小怪呢？因此传播世俗谬说，班固的评论居然这样浅陋啊。

宋均令虎渡江①

原文 九江多虎②，百姓苦之。前将募民捕取③，武吏以除赋课，郡境界皆设陷阱。后太守宋均到，乃移记属县曰：“夫虎豹在山，鼋鼍在渊④，物性之所托。故江、淮之间有猛兽，犹江北之有鸡豚。今数为民害者，咎在贪残居职使然，而反逐捕，非政之本也。”坏槛阱⑤，勿复课录⑥，退贪残，进忠良。后虎悉东渡江，不为民害。

注释 ①宋均：字叔庠。南阳安众（今河南邓州东北）人。少以父任为郎。好经书，善论难。年二十余，任辰阳长。立学校，禁淫祀，百姓称之。以祖母丧去官，教授于颍川。后为谒者，监伏波将军马援军，以恩信诏降武陵蛮，迁上蔡令、九江太守。明帝永平元年（58），拜东海相，征为尚书令。后任司隶校尉、河内太守。为政宽厚，倡行教化。

②九江：在汉寻阳境内，即今湖北广济、黄梅一带。

③前将：前任郡守。汉代郡守兼掌军事，故常以“将”称之。

④鼋（yuán）：鳖。鼍（tuó）：扬子鳄，亦称鼍龙、猪婆龙，穴居于江河岸边和湖沼底部。

⑤槛（jiàn）：围野兽的栅栏。阱：为防御或捕捉野兽而挖的坑。

⑥课录：征收赋税。课，税。录，征收赋税的簿册。

译文 九江郡多虎，百姓深受其苦。前任郡守招募民众捕捉，武官借此设置赋税，郡内遍设陷阱。后来太守宋均到任，于是布告属县说：“虎豹出没山中，鼋鼍栖息水下，这是由于动物的秉性如此。所以江、淮之间有猛兽，如同江北有鸡和猪。现在老虎数次危害民众，罪咎在于官员贪暴残忍，是他们造成的，却反而追捕老虎，这不是治政的根本。”于是毁坏栅栏和陷阱，不再征税，斥退贪婪残暴之人，进用忠良之才。后来老虎都向东渡过长江，不再危害民众。

原文 谨按:《尚书》：武王戎车三百两，虎贲三千人①，擒纣于牧野[2]。言猛怒如虎之奔赴也。《诗》美南仲“阚如哮虎”[3]。《易》称：“大人虎变，其文炳；君子豹变，其文蔚[4]。”传曰：“山有猛虎，草木茂长。”故天之所生，备物致用[5]，非以伤人也。然时为害者，乃其政使然也。今均思求其政，举清黜浊，神明报应，宜不为灾。江渡七里，上下随流，近有二十余虎，山栖穴处，毛鬣婆娑[6]，岂能犯阳侯[7]，凌涛濑而横厉哉[8]？俚语：“狐欲渡河，无奈尾何[9]。”舟人楫櫂[10]，犹尚畏怖，不敢迎上，与之周旋。云悉东渡，谁指见者？尧、舜钦明在上[11]，稷、契允懿于下[12]，当此时也，宁复有虎耶？若均登据三事[13]，德被四海，虎岂可抱负相随[14]，乃至鬼方绝域之地乎[15]？”

注释

①虎贲三千人：今本《尚书》作“虎贲三百人”。虎贲，勇士之称。贲，通“奔”。

②牧野：古地名，在今河南淇县西南。周武王与反殷诸侯会师，大败殷军于此。

③南仲：周文王时武臣。阚（kàn）：愤怒貌。哮：咆哮。今本《诗经·大雅·常武》作“虓”，“哮”与“虓”古义同。

④见《周易·革卦》。谓大人之变如虎纹一样鲜艳夺目，而君子之变似豹斑，虽不如虎纹那般分明，但也蔚然成采。古

人用豹变来形容君子的成长。幼豹长大褪毛，逐渐疏朗焕散，毛变得富有光泽和文采。君子的成长也是一样，通过不断地修养，最终成为一个高品质的人。

⑤致用：尽其所用。

⑥毛鬣：指虎毛。婆娑：纷披貌。

⑦阳侯：水神。《汉书·扬雄传》颜师古注引应劭云："阳侯，古之诸侯也。有罪自投江，其神为大波。"

⑧涛濑：波涛与急流。横厉：横越，横渡。厉，涉深水，也泛指涉水、渡水。

⑨狐欲渡河，无奈尾何：狐狸想涉水而过，最后还是沾湿了尾巴。言事情开头容易，却难坚持始终。传言狐惜其尾，每涉水，举尾不使之湿，然涉至深处，终究沾湿了尾巴。

⑩楫櫂：亦作"楫棹"，船桨。短桨称楫，长桨称櫂。

⑪钦：指处事敬慎并且节约用度。明：明察。

⑫稷：后稷，古代周族的始祖。契：传说中商的始祖。允：诚信。懿：德美。

⑬三事：即太尉、司徒、司空三公。

⑭抱负：前后毗连。

⑮鬼方：商周时居于我国西北方的部落，后泛指边远之地的少数民族。绝域：边远之地。

译文 谨按:《尚书》记载：武王用战车三百辆，虎贲三千人，在牧野擒获纣王。这是指勇士猛怒如虎奔赴向前。《诗经》赞美南仲“如同虎啸般怒吼”。《周易》上讲:“王公大人之变如虎纹一样鲜艳夺目，君子之变像豹斑一样华美成采。”经传上讲:“山有猛虎，草木就生长得茂盛。”所以天生万物，备办各种器物尽其所用，不是用来伤人。但有时危害民众，是治政不善导致的。现在宋均考求善政，激浊扬清，神灵显明有所报应，自然不会造成灾祸。江面宽七里，上下顺水流渡过，差不多有二十多只虎栖息在山洞里，虎毛纷披，怎能侵犯水神，漂流于波涛与急流之上而横渡过江呢?俗话说:“狐狸想涉水而过，最终还是沾湿了尾巴。”船夫驾舟，尚且畏惧，不敢与风浪搏斗。说老虎全部东渡，有谁见到了呢?上有敬慎明察的尧、舜，下有诚信德美的稷、契，在这个时候，难道还有老虎吗?如果宋均身居三公之位，德泽被于四海，老虎难道能前后相继，互相追随，到夷狄所居处的偏僻边远之地吗?

彭城相袁元服[①]

原文 俗说：元服父字伯楚[②]，为光禄勋[③]，于服中生此子[④]。时年长矣，不孝莫大于无后，故收举之。君子不隐其过，因以“服”为字。

注释 ①彭城：郡国名。西汉地节元年（前69）改楚国为彭城郡，不久复为楚国。东汉章和二年（88）改为彭城国。治所在彭城（今江苏徐州）。相：此为诸侯国相，为汉时中央派驻各诸侯国的行政官员。

②伯楚：名彭，字伯楚，袁京之子。历任广汉、南阳太守。顺帝初为光禄勋，后迁议郎。为官清正。

③勋：原作“卿”，据《后汉书·袁安传》改。汉时无光禄卿这一官职，南朝梁始有，且以皇室膳食为专职，与汉制完全不同。光禄勋这一官名，秦称郎中令，汉武帝时改称光禄勋，东汉末年复称郎中令，掌领宿卫侍从之官。

④服中：居丧期间。汉俗认为居丧期间生子，犯礼伤孝，不应养育。

译文 民间传言：袁元服的父亲字伯楚，任光禄勋，在居丧期间生下他。当时他父亲年纪大了，不孝莫大于没有后代，所以养育了他。君子不隐瞒自己的过错，于是就以“服”作为他的字。

原文 谨按：元服名贺，汝南人也[①]。祖父名原[②]，为侍中[③]。安帝始加元服[④]，百官会贺，临严垂出而孙适生[⑤]。喜其嘉会，因名曰贺，字元服。原父安为司徒[⑥]，忠蹇匪躬[⑦]，尽诚事国，启发和帝，诛讨窦氏[⑧]，中兴以来，最为名宰。原有堂构之称[⑨]，矜于法度。伯楚名彭，清拟夷、叔，政则冉、季[⑩]，历典三郡[⑪]，致位上列。贺早失母，不复继室，云：“曾子失妻而不娶[⑫]，曰：‘吾不及尹吉甫，子不如伯奇，以吉甫之贤，伯奇之孝，尚有放逐之败[⑬]，我何人哉？’”及临病困，敕使留葬，侍卫先公[⑭]，“慎无迎取汝母丧柩，如亡者有知，往来不难；如其无知，祇为烦耳。虞舜葬于苍梧[⑮]，二妃不从[⑯]，经典明文，勿违吾志”。清高举动，皆此类也。何其在服中生子而名之贺者乎？虽至愚人，犹不云耳。

予为萧令[⑰]，周旋谒辞故司空宣伯应[⑱]，贤相把臂言[⑲]：“《易》称：‘天地大德曰生[⑳]。’今俗间多有禁忌，生三子者，五月生者，以为妨害父母[㉑]，服中子犯礼伤孝，莫肯收举。袁元服功德爵位，子孙巍巍，仁君所见[22]。越王勾践民生三子与乳母[23]，孟尝君对其父：‘若不受命于天，何不高户，谁能及者[24]。’夫学问贵能行，君体博雅，政宜有异乎？”答曰：“齐、越之事，敬闻命矣。至于元服，其事如此。明公既为乡里[25]，超然远览，何为过聆晋语[26]，简在心事乎[27]？”于是欣然悦服，续以大言：“‘苟有过，人必知之[28]’，我能胜仲尼哉！”元服子夏甫，前后征命，终不降志，亚作者之遗风矣[29]。正甫亦有重名[30]，今见沛相[31]。载德五世而被斯言之玷，恐多有宣公之论，故备记其终始。

注释

①汝南：郡名。汉高祖四年（前203）置，治所在上蔡（今河南上蔡西南）。

②原：《后汉书·袁闳传》作“京”。袁京，字仲誉。袁安子。初拜郎中，迁侍中，出为蜀郡太守。

③侍中：官名。秦始置，两汉沿置，为自列侯以下至郎中的加官，无定员。侍从皇帝左右，出入宫廷。初仅伺应杂事，由于接近皇帝，地位渐形尊崇。

④加元服：加冠。古时男子二十岁行加冠礼，喻已成年。元服，冠。

⑤临严垂出：盛服将朝。严，装。垂，将。

⑥安：袁安，字邵公，汝南汝阳（今河南商水西北）人。初任阴平长、任城令、楚郡太守、河南尹等职，后迁司空司徒。其子孙世代为公卿。袁安任司徒一职在章帝章和元年（87）。司徒：西汉哀帝时丞相改称“大司徒”，东汉时改称“司徒”。

⑦蹇：忠贞。匪躬：谓忠心耿耿，不顾自身。《周易·蹇卦》：“王臣蹇蹇，匪躬之故。”孔颖达疏：“尽忠于君，匪以私身之故而不往济君，故曰：匪躬之故。”

⑧窦氏：指窦宪。东汉扶风平陵（今陕西咸阳西北）人，字伯度。其妹为章帝皇后。章帝死，和帝即位，太后临朝，他为侍中，操纵朝政。不久，任车骑将军。永元元年（89）率兵击败北匈奴，直追至燕然山。后任大将军，刺史守令多出其门，弟兄横行京师。永元四年（92），和帝与宦官郑众定议诛灭窦氏，他被迫自杀。

⑨堂构：指父祖基业。堂，地基。构，房屋。

⑩冉、季：冉，冉求，字子有。季，仲由，字季路，一字子路。二人皆孔子弟子。《论语·先进》：“政事，冉有、季路。”

⑪历典：历任。三郡：疑作“二郡”。据《后汉书·袁安传》，伯楚历广汉、南阳太守。

⑫曾子：春秋末鲁国南武城（今山东费县）人。名参，字子舆，孔子学生，以孝著称。《大戴礼记》中记载有他的言行，相传

《大学》是他所著。后被封建统治者尊为“宗圣”。“曾子失妻而不娶”之事见《孔子家语·七十二弟子解》:“曾参后母遇之无恩，而供养不衰。及其妻以藜烝不熟，因出之。人曰:‘非七出也。’参曰:‘藜烝，小物耳。吾欲使熟，而不用吾命，况大事乎?’遂出之，终身不娶妻。其子元请焉，告其子曰:‘高宗以后妻杀孝己，尹吉甫以后妻放伯奇；吾上不及高宗，中不及吉甫，庸知其得免于非乎?’”

⑬《御览》卷五一一引《琴操》云:“尹吉甫，周卿也，子伯奇，母早亡，吉甫更娶后妻。妻乃谮之于吉甫曰:‘伯奇见妾美，欲有邪心。’吉甫曰:‘伯奇慈仁，岂有此也。’妻曰:‘置妾空房中，君登楼察之。’妻乃取毒蜂缀衣领，令伯奇掇之。于是吉甫大怒，放伯奇于野。宣王出游，吉甫从之，伯奇作歌以感之。宣王闻之曰:‘此放子之辞也。’吉甫乃求伯奇而感悟，遂射杀其妻。”

⑭敕：告诫，嘱咐。先公：对天子、诸侯祖先的尊称。

⑮苍梧：古地名，约今广西梧州一带。《史记·五帝本纪》：舜“践帝位三十九年，南巡狩，崩于苍梧之野，葬于江南九疑，是为零陵”。

⑯二妃：指尧女娥皇、女英。尧将二女嫁给舜。相传二妃南至洞庭湖边，闻舜帝崩，悲绝而死。今湖南岳阳君山有二妃墓。不从：谓没有与舜合葬。

⑰萧：古县名，故地在今江苏萧县西北。

⑱周旋：古代行礼时进退揖让，引申指交际应酬。司空：官名，西周始置，掌管工程。西汉成帝时改御史大夫为大司空。宣伯应：宣酆，字伯应，汝南人，封东阳亭侯，汉桓帝延熹九年（166）为司空。

⑲把臂：握人手臂。表示亲热。

⑳天地大德曰生：语见《周易·系辞下》。

㉑《论衡·四讳》云："讳举正月、五月子，以为正月、五月子杀父与母。不得已举之，父母祸死。"此为迷信说法。

㉒仁君：犹言明公，古代对有地位、声望者的尊称。

㉓《国语·越语》云："生三人，公与之母。"母，乳母。因迷信第三子妨害父母，故与之乳母。

㉔《史记·孟尝君列传》云："田婴有子四十余人，其贱妾有子名文，文以五月五日生。婴告其母曰：'勿举也。'其母窃举生之。及长，其母因兄弟而见其子文于田婴，田婴怒其母曰：'吾令若去此子，而敢生之，何也？'文顿首，因曰：'君所以不举五月子者，何故？'婴曰：'五月子者，长与户齐，将不利其父母。'文曰：'人生受命于天乎？将受命于户邪？'婴默然。文曰：'必受命于天，君何忧焉。必受命于户，则可高其户耳，谁能至者。'婴曰：'子休矣！'"高户：加高门户。

㉕乡里：同乡。

㉖聆：听从。晋：王利器《风俗通义校注》以为“昔”之误。

㉗简：阅，知道。

㉘见《论语·述而》。

㉙亚：次。作者：隐逸之士。《论语·宪问》：“子曰：‘贤者辟世，其次辟地，其次辟色，其次辟言。’子曰：‘作者七人矣。’”邢昺疏：“此章言自古隐逸贤者之行也……作，为也，言为此行者，凡有七人。”

㉚正甫：袁忠，字正甫，亦元服子。献帝初平中为沛相，以清正闻名。献帝都许，征为卫尉，未到而卒。

㉛沛相：沛王刘琮相。

译文

谨按：袁元服名贺，汝南人。祖父名原，时任侍中。汉安帝加冠礼时，百官前往祝贺，袁原盛服将朝时恰好孙子出生。高兴恰逢盛会，于是取名为贺，字元服。袁原的父亲袁安担任司徒，忠贞不谋私，竭尽忠诚报效国家，劝说汉和帝，诛讨窦宪，光武中兴以来，是最著名的丞相。袁原承继父祖基业，崇尚法令制度。伯楚名彭，清廉有如叔夷、伯齐，治政有如冉有、季路，相继掌治三郡，官居高位。袁贺很早就失去母亲，其父袁伯楚不再续娶，说：“曾子失去妻子不续娶，说：‘我赶不上尹吉甫，儿子不如伯奇，凭吉甫的贤明，伯奇的孝顺，尚且有伯奇被放逐的悲剧，我算得了什么人呢?’”到病倒时，嘱咐儿子让他留葬原地，侍卫先人，“望勿迎接你们母亲的灵柩，如果亡灵有知，相互来往不难；如果亡灵无知，只不过增添烦扰罢了。从前虞舜葬在苍梧，二妃没有随葬，这是经典明文上记载的，不要违背了我的愿望”。像这样举止高洁，怎有在居丧期间生子而取名为贺的呢？即使再蠢的人，也不会这样取名。

我任萧县县令时，拜谒曾担任过司空的宣伯应，他握住我的手臂说：“《周易》上讲：‘天地大德叫作生。’现在民俗对此多有禁忌，生第三个子女，五月生下的，认为会妨害父母，居丧期间生子犯礼伤孝，不肯养育。袁元服品端位高，子孙声名卓著，这是您亲眼所见的。越王勾践让乳母帮助养育生第三子的民众，孟尝君对他的父亲说：‘如果人的出生不受命于天，为什么不增高门户，谁能长得和门户一般高。’学问贵在践行，您广博儒雅，治政应当有所不同?”我回答说：“齐、越这些事，恭敬听从您的教诲。关于元服，他的事迹如此。您既为同乡，具有卓识远见，何必理睬这些不当言论，把这些放在心上呢?”司空于是心悦诚服，引用一句名言：“‘如果有过错，人们一定知道’，我能超过孔子吗?”元服的儿子夏甫，前后几次被征召，始终不改变志向，近乎隐者之遗风。正甫也有盛名，现在担任沛王刘琮相。五世拥有盛德却遭受这种流言的玷辱，我担心持有宣公这般言论的人会多，所以详细叙说这件事的始末。

愆礼第三

题解 愆礼，指在礼义方面有缺失。在本篇中，应劭揭露了封建统治者和士大夫们的“愆礼”行为，对士大夫阶层各种违背儒家礼仪的苟妄行为进行批判，以匡正愆礼世风。应劭认为，封建礼义有着客观标准，贤者可以降低标准俯就它，不肖者就像矮子踮起脚能够达到它。所以，对于缺失礼义的人自然应当予以批驳。但“过犹不及”，如果自视高洁，我行我素，就会做出陈子威、郝子廉那样虚伪荒谬的事。应劭列举了种种虚伪守礼行为，这些人或有违孝悌人伦，或狂狷任诞，或欺世盗名，表达了对士风士林的批判态度和尊儒崇礼的立场。

原文 夫圣人之制礼也，事有其制，曲有其防①，为其可传，为其可继②。贤者俯就，不肖跂及③。是故子张过而子夏不及④，然则无愈。子路丧姊，期而不除⑤，仲尼以为大讥⑥，况于忍能矫情直意而已也哉⑦?《诗》云:“不愆不忘，帅由旧章⑧。”《论语》:“不为礼，无以立⑨。”故注近世苟妄曰《愆礼》也⑩。

注释 ①曲：细事，小事。《礼记·中庸》:“其次致曲。”郑玄注:“曲犹小小之事也。”

②此二句本《礼记·檀弓上》:“弁人有其母死而孺子泣者，孔

子曰：‘哀则哀矣，而难为继也。夫礼，为可传也，为可继也，故哭踊有节。’”

③跂：踮脚。此二句本《礼记·檀弓上》：“子思曰：‘先王之制礼也，过之者俯而就之，不至焉者跂而及之。’”

④子张过而子夏不及：子张，即颛孙师。子夏，即卜商。二人皆孔子学生。《论语·先进》：“子贡问：‘师与商也孰贤？’子曰：‘师也过，商也不及。’曰：‘然则师愈与？’子曰：‘过犹不及。’”

⑤期：周期，一年。除：除去丧服。

⑥讥：指责。《礼记·檀弓上》：“子路有姊之丧，可以除之矣，而弗除也。孔子曰：‘何弗除也？’子路曰：‘吾寡兄弟而弗忍也。’孔子曰：‘先王制礼，行道之人，皆弗忍也。’子路闻之，遂除之。”

⑦矫情：故违常情，以示高异。直意：顺心，如意。

⑧见《诗经·大雅·假乐》。愆：过错。忘：疏忽。帅：同“率”，遵循。

⑨见《论语·尧曰》。

⑩苟妄：胡作非为。

译文 圣人制订礼仪，大事有具体规定，小事有具体约束，为了礼能够流传，为了礼能够继承。贤者可以降低标准俯就它，不肖者踮起脚也能达到它。所以子张过了头而子夏却仍不够，但是子张并不比子夏强。子路死了姐姐，过了一年还不除服，孔子狠狠地责备了他，更何况抑制本性有意违背常情的人呢？《诗经》上说："没有过错没有疏忽，一切遵循先王的旧章。"《论语》上讲："不懂礼节，无以自立。"所以记载近世胡作非为的事称作《愆礼》。

九江太守武陵陈子威

原文 九江太守武陵陈子威[①]，生不识母，常自悲感。游学京师，还于陵谷中，见一老母，年六十余，因就问："母姓为何？"曰："陈家女李氏。""何故独行？"曰："我孤独[②]，欲依亲家。"子威再拜长跪自白曰[③]："子威少失慈母，姓陈，舅氏亦李。又母与亡亲同年，会遇于此，乃天意也。"因载归家，供养以为母。

注释 ①武陵：郡名。汉高帝置，治所在义陵（今湖南溆浦南），东汉移治临沅（今湖南常德西）。

②孤独：幼而无父或老而无子的人。

③长跪：直身而跪。古时席地而坐，坐时两膝据地，以臀部着足跟。跪则伸直腰股，以示庄敬。

译文 九江太守武陵人陈子威，生下来就失去了母亲，常常独自悲伤。曾游学京师，回来时经过山谷中，见到一位老妇人，年纪六十多岁，于是上前问道："您何姓？"回答说："陈家的女子李氏。"又问："为什么一个人外出呢？"回答说："我年老无子，想投靠亲戚家。"子威再拜直身而跪说明道："我从小失去慈母，我姓陈，舅家也姓李。加之您与我过世的母亲同年，在此相遇，这是天意。"于是载着老妇人回家，当作母亲供养。

原文 谨按:《礼》[①]:"继母如母，慈母如母[②]。"谓继父之室[③]，慈爱己者，皆有母道，故事之如母也。何有道路之人而定省[④]！世间共传丁兰克木而事之[⑤]，今此之事，岂不是似？如仁人恻隐，哀其无归，直可收养[⑥]，无事正母之号耳。

注释

①《礼》:《仪礼》，又名《礼经》或《士礼》，儒家经典。撰者众说不一。今本十七篇，为春秋、战国时期一部礼制的汇编。因书中有士之冠礼、婚礼、相见礼、丧礼诸篇，故又名《士礼》。

②此二句见《仪礼·丧服》:“继母如母。传曰：继母何以如母？继母之配父与因母同，故孝子不敢殊也。慈母如母。传曰：慈母者何也？传曰：妾之无子者，妾子之无母者，父命妾曰:‘女以为子。’命子曰:‘女以为母。’若是，则生养之，终其身如母。死则丧之三年如母，贵父之命也。”慈母，指父妾无子者。

③继父之室：指继母。

④定：铺床安枕。省：请安问候。《礼记·曲礼上》:“凡为人子之礼，冬温而夏凊，昏定而晨省。”

⑤克：同“刻”。《御览》卷四一四引孙盛《逸人传》云:“丁兰者，河内人也。少丧考妣，不及供养，乃刻木为人，仿佛亲形，事之若生，朝夕定省。其后邻人张叔妻从兰妻有所借，兰妻跪报木人，木人不悦，不以借之。叔醉疾来谇骂木人，以杖敲其头。兰还，见木人色不怿，乃问其妻，妻具以告之，即奋剑杀张叔。吏捕兰，兰辞木人去。木人见兰，为之垂泪。郡县嘉其至孝，通于神明，图其形像于云台也。”

⑥直：仅，只是。

译文 谨按：《仪礼》上讲："继母如同母亲，没有子女的父妾如同母亲。"是说继母、父妾无子者都是母亲辈，所以像母亲一样侍奉她们。哪有在路上碰到老妇人而当作母亲侍奉的！世上流传丁兰刻木为像而侍奉一事，现今这件事，难道不类似吗？假如出于爱心和同情，哀怜她无家可归，只能收养她，用不着当作母亲供养。

大将军掾燉煌宣度

原文 大将军掾燉煌宣度①，为师太常张文明制杖②。

注释 ①大将军：古官名。始于战国，汉代沿置，为将军的最高称号，职掌统兵征战。掾（yuàn）：古代属官的通称。燉煌：即敦煌，郡名。汉元鼎六年（前111）分酒泉郡置，治所在敦煌县（今甘肃敦煌西）。宣度：史书无传。

②太常：官名。秦置奉常，汉景帝时改称太常。为九卿之一，掌宗庙礼仪，兼掌选试博士。历代沿置，为司祭祀礼乐之官。张文明：疑为张焕（一作"奂"），字然明，敦煌渊泉人，曾

担任太常。制杖：哀杖，丧礼中孝子所执之杖。

译文 大将军属官敦煌人宣度，替曾担任太常一职的老师张文明执哀杖。

原文 谨按：《礼记》①："孔子之丧，门人疑所服。子贡曰：'昔夫子之丧颜渊，若丧子而无服，至子路亦然。请丧夫子如父而无服②。'""群居则绖，出则否③。"今人乃为制杖，同之于父，论者既不匡纠，而云观过知仁④，谓心之哀恻，终始一者也。凡今杖者，皆在权戚之门，至有家遭齐衰同生之痛⑤，俯伏坟墓而不归来，真不爱其亲而爱他人者也？无他也，庶福报耳。凡庸小生，夫何讥称，然宣度凉州名士⑥，吾是以云耳。

注释 ①以下引文见《礼记·檀弓上》。

②夫子：对孔子的尊称。无服：古丧制指五服之外无服丧关系称"无服"。

③"则"后原无"绖，出则"三字，据《礼记》补。

④观过知仁：观察到一个人的过错就知道这是什么样的人。仁，通"人"。语出《论语·里仁》："子曰：'人之过也，各于

其党。观过，斯知仁矣。’”

⑤齐衰（zī cuī）：五种丧服之一，从重到轻依次是斩衰、齐衰、大功、小功和缌麻。齐，将丧服下部的边折转缝起来。衰，同“缞”。古代用粗麻布制成的丧服。

⑥凉州：西汉武帝置凉州，为十三刺史部之一。东汉治在陇县（今甘肃天水张家川）。

译文 谨按：《礼记》上讲：“为孔子办丧事时，门人们都不清楚该穿什么丧服。子贡说：‘从前夫子为颜渊处理丧事，好像死了儿子但不穿丧服，处理子路的丧事也是这样。请处理夫子的丧事如同对待父亲但不穿丧服。’”“聚在一起时则系上麻做的丧带，出门则脱掉。”现在的人替老师执哀杖，将他与父亲等同，议论的人既不匡正，而称通过观察过错可以了解到他是怎样一个人，说明其人内心一直悲痛。大凡当今执杖守丧的，都在权豪贵戚之家，以致有的家里遭逢父母的丧故而怀有生身之情的痛苦，本该庐居在坟墓旁，却不回家，莫非真的是不敬爱自己的父母而去敬爱别人吗？没有别的原因，期望为了报答人家给自己的福分恩情罢了。平庸小辈，用不着评论，但宣度为凉州知名人士，我因此评说这件事。

山阳太守汝南薛恭祖

原文 山阳太守汝南薛恭祖[①]，丧其妻，不哭，临殡[②]，于棺上大言："自同恩好四十余年，服食禄赐，男女成人，幸不为夭，夫复何恨哉！今相及也[③]。"

注释 ①山阳：郡名，治所在昌邑（今山东金乡西北）。薛恭祖：薛勤，字恭祖，东汉汝南郡（治今河南上蔡）人，曾仕郡为功曹，后为山阳太守。

②殡：已殓未葬的灵柩。

③及：四库全书本作"别"。

译文 山阳太守汝南人薛恭祖，死了妻子，不哭丧，到停放灵柩的地方，抚棺大声说："自结为恩爱夫妻四十多年，享用俸禄赏赐，儿女已长大成人，幸好没有夭折，还有什么遗憾呢！现在永别了。"

原文 谨按：《礼》为適妻杖[①]，重于宗也。妻者，既齐于己[②]，澄漠酒醴[③]，以养舅姑，契阔中馈[④]，经理蚕织，垂统传重[⑤]，其为恩笃勤至矣。且鸟兽之微，尚有回翔之思，啁噍之痛[6]。何有死丧之威[7]，终始永绝，而曾无恻容？当内崩伤[8]，外自矜饬[9]，此为矫情，伪之至也。俚语：“妇死腹悲，唯身知之。”又言“妻非礼所与”[10]，此何礼也？岂不悖哉！太尉山阳王龚与诸子并杖[11]，太傅汝南陈蕃、袁隗皆制衰绖[12]，列在服位，躬入隧[13]，哀以送之，近得礼中[14]。王公诸子魏杖[15]，亦过矣。

注释

①见《仪礼·丧服》。適妻：正妻。適，同“嫡”。

②齐：通“醮（jiào）”。古代婚娶时用酒祭神的礼仪。

③澄漠：澄澈，使之清。

④契阔：勤苦，劳苦。《诗经·邶风·击鼓》：“死生契阔。”毛传：“契阔，勤苦也。”中馈：内馈，即家中供膳诸事。

⑤垂统：传给子孙。传重：古礼，凡子庶而孙嫡，或嫡子残废或死亡，即以丧祭及宗庙之重，传于其孙，称之“传重”。重，古代丧礼中在虞祭之前，用木制成暂代主牌以依神之物。

⑥啁噍（zhōu jiū）：鸟鸣声。

⑦威：原作“感”，据王利器《风俗通义校注》改。《诗经·小雅·常棣》：“死丧之威，兄弟孔怀。”威，可怕。

⑧当：掩盖。崩伤：指内心十分悲痛、悲伤。崩，（因忧伤、悲痛等）内脏损伤。

⑨矜饬：外表庄重谨慎。矜，谨慎，庄重；饬，谨慎，恭敬。

⑩此句为薛恭祖语。按：前段当有脱误，否则此处不应插入此句。

⑪太尉：官名。秦至西汉设置，为全国军政首脑，与丞相、御史大夫并称三公。汉武帝时改称大司马。东汉时，太尉与司徒、司空并称三公。王龚：字伯宗，山阳高平（今江苏盱眙北）人，东汉顺帝永和元年（136）拜太尉，在位五年。《三国志·魏书·王粲传》注引张璠《汉纪》云："龚妻卒，龚与诸子并杖行服。"

⑫陈蕃：字仲举，汝南平舆（今河南平舆北）人，汉桓帝永康元年（167）为太傅，曾任光禄勋、太尉等职。袁隗：字次阳，袁安之孙，汝南汝阳（今河南商水西南）人，汉献帝初为太傅，曾任大鸿胪、司徒等职。绖（dié）：古代服丧期间结在头上或腰部的葛麻布带。

⑬隧：墓道。

⑭礼中：合乎礼。

⑮王公：指王龚。

译文

谨按：《礼记》上讲，替嫡妻服丧使用哀杖，这是对宗族的敬重。妻子与自己行过醮礼，滤上美酒，侍奉姑舅，勤劳于家庭膳食，劳作于养蚕织布，传宗接代，在恩爱厚道、勤于家事上已尽心尽力了。何况微贱的鸟兽，失去同伴后尚且有回翔的挂念，悲哀的号叫。哪有面临可怕的死亡，生离死别，而曾无悲戚之色的呢？掩盖内心的悲伤，外表庄重谨慎，这是做作，虚伪到了极点。俗语说："妻子死了内心悲伤，只有自己最清楚。"薛恭祖却说"妻子不用以礼相待"，这是什么礼？难道不荒谬吗？太尉山阳人王龚与诸子一起执哀杖，太傅汝南人陈蕃、袁隗都穿丧服，按服丧的礼制穿丧服，亲自进入墓道，哀悼并送葬，差不多合乎礼。王龚与诸子一起执哀杖则过头了。

弘农太守河内吴匡

原文 弘农太守河内吴匡伯康①，少服职事②，号为敏达③。为侍御史，与长乐少府黄琼共佐清河王事④，文书印成⑤，甚嘉异之⑥。后匡去济南相，琼为司空，比比援举⑦，起家拜尚书⑧，迁弘农。班诏劝耕⑨，道于渑池⑩，闻琼薨，即发丧制服⑪，上病，载辇车还府⑫。

注释

①弘农：郡名。西汉元鼎四年（前113）置，治所在弘农（今河南灵宝北）。河内：郡名。楚汉之际置，治所在怀县（今河南武陟西南）。吴匡：字伯康。灵帝时为大将军何进部将，后为袁绍部将。

②服：从事，做。职事：旧时官吏仪仗的一种。

③敏达：聪慧而通达事理。

④长乐：长乐宫。汉代主要宫殿之一，汉惠帝后为太后居地。少府：官名。汉制，皇太后宫置少府一人掌之，秩次如中宫。黄琼：字世英，江夏安陆（今湖北安陆）人，东汉顺帝时拜议郎，累迁太常。桓帝时，历任司空、太仆、司徒、太尉、大司农等职。

⑤卬（yǎng）："仰"的古字。仰成，谓依赖别人取得成功。

⑥嘉异：特别赞美。

⑦比比：每每、频频。援举：引荐。

⑧起家：从家中被荐举。谓出仕为官。尚书：官名。始置于战国。秦为少府属官，汉武帝提高皇权，因尚书在皇帝左右办事，掌管文书章奏，地位逐渐重要。汉成帝时设尚书五人，开始分曹办事。东汉时正式成为协助皇帝处理政务的官员，从此三公权力大为削弱。

⑨班诏：颁布诏书。班，颁布。劝耕：汉制，郡守常在春季巡行所辖县邑，劝民耕桑。

⑩渑（miǎn）池：古城名。故地在今河南渑池西。

⑪制服：服丧服。《后汉书·袁闳传》："及母殁，不为制服设位，时莫能名，或以为狂生。"

⑫辇（niǎn）车：古代宫中用的一种便车，多用人挽拉。

译文 弘农郡太守河内人吴匡，字伯康，年轻时做职事，以敏达著称。曾担任侍御史，同长乐少府黄琼一起辅佐清河王，文书靠他写成，黄琼对他大加赞许。后来吴匡辞去济南相这一职位，黄琼担任司空，每每引荐吴匡，吴匡又出来做官并担任尚书一职，又升迁弘农太守。吴匡颁诏劝勉农耕，经过渑池，听到黄琼的死讯，立即办理丧事穿上丧服，向朝廷告病，乘辇车回府。

原文 谨按：《春秋》："大夫出使，闻父母之丧，徐行而不反，君追还之，礼也[①]。"匡虽为琼所援举，由郡县功曹、州治中、兵曹位朝廷尚书也[②]，凡所按选，岂得复为君臣者耶！今匡与琼其是矣。剖符守境[③]，劝民耕桑[④]，肆省冤疑[⑤]，和解仇怨，国之大事，所当勤恤。而顾私恩，傲狠自遂[6]，若宫车晏驾[7]，何以过兹？论者不深察而归之厚，多有是言，及其人患失，而亦曰其然。司空袁周阳举荀慈明有道[8]，太尉邓伯条举訾孟直方正[9]，二公薨，皆制齐衰，世非一。然荀、訾通儒，于义足责。或举者名位斥落，子孙无继，多不亲至，何乃衰乎！过与不及[10]，古人同称[11]，吊服之制，斯近之矣。

注释

①见《春秋公羊传·宣公八年》:“大夫以君命出，闻丧徐行而不反。”

②功曹：官名。汉代郡守下有功曹史，简称功曹，相当于郡守的总务长，除掌人事外，并得与闻一郡的政务。治中：官名。汉代置治中从事史，为州刺史的助理。兵曹：官名。汉代置兵曹从事，主一州军事。

③剖符：古代朝廷传达命令或征调兵将用符，双方各执一半，以验真假。剖，分开。

④耕桑：种田与养蚕，泛指从事农业。

⑤肆：赦宥，延缓。省：减少。

⑥傲狠：傲慢凶狠。自遂：随心所欲。

⑦宫车：帝王坐的车。这里代指天子。晏驾：帝王死的委婉说法。

⑧袁周阳：名逢，东汉汝南汝阳（今河南商水西南）人。汉灵帝光和元年（178）为司空。荀慈明：名爽，字慈明，颍川颍阴（今河南许昌）人。博学洽闻，世称硕儒。有道：汉代选举制度之一。

⑨邓伯条：似当为邓盛，字伯能。东汉弘农（今河南灵宝北）人，汉灵帝中平元年（184）代杨赐为太尉。訾孟直：事迹未详。方正：汉代选举制度之一。

⑩过与不及：犹言过犹不及。指事情做得过头，就像做得不够一样，都是不好的。《论语·先进》："子贡问：'师与商也孰贤？'子曰：'师也过，商也不及。'曰：'然则师愈与？'子曰：'过犹不及。'"

⑪称：相当。

译文

谨按：《春秋》上讲："大夫奉国君的命令出使他国，听到父母的丧事，也只能慢慢向前走而不能返回，国君召回他，是讲究礼。"吴匡虽然被黄琼引荐，由郡县功曹、州治中、兵曹而位列朝廷尚书，大凡考察选拔出来的，怎能与旧主再论君臣！当今吴匡和黄琼就是这样。接受军令守卫边境，劝民从事农业，赦宥减少冤狱疑案，和解仇隙怨恨，这是国家大事，理当费心体恤。但他顾念私恩，骄傲恣肆，随心所欲，如果天子驾崩，还能比这个礼节更隆重？议论的人不深入考察却归之于笃厚，很多人持这种言论，还有的害怕失去职位，也赞同这种言论。司空袁周阳举荐荀慈明为有道，太尉邓伯能举荐訾孟直为方正，袁、邓两人死后，荀、訾都服齐衰，像这种事世上并非只有一件。但荀、訾二人都是学识渊博的儒者，在道义上值得指责。有的举荐者名位衰落，子孙不能继承，被举荐者多不亲自前往，更不用说穿丧服了！做得过头和不够，古人认为是一样的，吊丧之服的规定也和这差不多。

河南尹太山羊嗣祖

原文 河南尹太山羊嗣祖[①]，在家；平原相封子衡葬母[②]，子衡故临太山数十日[③]，时嗣祖去河南矣。子衡四从子曼慈复为太山[④]，士大夫用此行者数百人，皆齐衰绖带[⑤]。时与太尉府自劾归家[⑥]，故侍御史胡毋季皮独过相候[⑦]，求欲作衰，谓：“君不为子衡作吏，何制服?”曰:“众人若此,不可独否。”又谓:“足下径行自可,今反相历⑧,令子失礼,仆豫愆⑨,古有吊服,可依其制。”因为裁缟冠帻袍单衣⑩,定,大为同作所非。然颍川有识陈元方、韩元长、綦毋广明咸嘉是焉⑪。

注释

①河南:郡名。汉高帝二年(前205)改秦三川郡置郡。治所在雒阳(今河南洛阳东北)。尹:官名。汉代以都城的行政长官称尹,有京兆尹、河南尹。羊嗣祖:指羊陟,字嗣祖,东汉太山梁父(今山东泰安东南)人,初受太尉李固府的征召,拜官为河南尹。后免官,卒于家。

②平原:郡、国名。西汉置郡,治所在平原(今山东平原西南)。东汉、魏、晋或为郡,或为国。汉桓帝建和二年(148),封帝弟刘硕为平原王。封子衡:汉灵帝光和元年(178)或二年(179)任平原相,之前任太山郡守。

③临:从上监视着,统治。

④四从(zòng):谓有四代堂房亲族。从,堂房亲属。

⑤齐衰(zī cuī):亦作“齐缞”,丧服名。“五服”中列位二等,次于斩衰。其服以粗麻布制成,衣裳分制,以其缉边缝齐,故名。有别于斩衰的毛边。具体服制及穿着时间视与死者关系亲疏而定。绖带:古代丧服所用的麻布带子。

⑥此句谓羊嗣祖到太尉府自劾归家。后“谨按”中言嗣祖“首倡导犯礼违制”，这里未述及，上下当有脱文。

⑦胡毋季皮：胡毋班，字季皮，东汉太山人，仗义疏财，为汉末名士。曾任侍御史。

⑧历：牵连。

⑨仆：此为羊嗣祖谦称。预愆：参预其过，犯同样的错误。

⑩缟：白绢。帻：头巾。

⑪陈元方：名纪，颍川许县（今河南许昌东）人，以德称于世，著有《陈子》。董卓入洛阳，起家拜五官中郎将，迁侍中，旋拜平原相，建安四年（199）以大鸿胪卒。与父寔、弟谌号为“三君”。韩元长：名融，颍川舞阳（今河南舞阳）人，少能辩理，不为章句，声名甚盛。献帝初，官至太仆。綦毋广明：名闿，字广明。綦毋为复姓。事迹未详。

译文 河南尹太山人羊嗣祖，免官在家；平原相封子衡替母亲送葬，封子衡曾经管辖太山郡数十日，当时羊嗣祖已离开河南尹这一职任。封子衡的远房堂侄封曼慈重新管辖太山，士大夫因此穿丧服居丧的达数百人，都服齐缞结上绖带。羊嗣祖到太尉府自我弹劾要求回家，原侍御史胡毋季皮独自前往问候嗣祖，想请求服齐缞，嗣祖问：“您不曾担任子衡属吏，为什么要服齐缞?”胡毋季皮说:“大家都像这样,不能唯独自己不服齐缞。”嗣祖又说:“您径直去做就是了,现在反而把事情搞乱了,让您失礼,让我也犯同样的错误,古时有吊丧的服制,可以按照它的规格。”于是裁白绢做成头巾穿上官服,这样的做法,大为同行者所非议。但颍川有见识的人士陈元方、韩元长、綦毋广明都表示赞同。

原文 谨按:《礼》:“为旧君齐衰三月[①]。”谓策名委质[②],为臣吏者也。子衡临郡日浅,无他功惠,又非其身。嗣祖位列亚卿[③],雅有令称,义当纲纪人伦,为之节文,而首倡导,犯礼违制,使东岳一郡朦朦焉[④],岂不慜哉!由郕人失兄,子皋为之衰[⑤]。虽失于子衡,归于曼慈者矣。

注释 ①见《仪礼·丧服》:“传曰:大夫为旧君,何以服齐衰三月也?大夫去,君扫其宗庙,故服齐衰三月也。”

②策名:名字写在简策上。古人开始做官时,必先把名字写在简策上。委质:委身事君。质,指形体。一说,指给主上送进见的礼物。

③亚卿:指郡守。郡守位次于九卿,故云“位列亚卿”。

④东岳一郡：太山郡，又作“泰山郡”。朦朦：昏昧无知。

⑤由：通“犹”。郕：古国名，或作“成”。子皋：孔子弟子,《史记·仲尼弟子列传》作“子羔”。《礼记·檀弓下》：“成人有其兄死而不为衰者，闻子皋将为成宰，遂为衰。成人曰:‘蚕则绩而蟹有匡，范则冠而蝉有緌，兄则死而子皋为之衰。’”

译文 谨按:《仪礼》上讲:“为过去的君主服齐衰三个月。”是说名字写在简册上委身事君，为人臣吏。封子衡管辖郡国日子不长，没有什么功德恩惠，又不是他自己的丧事。嗣祖位列亚卿，有美名雅誉，道义上应当约束人伦，替大家规定礼仪，却首先倡导犯礼违制，使太山一郡昏昧无知，难道不令人痛惜吗？就像郕人死了兄长，因为子皋才服齐衰。虽然子衡有过错，但也应归咎于曼慈。

太原郝子廉

原文 太原郝子廉，饥不得食，寒不得衣，一介不取诸人[①]。曾过姊饭[②]，留十五钱，默置席下去。每行饮水，常投一钱井中。

注释 ①介：同“芥”，草，喻细小之物。

②姊：原作“娣”，据王利器《风俗通义校注》改。

译文 太原人郝子廉，饥饿时得不到吃的，寒冷时得不到穿的，一丁点东西也不从他人取得。曾到姐姐家吃饭，留下十五钱，悄悄放在坐席下离去。每次外出饮水，都投下一钱到井中。

原文 谨按：《易》称：“天地交，万物生；人道交，功勋成[①]。”《语》：“愿车马衣轻裘与朋友共，弊之而无憾[②]。”士相见之礼，贽用腒雉[③]，受而不拒，而交答焉[④]。唯祭饭然后拜之[⑤]。孔子食于施氏，未尝不饱[⑥]。何有同生之家而顾钱者哉[⑦]？伤恩薄礼，弊之至也。孟轲讥仲子吐鶃鶃之羹，而食井上苦李[⑧]。鲍焦耕田而食[⑨]，穿井而饮，非妻所织不衣，饿于山中，食枣。或问之："此枣子所种耶？"遂呕吐，立枯而死⑩。世不乏异，惟其似旃⑪。孔子疾时贪昧，退思狂狷⑫，狷者有所不为⑬，亦其介也⑭。

注释

①今《周易》无此语。盖引《周易·泰卦》"天地交"下传文。《周易·泰卦》："天地交而万物通也，上下交而其志同也。"

②见《论语·公冶长》。

③贽：古时初次拜见所送的礼物。腒（jū）雉：干野鸡肉。腒，干雉。雉，野鸡。古礼，士和士相见的礼物，冬天用死野鸡，夏天用干野鸡肉。

④交答：相互答礼。参见《仪礼·士相见礼》。

⑤祭饭：似当作"祭肉"。《论语·乡党》："朋友之馈，虽车马，非祭肉，不拜。"

⑥施氏：即少施氏，鲁惠公之子施父之后。《礼记·杂记二》载："孔子曰：'吾食于少施氏而饱，少施氏食我以礼。'"

⑦顾：通"雇"，付钱。

⑧仲子：陈仲子，齐国人，世被称为田仲、陈仲、於陵仲子。据《淮南子·氾论训》载："季襄、陈仲子立节抗行，不入洿君之朝，不食乱世之食，遂饿而死。"据《孟子·滕文公下》：陈仲子住在於陵，三天没有饮食，耳朵听不见，眼睛看不见。

井上有李，金龟子的幼虫已蛀食大半，他爬过去，取来吃下，咬了三口，耳朵才有听觉，眼睛才有视觉。他认为其兄的俸禄不义，不肯吃他的东西。有次，其母将别人送给其兄的一只鹅宰了，把鹅肉送给他吃。他知道内情后将肉吐出。孟子对此进行了讥讽。鶃（yì）鶃：鹅叫声。亦借指鹅。

⑨鲍焦：周时隐士，行为高洁，非议俗世。其事迹各书所载均异，盖传闻有所不同。

⑩立枯而死：抱着树枯槁而死。

⑪旃（zhān）：代词。相当于“之”或“之焉”。

⑫狂狷（juàn）：指人狂放不羁却又能遵循规则。狷，指洁身自好，安分守己。

⑬狷者有所不为：狷者不肯做不义之事。《论语·子路》：“狂者进取，狷者有所不为也。”

⑭介：其次。

译文 谨按：《周易》上讲：“天地交感，万物各畅其生；人道交感，功勋定能建成。”《论语》上说：“愿将车马、皮袍和朋友共用，就是用坏了也不怨恨。”士相见的礼节，礼物用干野鸡肉，接受不拒绝，而相互答礼。只有接受了祭肉才行拜礼。孔子在施氏家吃饭，从没有没吃饱的时候。哪有在同胞姐姐家吃饭付钱的呢？

伤害恩情轻视礼节，错误到了极点。孟轲讥讽陈仲子吐掉鹅肉，却吃井边的苦李。鲍焦耕田而食，凿井而饮，不是妻子所织的衣服不穿，饿着肚子待在山中，吃野枣。有人问他："这枣子也是种的吧？"于是吐了出来，枯槁而死。世上这般奇异之士，只有郝子廉像他们。孔子痛恨时人贪婪昏昧，反而思念狂狷之士，狷者不做不义之事，也是退而求其次了。

南阳张伯大

原文 南阳张伯大①，邓子敬小伯大三年，以兄礼事之。伯卧床上，敬寝下小榻，言："常恐清旦朝拜②。"俱去乡里，居缑氏城中③，亦教授，坐养声价④，伯大为议郎、益州太守⑤，子敬辟司徒⑥，公车征⑦。

注释 ①南阳：郡名。战国时置，治所在宛县（今河南南阳）。

②恐：担心。朝拜：拜谒。

③缑（gōu）氏城：故地在今河南偃师东南。

④坐养声价：无故而自取得名声身价。养，取。

⑤议郎：官名。西汉置，掌顾问应对，隶光禄勋。为郎官之一种，但不入值宿卫。东汉时地位更高，得参与朝政。益州：郡名。汉武帝所置十三刺史部之一。治所在雒县（今四川广汉北）。

⑥司徒：官名。西周始置。西汉哀帝时丞相改称“大司徒”，东汉时改称“司徒”，掌管教化，与司空、太尉并为三公。

⑦公车：官署名，因在公车门，故名。负责警卫宫殿中的司马门和夜间宫中巡逻。凡臣民上书和朝廷征召，均由公车令掌管。

译文 南阳人张伯大，邓子敬比他小三岁，以兄礼待他。伯大睡床上，子敬睡下边的小榻上，说：“我常常担心耽误清晨朝拜。”一同离开乡里，住在缑氏城中，同时教授生徒，因此获取名声身价，伯大担任议郎、益州太守，子敬受司徒的征召，公车征用。

原文 谨按：《礼记》：“十年兄事之，五年肩随之①。”《诗》云：“如切如磋，如琢如磨②。”朋友衎衎訚訚③，各长其仪也④。凡兄弟相爱，尚同舆而出，同床而寝。今相校三年耳⑤，幸无骨肉之属，坐作鬼怪⑥，旦朝言恐。《论语》："恭而无礼则劳[7]。"且晏平仲称善与人交[8]，岂徒拜伏而已哉?《易》设四科，出处语默[9]。传曰："朝廷之人，入而不能出；山林之民，往而不能反[10]。"二者各有所长。而弃圣绝知[11]，遁世保真[12]，当窜深山，乐天知命。今居缑氏，息偃城郭，往来帝都，招延宾客，无益诲人，拱默而已[13]，饰虚矜伪，诳世耀名，辞细即巨[14]，终为利动。《春秋》讥宋伯姬女而不妇[15]，今二子屑屑[16]，远大失矣！

注释

①《礼记·曲礼上》云："年长以倍，则父事之；十年以长，则兄事之；五年以长，则肩随之。"肩随，比肩而行而略退后。

②见《诗经·卫风·淇奥》。

③衎（kàn）衎：刚直从容貌。訚（yín）訚：和颜悦色的样子。《论语·先进》："闵子侍侧，訚訚如也。"

④长：增益。仪：仪礼。

⑤相校：相差。

⑥坐作鬼怪：无故而自作鬼怪。

⑦恭而无礼则劳：见《论语·泰伯》。劳，劳倦。

⑧《论语·公冶长》："子曰：'晏平仲善与人交，久而敬之。'"晏平仲：齐国大夫，姓晏名婴，字平仲。世传《晏子春秋》是战国时人收集他的言行编辑而成。

⑨出处语默:《周易·系辞上》:“子曰:‘君子之道，或出或处，或默或语。’”出，出世。处，入世。语，畅发议论。默，沉默寡言。

⑩语本《韩诗外传》卷五:“朝廷之士为禄，故入而不出；山林之士为名，故往而不返。入而亦能出，往而亦能返，通移有常，圣也。”

⑪知：同“智”。老子《道德经》:“绝圣弃知，民利百倍。”

⑫遁世保真：逃避现世，保全本性。

⑬拱默：拱手缄默。

⑭辞细即巨：口实虽然小但暴露无遗。

⑮伯姬：宋共公夫人，故又称宋共姬，鲁成公九年（前582）嫁给共公。鲁襄公三十年（前543），宋发生火灾，伯姬因等待保姆而被火烧死。《左传·襄公三十年》:“甲午，宋大灾，宋伯姬卒，待姆也。君子谓宋共姬女而不妇，女待人妇义事也。”意谓未婚之女才等待保姆，已婚妇女应见机行事。女而不妇：奉行闺女的守则而不是奉行媳妇的守则。女，闺女。妇，媳妇。

⑯屑屑：劳瘁的样子。《汉书·王莽传上》:“晨夜屑屑，寒暑勤勤，无时休息，孳孳不已者，凡以为天下，厚刘氏也。”

译文 谨按:《礼记》上讲:“大于自己十岁的人，要像对待兄长一样；大于自己五岁的人，与他并肩而行要略退后。”《诗经》上说：“好像切磋了的象牙，好像琢磨了的美玉。”朋友刚直而又随和，互相增益其仪礼。大凡兄弟互相敬爱，尚且出外一起乘车，同床共寝。现今伯大、子敬只相差三岁，本也不是骨肉兄弟，无故而装神弄鬼，生怕耽误了清早拜谒。《论语》上说：“只是注意态度恭敬而不知礼，就会感到劳倦。”况且晏平仲善于与别人交往，难道只是伏身叩拜吗?《周易》对君子规定了四种类型，要么出世，要么入世，要么畅发议论，要么沉默不言。经传上讲：“朝廷之人，入世而不能出世；山林之民，出世了就不能再回到尘世。”二者各有所长。但要抛弃聪明和智巧，逃避现世保全本性，应当僻居深山，乐天知命。现今二人居于缑氏城中，栖身城郭，往来帝都洛阳，招延宾客，对教导世人没有好处，拱手而默无一言，矫饰虚伪，欺世盗名，口实虽小但也暴露无遗，最终为名利所动。《春秋》上讥讽宋国伯姬奉行闺女的规矩而不是奉行媳妇的，当今伯大、子敬二人的行为，过失更大啊！

公车征士汝南袁夏甫

原文 公车征士汝南袁夏甫①，少举孝廉，为司徒掾，人间之事，无所关也。其后，闭户塞牖，不见宾客。清旦，东向再拜朝其母，念时往就之，子亦不得见，复逾拜耳②。头不著巾，身无单衣，足常木屦③，食止壃菜④，云我无益家事，莫之能强。及母终亡，不列服位。

注释 ①公车征士：汉制，官署以公车征召天下方正有道之士。被征召的人称为公车征士。袁夏甫：即袁闳，字夏甫。袁安玄孙。虽出身显贵，仍以耕学为业。延熹末，为避党乱，乃筑土室，潜身十八年。黄巾军起，百姓惊散，仍诵经不止，黄巾军相约不入其间，年五十七，卒于土室。《后汉书》有传。

②逾：与“遥”同。也写作“隃”。

③木屦：木屐。

④壃：即姜。

译文 公车征士汝南人袁夏甫，年轻时被举荐为孝廉，担任司徒属官，人间纷争之事，都不关心。之后，关闭门户堵塞窗牖，不见宾客。清早，朝东向其母行拜礼，他母亲想念他的时候就过去看他，即使子女也不能去探望他，只是遥拜而已。不戴头巾，身无单衣，脚常穿着木屐，只吃姜菜。称自己对家事没有帮助，没有人能勉强他。到他母亲死时，不穿孝服不设置灵位。

原文 谨按：《孝经》："生事爱敬，死事哀戚①。"一家之中，谕若异域②，下床暗拜③，远于爱敬者矣。祖载崩隧④，又不能送，远于哀戚者矣。巾所以饰首，衣所以蔽形，此乃士君子所以自别于夷狄者也。唯丧者、讼者露首草舍⑤，余曷有哉？长沮、丈人避世之士⑥，由讯子路⑦，杀鸡为黍见其子焉⑧。何有藏一室中，不出户庭，以此为高，斯亦婞婞⑨。鲤趋而过庭⑩，闻诗闻礼，而陈亢喜于得三⑪，不当近之⑫，何乃若兹者乎！

注释 ①见《孝经·丧亲章》。此句谓：亲生，则事之以爱敬；亲死，则事之以悲戚。

②谕：譬若。

③暗拜：谓不当面礼拜之。

④祖：设奠祭送死者。《周礼·春官·丧祝》："及祖，饰棺。"

郑玄注引郑司农云:“祖谓将葬，祖于庭，象生时出则祖也。”载：灵车。崩：同“堋”，葬时下棺于土。隧：墓道。

⑤草舍：古礼，持丧或讼狱者居于草庐。

⑥长沮、丈人：皆古时不知真实姓名的隐士。

⑦由：通“犹”。讯：问。《论语·微子》云:“长沮、桀溺耦而耕，孔子过之，使子路问津焉。长沮曰:‘夫执舆者为谁?’子路曰:‘为孔丘。’曰:‘是鲁孔丘与?’曰:‘是也。’曰:‘是知津矣。’”

⑧《论语·微子》云:“子路从而后，遇丈人，以杖荷蓧。子路问曰:‘子见夫子乎?’丈人曰:‘四体不勤，五谷不分，孰为夫子?’植其杖而芸，子路拱而立。止子路宿，杀鸡为黍而食之，见其二子焉。”黍：即黍子，去皮后称黄米，煮熟后有黏性。见其子：丈人曾让他的两个儿子出来和子路相见，这是他重视长幼之间礼节的表现。

⑨婞（xìng）婞：倔强貌，引申为忿恨不平貌。言器量狭小。

⑩鲤：孔鲤，字伯鱼，孔子之子。

⑪陈亢（gāng）：字子禽，孔子的学生。《论语·季氏》:“陈亢问于伯鱼曰:‘子亦有异闻乎?’对曰:‘未也。尝独立，鲤趋而过庭。曰:“学《诗》乎?”对曰:“未也。”“不学《诗》，无以言。”鲤退而学《诗》。他日，又独立，鲤趋而过庭。曰:“学礼乎?”对曰:“未也。”“不学礼，无以立。”鲤退而学礼。

闻斯二者。’陈亢退而喜曰：‘问一得三，闻《诗》，闻礼，又闻君子之远其子也。’”

⑫不当近之：谓君子对自己的儿子并不特别亲近。

译文

谨按：《孝经》上讲：“双亲活着，则以爱敬之心来侍奉他们；双亲死后，则以悲戚之情来处理丧事。”一家之中，有如分居两地，起床后不当面拜谒母亲，离以爱敬之心来侍奉相去甚远。对于母亲的丧事，又不能送葬，离以悲戚之情来对待相去甚远。丝巾用来装饰头部，衣服用来遮蔽身体，这是士人君子与夷狄的区别。只有守丧、讼狱的人才抛头露面、身居草庐，谁还会这样呢？长沮、丈人为避世的隐士，还向子路询问，杀鸡做饭给子路吃，让他的两个儿子与子路相见。哪有隐居一室之中，足不出户，以此标榜清高，格局也太小了。孔鲤恭敬地轻步从院庭中走过，知道了学诗和学礼的重要性，而陈亢却高兴明白了三件事。君子对待自己的儿子并不特别亲近，但哪有像袁夏甫这样的呢！

公车征士豫章徐孺子

原文 公车征士豫章徐孺子①，比为太尉黄琼所辟②，礼文有加。孺子隐者，初不答命。琼薨，既葬，负笥屮涉③，赍一盘④，醊哭于坟前⑤。孙子琰故五官中郎将⑥，以长孙制杖，闻有哭者，不知其谁，亦于倚庐哀泣而已⑦。孺子无有谒刺⑧，事讫便去。子琰大怪其故，遣琼门生茅季玮追请辞谢⑨，终不肯还。

注释 ①徐孺子：名穉，豫章南昌（今江西南昌）人，苦身修节，公府屡辟，桓帝征召，皆不至，年七十二卒。

②黄琼：字世英，江夏安陆（今湖北安陆西北）人。顺帝永建中，拜议郎，迁尚书仆射。历迁尚书令、魏郡太守、太常。元嘉元年（151），拜司空。永兴元年（153），迁司徒，转太尉。延熹元年（158），为大司农。梁氏被诛，复拜太尉。卒赠车骑将军，谥忠侯。

③笥屮：各本俱同。卢文弨《群书拾补》校作“算”。“算”同“匴”，竹器。朱筠《风俗通义校正》校作“笈”，“笈”与“箧”通，小箱子。均通。涉：《群书拾补》校作“步”。今本《后汉书·徐穉传》《高士传》俱作“徒步”。当是。

④赍（jī）：送物给人。

⑤醊（zhuì）：酹酒。

⑥孙子琰：黄琬，字子琰。黄琼孙。少有辩才，知名京师，桓帝时为五官中郎将，后因党事遭禁锢。至灵帝光和末年，征拜议郎，历青州刺史、将作大匠、豫州牧等职。董卓秉政，征为司徒，迁太尉。因谋诛董卓失败，下狱死。五官中郎将：秩比二千石，属光禄勋。凡郎官皆主更直宿卫。

⑦倚庐：殡后的孝子住处。

⑧谒刺：拜见用的名帖，犹今名片。

⑨茅季玮：名容，字季伟（一作“玮”），陈留（今河南开封东南）人。性至孝，为郭林宗赏识，因劝令学，卒以成名。

译文

公车征士豫章人徐孺子，屡为太尉黄琼所征召，待他礼节很优厚。徐孺子为隐士，最初不应召。黄琼死，已下葬，徐孺子背着竹箱徒步行走，送上一盘祭品，酹酒在坟前痛哭。黄琼之孙子琰，原是五官中郎将，以嫡孙身份执哀杖，听到有人哭，不知他是谁，也于倚庐中哀哭。徐孺子没有谒刺，祭告完了就走。子琰对这一举动感到很奇怪，派黄琼的门生茅季玮追上去表达谢意，徐孺子始终不肯返回。

原文

谨按:《礼》:凡吊丧者,既哭,兴踊①,进问其故,哀之至也②。孺子所以经三千里③,越度山川而亲至者,非徒徇于己④,顾义报乎。哭醊坟前,是也;讫,当即其帐衾⑤,问劳子琰⑥。子琰宿有善名,在礼无违,傥见微阙,教诲可乎,如何儵忽,甚于路人。昔黔敖忽于嗟来,然君子犹以为其嗟可去,谢可食⑦。今与黄有恩故矣,孝子寝伏苫块⑧,又孺子到便诣坟,无介⑨,夫何为哉?

注释

①兴踊:跺脚。以示悲痛至极。

②以上数语不见今本《仪礼》《礼记》。《礼记·杂记》云:“凡丧服未毕,有吊者,则为位而哭,拜踊。”应劭当本此。

③前段未叙及此,疑前有脱文。徐穉徒步三千里之事,《高士传》有载:“太守黄琼亦尝辟穉,至琼薨,归葬江夏,穉既闻,即负笈徒步豫章三千余里至江夏琼墓前,致酹而哭之。”

④徇:营。

⑤帐衾:停灵之处。此指子琰所居的倚庐。帐,通“幛”,旧时作庆吊礼物的布帛。衾,覆盖尸体的单被。

⑥问劳:慰问。

⑦《礼记·檀弓下》云:“齐大饥,黔敖为食于路,以待饿者而食之。有饿者,蒙袂辑屦,贸贸然来。黔敖左奉食,右执

饮，曰：‘嗟来食。’扬其目而视之，曰：‘予唯不食嗟来之食，以至于斯也。’从而谢焉，终不食而死。曾子闻之曰：‘微与，其嗟也可去，其谢也可食。’”谢：道歉。

⑧寝伏苫块：睡在草苫上，枕着土块。《仪礼·既夕礼》云：“居倚庐，寝苫枕块。”

⑨介：介绍。

译文

谨按：《礼》上讲，凡吊丧的人，哭完后，跺脚，上前问其缘故，表示哀痛到了极点。徐孺子之所以经过三千里跋山涉水而亲自前往，并不是谋求个人私利，而是知恩图报。哭着在坟前酹酒，做得对；告祭完后，应当到倚庐慰问子琰。子琰素有善名，在礼节上没有违失之处，如稍有不周之处，可以加以教导，哪能匆匆而去，甚于陌路相逢之人。从前黔敖由于疏忽吆喝饥民吃饭，但君子还认为无礼吆喝时，可以离去不吃，道歉之后就可以吃了。现今徐孺子与黄琼有恩旧，孝子睡在草苫上，枕着土块守孝，而徐孺子到后就去上坟，没有自我介绍，这样做是为什么呢？

过誉第四

题解 过誉，指过分称赞。在本篇中，应劭列举了一些人为求取名声而违理的行为。即使其中有的人获得了时人的称赞，应劭亦毫不留情地揭露其人的虚伪和无识。如“汝南戴幼起”条，虽然戴绍（字幼起）因让财与兄和轻车简从而为人称道，但应劭却认为“为其饰伪，良亦昭晰”。又如“江夏太守河内赵仲让”条，赵仲让因行为特异被誉为高洁之士，但应劭讥其狂悖不合礼法。再如“太原周党”条，周党感《春秋》之义，辞师复仇，当时论者，归其义勇，而应劭讥之“不孝不智，而两有之”。总之，应劭在按语中引经据典，一一纠驳了当时士大夫中“讦以为直，隐以为义，枉以为厚，伪以为名”的过誉行为。

原文 孔子称：“大哉！中庸之为德，其至矣乎[①]！”又曰：“君子之道，忠恕而已[②]。”至于讦以为直[③]，隐以为义，枉以为厚，伪以为名，此众人之所致誉，而明主之所必讨。盖观过知仁，谓中心笃诚，而无妨于化者，故覆其违理曰《过誉》也[④]。

注释 ①语本《论语·雍也》：“子曰：‘中庸之为德也，其至矣乎！’”中庸：孔子认为的一种最高的道德标准。中，即不偏不倚；庸，即平常、不变。

②此为曾子（曾参，孔子学生）语。《论语·里仁》："曾子曰：'夫子之道，忠恕而已矣。'"据孔子的解释，忠指"己欲立而立人，己欲达而达人"，恕指"己所不欲，勿施于人"。

③讦（jié）：攻击别人的短处或揭发别人的隐私。

④覆：审察明辨。

译文 孔子说："伟大啊！中庸这种道德，这是最好的了！"又说："君子的行为法则，概括起来就是忠恕二字而已。"至于揭发别人的隐私而自认为直率，隐瞒别人的恶行而自认为仗义，不讲原则而自以为厚道，诡诈虚伪而自以为有名望，这是众人求取声誉的办法，但贤明的君主一定会讨伐。大概看一个人的过错就知道他是什么样的人了，是说应当内心笃诚，而又不妨害教化，所以将审察明辨这些违理的行为称作《过誉》。

长沙太守汝南郅恽

原文 长沙太守汝南郅恽君章[①]，少时为郡功曹[②]。郡俗冬飨，百里内县皆赍牛酒到府宴饮③。时太守司徒欧阳歙临飨礼讫④，教曰⑤："西部督邮繇延⑥，天资忠贞，禀性公方，典部折冲⑦，摧破奸雄，不严而治。《书》曰：'安民则惠，黎民怀之⑧。'盖举善以教，则不能者劝⑨。今与诸儒共论延功，显之于朝⑩。"主簿读教⑪，户吏引延受赐⑫。恽前跪曰："司正举觥⑬，以君之罪⑭，告谢于天。明府有言而误⑮，不可覆掩。按延资性贪邪，外方内圆，朋党构奸，罔上害民⑯，所在荒乱，虚而不治，怨慝并作⑰，百姓苦之。而明府以恶为善，股肱莫争。此既无君，又复无臣。君臣俱丧，孰与偏有。君虽倾危，臣子扶持，不至于亡，恽敢再拜奉觥。"歙甚惭。

注释

①长沙：郡名，战国秦置，治所在临湘（今湖南长沙）。郅恽：字君章，东汉汝南西平（今河南西平西）人，官拜长沙太守，崇教化，表异行。著书八篇。《后汉书》有传。

②功曹：官名。汉代郡守下有功曹史，简称功曹，相当于郡守的总务长，除掌人事外，并得与闻一郡的政务。

③依汉律，"三人以上无故群饮酒，罚金四两"。因此为冬飨，故百里内县，皆持牛肉与酒到府合聚饮食。《东观汉记·郅恽传》："汝南旧俗，十月飨会，百里内皆赍牛酒到府饮宴。"

《后汉书·郅恽传》亦作“十月飨会”。赍（jī）：带着。

④欧阳歙：字正思，东汉乐安千乘（今山东高青东北）人。光武帝建武七年（31）任汝南太守，政有名绩，十六年（40）征为大司徒。后坐赃罪，下狱死。

⑤教：指上对下的告谕。秦法，诸侯王公的告谕称教。

⑥督邮：官名。汉代各郡的重要属吏，代表太守督察县乡，宣达教令，兼司狱讼捕亡等事。每郡有分两部、四部和五部的，每部各有一督邮。

⑦折冲：抵御敌人。

⑧语出《尚书·皋陶谟》。

⑨语本《论语·为政》：“季康子问：‘使民敬、忠以劝，如之何？’子曰：‘临之以庄则敬，孝慈则忠，举善而教不能则劝。’”劝：劝勉。

⑩朝：汉人谓郡治为朝。

⑪主簿：官名。汉代中央及郡县官署均置此官，以典领文书，办理事务。

⑫户吏：官名。《后汉书》《后汉纪》俱作“户曹”。户吏，即户曹史，主民户。

⑬司正：古代宴会监司礼仪者。觥（gōng）：古代一种酒器。

⑭君：指太守。汉制，郡县可以自辟属吏，地位与古时陪臣类似，故得以君称呼。

⑮明府：汉人对太守的尊称。

⑯罔：欺罔，欺骗。

⑰慝（tè）：邪恶。

译文 长沙太守汝南人郅恽字君章，年轻时担任郡功曹。该郡有冬飨这一习俗，郡县百里内的人都持牛肉和酒到郡府宴饮。时任太守后来官至司徒的欧阳歙在宴饮前祭礼完毕，教令上称："西部督邮繇延，天资忠贞，禀性公正方直，统辖部下抵御敌人，摧破奸诈逆反之徒，不用严刑峻法而得以治理。《尚书》上讲：'安定民心就受人爱戴，百姓就会怀念他。'举荐善人起到教育作用，能力不足的人就会得到劝勉。现在同诸位儒生一起论繇延之功，让他的功绩显扬于郡府。"主簿宣读教令，户吏引导繇延接受赏赐。郅恽上前跪拜说："请司正举起酒杯，将郡守的罪过，报告上天谢罪。郡守的话有误，不能掩盖。据查繇延秉性贪鄙，言行不一，结党营私，欺上害民，所管辖的地方荒年乱政，制度弛废，怨恶交加，百姓深以为苦。但郡守以恶为善，辅佐臣属不据理力争。这既使君失其道，又使臣失其道。君臣都无道，谁会纠察其罪。君虽身处危险境地，但只要臣子扶持，也不至于灭亡，我郅恽再拜捧上酒觥。”欧阳歙听了很惭愧。

原文 谨按:《礼》:谏有五,风为上,狷为下[①]。故入则造膝,出则诡辞[②],善则称君,过则称己[③]。暴谏露言[④],罪之大者。而歙于飨中,用延为吏,以紫乱朱[⑤],大妨王命。造次颠沛[⑥],不及讽谕,虽举觥强歙可行也。今恽久见授任,职在昭德塞违,为官择人,知延贪邪,罔上害民,所在荒乱,怨慝并作,此为恶积愆,非一旦一夕之渐也。孔子以匹夫,朋徒无几,习射矍相之圃[⑦],三哲而去者过半[⑧]。汝南,中土大郡,方城四十[⑨],养老复敬,化之至[⑩]。延奸衅彰著[⑪],无与比崇。臧文仲有言:“见无礼于君者,若鹰鹯之逐鸟雀[⑫],农夫之务去草也[⑬]。”何敢宿留。不即弹黜奸佞,而须于万人之中,乃暴引之,是为陷君。君子不临深以为高,不因少以为多[⑭],况创病君父,以为己功者哉!而论者苟眩虚声[⑮],以为美谈。汝南,楚之界也,其俗急疾有气决[⑯]。然自君章之后,转相放式[⑰],好干上怵忮[⑱],以采名誉,末流论起于爱憎[⑲],政在陪隶也[⑳]。

注释 ①此数句盖引自《大戴礼记》。《后汉书·李云传》:“《礼》有五谏，讽为上。”李贤注：“五谏，谓讽谏、顺谏、窥谏、指谏、陷谏也。讽谏者，知患祸之萌而讽告也；顺谏者，出辞逊顺，不逆君心也；窥谏者，视君颜色而谏也；指谏者，质指其事而谏也；陷谏者，言国之害，忘生为君也。见《大戴礼》。”今本《大戴礼记》佚此文。《白虎通义·谏诤》所载五谏与此同。《说苑·正谏》所载五谏为正谏、降谏、忠谏、戆谏、讽谏。《春秋公羊传·庄公二十四年》何休注则以讽谏、顺谏、直谏、争谏、戆谏为五谏。《孔子家语·辨政》又以谲谏、戆谏、降谏、直谏、讽谏为五谏。这里所说的狷谏，就是陷谏，故下文以“陷君”言之。

②造膝：促膝。指接近君主进谏。诡辞：不透露谈话的真实内容。此二句见《春秋穀梁传·文公六年》：“故士造辟而言，诡辞而出。”膝，卢文弨《群书拾补》曰：“《公羊传》是‘辟’字，而后来承用皆作‘膝’。”

③语本《礼记·坊记》《春秋穀梁传·襄公十九年》文。

④暴：疾急。露：直言不讳。

⑤紫：紫色，蓝色和红色合成的颜色。古时认为紫色是不正的颜色。朱：朱色，大红色。古时认为朱色是正色。《论语·阳货》：“子曰：‘恶紫之夺朱也。’”这里以紫喻邪恶之吏，以朱喻廉正之吏。

⑥造次：仓促。颠沛：跌倒，引申为困顿、狼狈。《论语·里

仁》:“君子无终食之间违仁，造次必于是，颠沛必于是。”

⑦矍相：古地名，在今山东曲阜阙里之西。圃：菜园。

⑧哲：卢文弨《群书拾补》云:“‘哲’与‘誓’同,《逸周书·商誓》解,‘哲王’作‘誓王’。”《礼记·射义》:“孔子射于矍相之圃，盖观者如堵墙。射至于司马，使子路执弓矢出延射曰：‘贲军之将，亡国之大夫，与为人后者不入，其余皆入。’盖去者半，入者半。”郑玄注:“‘延’或为‘誓’。”

⑨《汉书·地理志》《续汉书·郡国志》俱言汝南郡三十七城，此言四十，盖举其成数。

⑩此二句中,“复”似应作“致”,“至”字后当脱一“也”字。《御览》卷三三引本书云:“谨按：自郊貙膢，春秋飨射，天子射麑掩雉，献诸宗庙，扶阳发滞，养老致敬，化之至也。”此处前当有脱文。

⑪奸衅：指奸诈不轨的行为、罪行。奸，奸诈、邪恶。衅，同“衅”，过失，罪过，嫌隙。

⑫鹰鹯（zhān）：皆凶猛的大鸟，捕食小鸟。应劭所引臧文仲语见《左传·文公十八年》:“见有礼于其君者，事之如孝子之养父母也。见无礼于其君者，诛之如鹰鹯之逐鸟雀也。”

⑬此为周任语。《左传·隐公六年》:“周任有言曰:‘为国家者，见恶如农夫之务去草焉，芟夷蕴崇之，绝其本根，勿使能殖，则善者信矣。’”

⑭此二句本《礼记·儒行》:“不临深而为高，不加小而为多。”谓不在地位卑下的人面前显示自己高贵，不在功绩微小的人面前炫耀自己功高。

⑮苟：贪求。汉陆贾《新语·慎微》:“不贪于财，不苟于利。”

⑯急疾：谓性情褊急。气决：谓果敢而有魄力。

⑰放式：效仿，模仿。放，通“仿”，仿效、模仿；式，效法、仿效。

⑱干：侵犯。怵忮：狂悖狠逆。

⑲末流：后列，下策。爱憎：指谗佞之人。谓只凭爱憎而无是非，故称。

⑳陪隶：犹陪台，即奴隶。这里指陪臣。

译文 谨按:《礼记》上讲，有五种劝谏的方法，讽谏为上，陷谏为下。所以士接近君主进谏，出来时就用话搪塞别人，优点归功于君主，过错揽在自己身上。直言不讳地劝谏，过错实在很大。而欧阳歙在飨宴中论繇延之功，将邪恶之吏当作廉正之吏，大大伤害了帝王的诏谕。郅恽在仓促间来不及讽喻，即使捧上酒觥规劝欧阳歙也是可以的。现今郅恽任职很有些时日，职守在于彰显美德而杜绝过失，任用官吏选拔人才，知道繇延贪婪邪恶，欺罔君上危害民众，所管辖的地方荒年乱政，制度弛废，怨恶交加，这种积怨，不是一朝一夕造成的。孔子以一介匹夫，朋友学生不多，在矍相的菜园习射礼，宣布败军之将、失去国土的大夫和替别人作后嗣这三种人不许入园后，当场走了一半人。汝南是中原大郡，有四十座城池，奉养老人礼敬有加，教化已深入人心。繇延罪行昭著，没有人能与他相比。臧文仲曾经说过这样的话："见到对君主无礼的，要像鹰鹯逮逐鸟雀，农夫根除杂草。"怎敢怠慢。不立即弹黜奸佞之人，却等到在稠人广坐之中突然发飙，这是陷害君主。君子不在地位卑下的人面前显示自己高贵，不在功绩微小的人面前炫耀自己功高，何况是有损君父来显示自己的功劳呢！而评论的人贪求炫耀虚名，当作美谈。汝南郡，靠近楚地，其民风褊急且果敢无畏。但自从郅恽之后，转而效仿其行为，好犯上悖乱，来求取声誉，浅薄的议论出于自己的好恶，而政治淆乱源于这些陪臣。

司空颍川韩稜

原文 司空颍川韩稜[①]，少时为郡主簿[②]。太守葛兴被风病[③]，恍忽误乱，稜阴扶辅其政，出入二年，署置教令，无愆失。兴子尝出教，欲转徙吏，稜执不听，由是发露被考[④]，兴免官，稜坐禁固[⑤]。章帝即位，一切原除也[⑥]。

注释 ①司空：官名，西周始置，掌管工程。西汉成帝时改御史大夫为大司空，与大司马、大司徒并列三公，后去“大”字为司空，历代因之，明废。韩稜：字伯师，东汉颍川舞阳（今河南舞阳西北）人。初为郡功曹，迁为尚书令，和帝时除南阳太守，政号严平，数年后征为太仆，永元九年（97）拜司空，卒于官。

②主簿：官名。汉代中央及郡县官署多置之。其职责为主管文书，办理事务。

③葛兴：明帝时曾任颍川太守。以病不能亲政，由郡功曹韩稜代为视事。两年后始为人知。风病：疯病。指神经错乱、精神失常。

④发露：揭发而暴露。

⑤固：同“锢”。禁锢，勒令不准做官。

⑥原除：宥免，赦免。

译文 司空颍川人韩稜，年轻时担任郡主簿一职。太守葛兴得了疯病，神志恍惚紊乱，韩稜暗中扶助辅佐郡政，料理了两年，官署颁布的教令没有错失。葛兴的儿子曾经拿出教令，想调换官吏，韩稜执意不从，于是被人告发追究，葛兴被免官，韩稜获罪不准做官。章帝即位后，宥免了他们。

原文 谨按：《易》称：“守位以仁[①]。”《尚书》：“无旷庶官[②]。”《诗》云：“彼君子不素餐兮[③]。”《论语》：“陈力就列，不能者止[④]。”汉典，吏病百日，应免[⑤]，所以恤民急病，惩俗逋慝也[⑥]。今兴官尊任重，经略千里，当听讼侍祠[⑦]，班诏劝课[⑧]，早朝旰食[⑨]，夕惕若厉[⑩]，不以荣禄为乐，而以黔首为忧。位过招殃，灵督其舋，风疾恍忽，有加无瘳[⑪]。稜统机括[⑫]，知其虚实，当听上病，以礼选引。何有上欺天子，中诬方伯[⑬]，下诳吏民！扶辅耄乱[⑭]，政自己出，虽幸无阙，罪已不容于诛矣。为人谋而不忠[⑮]，爱人而以姑息[⑯]，凡人不可，况于君子乎？上令兴负贪昧之罪，子被署用之愆[17]，章问汹赫[18]，父子湮没。执事如此，谓礼义何。稜宜禁固终身，中原非是[19]。

注释

①守位：保全地位。《周易·系辞下》云："何以守位曰仁。"

②见《尚书·皋陶谟》。旷：空。这里指空设，虚设。庶官：众官，百官。

③见《诗经·魏风·伐檀》。今本"君子"后有"兮"字。

④见《论语·季氏》。陈力：贡献出力量。就列：到职位上，即担任职务。列，位。

⑤依汉制，官吏病满三月应免官。

⑥逋慝（bū tè）：怠惰邪恶。逋，懈怠。慝，邪恶。

⑦侍祠：犹言陪祭。

⑧劝课：鼓励与督责。

⑨旰（gàn）食：晚食，因心忧事繁而延迟到很晚才吃饭。旰，天色晚。

⑩夕惕若厉：《周易·乾卦》九三爻辞云："君子终日乾乾，夕惕若厉，无咎。"惕，忧惧。若，助词，无义。厉，危险。

⑪瘳（chōu）：病愈。

⑫机括：弩箭关键所在，此喻机要之事。机，弩牙。括，矢末。

⑬方伯：殷周时期一方诸侯之长。汉代指州刺史、郡太守。

⑭耄：与“乱”义同。

⑮语出《论语·学而》。忠：这里是竭心尽力的意思。

⑯《礼记·檀弓上》云：“君子之爱人也以德，细人之爱人也以姑息。”姑息：苟且偷安，无原则地容忍别人。

⑰署用：谓任用官吏。

⑱章问：章奏上闻于朝廷。问，与“闻”通。汹赫：形容气势盛。

⑲中原：中途原除。指章帝即位宥免其罪。

译文

谨按：《周易》上讲：“用仁来保全地位。”《尚书》上说：“不要虚设百官之位。”《诗经》上说：“那些君子不是白白吃闲饭的。”《论语》上说：“能贡献出力量就担任职位，不能有所作为就当退让。”依汉律，官吏病满百日，应当免职。这是为了体恤民众的疾病，整饬懈怠邪恶的风气。现今葛兴位尊任重，管辖千里，应当听讼陪祭，颁布命令，鼓励和督责吏民，早朝晚食，一天到晚心怀忧惧担心危险，不以荣华富贵为乐，而以百姓为忧。任上有过错招来祸殃，神灵责罚其罪，患病后神志恍惚，病情日益加重没有好转。韩稜掌领机要之事，了解他的真实情况，应当上章告病，按礼仪辞官。哪有上欺天子，中瞒方伯，下骗吏民的！扶持辅佐昏乱之主，政令由自己发出，虽然幸而没有差错，但罪不容诛。为人出谋划策却不竭心尽力，爱护别人却姑息纵容，一般人尚且不可，何况对于君子呢？对上让葛兴负贪婪昏瞶之罪，其子背上乱用官吏的过错，措辞严厉的章奏上闻于朝廷，父子声名俱废。这样办事，礼义上如何说得过去。应当敕令韩稜终生不得为仕，中途宥免他是不对的。

太原周党

原文 太原周党伯况[①]，少为乡佐发党过于人中辱之[②]。党学《春秋》长安，闻报仇之义[③]，辍讲下辞归报仇。到与乡佐相闻，期斗日[④]。乡佐多从兵往，使乡佐先拔刀，然后相击。佐欲直，令兵击之，党被创困乏。佐服其义勇，箯舆养之[⑤]。数日苏兴，乃知非其家，即径归。其立勇果，乃至于是。

注释 ①太原：郡、国名。战国秦置。治所在晋阳（今山西太原西南）。周党：字伯况，东汉太原广武（今山西代县西南）人。王莽时，托疾闭门不出。建武中征为议郎，因病去职，隐居于渑池（今河南渑池西）。

②乡佐：官名。汉制，十里一乡，乡有乡佐，负责征收赋税。

③《后汉书》李贤注："《春秋》书'纪侯大去其国'，《公羊传》曰：'大去者何？灭也。孰灭之？齐灭之。曷为不言齐灭之？为襄公讳也。齐襄公九世祖哀公，亨于周，纪侯谮之也，故襄公仇于纪。九世犹可复仇乎？虽百世可也。'"此即《春秋》报仇之义。

④期：约定。

⑤箯（biān）舆：竹制的舆床，竹轿。

译文 太原郡人周党字伯况，年轻时被乡佐当众侮辱。周党到长安研习《春秋》，了解到报仇之义，停止研习告辞回去报仇。到后告之乡佐，约定决斗日期。乡佐带了不少士兵前往，周党让乡佐先拔刀，然后再搏斗。乡佐想直接取胜，命令士兵攻击他，周党受伤，失去反抗能力。乡佐叹服他的义勇，用竹舆抬他回去。几天后周党苏醒，发觉不在自己家里，马上直接回家。他立身办事勇敢果断，以至于到了这种地步。

原文 谨按:《孝经》[①]:“身体发肤，受之父母，不敢毁伤，孝之始也。”乐正子春下堂而伤足[②]，三月不出，既瘳矣，犹有忧色[③]。身无择行，口无择言[④]，修身慎行，恐辱先也。而伯况被发，则得就业，乡佐虽云凶暴，何缘侵己？今见辱者，必有以招之，身自取焉，何尤于人？亲不可辱，在我何伤？凡报仇者，谓为父兄耳[⑤]，岂以一朝之忿而肆其狂怒者哉[⑥]！既远《春秋》之义，殆令先祖不复血食[⑦]，不孝不智，而两有之。归其义勇[⑧]，其义何居！

注释 ①《孝经》：儒家经典。相传为孔门弟子曾参门人撰。论述封建孝道，宣扬宗法思想。以下引文见《孝经·开宗明义章》。

②乐正子春：春秋时鲁国人，曾参的弟子。

③事载《礼记·祭义》。《大戴礼记·曾子大孝》《吕氏春秋·孝行》亦有记载，文字略异。

④此二句见《孝经·卿、大夫章》：“非先王之法服不敢服，非先王之法言不敢道，非先王之德行不敢行。是故非法不言，非道不行；口无择言，身无择行。”是说言行皆遵法道，没有另外的选择。

⑤古有为父兄复仇之义。《礼记·曲礼》：“父之雠，弗与共戴天；兄弟之雠，不反兵。”又《春秋公羊传·定公四年》：“父

不受诛，子复仇，可也；父受诛，子复仇，推刃之道也。”

⑥肆：发泄。

⑦血食：祭祀。

⑧《御览》卷四四一引杜预《女记》：“申屠蟠奏记外黄令梁配云：‘昔太原周党，感《春秋》义，辞师复仇，当时论者，犹高其节。’”又见袁宏《后汉纪·孝灵皇帝纪》。

译文

谨按：《孝经》上讲：“身体发肤，是父母给的，不敢毁伤，这是守孝道的人首先应遵守的。”乐正子春下堂屋时弄伤了脚，三个月不出门，脚疾好了，仍面带忧色。遵守法道的人行为别无选择，言论也别无选择，修养身心谨慎行事，唯恐有辱先人。而周党被征发，就应当赴任，乡佐虽说态度凶暴，但为什么要侵犯自己？现被侮辱，一定是有什么招惹了他，咎由自取，为什么责怪别人？亲人没有受到侮辱，对我有什么伤害？大凡报仇的人，都说是为了父兄，怎么能因一时的激愤而发泄他的狂怒呢？这既背离了《春秋》的大义，又差点使先祖不再受到祭祀，不孝顺不聪明，两样都占了。将他标榜为义勇，这个义体现在哪里呢？

汝南陈茂

原文 汝南陈茂君因为荆州刺史[①]，时南阳太守灌恂[②]，本名清能[③]，茂不入宛城，引车到城东，为友人卫修母拜，到州[④]。修先是茂客[⑤]，仕苍梧还[⑥]。到修家，见修母妇，说修坐事系狱当死。因诣府门，移辞乞恩[⑦]，随辈露首[⑧]，入坊中[⑨]，容止严恪[⑩]，须眉甚伟。太守大惊，不觉自起，立赐巾延请，甚嘉敬之，即焉出修。南阳士大夫谓茂能救解修[⑪]。茂弹绳不挠[⑫]，修竟极罪[⑬]，恂亦以它事去。南阳疾茂杀修[⑭]，为之语曰："卫修有事，陈茂活之[⑮]；卫修无事，陈茂杀之。"

注释 ①陈茂：字君因，东汉汝南（今河南平舆北）人。曾为交趾别驾，后任荆州刺史。荆州：西汉武帝所置十三刺史部之一。东汉治所在汉寿（今湖南常德东北）。刺史：官名。西汉武帝时，分全国为十三部（州），部置刺史，以六条察问郡县，本为监察官性质，其官阶低于郡守。成帝时，改刺史为州牧。哀帝初，又改归旧制，不久复称为州牧。东汉初又称刺史。

②南阳：郡名。属荆州，治宛县（今河南南阳境内）。灌恂：事迹未详。

③本名：一贯。清能：清正而能干。

④此数句文义不甚通畅。卢文弨《群书拾补》云："此下叙次舛错，甚不明白，今欲稍加改易，未必尽如原文，但略使情事分明而已。此数语先叙茂之本意如此，然后到州也。"

⑤修：原误作"悔"，今据《群书拾补》改。

⑥苍梧：郡名，西汉武帝时置，东汉因袭，治广信（今广西梧州）。

⑦移辞：致辞。

⑧辈：指分行列的车。露首：免冠谢罪。

⑨坊：别室。

⑩恪：恭敬。

⑪茂：原作"悔"，今据《群书拾补》改。

⑫弹绳：纠举。不挠：不弯曲。此谓不留情面。

⑬极罪：死罪。

⑭茂：原作"恶"，今据《群书拾补》改。

⑮活：原作"治"，今据《群书拾补》改。

译文 汝南人陈茂字君因，任荆州刺史，时任南阳太守的灌悔素有廉洁贤能的声誉，陈茂打算不进南阳郡治所在的宛城，率车来到城东，拜访友人卫修的母亲，然后再到荆州。卫修原是陈茂的门客，从苍梧郡任官回到原籍。陈茂来到卫修家，见到卫修的母亲和妻子，听到她们诉说卫修犯法下狱就要被处死。陈茂于是到南阳太守灌恂所在的官府，求情乞求恩赦，随着同行的人免冠谢罪，进入别室中，神情举止严肃恭敬，容貌甚是英武。太守灌恂大惊，不禁站起来，赐给冠巾并邀请他，很赞许礼敬他，马上放出卫修。南阳郡的士大夫称陈茂能救出卫修。陈茂纠举人不留情面，卫修最后又抵死罪，灌恂也因其他事离职。南阳人疾恨陈茂杀了卫修，为此编了这样的话："卫修身陷囹圄，陈茂救出他；卫修免于刑狱，陈茂又杀了他。"

原文

谨按:《春秋》:"王人之微，处于诸侯之上[①]。"坐则专席，止则专馆，朱轩驾驷，威烈赫奕[②]。就恂素为官速谤[③]，当便入传[④]，引见诘问，纠其赃状，以时列闻[⑤]。文王日昃不暇食[⑥]，周公坐而俟旦[⑦]，且非为己私，皆公也。何有忘百姓涂炭之急[⑧]，便乃光昭旧交之问乎[⑨]？鲍宣州牧[⑩]，行部多宿下亭[⑪]，司直举劾[⑫]，以为轻威损命，坐之刑黜。今茂泯弃天常，进止由己。孰使毁之？小人誉之，自我为之，古人病诸，以为大讥[⑬]。茂与修善，由鸱鸮之爱其子[⑭]，适所以害之者。

注释 ①此二句谓王人虽是身份低微的人，因要尊崇周王的命令，所以位列诸侯之前。《春秋公羊传·僖公八年》："春，王正月，公会王人、齐侯、宋公、卫侯、许男、曹伯、陈世子款、郑世子华，盟于洮。王人者何？微者也。曷为序乎诸侯之上？先王命也。"《春秋穀梁传·僖公八年》："王人之先诸侯何也？贵王命民。"王人：周王室之微官。《春秋·庄公六年》："六年春正月，王人子突救卫。"杜预注："王人，王之微官也。虽官卑，而见授以大事，故称人而又称字。"

②此数句当是《春秋》遗说。朱轩：用大红色髹饰的乘舆。烈：与"威"义同。赫奕：形容地位显赫。赫，显赫，显耀。奕，光辉繁盛。

③速：招致。谤：非议，公开指责。

④传：传舍，客馆。

⑤以时列闻：谓及时列其罪过上闻于朝廷。

⑥日昃（zè）：日西斜。

⑦《孟子·离娄下》："周公思兼三王，以施四事，其有不合者，仰而思之，夜以继日，幸而得之，坐以待旦。"

⑧涂炭：烂泥和炭火。比喻灾难困苦。

⑨便乃：表示反诘语气的虚词。光昭：彰明显扬。

⑩鲍宣：字子都，渤海高城（今河北盐山东南）人，哀帝初为谏大夫、豫州牧、司隶校尉。州牧：官名。古代指一州之

长。汉成帝时改刺史为州牧。

⑪行部：巡行所属部域以考核政绩。下亭：乡亭，乡中公舍。汉制，百户为一里，十里一亭，每亭设公舍一间，供行人止息。

⑫司直：官名，即丞相司直。汉置，掌佐丞相举不法。

⑬《淮南子·说山训》："小人之誉人，反为损。"高诱注引谚曰："问谁毁之？小人誉之。"谓小人的称赞恰恰毁了别人。

⑭鸱鸮（chī xiāo）：猫头鹰一类的鸟，又写作"鸱枭"。《文选·檄吴将校部曲文》李善注引《韩诗传》云："鸱鸮所以爱养其子者，适以病之。爱怜养其子者，谓坚固其窠巢。病之者，谓不知托于大树茂枝，反敷之苇苅。风至，苅折巢覆，有子则死，有卵则破，是其病也。"

译文 谨按：《春秋》上讲："周王室的小官虽是地位卑微的人，位次还是列在诸侯之前。"坐的则是专用的席子，休息则住在单独的旅馆，出行则用四匹马拉的朱色乘舆，威风凛凛光彩照人。陈茂前往灌恂处本来就会让为官的人非议，应当就便住到客馆里，引见诘问卫修，纠举他的贪赃枉法之事，及时列其罪过上闻于朝廷。周文王到日头偏西还来不及吃饭，周公坐着等到天亮，都不是谋自己的私利，而是为公事。哪有忘记百姓处于灾难困苦中的急务，却照顾昔日有交情的下属呢？鲍宣担任州牧时，巡行所属部域时多宿于乡亭，司直纠举弹劾，认为他看轻威权有辱使命，结果让他免了官。现今陈茂置纲常伦理于不顾，举止随心所欲。是谁毁了他？是小人的赞誉，他自作主张，古人以此为弊病，认为是很值得指责的事。陈茂与卫修友善，犹如鸱鸮爱护其子，恰恰因此害了他。

度辽将军安定皇甫规

原文 度辽将军安定皇甫规威明[①]，连在大位，欲退避弟[②]，数上病，不见听。会友人上郡太守王旻物故[③]，规素缟到下亭迎丧，发服送之。因令客密告并州刺史胡芳[④]，言规擅远军营，赴私违公，当及举奏[⑤]。答曰："威明欲得避弟，故作激发。我为朝廷惜其功用，何能为此私家计耶？"规后为中郎将[⑥]，督并、凉、益三州[⑦]。时有党事[⑧]，惧见及，因先自上言："臣前荐故太常张奂[⑨]，才任将帅，是附党也。又臣论输左校[⑩]，时太学生张凤等上书讼臣⑪，是为党人所附也。昔有畏舟之危而自投水者，盖忧难与处，乐其亟决。”

注释

①度辽将军：汉武帝时置，秩比二千石。皇甫规：字威明，安定朝那（今宁夏固原东南）人。汉顺帝永和年间，征西将军马贤命为功曹，举规上计掾。汉桓帝延熹二年（159），规拜太山太守，四年为中郎将，六年除度辽将军，旋又除使匈奴中郎将，九年复为度辽将军。

②欲退避弟：谓皇甫规欲避位而弟得以辟召。

③王旻：史书无传。《后汉书·灵帝纪》：“熹平六年十二月，永安太仆王旻下狱死。”或即此人。物故：汉人谓死曰物故。

④度辽将军屯五原曼柏县，五原郡属并州，故皇甫规令客密告并州刺史。胡芳：史书无传。

⑤及：同“急”。

⑥中郎将：官名。秦置中郎，至西汉分五官、左、右三署，各置中郎将以统领皇帝的侍卫，隶属光禄勋。平帝时又置虎贲中郎将，统虎贲郎。东汉以后，统兵将领亦多用此名，其上再加称号。各中郎将秩比二千石。

⑦并（bīng）：并州。古地名，在今山西太原一带。凉：凉州。西汉置，东汉治在陇县（今甘肃张家川）。益：益州。西汉置，东汉治在雒县（今四川广汉北）。

⑧汉桓帝延熹九年（166），司隶校尉李膺等二百余人被称为党人，布告天下，下狱考治。“时有党事”，即指此。

⑨张奂：东汉敦煌渊泉（今甘肃安西东）人，字然明。桓帝时拜武威太守，迁度辽将军，后拜大司农，转中郎将、太常。奂，原作“焕”，据王利器《风俗通义校注》改。

⑩论输：定罪而罚作劳役。左校：狱名，属将作大匠。

⑪《后汉书·皇甫规传》：规“以余寇不绝，坐系廷尉，论输左校。诸公及太学生张凤等三百余人，诣阙讼之”。

译文

度辽将军安定人皇甫规字威明，接连身居高位，想自己避位而弟得以征召，几次上表称病，不被接受。碰上友人上郡太守王旻去世，皇甫规穿着丧服到下亭迎丧，替王旻送葬。趁此派人向并州刺史胡芳密告，称皇甫规擅自远离军营，徇私损公，应当立即纠举表奏。胡芳回答说：“皇甫规想避位让弟得以征召，所以这样激将我。我替朝廷爱惜他这样的人才，怎么能这样为他个人考虑呢？”皇甫规后来担任中郎将，管辖并、凉、益三州。当时有党事发生，皇甫规怕被牵连，于是抢先自己上书自陈：“臣先前推荐原太常张奂，称他才能胜任将帅，这是附党。另外臣在左校罚作劳役，当时太学生张凤等人上书替臣辩解，这是为党人所附。从前有害怕船翻而自己投水的人，大概是担心难以自安，故乐于尽快赴死。”

原文 谨按:《诗》云:“淑人君子，其仪不忒[①]。其仪不忒，正是四国[②]。”传曰:“一心可以事百君，百心不可事一君[③]。”《论语》:“夫子温良恭俭让以得之[④]。”立朝忘家，即戎忘身，身且忘之，况于弟乎！方殊俗越溢[⑤]，大为边害，朝廷比辟公旰食[⑥]，规义在出身，折冲弭难，而诛伐已定，当见镇慰[⑦]，何有挟功，苟念去位？弟实隽德，不患无位，而徒阘茸[⑧]，何所堪施？强推毂之[⑨]，乱仪干度。孝武皇帝为骠骑将军霍去病治第舍[⑩]，敕令视之，曰:“匈奴不灭，何以家为!”去病外戚末属，一切武夫[⑪]，尚能抗节洪毅[⑫]，而规世家纯儒，何独负哉[⑬]！又以党事先自劳衔[⑭]，如有白验，其于及己，而形兆求不可得，唯是从[⑮]，何悼于病。曰“畏舟之危，自投于水，忧难于处，乐其亟决”，主幸必不坐[⑯]。《太誓》有云:“民之所欲，天必从之[⑰]。”“天作孽，犹可违；自作孽，不可逭[⑱]。”人之所忌，炎自取之[⑲]。盖、严、杨恽[⑳]，勋著王室，言事过差，皆伏大辟，以隆主威，抑骄侵也。规顾弟，私也；离局[㉑]，奸也[㉒]；诱巧，诈也；畏舟，慢也[㉓]。

四罪是矣，杀决可也。

注释

①见《诗经·曹风·鸤鸠》。此二句谓善人君子执义如一，没有二心。忒：偏差。

②正是四国：可为四国之长。正，长。

③《晏子春秋·内篇·问下》载晏子语："一心可以事百君，三心不可以事一君。"《孔丛子·诘墨》载晏子语改"三"为"百"。

④《论语·学而》："子禽问于子贡曰：'夫子至于是邦也，必闻其政。求之与？抑与之与？'子贡曰：'夫子温、良、恭、俭、让以得之。'"温：温和。良：善良。恭：庄重。俭：节俭。让：谦逊。

⑤殊俗：异俗之人。此指匈奴。越溢：逾越礼法，胡作非为。

⑥辟（bì）公：公卿大臣。

⑦镇慰：安抚。

⑧阘茸：不才之人。

⑨推毂：此谓推举人才。

⑩骠骑将军：武散官名，汉武帝时始置，秩禄同大将军，位比三公。

⑪一切：一般的，普通的。

⑫抗节：砥砺节操。洪毅：恢宏大度，刚强坚忍。洪，与

“弘”同。

⑬负：不如他人。

⑭劳衒：矜夸。

⑮“如有白验”几句文义不明，当有脱误。

⑯此句谓朝廷宽宥而使规免于罪刑。《后汉书·皇甫规传》：“朝廷知而不问，时人以为规贤。”

⑰见《尚书·泰誓》。泰，同“太”。

⑱见《尚书·太甲》。孽：灾祸。违：避免。逭（huàn）：逃避。

⑲《左传·庄公十四年》：“人之所忌，其气焰以取之，妖由人兴也。”此即“人之所忌，炎自取之”所本。炎，同“焰”。此句谓人们所忌惮的事，是由自己的气势所决定的。

⑳盖：盖宽饶，字次公，魏郡（今河北临漳）人，以明经为郡文学。汉宣帝时举方正，对策高第，累擢为司隶校尉，为人刚直。时宣帝重用刑法，宠幸宦官，宽饶上书直陈不讳，遂坐大逆不道，下狱死。严：严助，会稽吴县（今江苏苏州）人。郡举贤良对策，擢为中大夫，建元中除会稽太守。淮南王刘安反，助因与安有私交而受牵连，被诛。其死非缘于上事，应劭举之失实。杨恽：字子幼，华阴（今陕西华阴）人。宣帝时，任左曹，因告发霍氏谋反，任中郎将，封平通侯，后为太仆戴长乐所告，免为庶人。因在与友人孙会宗书中表示不满，被认为大逆不道，处以腰斩。

㉑离局：远离部下，离开职守。

㉒奸：奸恶，邪恶。

㉓慢：怠慢自己的职责。

译文 谨按:《诗经》上讲:“善人君子，仪容端庄始终如一。仪容端庄始终如一，可为四国之长。”经传上讲:“一心一意可以侍奉百君，怀有二心不能侍奉一君。”《论语》上说:“孔子因温和、善良、庄重、节俭、谦逊才得到厚待。”立身朝廷当忘记小家，亲赴战场当忘记自身，自身尚且忘掉了，何况对于弟弟呢？匈奴正胡作非为，为边境的大害，朝廷公卿大臣勤于政事，皇甫规理当挺身而出，克敌制胜，止息祸乱，而在讨伐平息之后，应当抚慰边关，哪有恃功轻易打算离职的？弟弟果真才品出众，不愁没有高位，如果只是庸才，能有什么作为呢？硬要推举他，这是扰乱礼仪破坏法度。汉武帝替骠骑将军霍去病修治府第，敕令他前去视察，霍去病回答:“匈奴没有消灭，为什么要顾上小家!”霍去病只是外戚的支属，普通的武夫，尚且能砥砺节操，恢宏大度，刚强坚忍，而皇甫规世家都是儒士出身，为何独独比不上他呢！又因为朋党之事抢先炫耀自己，如果朋党之事坐实，祸将延及自身，如果朋党之事得不到验证，何惧于遭受罪罚。自我陈述“害怕船翻，自己投水，担心难以自安，乐于尽快赴死”，朝廷幸而没有治他的罪。《太誓》上讲：“生民想得到的，上天一定满足他们。”又《太甲》上说：“上天造成的灾祸，还可以避免；自己造成的灾祸，则无法逃避。”人们所畏忌的事，是由自己的气势所决定的。盖宽饶、严助、杨恽，功勋显著于王室，因言事失当，都被处死，以尊崇皇帝的威严，抑制臣下的骄矜冒犯。皇甫规顾念弟弟，这是出于私心；离开职守，这是犯了大罪；投机取巧，这是诡诈；担心难以自安，这是怠慢自己的职责。有这四条罪状，杀掉他都是可以的。

南阳五世公

原文 南阳五世公为广汉太守[①]，与司徒长史段辽叔同岁[②]。辽叔太子名旧[③]，才操卤钝[④]，小子髡既见齿乡党[⑤]，到见股肱曰[⑥]：“太守与辽叔同岁，恩结缔素[⑦]，薄命早亡，幸来临郡，今年且以此相饶[8]，举其子，如无罪，得至后岁贯鱼之次[9]，敬不有违。”有主簿柳对曰：“明府谨终追远[10]，兴微继绝，然旧实不如髡，宜可授之。”世公于是厉声曰：“丈夫相临，儿女尚欲举之，何谓高下之间耶？释兄用弟，此为故殃段氏之家，岂称相遭遇之意乎？”竟举旧也。世公转换南阳[11]，与东莱太守蔡伯起同岁[12]，欲举其子。伯起自乞子瓒尚弱，而弟琰幸以成人。是岁举琰，明年复举瓒。瓒十四未可见众，常称病，遣诣生[13]，交到十八[14]，乃始出治剧平春长[15]。上书：“臣甫弱冠[16]，未任宰御，乞留宿卫。”尚书劾奏：“增年受选[17]，减年避剧，请免瓒官。”诏书：“左迁武当左尉[18]。”会车骑将军冯绲南征武陵蛮夷[19]，绲与伯起同时公府辟，瓒为军曲候[20]。瓒归卧家，军功除新阳长[21]，官至下邳相[22]。

注释

①五世公：人名。五，姓氏。世公为字。广汉：郡名。西汉高帝时置，东汉治雒县（今四川广汉北）。

②司徒长史：为司徒属官。东汉太尉、司徒、司空三公府皆设长史，职任颇重，号为三公辅佐。三国、晋、南北朝沿置不改。段辽叔：史书无传。同岁：同年被辟举。

③太：同“大”。

④卤：通“鲁”。笨，愚钝。

⑤见齿：指笑。笑则露齿，故云。乡党：同乡，乡亲。

⑥到：往，去。股肱：指五世公的佐吏。

⑦恩结缔素：恩情相结于平素。谓素有交情。

⑧饶：宽容。

⑨贯鱼之次：此喻相继举用旧、髡二子。贯鱼，犹今言鱼贯，依次而进之意。

⑩明府：汉时对郡守的尊称。谨：或作“慎”。下文“谨终悼亡”之“谨”同。语本《论语·学而》：“曾子曰：‘慎终追远，民德归厚矣。’”慎终，指对父母的丧事要谨慎地办理。追远：指祭祀祖先要做到有诚心。

⑪转换南阳：指由广汉太守迁为南阳太守。

⑫东莱：郡名。汉高帝时置。治所在掖县（今属山东）。东汉徙治黄县（今山东龙口东南）。

⑬诣：疑为“诸”之误。

⑭交到十八：汉朝规定年十八始服官政。《汉书·儒林传》：“太常择民年十八以上，仪状端正者，补博士弟子。”

⑮剧：复杂难以治理之县。《后汉书·孝安帝纪》载永初元年九月丁丑诏曰：“自今长吏被考竟未报，自非父母丧无故辄去职者，剧县十岁、平县五岁以上，乃得次用。”可知汉时县有平、剧之分。平春：古县名，属江夏郡，故地在今河南信阳

西北。长：汉制，县置令长一人，万户以上称“令”，万户以下称“长”。

⑯甫：刚，始。弱冠：年二十曰弱冠。

⑰尚书：东汉尚书分六曹治事。《续汉书·百官志三》为三公曹、吏部曹、民曹、南北两主客曹、二千石曹。但《晋书·职官志》则以三公曹、吏曹、民曹、客曹、二千石曹、中都官曹为六曹。增年受选：虚报夸大年龄以求进用。古时服政官有限年之制，如有匿年以求入仕途者，不仅要受到谴却，而且察举者也要被免黜。

⑱武当：古县名。属南阳郡，故地在今湖北省丹江口市均县镇北。左尉：官名。始于秦，两汉沿置，大县二人，分左、右尉，小县一人，掌一县的军事。

⑲冯绲：东汉巴郡宕渠（今四川渠县东北）人，字鸿卿（又作皇卿）。顺帝时，任御史中丞，曾督使徐、扬二州，镇压徐凤、马勉、张婴等起义，迁陇西太守。汉桓帝延熹五年（162），为车骑将军，率兵十余万镇压“武陵蛮”起义军。后任廷尉。武陵：郡名，治临沅（今湖南常德）。

⑳军曲候：官名。秩六百石。

㉑新阳：古县名，属汝南郡，故城在今安徽太和西北。

㉒下邳：郡、国名。东汉永平十五年（72）改临淮郡置国。治所在下邳（今江苏睢宁西北）。

译文

南阳五世公担任广汉太守，他曾与司徒长史段辽叔同年被征召。段辽叔的大儿子名旧，才能操行愚钝，小儿子髡则为同乡所喜爱。五世公对佐吏说：“我与段辽叔同年被征召，素有交情，辽叔短命早亡，我有幸统辖本郡，今年暂且照顾举荐他的儿子为孝廉。如果没有什么过错，到了后年，继而举用他的次子，请不要违背我的意愿。”有位姓柳的主簿对他说：“您能谨慎小心地办理父母的丧事，诚心诚意地祭祀祖先，兴起灭亡的国家，延续断绝的后代，但段旧实在不如段髡，应该选用段髡。”五世公于是厉声说：“大丈夫执掌一郡，倘若想举用他的子女，有什么优劣之分呢？撇开长兄举用弟弟，这是故意有损段氏一家，怎能与故交的本意相合呢？”最后举用段旧。五世公由广汉太守迁为南阳太守，与东莱太守蔡伯起同年被辟召，想举用他的儿子。蔡伯起自己乞称儿子蔡瓒尚小，而弟蔡琰幸已成人。这年举用蔡琰，第二年举用蔡瓒。蔡瓒年方十四不能抛头露面，常称病，派诸儒生和他交往，到十八岁时方才出来治理情况复杂的小县，担任平春长。蔡瓒上书称：“臣刚到弱冠之年，不能担任平春长，请求留下宿卫。”尚书劾奏蔡瓒：“夸大年龄受到举用，又减小年龄避任治理剧县之职，请求免去蔡瓒的官职。”诏书：“贬迁蔡瓒为武当左尉。”碰上车骑将军冯绲南征武陵夷，冯绲与蔡伯起同时被公府所辟召，蔡瓒担任军曲候。蔡瓒归卧家中，因军功授新阳长，官至下邳国相。

原文 谨按：古无孝廉，唯有贡士[①]，贡士恩义，经传无以也[②]。《春秋》诸侯朝觐会遇[③]，大夫亦豫其好[④]。《礼记》曰：“大夫三月葬，同位毕至[⑤]。”此言谨终悼亡，不说子弟当见宠拔也。鲁有郈成叔聘卫[⑥]，右宰穀留而觞之[⑦]，陈乐而不乐，酒酣而不饮，送以璧[⑧]，其妻孥隔宅而居之[⑨]，分禄而食之，其子长乃反其璧[⑩]。孔子称：“可寄百里之命，托六尺之孤，临大节而不可夺[⑪]。”相于之义[⑫]，具于此矣。语有曰：“白头如新，交盖如旧[⑬]。”箪食壶浆[⑭]，会于树阴，临别眷眷，念在报效。何有同岁相临而可拱默者哉?《春秋》因其可褒而褒之[⑮]，若乃世公二郡之举，斯为过矣。然世人亦多浅薄，在者寡殷勤之谊[⑯]，亡者无顾覆之施[⑰]，饥寒缓急，视之若遗[⑱]。非徒如此而已，至有可否之际，受刑诛者。人各有心，两不得中。夫孝廉平除则有社稷民人[⑲]，伤及民人，实宜料度，以为后图[⑳]。

注释

①贡士：旧指地方向朝廷荐举人才。这里应劭是将举孝廉比作古之贡士。

②以：疑当作“有”。“以”古作“㠯”，与“有”形近而误。

③会遇：会见，聚会。

④豫：通“与”，参与。

⑤语见《礼记·王制》《礼记·杂记》。同位：指官位相同的人。

⑥郈成叔：名瘠，鲁大夫，孝公子惠伯巩之后，亦称郈孙。郈，原误作“右”。《吕氏春秋·恃君览·观表》云：“郈成子为鲁聘于晋，过卫。”据改。郈，一作“厚”。

⑦右宰：卫国官名。穀：穀臣，卫大夫。事详《吕氏春秋·恃君览·观表》。

⑧《吕氏春秋》云：“酒酣而送之以璧。”译文从。

⑨此句前当有脱文。《吕氏春秋·恃君览·观表》：郈成子自晋还，过卫，不辞右宰穀臣，“其仆曰：‘向者右宰穀臣之觞吾子，吾子也甚欢，今侯渫过而弗辞？’郈成子曰：‘夫止而觞我，与我欢也，陈乐而不乐，告我忧也，酒酣而送我以璧，寄之我也。若由是观之，卫其有乱乎！’倍卫三十里，闻甯喜之难作，右宰穀臣死之。还车而临，三举而归。至，使人迎其妻子，隔宅而异之，分禄而食之，其子长而反其璧”。《群书拾补》增“及甯喜之难作，右宰穀死之，后成叔使人迎”

十七字，今译文从之。隔：原作“膈”，据王利器《风俗通义校注》改。

⑩此句原脱误为“其子长乃辟”，今据《吕氏春秋》校正。

⑪此为曾参语。《论语·泰伯》：“曾子曰：‘可以托六尺之孤，可以寄百里之命，临大节而不可夺也。君子人与？君子人也。’”百里：指诸侯国。六尺之孤：指死去父亲待继位的幼小君主。古代尺短，六尺，形容幼主尚未成人。

⑫相于：相亲，厚遇。于，亦作“与”。

⑬交盖：指道行相遇，驻车对语时，车盖相切。交，亦作“倾”。《史记·鲁仲连邹阳列传》：“谚曰：‘有白头如新，倾盖如故。’何则，知与不知也。”谓彼此不相知，虽交往到老仍如新识；如彼此相知，虽驻车对语片刻却如故旧。

⑭箪食壶浆：用筐装饭，用壶盛汤。箪，装饭的圆形竹篮。

⑮《春秋公羊传·隐公元年》：“因其可褒而褒之。”本书《十反》篇亦载此语。

⑯此句原作“在者无之”，当有脱误，今据《群书拾补》增改。殷勤：情意恳切深厚的样子。

⑰顾覆之施：形容对子女的厚爱。顾，回视。覆，同“复”，反复回视。语出《诗经·小雅·蓼莪》：“父兮生我，母兮鞠我。拊我畜我，长我育我。顾我复我，出入腹我。”

⑱若遗：像对待抛弃的东西一样。

⑲平除：拜官授职。平，本指粮食的收成，引申为官职；除，本指宫殿的台阶，引申为任命、授予官职。有：为，治理。社稷：土地神和谷神，代指国家。民人：老百姓。

⑳以为后图：为以后作打算。

译文

谨按：古时没有孝廉，只有贡士，贡士的恩德道义，经传上没有记载。《春秋》上说诸侯朝觐聚会，大夫也参与交好。《礼记》上讲："大夫死后三月下葬，官位相同的人全来送葬。"这是讲谨慎地办理丧事、悼念亡者，没有说其子弟一定要被宠幸提拔。鲁国有位郈成叔出访卫国，卫国的右宰穀臣留住并宴请他，席间演奏音乐，乐曲却不欢快，喝酒喝到最畅快的时候，穀臣把璧玉送给郈成叔，（不久宁喜作乱杀死卫君，穀臣为卫君殉难，郈成叔派人去接穀臣的妻子儿女），把住宅隔开让他们与自己分开居住，分出自己的俸禄来供他们吃，穀臣的孩子长大了，郈成叔把璧玉还给了他。孔子称赞说："可以把国家的命运托付给他，可以托孤给他，在生死存亡的紧要关头，他能保持大节不变。"相互厚爱的道义，都体现在这里了。有句谚语说："彼此不相知，即使交往到老也如同新识；若彼此相知，即使驻车对语片刻也如同故旧。”虽只有一箪食、一壶浆，尚且聚在树荫下分食共饮，临别时依依不舍，心中想的是报答对方。哪有同年被辟举赴其任上拱手而默无一言的呢?《春秋》上根据其人可以褒扬才褒扬他，像五世公先后执掌二郡时的行为，就不对了。然而世人也大多浅薄无知，在世时缺乏真挚情谊，去世后缺乏对其子女的厚爱，遇到困难窘迫，像对遗弃的东西一样漠不关心。不仅仅这样，面临祸殃时，有因此受到刑诛的。人各有心，两者不可兼得。孝廉拜官授职，则治理社稷百姓，若危害百姓，实在应当考虑如何处理，为以后打算。

汝南戴幼起

原文 汝南戴幼起[①]，三年服竟，让财与兄，将妻子出客舍中，住官池田以耕种[②]。为上计史[③]，独车载衣资[④]，表“汝南太守上计史戴绍车”。后举孝廉为陕令[⑤]。

注释 ①戴幼起：事迹未详。下面称“戴绍”，知幼起为字，绍为名。

②官：官方的，国家的。池：陂池。《汉书·宣帝纪》：“诏：‘池籞未御幸者，假与贫民。’”颜师古注引应劭云：“池，陂池也；籞，禁苑也。”

③上计史：汉代由县令（长）将该县的户口、垦田、钱谷出入等编为计簿，呈送郡国；郡守、国相再加汇编，用副本上计于中央的丞相。东汉时郡国上计形式上虽归司徒总核，实际由尚书主持。县级上计由县丞代行，郡级由郡丞代行，东汉时改派地位较高的掾史，凡入京执行上计的人员称为“上计史”，或简称“计史”。“史”或作“吏”。

④戴绍为上计史当别有车，故应劭于按语中讥之。《汉书·朱买臣传》：“买臣随上计吏为卒，将重车至长安。”颜师古注曰：“买臣身自充卒，而与计吏将重车也。载衣食具曰重车。”

⑤陕：古县名，属弘农郡，故地在今河南省三门峡市陕州区。

译文 汝南人戴绍（字幼起），三年服丧期满，将家财让给兄长，将妻子儿女迁出住在客舍中，耕种官方借予的陂池田地。担任上计史，用一辆车载衣资，标明“汝南太守上计史戴绍车”。后来推举为孝廉担任陕县令。

原文 谨按：《礼》有东宫西宫，辟子之私，不足则资，有余亦归之于宗也[1]。此言兄弟无离异之义也。凡让财者，类与子弟[2]，子弟尚幼，恩情注[3]，希有与兄。既出之日，可居冢下[4]。冢无屋，宗家犹有羸田庐田[5]，可身粥力者耳[6]，何必官池客舍。既推独车，复表其上，为其饰伪[7]，良亦昭晰[8]。幼起同辟有薛孟尝者[9]，与弟子共居，弟子常求分，力不能止，固乃听之[10]，都与，奴婢引其老者[11]，曰："与我共事久[12]，汝不能使之。"田屋取其荒坏者，曰："我少时所作买[13]，意所恋也。"器物取其久者，曰："我服食久，身口安之也。"外有共分之名，内实十三耳[14]。子弟无几尽之[15]，辄复更分，如此者数。传称袁盎三兄子分而供其公家之费[16]，此则然矣。《论语》："泰伯三让，民无得而称之焉[17]。"何有让数十万，畏人不知[18]，欲令皦皦[19]，乃如是乎！方之袁、薛[20]，差以千里。凡同居，上也；通有无，次也；让，其下耳。况若幼起，仍斯不足贵矣。

注释

①见《仪礼·丧服》："故昆弟之义无分，然而有分者，则辟子之私也。子不私其父则不成为子，故有东宫，有西宫，有南宫，有北宫，异居而同财，有余则归之宗，不足则资之宗。"辟子之私：避开儿子个人的亲情。辟，同"避"。资：资助。

宗：宗子。古代宗法制度称大宗的嫡长子。

②类：全部。子：原脱，据卢文弨《群书拾补》补。

③注：倾注，集中。

④冢下：冢侧。

⑤宗家：宗族。赢：多余的。

⑥身：原作“首”，今据《群书拾补》校改。自身，自己。粥：通“鬻”，卖。

⑦为其：当作“其为”。

⑧昭晰：清楚，明白。

⑨薛孟尝：名苞，一作“包”，字孟尝，东汉汝南西平（今河南西平）人。建光中，拜侍中，官至太中大夫。

⑩固：同“故”。所以，于是。

⑪引：取。

⑫久：原脱，据《后汉书·刘赵淳于江刘周赵列传》《颜氏家训·后娶篇》补。

⑬此句《后汉书》《颜氏家训》俱作“吾少时所治”。

⑭十三：十分之三。

⑮子弟：当作“弟子”。无几：没过多久。

⑯袁盎：即爰盎。西汉大臣。字丝，楚人，后徙安陵（今陕西咸阳东北）。历任齐相、吴相。在吴楚七国之乱中，他向景帝建议诛杀晁错。后以事为梁孝王所怨，被刺死。

⑰见《论语·泰伯》:“子曰:‘泰伯,其可谓至德也已矣。三以天下让,民无得而称焉。’”泰伯:亦作“太伯”,周朝祖先古公亶父的长子。古公亶父有三个儿子,即太伯、仲雍和季历。季历的儿子即姬昌(周文王)。传说古公亶父欲破例不将君位传给长子太伯而传给幼子季历。太伯知道此事后,便偕同仲雍逃避至勾吴,使位可传给姬昌。民无得而称之焉:谓老百姓找不到合适的话来称赞他。

⑱畏人不知:“人”字后原衍一“而”字,据《群书拾补》删。

⑲皦(jiǎo)皦:明白的样子。

⑳方:比较。

译文

谨按:《仪礼》上讲,有东侧的住室、有西侧的住室,是为了避开对儿子的偏爱,用度不足由宗子资助,用度有余则归宗子。这是说兄弟间没有分开的道义。大凡让给财产,都给儿子、弟弟,儿子、弟弟还幼弱,恩情应集中在他们身上,很少有让给兄长的。搬出过日子,可以住在父母的坟墓旁。坟墓旁没有房屋,宗族还有余田或墓田,自食其力没有问题,何必住在客舍耕种官家陂池薄田。既然只推一部车,又在上面做标识,这是虚伪,确实显而易见。同戴幼起一起被征召的有薛孟尝,他和弟弟的儿子住在一起,弟弟的儿子常请求分家，薛孟尝力劝不能制止，于是依他的请求分家，全部财产都给了弟弟的儿子，奴婢选取其中年老的，说："他们和我共事久，你使唤不动他们。"田屋选取其中薄瘠朽坏的，说："这是我年轻时置办的，心里有所依恋。"器物选取其中用旧了的，说："我用惯了，适合用它们。"对外有共分财产之名，其实只分到了十分之三。弟弟没多久用尽所分的家财，于是又分财物，这样分了几次。据说袁盎让三位兄长的儿子分光了家财而自己靠俸禄过日子，也是这样。《论语》上说："泰伯三次让天下给弟弟季历，老百姓找不到合适的话来称赞他。"哪有让出几十万家财，生怕别人不知道，想让这件事显扬，竟这样做的呢！比起袁盎、薛孟尝，戴幼起差了千里之远。大凡兄弟一起居住，是其上；互通有无，是其次；让给家财，是其下。譬如戴幼起，其品行就不足以为贵了。

江夏太守河内赵仲让

原文 江夏太守河内赵仲让①，举司隶茂材②，为高唐令③，密乘舆车径至高唐④，变易名姓，止都亭中十余日⑤，默入市里，观省风俗，已，呼亭长⑥，问新令为谁，从何官来，何时到也。曰："县已遣吏迎，垂有起居⑦。"曰："正我是也。"亭长怖，遽拜谒，竟，便具吏。其日入舍，乃谒府⑧，数十日无故便去。为郡功曹，所选颇有不用，因称狂，乱首走出府门。太守以其宿有重名，忍而不罪。后为大将军梁冀从事中郎⑨，冬月坐庭中，向日解衣裘捕虱，已，因倾卧，厥形悉表露⑩。将军夫人襄城君云⑪："不洁清，当亟推问。"将军叹曰："是赵从事，绝高士也。"他事若此非一也。

注释 ①江夏：郡名。西汉高祖六年（前201）置，治所在西陵（今湖北武汉新洲西）。河内：郡名。楚汉之际置，治所在怀县（今河南武陟西南）。赵仲让：史书无传。未详。

②司隶：即司隶校尉。汉武帝时始置此官，秩比二千石，掌纠察京师百官及所辖附近各郡，相当于州刺史。茂材：即秀才。东汉时为避光武帝刘秀名讳，改秀才为茂才，汉以来成

为荐举人员科目之一。

③高唐：古县名，属平原郡，故地在今山东禹城西南。

④舆：舁车。

⑤都亭：城郭附近的亭舍。

⑥亭长：官名。西汉时在乡村每十里设一亭，亭有亭长，掌治安警卫，兼管停留旅客，治理民事。此外设于城内和城厢的称“都亭”，设于城门的称“门亭”，亦设亭长，其职掌与乡村亭长同。此为都亭或门亭亭长。

⑦垂有起居：马上就有消息。垂，即将，马上。起居，举动，行动。这里作有动静、消息讲。

⑧汉制，新任县令（长）到县之前，应先拜谒郡太守府。赵仲让径直到县，而后谒府，违制，故应劭讥之。

⑨梁冀：东汉安定乌氏（今甘肃平凉西北）人，字伯卓。两妹为顺帝、桓帝皇后。其父梁商死后，继为大将军。顺帝死，他与其妹梁太后先后立冲、质、桓三帝，专断朝政。后桓帝与宦官单超等五人定议，杀死梁冀，并将之灭族。从事中郎：郎官的一种。汉大将军有从事中郎二人，秩比六百石，职参谋议。汉以后三公及州郡长官皆自辟僚属，多以从事为称，如从事史、从事中郎、别驾从事、治中从事之类。

⑩厥：其，代词。形悉表露：谓身体暴露无遗。

⑪梁冀妻孙寿于桓帝和平元年（150）封为襄城君（襄城属颍

川郡，故地在今河南襄城），兼食阳翟（今河南禹州）租，加赐赤绂，比长公主。

译文 江夏太守河内人赵仲让，被司隶校尉荐举为茂才，担任高唐县令，秘密地乘骈车径直到高唐，隐姓埋名，在都亭中歇了十余天，悄悄来到集市中，考察风俗民情，完毕之后，喊来亭长，问新到县令是谁，由什么官职调任到这里，什么时候到。亭长说："县里已派官吏迎接，马上就会有消息。"赵仲让说："这人正是我。"亭长大吃一惊，急忙拜见，过后，告知了县吏。他当天住进县舍，然后前往拜谒太守府，过了几十天，无缘无故离任。他担任郡功曹，所推选的大多没得到任用，于是佯装疯癫，披头散发走出太守府门。太守因为他素有盛名，忍住没有加罪于他。后担任大将军梁冀手下的从事中郎，冬天坐在庭院中，朝着太阳解开衣服捉虱子，之后，侧卧在地，身体暴露无遗。将军夫人襄城君说："不洁净，应赶快推究问罪。"梁冀叹气说："这赵从事，是少有的高士。"诸如此类的事不一而足。

原文 谨按：《诗》云："不愆不忘，率由旧章[①]。"《左氏传》曰："旧章不可无也[②]。"凡张官置吏，为之律度[③]，故能摄固其位[④]，天下无觊觎也。今仲让不先谒府，乃径到县，俱谍吏民[⑤]，尔乃入舍。《论语》："升车，必正立，执绥，不内顾[⑥]。"不掩不备[⑦]，不见人短[⑧]。《礼记》："户有二屦，不入[⑨]。""将上堂，声必扬[⑩]。"家且犹若此，况于长吏乎[⑪]？君子之仕，行其道也。民未见德，唯诈是闻。远荐功曹，策名委质[⑫]，就有不合，当徐告退。若既待放[⑬]，须起乃逝[⑭]，何得乱道，进退自由，傲很天常[⑮]，若无君父。《洪范》陈五事，以貌为首[⑯]。《孝经》列三法，以服为先[⑰]。仲让居有田业，加之禄赐，势可免冻馁之厄，未必须冬日之暖也，利不体皆此也[⑱]。河内，殷之旧都[⑲]，国分为三[⑳]，康叔之风既歇[㉑]，而纣之化由存[㉒]，其俗士大夫夸矜好大言[㉓]，而少实行。

注释

①见《诗经·大雅·假乐》。愆：过错。

②见《左传·哀公三年》。

③律度：古代计度皆出于黄钟之律，故称律度。犹规矩，法度。

④摄固：保持，巩固。

⑤俱：卢文弨《群书拾补》云："疑是'伺'。"

⑥见《论语·乡党》:“升车，必正立，执绥。车中不内顾，不疾言，不亲指。”

⑦不掩不备：不掩袭没有准备的人。掩，掩袭。

⑧“短”后原衍一“见”字，据《群书拾补》删。见：同“现”，显露。

⑨《礼记·曲礼上》云:“将上堂，声必扬。户外有二屦，言闻则入，言不闻则不入。”屦，鞋子。古人进屋子，要脱屦于户外。户外有二屦，言有二人在室内。客人在户外如闻说话声可进屋，如没听见则室内二人可能有私事密谋，故不宜进屋。

⑩将上堂，声必扬：登堂之前，声音一定要清脆，以便使主人能听到。

⑪长吏：旧称地位较高的官员。

⑫策名：谓任职做官。古时开始做官，必先把名字写在策上。策，简策。委质：屈身而事君。质，指形体。一说，质，通“贽”，古时见面进献的礼物。

⑬若：原为“古”，据王利器《风俗通义校注》改。待放：古谓人臣有罪辞职等待放逐。

⑭须起:《群书拾补》云:“二字疑讹。”

⑮天常：天的常道。常指封建的纲常伦理。

⑯《尚书·洪范》云:“五事：一曰貌，二曰言，三曰视，四

曰听，五曰思。”貌：仪容。

⑰《孝经·卿大夫章》云：“非先王之法服不敢服，非先王之法言不敢道，非先王之德行不敢行。”

⑱利：顺应。不体：不遵守礼制。

⑲殷之旧都朝歌在河内郡内，故言之。

⑳《汉书·地理志下》：“河内本殷之旧都。周既灭殷，分其畿内为三国，《诗·风》邶、鄘、卫国是也。”

㉑康叔：周代卫国的始祖。名封，周武王弟。初封于康（今河南禹州西北），故称康叔。周公攻灭武庚后，把殷民七族和商故都周围地区封给他，国号卫。成王还命他为周的司寇。《尚书·康诰》即周公分封他时告诫他的文告。歇：原作“激”，据《汉书》改。《汉书·地理志下》：“河内殷虚，更属于晋。康叔之风既歇，而纣之化犹存，故俗刚强，多豪桀侵夺，薄恩礼，好生分。”

㉒由：通“犹”。

㉓夸：原作“本”，据王利器《风俗通义校注》改。

译文 谨按：《诗经》上讲：“没有过错没有疏忽，一切按照先王的法度。”《左传》上说：“先王的法度不可废止。”大凡设置官吏，制定了律法，所以能巩固其位，天下人不会产生非分之想。现今赵仲让不先拜谒太守府，却径直到县，伺察吏民，然后才住进县舍。《论语》上说："上车时，一定要端端正正地站好，然后拉着车上的绳索上车，在车上不回头看。"不掩袭没有准备的人，不暴露别人的短处。《礼记》上讲："屋里有两个人说悄悄话，不要随便进去。""登堂之前，问候的声音一定要清脆。"居家行事尚且要像这样，何况对于地位较高的官员呢？君子做官，要走正道。民众没看见德行，只听见虚诈。最初被荐担任功曹，出仕为官，发现自己不合适，应态度徐缓地告退。若被免职等待放逐，也不能像那样一走了之，怎么能披头散发，进退放任自由，骄纵横蛮不拘礼法，像目无君父。《洪范》陈述五事，将仪容摆在首位。《孝经》列举三种先王的法则，将服饰放在头等地位。赵仲让居家有田业，加上俸禄赏赐，自然可以免遭冻饿的困厄，没必要靠冬天的太阳晒暖身子，放纵自己像这样不遵守礼制。河内郡，是殷的旧都所在，其畿辅分为三国，康叔时代的民风荡然无存，而殷纣王的遗毒犹在，其地风俗，士大夫好夸耀自吹，而少有踏实的行动。

十反第五

题解 本篇中，应劭列举出为人处世截然相反的事例，说明“人心不同，有如其面”，并在按语中品评人物是非得失。如“巴郡太守太山但望”条，应劭对但望以己之子抵侄子之死罪予以肯定，认为其“诚心内发，哀情外露，义动君子，合礼中矣”。而对周玚不乞请免其侄子之死罪予以讥刺。这种观点今天看来无疑是错误的，但应劭在按语中引经据典，在封建礼义的范围内尚能自圆其说。其他各条，应劭均在按语中寓褒贬之义，对违反人情的行为进行褒贬评判，阐明进退取舍的处世态度和原则。另外，此篇记载的不少史实具有史料价值，可补正史之阙。如《后汉书·周景传》及《三国志·吴书·周瑜传》注引张璠《汉纪》，俱载当时论者，讥议周景、韩演二人之失，语焉不详，其辞则见本篇“河内太守庐江周景”“河内太守司徒颍川韩演”条。

原文 《易》记“出处默语[①]”,《书》美“九德咸事[②]”，同归殊涂，一致百虑[③]，不期相反，各有云尚而已[④]。是故伯夷让国以采薇[⑤]，展禽不去于所生[⑥]；孔丘周流以应聘[⑦]，长沮隐居而耦耕[⑧]；墨翟摩顶以放踵[⑨]，杨朱一毛而不为[⑩]；干木息偃以藩魏[⑪]，包胥重茧而存郢[⑫]；夷吾朱纮以三归[⑬]，平仲辞邑而濯缨[⑭]；惠施从车以百乘[⑮]，桑扈徒步而裸形[⑯]；甯戚商歌以干禄[17]，颜阖逾墙而遁荣[18]；高柴趣门以避难，季路求入而陨零[19]；端木结驷以货殖，颜回屡空而弗营[20]；孟献高宇以美室[21]，原宪蓬门而株楹[22]。传曰："人心不同，有如其面[23]。"古今行事，是则然矣，比其舛曰《十反》[24]。

注释

①参见《愆礼》篇"南阳张伯大"条注。

②九德咸事：具有九德的人都担任官职。《尚书·皋陶谟》：禹问何为九德，皋陶答曰："宽而栗，柔而立，愿而恭，乱而敬，扰而毅，直而温，简而廉，刚而塞，强而义。彰厥有常，吉哉！日宣三德，夙夜浚明有家；日严祗敬六德，亮采有邦。翕受敷施，九德咸事，俊乂在官。"

③语出《周易·系辞下》："子曰：'天下何思何虑？天下同归而殊涂，一致而百虑，天下何思何虑？'"言初虽殊途，终则同归于一；虑虽百种，必归于一致。涂：同"途"。

④云：所。《汉书·李寻传》："各有云为。"

⑤《史记·伯夷列传》："伯夷、叔齐，孤竹君之二子也。父欲立叔齐，及父卒，叔齐让伯夷。伯夷曰：'父命也。'遂逃去。叔齐亦不肯立而逃之。国人立其中子。于是伯夷、叔齐闻西伯昌善养老，盍往归焉。及至，西伯卒，武王载木主，号为文王，东伐纣。伯夷、叔齐叩马而谏曰：'父死不葬，爰及干

戈，可谓孝乎？以臣弑君，可谓仁乎？’左右欲兵之。太公曰：‘此义人也。’扶而去之。武王已平殷乱，天下宗周，而伯夷、叔齐耻之，义不食周粟，隐于首阳山，采薇而食之。及饿且死，作歌，其辞曰：‘登彼西山兮，采其薇矣。以暴易暴兮，不知其非矣。神农、虞、夏忽焉没兮，我安适归矣？于嗟徂兮，命之衰矣。’遂饿死于首阳山。”薇：又名野豌豆。叶与果实皆可食。

⑥展禽：即柳下惠。春秋时鲁国大夫。展氏，名获，字禽。食邑在柳下，谥惠。以善于讲究贵族礼节著称。《论语·微子》载：“柳下惠为士师，三黜。人曰：‘子未可以去乎？’曰：‘直道而事人，焉往而不三黜？枉道而事人，何必去父母之邦？’”不去于所生：指不离开出生的地方。

⑦周流：周游列国。孔子周游列国事，详见《史记·孔子世家》。

⑧长沮：孔子周游列国时遇到的不知真实姓名的隐士。耦（ǒu）耕：两个人各执一耜一起耕地。

⑨墨翟：战国时墨家代表人物，宋大夫，其学说主张兼爱、非攻、尚贤、节用。著有《墨子》。摩顶以放踵：摩秃头顶，摩伤脚跟。形容不辞辛劳。放，至，到。踵，脚跟。《孟子·尽心上》：“墨子兼爱，摩顶放踵利天下，为之。”

⑩杨朱：春秋末战国初哲学家，魏国人，主张“贵生”“重

己”“全性葆真，不以物累形”。《孟子·尽心上》讥之曰：“杨子取为我，拔一毛而利天下，不为也。”

⑪干木：段干木。战国初年魏国人。姓段干，名木。原为晋的市侩，求学于子夏。魏文侯给以爵禄官职，都不受。文侯乘车经过他的住所门口，必伏轼致敬。息偃：躺卧休息。藩：屏蔽。此作安定解。

⑫包胥：申包胥。春秋时楚国贵族。楚昭王十年（前506）吴用伍子胥计攻破楚国，他到秦求救，在宫廷痛哭七日夜，终使秦发兵救楚。重茧：言奔波之苦。茧，脚掌或手掌因摩擦而成的硬茧。郢：楚都，故地在今湖北江陵。

⑬夷吾朱纮（hóng）：夷吾，即管仲，名夷吾，字仲，春秋时齐国政治家。纮，系于颔下的帽带。夷吾朱纮，当为僭制之举。三归：旧注解释甚多，说法不一，杨伯峻释为“市租”，甚是。

⑭平仲：晏婴，字平仲，春秋时齐国大夫，夷维（今山东高密）人。任齐卿，历仕灵公、庄公、景公三世。传世《晏子春秋》，是战国时人搜集有关他的言行编辑而成。晏婴辞邑之事见《晏子春秋·外篇》：“景公谓晏子曰：‘昔吾先君桓公，予管仲狐与谷，其县十七，著之于帛，申之以策，通之诸侯，以为其子孙赏邑。寡人不足以辱而先君，今为夫子赏邑，通之子孙。’晏子辞曰：‘昔圣王论功而赏贤，贤者得之，不肖者

失之，御德修礼，无有荒怠。今事君而免于罪者，其子孙奚宜与焉？若为齐国大夫者必有赏邑，则齐君何以共其社稷与诸侯币帛？婴请辞。’遂不受。”又《晏子春秋·内篇·杂下》载婴辞台、无盐二邑，辞与此异。濯缨：洗濯帽缨。喻远避祸福，安居局外。《孟子·离娄上》：“有孺子歌曰：‘沧浪之水清兮，可以濯我缨；沧浪之水浊兮，可以濯我足。’”

⑮惠施：战国时宋人，名家代表人物。曾做过魏惠王相。《汉书·艺文志》有《惠子》一篇，已佚。言行散见《庄子·天下》《荀子·非十二子》《吕氏春秋·淫辞》《韩非子·说林》《韩非子·外储说左上》等篇。“惠施从车以百乘”事在任魏惠王相时。《淮南子·齐俗训》云：“惠子从车百乘以过孟诸，庄子见之，弃其余鱼。”

⑯桑扈：即《庄子》所谓的子桑户，古代隐士，佯狂以示对社会的不满。《楚辞·九章·涉江》：“接舆髡首兮，桑扈裸行。”朱熹《楚辞集注》：“赤体而行也。”或谓桑扈即子桑伯子。《论语·雍也》：“仲弓问子桑伯子。子曰：‘可也简。’”《说苑·修文》云：“孔子见子桑伯子，子桑伯子不衣冠而处。”

⑰甯戚：春秋时卫国人，隐居为商人。齐桓公见他于路旁击牛角而歌，以为不凡之人，遂举为客卿。《史记·鲁仲连邹阳列传》：“甯戚饭牛车下，而桓公任之以国。”《集解》引应劭曰：“齐桓公夜出迎客，而甯戚疾击其牛角商歌曰：‘南山矸，

白石烂，生不遭尧与舜禅。短布单衣适至骭，从昏饭牛薄夜半，长夜曼曼何时旦？’公召与语，说之，以为大夫。”《索隐》：“商歌谓为商声而歌也，或云商旅人歌也，二说并通。”甯戚所作商歌史书记载略异。干：求。

⑱颜阖：春秋时鲁人，隐士。《汉书·扬雄传》颜师古注引应劭云：“鲁君闻颜阖贤，欲以为相，使者往聘，因凿后垣而亡。”

⑲高柴：字子羔，春秋时齐人，孔子弟子。趣：趋赴。季路：仲由，字季路，或作子路，春秋时卞人，孔子弟子。陨零：陨亡，死。公元前480年，蒯聩联合孔悝的母亲伯姬（蒯聩的姐姐）作乱，劫持孔悝，袭攻出公。混乱中，高柴逃出城门，子路时为孔悝家臣，寻机进城，想要救护孔悝，力战而死。

⑳端木：名赐，字子贡，卫人，孔子弟子。颜回：字子渊，鲁人，孔子弟子。空（kòng）：贫穷。《论语·先进》：“子曰：‘回也其庶乎！屡空。赐不受命，而货殖焉，亿则屡中。’”

㉑孟献：即孟献子。《左传·襄公十五年》：“春，宋向戌来聘，且寻盟。见孟献子，尤其室，曰：‘子有令闻而美其室，非所望也。’对曰：‘我在晋，吾兄为之。毁之重劳，且不敢间。’”

㉒原宪：字子思，宋人。孔子为鲁司寇，原宪尝为孔子宰。孔子卒后，原宪退隐居于卫。《庄子·让王》：“原宪居鲁，环堵之室，茨以生草；蓬户不完，桑以为枢；而瓮牖二室，褐

以为塞；上漏下湿，匡坐而弦歌。”株榲：树株做的屋柱。形容房屋简陋。

㉓《左传·襄公三十一年》：“子产曰：‘人心之不同，如其面焉。’”

㉔舛（chuǎn）：相违背，相矛盾。十反：谓上述十件相反之事。

译文 《周易》记述“君子入世或者出世，缄默不语或者议论弘发”，《尚书》赞美“具有九德的人都担任官职”，虽然天下都要归向同一但途径却不一样，终究一致但各有各的考虑，没有期约各自相反行事，各有所崇尚而已。所以伯夷义不食周粟，让出国家隐居首阳山，采薇而食，柳下惠不离开父母之邦；孔丘周游天下，以谋各国的聘用，长沮隐居乡里而耕田；墨翟摩顶放踵以利天下，杨朱拔一毛以利天下而不为；段干木不出仕为官，却能够安定魏国，申包胥日夜奔走脚底磨出几层茧子，才保住了楚国；管仲颔下系着红色的帽带，家里有收来的大量的市租，晏婴辞掉赏邑，在清水旁洗濯帽缨；惠施出游，后面跟从的车子竟有一百辆，桑扈出门步行，弃衣裸体；甯戚唱起商歌，被封为大夫，颜阖越墙逃走，不受国相的荣位；高柴为了避难从城门逃出，季路不避危难入城而赴死；端木赐车马相连去经商赚钱，颜回一贫如洗也不去经营；孟献子有高大华美的房屋，原宪住在用草和树桩搭成的房子里。这正如经传中所说的："人心不相同，就像每个人的面孔不相同一样。"古往今来，人们所做的事情，大都是这样的情况，将这些矛盾的事叫作《十反》。

太尉沛国刘矩

原文 太尉沛国刘矩叔方[①]，父字叔辽[②]，累祖卿尹[③]，好学敦整[④]，士名不休扬[⑤]，又无力援，仕进陵迟[⑥]。而叔方雅有高问[⑦]，远近伟之[⑧]，州郡辟请，未尝答命，往来京师，委质通门[⑨]。太尉徐防、太傅桓焉二公[⑩]，嘉其孝敬，慰愍契阔[⑪]，为之先后[⑫]，叔辽由此辟公府博士[⑬]，征议郎[⑭]，叔方尔乃翻然改志[⑮]，以礼进退，三登台衮[⑯]，号为名宰[⑰]。

注释

①太尉：官名。秦至西汉设置，为全国军政首脑，与丞相、御史大夫并称三公。东汉时，太尉与司徒、司空并称三公。沛国：郡、国名。汉高帝改泗水郡为沛郡，东汉改为沛国，治所在相县（今安徽淮北相山区）。刘矩：字叔方，沛国萧（今安徽萧县西北）人。汉桓帝延熹四年（161），代黄琼为太尉，第二年免，除太中大夫。汉灵帝建宁元年（168），复拜太尉，不久免。

②父：此指矩叔父。汉时叔侄以父子相称。据《后汉书·循吏列传》："矩少有高节，以叔父辽未得仕进，遂绝州郡之命。"

③累祖：犹言历代。卿尹：泛指高官。

④敦整：敦厚方正。

⑤土名：乡里的名声。即乡曲之誉。休：美。《左传·宣公三年》："德之休明。"

⑥陵迟：缓慢，迟滞。

⑦雅：平素。高问：名声大。问，声誉，名声。

⑧伟：认为奇。

⑨委质：向君主献礼，表示献身。通门：权贵之家。

⑩徐防：字谒卿，沛国铚（今安徽濉溪）人。殇帝延平元年（106），司徒徐防迁太尉，参录尚书事，安帝永初元年（107）免。桓焉：字叔元，顺帝永建元年（126）拜太傅。

⑪契阔：参见《愆礼》篇“山阳太守汝南薛恭祖”条注。

⑫先后：谓按叔侄辈先后辟举。

⑬博士：官名。秦及汉初，博士所掌为古今史事待问及书籍典守。至汉武帝时，用公孙弘议，设五经博士，置弟子员，自后博士专掌经学传授。

⑭议郎：参见《愆礼》篇“南阳张伯大”条注。

⑮翻：同“幡”，翻转。

⑯台衮：汉人以三公为台衮。台，三台；衮，三公命服。

⑰据《后汉书·循吏列传》：矩于“延熹四年，代黄琼为太尉。琼复为司空，矩与琼及司徒种暠同心辅政，号为贤相”。

译文 太尉沛国人刘矩字叔方，叔父字叔辽，世代都任高官，好学敦厚方正，在乡里声誉未显，又没有得力的人推荐，所以仕途不顺畅。而刘矩平素名气大，远近都认为他是奇特之士，州郡征召他，他从不应命，而是往来京师，委身于权贵之门。太尉徐防、太傅桓焉二人，称许他孝敬，怜惜他的勤勉，替他们叔侄俩举进，叔辽因此为公府征召为博士，担任议郎。刘矩这才回头改变初衷，举止合乎礼仪，三次登上三公高位，被称为名相。

阳翟令左冯翊田烨

原文 阳翟令左冯翊田烨叔都①，兄字威都，俱合纯懿②，不陨洪祚③。叔都最为知名，郡常欲为察授之④，烨耻越贤兄，惧不得免，因缘他疾，遂托病瘖⑤。家人妻子莫知其情，人数恐灼⑥，持之有度。后在田舍，天连阴雨，友人张子平、吉仲考等，密共穿踰⑦，夺取衣衾，穷夜独处，迫切至矣。然无声响，徒暗暗而已。子平因前抱持曰："我，某公也，谓汝避兄耳⑧，何意真然耶？天丧斯人，吾侪将何效乎⑨！"相对歔欷⑩，哀动左右。间积四岁，威都果举，迁安定长史⑪，据辎乘绥⑫，还历乡里，荐祀祖考⑬。叔都沃酸神坐⑭，颊仰因语⑮。是月，司隶、太尉、大将军同时并辟，为侍御史⑯，举茂才。不幸早陨，威都官至武都太守⑰。

注释 ①阳翟：古县名，秦置，治所在今河南禹州。左冯（píng）翊：政区名。地属畿辅，为三辅之一，辖区相当于一郡。西汉治所在长安（今陕西西安西北），东汉治所在高陵（今陕西西安高陵西南）。田烨：字叔都。与其兄史书俱无传。

②纯懿：品行端正美好。

③陨：毁坏，败坏。洪祚：隆盛的国运。此指家族世代相传的美名。

④察：察举。授：授职。

⑤瘖（yīn）：哑，不能说话。

⑥恐灼：担心害怕。恐，担心；灼，惊恐。

⑦穿踰（yú）：打洞。

⑧谓：以为，认为。《尚书·周书·泰誓中》："谓己有天命，谓敬不足行。"

⑨侪（chái）：同辈，同类的人。

⑩歔欷：抽噎。

⑪安定：郡名。西汉元鼎三年（前114）置，治所在高平（今宁夏固原），东汉移治临泾（今甘肃镇原东南）。长史：汉时郡置丞一人，郡当边戍者，丞为长史。

⑫辎：辎车。古代一种有帷盖的大车。緌（ruí）：下垂的帽带。

⑬荐：进献祭品。考：指死去的父亲。

⑭沃醊（zhuì）：以酒酹地以祭。

⑮頫："俯"之借字。

⑯侍御史：官名。汉沿秦置，在御史大夫下，或给事殿中，或举劾非法，或督察郡县，或奉使出外执行指定任务。东汉别置治书侍御史。

⑰武都：郡名。汉武帝元鼎六年（前111）置，治所在武都（东汉移治下辨道，在今甘肃陇南成县西）。

译文 阳翟县令左冯翊人田烨字叔都，兄长字威都，都符合美好的德行，没有损害家族声誉。田烨更加知名，郡府常想察举而授予职务，但他以超过贤兄为耻，担心躲不过辟召，由于这时得了一种病，趁机假装口哑说不出话。家人妻子儿女不知道内情，人们为他担心害怕，他也一直这样坚持。后来在农舍，天阴雨连绵，友人张子平、吉仲考等，一起秘密地翻过墙头，拿走他的衣服被子，田烨整夜独自待着，窘迫之至，但还是不说话，只发出哑巴的“喑喑”之声。子平于是上前和他相抱说：“我是子平呀，以为你是在谦让兄长，哪里想到是真的呢？上天毁了你这种人，我辈还能效法谁呢？”相对哭泣，悲哀之情感动了旁边的人。过了四年，他的兄长威都果真受到举用，升为安定长史，坐着辎车垂着帽带，返归乡里，进献祭品祭祀祖先。田烨以酒酹地以祭神位，叩拜着讲话。这月，司隶、太尉、大将军同时征召他，担任侍御史，举荐为茂才。田烨不幸早亡，兄长威都官至武都太守。

太尉掾汝南范滂

原文 太尉掾汝南范滂孟博[①]，天资聪睿，辩于持论[②]，举孝廉、光禄主事[③]，京师归德，四方影附。父字叔矩[④]，遭母忧[⑤]，既葬之后，饘粥不赡[⑥]。叔矩谓其兄弟：“《礼》不言事[⑦]，辩杖而起[⑧]；今俱匍匐号咷[⑨]，上阙奠酹[⑩]，下困糊口[⑪]，非孝道也。”因将人客于九江[⑫]，田种畜牧，多所收获，以解债，负土成冢，立祀。三年服阕[⑬]，二兄仕进。叔矩以自替于丧纪[⑭]，独寝坟侧，服制如初，哀犹未歇。郡举至孝[⑮]，拜中司勾章长[⑯]，病去官，博士征，兄忧不行[⑰]。司徒梁国盛允字子嗣，为议郎，慕孟博之德，贪树于有礼[⑱]，谓孟博：“家公区区[⑲]，欲辟大臣，宜令邑人廉荐之[⑳]。”孟博厉声曰：“老夫年尊[㉑]，绝意世事，又海内清高，当路非一[㉒]。”退而告人：“子嗣欲德我，我不受也。”子嗣亦以恨，遂不得辟。孟德病去受事，而常干宰相之职[㉓]。

注释 ①太尉掾：官名。太尉属官正职的通称。范滂：字孟博，东汉汝南征羌（今河南漯河东）人。初为清诏使，迁光禄勋主事。后为汝南太守宗资属吏，抑制豪强，并与太学生结交，反对宦官。延熹九年（166），与李膺等同时被逮。后死狱中。

②持论：立论，提出主张。

③光禄主事：光禄勋有南北庐主事、三署主事，于诸郎之中察茂才高第者为之，秩四百石。

④叔矩：名显，曾为龙舒侯相。

⑤忧：指父母之丧事。

⑥饘（zhān）粥：粥食的通称。饘，指浓粥。赡：充足。

⑦《礼记·丧大记》云："既葬，与人立，君言王事，不言国事；大夫士言公事，不言家事。"即此文所本。

⑧辩杖：备办丧事。辩，通"辧（办）"，备办。杖，本指居丧时所执的丧棒。此指代办丧事。

⑨匍匐：谓倒仆伏地，趴伏。《礼记·问丧》："孝子亲死，悲哀志懑，故匍匐而哭之。"号咷：嚎咷，哭号。

⑩阙：同"缺"。奠酹：将酒洒在地上祭祀宗祖，泛指祭祀。奠，置酒食而祭。酹，以酒沃地而祭。这里指祭奠之物。

⑪糊口：勉强维持生活。

⑫将：率。人客：此指请来的人。九江：郡名，秦置，东汉时治阴陵（今安徽定远西北）。

⑬服阕（què）：服丧三年期满脱下丧服。

⑭丧纪：丧事。此句谓叔矩自己代兄服丧事。

⑮至孝：汉代选举之一科。

⑯中司：此谓御史中丞。勾章：会稽郡属县，故地在今浙江慈溪西南。

⑰此句谓范滂因兄丧不就博士之征。东汉初，有不少人因兄弟子侄、伯父伯母、姊妹叔嫂等丧事而弃官服丧。后来此风渐薄。杜佑《通典》曰："安帝初，长吏多避事去官，乃令：自非父母服，不得去职。"

⑱贪：欲，希望。

⑲家公：汉人称家父曰家公。区区：谓奔走尽力。区，通"驱"。《汉书·窦田灌韩传》："凶德参会，待时而发，藉福区区其间，恶能救斯败哉！"

⑳廉荐：察举。

㉑今人史树青《风俗通义校勘记》曰："疑此文'老夫'与'家公'当互乙，于义较顺。"今译文从之。

㉒当路：当权者。

㉓干：追求。

译文 太尉掾汝南人范滂字孟博，天资聪颖，善巧辩有主见，被荐举为孝廉、光禄主事，京师崇尚德政，四方之士如影子般归随他。父字叔矩，遭母丧，下葬之后，连粥都喝不上。叔矩对他的兄弟说："《礼》上讲不言家事，一起办好丧事后振作起来。现在大家都趴在地上哭号，上缺祭奠之物，下乏糊口之食，这不是守持孝道。”于是率佃客来到九江郡，耕种畜牧，有不少收获，用来还清了债务，堆土修成坟冢，建立祭庙。服丧三年后脱下丧服，二位兄长走上仕途。叔矩自己代兄服丧事，独自睡在坟侧，像当初那样穿着孝服，还没有忘掉哀痛。郡中举荐他为至孝，官拜御史中丞、勾章长，因病离职，征召为博士，因兄丧不赴任。后来曾任司徒的梁国人盛允（字子嗣），担任议郎，倾慕孟博的美德，希望树立有礼之人的名声，对孟博说：“我尽力奔走，想征召大臣，应让同乡察举他。”孟博严肃地说：“家父年事已高，无心过问世事，并且海内纯洁高尚的人，当权者中并非没有。”回来跟人讲：“子嗣想给我恩惠，我没有接受。”子嗣也引以为遗憾，于是没有征召叔矩。孟博病好了接受任命，而常求取宰相之职。

原文 谨按：《礼》：“父为士，子为天子[①]。”武王建有周之号，谥大王、王季[②]，言王业肇于此矣。越裳重九译[③]，献白雉，周公荐陈祖庙，曰：“先人之德[④]。”子有天下，尊归于父，此人道之极[⑤]。前汉诏曰[⑥]：“海内大乱[⑦]，兵革并起[8]，朕被坚执锐[9]，自率士卒[10]，犯危难，平暴乱[11]，偃兵息民[12]，天下大安，此皆太公之教训也[13]。今上尊号曰太上皇[14]。"《春秋》之义："因其可褒而褒之[15]。"《孝经》曰："敬其父则子悦[16]。"叔矩则其孝敬[17]，则粥身苦思[18]，率礼无违矣；则其友于[19]，则褒兄委荣，尽其哀情矣[20]；则其学艺[21]，则家法洽览[22]，诲人不倦矣；则其政事，则施于已试[23]，靡有阙遗矣[24]。君子百行[25]，子产有四[26]。凡在他姓，尚宜褒之，况于父乎？敬意之至，犹用夷悦[27]，况于宠族乎[28]？抗爽言以拒厚旨[29]，抑所生以为己高[30]，忍能厉然独享其荣[31]，若乃不令之下愚[32]，流货贿于权嬖，此罪人也。田烨托疾，上也；刘矩屈体，次也；范滂，吾无取焉耳。

注释

①《礼记·丧服小记》："父为士，子为天子、诸侯，则祭以天子、诸侯，其尸服以士服。"按此当有脱文，应补作"父为士，子为天子，则祭以天子"。

②《史记·周本纪》云：武王立，"追尊古公为太王，公季为王季，盖王瑞自太王兴"。大、太，古通。大王、王季，参见《皇霸》篇"三王"条注。

③越裳：古国名。在今越南境内。重九译：经过多次翻译。

④《御览》引《尚书大传》:“交址之南有越裳国。周公居摄六年，制礼作乐，天下和平。越裳以三象重译而献白雉，曰：‘道路悠远，山川阻深，音使不通，故重译而朝成王以归。’周公曰:‘德不加焉，则君子不飨其质；政不施焉，则君子不臣其人。何以获此赐也?’其使请曰:‘吾受命吾国之黄耇日久矣，天之无烈风淫雨，意者中国有圣人乎? 有则盍往朝之。’周公乃归之于王，称先王之神致，以荐于宗庙。”

⑤此三句当在“汉诏曰”句下。《汉书·高帝纪》:“诏云:‘人之至亲，莫亲于父子，故父有天下传归于子，子有天下尊归于父，此人道之极也。’”“子”字据补。极：中，中正的准则。

⑥见《汉书·高帝纪》。

⑦海内:《汉书》作“天下”。

⑧《汉书》此句后有“万民苦殃”句。

⑨《汉书》“朕”下有“亲”字。被坚：披戴甲胄。执锐：手执利兵。

⑩率:《汉书》作“帅”。二字古通。

⑪《汉书》此句后有“立诸侯”句。

⑫偃兵：止兵。

⑬《汉书》此句后有“诸王、通侯、将军、群卿、大夫已尊朕为皇帝，而太公未有号”。

⑭《汉书》作“今上尊太公曰太上皇”。

⑮见《春秋公羊传·隐公元年》。

⑯见《孝经·广要道章》。

⑰则：以……为准则，效法。

⑱粥（yù）身：勤力。粥，同“鬻”，卖。

⑲友于：谓兄弟友爱。《尚书·周书·君陈》：“王若曰：‘君陈，惟尔令德孝恭。惟孝友于兄弟，克施有政。’”后即以“友于”为兄弟友爱之义。

⑳哀（ài）：通“爱”。《淮南子·说林训》：“各哀其所生。”高诱注：“哀犹爱也。”

㉑学艺：学问经艺。

㉒家法：各家之法则。洽览：广见博闻。

㉓施于已试：指叔矩拜勾章长。

㉔靡有阙遗：治政没有疏忽的地方。

㉕百行：古人规定的一百种行为规范。敦煌遗书有《百行章》，备列百行之目。《论衡·累害》：“动百行，作万事。”

㉖子产：姓公孙，名侨，字子产，郑国大夫，郑穆公之孙。他是春秋时郑国著名贤相，在郑简公、郑定公时执政二十二年。《论语·公冶长》：“子谓子产：‘有君子之道四焉：其行己也恭，其事上也敬，其养民也惠，其使民也义。’”

㉗用：为。夷悦：怡乐。

㉘宠族：所喜爱的人。

㉙抗：举。爽：差失。

㉚所生：谓父母。此指范滂父。

㉛忍能：抑制真实的情态。忍，矫其性情。能，同“態（态）”。厉然：形容严肃，严格。

㉜不令：不善。

译文 谨按：《礼记》上讲：“父为士，子为天子，则祭祀以天子之礼。”武王建立周朝的国号，追尊古公亶父为太王、公季为王季，称王业自太王开始兴起。越裳国经过多次翻译，进献上白色野鸡，周公将它作为祭品陈放在祖庙，说：“这是由于先王有德的缘故。”子拥有天下，尊荣归之于先父，这是人道中最中正的。前汉诏书上说：“天下大乱，兵革并起，朕披戴甲胄手执锐利兵器，亲自率领士卒，冒着危险，铲平暴乱，结束战争安抚民众，天下大安，这都是太公教导的结果。今追尊太公号为太上皇。”按《春秋》之义：“因为他值得褒扬才褒扬他。”《孝经》上说：“敬爱父亲，儿子就会开心。”叔矩以孝敬为准则，殚精竭虑，遵循礼法没有违背之处；以兄弟友爱为准则，褒扬兄长礼让荣宠，倾注其爱心；以学问经艺为准则，各家之法则广见博闻，诲人不倦；以政事为法则，试行于任上，治政没有疏忽的地方。君子有百行，子产有其四。大凡对于别人，尚且可以褒扬之，何况对于自己的父亲呢？深表敬意，尚且心情怡悦，何况对于所喜爱的人呢？口出不恰当之词来拒绝厚意，贬低家父来抬高自己，抑制性情道貌岸然地独享其荣，至于那种心术不善的愚笨之人，贿赂权嬖，这是罪人啊。田烨借口有病，这是上策；刘矩委曲求全，在其次；范滂这人，我看不出有什么可取之处。

巴郡太守太山但望

原文 巴郡太守太山但望伯闾为司徒掾[①]，同产弟子作客杀人系狱[②]，望自劾去，星行电征[③]，数日归，趋诣府[④]，露首肉袒，辞谢太守太尉李固[⑤]，请与相见[⑥]，顿头流血，自说："弟薄命早亡，以孤为托[⑦]，无义方之教[⑧]，自陷罪恶。息男穿既与知情[⑨]，幸有微胤[⑩]，乞以代之。"言甚哀切。李公达于原度[⑪]，即活出之。

注释

①巴郡：郡名。战国秦于古巴国地置。治所在江州（今重庆市北嘉陵江北岸）。伯阎：但望之字。“阎”原作“门”,《御览》《书钞》俱引作“阎”，据改。

②同产：同母兄弟。

③星行电征：如流星之行，雷电之往。喻疾走之速。

④此句《御览》引作“便道诣府”。

⑤辞谢：请罪。李固：东汉汉中南郑（今属陕西）人，字子坚。初曾勉励黄琼出仕。后因上疏直陈外戚、宦官专权之弊，为议郎。永和中，任荆州刺史、太山太守。旋任将作大匠、大司农。冲帝即位后，任太尉，与大将军梁冀参录尚书事。冲帝死，他议立清河王。冀不从，另立质帝。不久，冀鸩杀质帝，欲立蠡吾侯，他再次固请立清河王，为冀所忌，被免职。后为冀所诬，被杀。顺帝永和六年（141），李固由荆州刺史徙为太山太守，汉安元年（142）征为将作大匠，但望诣太山府当在此间。

⑥请：原作“谢”，据《御览》《群书拾补》改。

⑦“孤”字上,《御览》引有“遗”字。

⑧义方：所宜之道。方，道。

⑨息男：亲生儿子。三国魏曹植《封二子为公谢恩章》：“诏书封臣息男苗为高阳乡公、志为穆乡公。”息，原作“自”，据《御览》改。

⑩微胤：谦辞，指后代。胤，后代。

⑪达：通晓。原度：推原测度，推究。

译文 巴郡太守太山人但望字伯闿，担任司徒的属官时，同母弟弟的儿子寄居别处时杀人被捕下狱，但望自我检举后离职，风驰电掣般赶回，几天后回到太山，到太山郡府拜谒，蓬头垢面、袒露形体，向太守李固谢罪，请求与他见面，以头叩地以致流血，自陈：“弟弟薄命早死，托孤给我，我没有用适当的方法加以教导，自陷罪恶之中。我的儿子但穿既知内情（当受牵连），幸好还有后代，请求让他代侄儿之罪。”言辞很悲切。李固明白如何追究，于是让他的侄儿活着出狱。

高唐令乐安周玎[1]

原文 高唐令乐安周玎孟玉，为大将军掾，弟子使客杀人[2]，捕得，太守盛亮阴为宿留[3]。玎亦自劾去，诣府，亮与相见，不乞请，又不辞谢[4]。亮告宾客：“周孟玉欲作抗直[5]，不恤其亲，我何能枉宪乎[6]？”遂毙于狱。

弟妇不哭死子，而哭孟玉。世人误之，犹以为高[7]。

注释

①高唐：古县名。本春秋齐邑，汉于其地置县。故城在今山东禹城西南。乐安：郡、国名。东汉永元七年（95）改千乘郡置国。治所在临济（今山东高青东南）。

②“子”字下,《书钞》引有“奕”字。

③宿留：停留，等待。此句谓太守盛亮暗中拖延狱事，以待周玔乞请，活其侄之命。

④辞谢：道歉，谢罪。

⑤抗直：刚直不阿。

⑥宪：法令。

⑦此句《书钞》《御览》俱引作“孟玉由此为高”。

译文

高唐令乐安人周玔字孟玉，担任大将军属官时，侄子派人杀了人，被捕，太守盛亮暗中拖延审讯。周玔也自我弹劾离职，到太守府上，盛亮与他相见，周玔不乞求，又不谢罪。盛亮对宾客说：“周孟玉想表现出刚直不阿，不体恤他的亲人，我怎能违背法令呢？”周玔的侄子于是死在狱中。他的弟媳不哭他的亲儿子，却哭周玔。世人错误地看待这件事，还以为周玔行为高洁。

原文 谨按:《春秋》[①]：叔牙为庆父杀般，闵公大恶之甚[②]。而季子缘狱有所归，不探其情[③]，缓追逸贼，亲亲之道[④]。州吁既杀其君[⑤]，而虐用其人，石碏恶之[⑥]，而厚与焉[⑦]，大义灭亲，君子犹曰：纯臣之道备矣，于恩未也。君亲无将[⑧]，王诛宜耳[⑨]。今二家之子，幸非元恶[⑩]，但望诚心内发，哀情外露，义动君子，合礼中矣。周玓苟执果毅，忽如路人。昔乐羊为魏伐中山[⑪]，歠其子羹[⑫]，文侯壮其功而疑其心[⑬]。秦西巴触命放麑[⑭]，而孟氏旋进其位[⑮]。麑犹不忍，况弟子乎！孟轲讥无恻隐之心[⑯]。传曰:“于厚者薄，则无所不薄矣[⑰]。”

注释 ①事见《左传·庄公三十二年》。

②叔牙：又称僖叔，鲁庄公之二弟。庆父：即仲庆父、共仲，亦称孟氏。鲁庄公的庶兄。般：子般，鲁庄公太子。闵公：鲁闵公，名启，庄公之子。在位二年，被庆父所杀。此云“叔牙为庆父杀般”，失考。据《左传·庄公三十二年》《左传·闵公二年》载：庄公病，欲立后嗣，问叔牙，叔牙称庆父有才能；问季友（庄公三弟），季友表示誓死拥立子般。季友鸩杀叔牙，庄公死，立子般为鲁君。不久，庆父派圉人杀死子般，闵公继立。闵公二年（前660），庆父又派人杀

死闵公。鲁人欲诛庆父，庆公恐，奔莒。鲁用贿赂求莒送归，庆父在途中自缢死。

③季子：即季友。缘狱有所归：因为这桩案子已有了结论。不探其情：不再探究其中的内情。此二句谓弑杀子般这件案子归在圉人身上，公子季友也就不深究而诛杀庆父了。

④此二句谓不急于追查，放逆贼（庆父）逃跑，这也是爱兄弟至亲的途径。《春秋公羊传·闵公二年》："缓追逸贼，亲亲之道也。"

⑤州吁：卫公子，庄公嬖人之子。卫桓公十六年（前719），杀桓公，自立为卫君，虐用其民。

⑥石碏（què）：卫国大夫。其子石厚参与州吁弑君之谋。他把州吁与石厚诱到陈国，请陈人捉住并杀死。

⑦厚：指石厚。

⑧参见《正失》篇"淮南王安神仙"条注。

⑨王利器案："王"当作"将"。

⑩元恶：首恶。

⑪乐羊：一作乐阳。战国时魏将。因翟璜推荐，被魏文侯任为将军。越过赵国进攻中山，三年攻克，以功封于灵寿（今河北灵寿西北）。子孙世代为将，乐毅是他的后代。中山：古国名。在今河北正定东北。战国初期都于顾（今河北定州）。后被魏攻灭，不久复国，迁都灵寿。

⑫歠（chuò）：饮。

⑬《战国策·魏策》:“乐羊为魏将而攻中山。其子在中山，中山之君烹其子而遗之羹，乐羊坐于幕下而啜之，尽一杯。文侯谓睹师赞曰:‘乐羊以我之故，食其子之肉。’赞对曰:‘其子之肉尚食之，其谁不食!’乐羊既罢中山，文侯赏其功而疑其心。”

⑭《后汉书·桓荣传论》:“昔乐羊食子，有功见疑;西巴放麑，以罪作传。”麑（ní）：幼鹿。

⑮孟氏：孟孙，鲁国大夫。据《韩非子·说林上》载:“孟孙猎得麑，使秦西巴持之归，其母随之而啼，秦西巴弗忍而与之。孟孙归，至而求麑，答曰:‘余弗忍而与其母。’孟孙大怒，逐之。居三月，复召以为其子傅。其御曰:‘曩将罪之，今召以为子傅，何也?’孟孙曰:‘夫不忍麑，又且忍吾子乎?’”又《淮南子·人间训》《说苑·贵德》亦载此事。

⑯《孟子·公孙丑上》:“无恻隐之心，非人也。”

⑰《孟子·尽心上》:“于所厚者薄，无所不薄也。”于厚者薄：对该重视的人轻视。“厚”上疑脱一“所”字。

译文

谨按:《春秋》上讲：叔牙替庆父杀掉子般，闵公深为厌恶。而季友因为这桩案子有了结论，不再深究其中的内情，不急于追查，放庆父逃跑，这也是爱兄弟至亲的道理。州吁杀了卫桓公后，残暴地役使卫国民众，大夫石碏痛恨他，但儿子石厚参与了州吁弑君之谋，结果石碏大义灭亲，君子还说：石碏具备了做纯直大臣的美德，但对于私人恩情来说则未必对。对君主与父母不能有叛逆篡弑的企图，如果心存谋逆的企图是一定要被诛杀的。现今但望、周玔二家之子，幸未犯首恶之罪，但望诚意发自内心，面露哀戚之色，情义感动君子，这就合乎礼了。周玔一时果敢刚毅，突然视侄儿如同路人。从前乐羊替魏攻伐中山国，饮他儿子的肉做的羹汤，魏文侯对他的功勋表示赞许但对他的心地表示怀疑。秦西巴违命放走幼鹿，但孟孙却很快提升了他的职位。对幼鹿尚且不忍心，何况对于兄弟儿子呢？孟轲讥刺那些没有恻隐之心的人。经传上讲："对应该重视的却加以轻视，那么没有什么不加以轻视了。"

豫章太守汝南封祈

原文 豫章太守汝南封祈武兴、泰山太守周乘子居[①]，为太守李张所举，函封未发，张病物故。夫人于柩侧下帷见六孝廉[2]，曰："李氏蒙国厚恩，据重任，咨嘉休懿[3]，相授岁贡[4]，上欲报称圣朝[5]，下欲流惠氓隶[6]。今李氏获保首领以天年终[7]，而诸君各怀进退[8]，未肯发引[9]。妾幸有三孤，足统丧纪[10]。正相追随[11]，蓬颗坟柏[12]，何若曜德王室[13]，昭显亡者。亡者有灵，实宠赖之。殁而不朽，此其然乎！"于是周乘顾谓左右："诸君欲行，周乘当止者[14]，莫逮郎君，尽其哀恻[15]。"乘与郑伯坚即日辞行，祈与黄叔度、郅伯向、盛孔叔留随轜柩[16]。乘拜郎[17]，迁陵长[18]，治无异称[19]，意亦薄之。某官与祈相反[20]，俱为侍御史、公车令[21]，享相位焉。

注释

①豫章：郡名。楚汉之际置。治所在今江西南昌。封祈：字武兴。祈，一作"新"，史书无传。周乘：《世说新语·赏誉》引《汝南先贤传》："周乘字子居，汝南安城人。天姿聪朗，高峙岳立，非陈仲举、黄叔度之俦则不交也。仲举尝叹曰：'周子居者，真治国之器也。'为太山太守，甚有惠政。"

②下帷：室内悬挂的幕。帷，或作"帏"。六孝廉：东汉时郡举孝廉六人。时李张为泰山太守，举封武兴、周子居、郑伯坚、黄叔度、郅伯向、盛孔叔六人为孝廉。

③咨嘉休懿：谓寻求品行优秀的贤才。休懿，美好，一般用

来指品德。休，美好；懿，美，美德。

④岁贡：汉时孝廉每岁一举，贡于朝廷，称之“岁贡”。

⑤报称（chèn）：犹报答。

⑥氓：民。隶：小臣。

⑦保首领以天年终：保全头颈不被杀戮而善终，指使自己善终，此为当时的客套语。

⑧进退：犹豫。

⑨发引：旧时出殡，灵车启行，送丧者执绋前导，称为发引。引，挽车的绳索。

⑩统：治理，管理。丧纪：丧事。纪，事。

⑪正：真诚。

⑫蓬颗：蓬松土块。

⑬曜（yào）：通“耀”。

⑭止：挽留，收留。

⑮卢文弨《群书拾补》云：“语不明了，上下必有脱文。”王利器《风俗通义校注》：“《女戒》《汝南传》俱作：‘子居叹曰：“不有行者莫宣公，不有止者莫恤居。”’”今译文据此。

⑯黄叔度：名宪，汝南慎阳（今河南正阳北）人。郅伯向、盛孔叔：史书俱无传。辒（ér）柩：载柩丧车。辒，同“輀”，指丧车。

⑰郎：皇帝侍从官侍郎、中郎、郎中等的统称。

⑱东汉各郡国俱无陵县,“陵”字上当脱一字。

⑲异称：特别的声誉。

⑳此句与下“俱为侍御史”,《四库全书》本作“乃弃官去，祈后为侍御史”。今译文从。

㉑公车令：汉官名。亦称公车司马令。始于秦，汉沿置，掌管司马门和宫中的警卫事宜。属卫尉。

译文　豫章太守汝南人封祈字武兴、泰山太守周乘字子居，被太守李张推举为孝廉，公函还未发出，李张就死了。他的夫人在灵柩旁悬挂的幕后会见六位孝廉，说:“李张蒙国厚恩，担任重要职位，寻求品行优秀的贤才，向朝廷推举孝廉，对上思报答圣朝，对下想施惠百姓。如今李张得以善终，但诸君却犹豫不决，不肯参加出殡仪式。我幸有三子，足以办理丧事。你们即便跟随柩车，蓬松土块于坟旁植上松柏，哪比得上耀德于朝廷，昭显亡者荣耀。死者在天有灵，肯定会宠爱依靠你们。死而不朽，就是这样的啊!”于是周乘对左右说:“我们当中没有成行的不能显扬太守的功德，没有留下的不能替太守守丧。”于是周乘与郑伯坚当天就辞行，封祈与黄叔度、郅伯向、盛孔叔留下守丧。周乘官拜郎官，升为陵县长，治政没有特别的声誉，内心也瞧不起这官职，于是弃职。后来封祈担任侍御史、公车令，高居相位。

原文 谨按:《孝经》:“资于事父以事君[1]。”“君亲临之，厚莫重焉[2]。”《春秋国语》:“民生于三，事之如一[3]。”《礼》:“斩衰，公、士、大夫众臣为其君[4]。”乘虽见察授[5]，函封未发，未离陪隶[6]，不与宾于王[7]。爵诸临城社[8]，民神之主也[9]，义当服勤，关其祀纪。夫人虽有恳切之教，盖子不以从令为孝[10]，而乘嚣然要勒同侪[11]，去丧即宠，谓能有功异也，明试无效[12]，亦旋告退，安在其显君父德美之有！

注释 ①资：采取。《孝经·士章》:“资于事父以事母而爱同，资于事父以事君而敬同。”

②此二句谓君王和父母的爱护，人们所承受的恩泽没有比这更为深厚的了。《孝经·圣治章》:“父子之道，天性也，君臣之义也。父母生之，续莫大焉。君亲临之，厚莫重焉。”

③民生于三：人们的一切都来自君、父、师。事之如一：侍奉他们始终如一。《国语·晋语一》:“民生于三，事之如一。父生之，师教之，君食之。非父不生，非食不长，非教不知。生之族也，故一事之。”

④斩衰：五种丧服中最重的一种，其服用最粗的麻布做成，不缝边。士：卿士。

⑤察授：察举孝廉，授之以职。

⑥陪隶：指郡国之吏。

⑦不与宾于王：没有授予官职，即仍为陪隶。

⑧城社：城池和祭地神的土坛。此句谓各掌治郡县百姓和神社者。

⑨主：主人。《左传·僖公十九年》："民，神之主也。"

⑩《文选·永明九年策秀才文》李善注引《风俗通》："子不以从令为孝，后生固宜是革，浸以为俗，岂不谬哉！"

⑪要（yāo）勒：阻拦。同侪（chái）：同辈。

⑫明试无效：谓试之以官，终无政声。

译文

谨按：《孝经》上讲："采取侍奉父亲的孝道来侍奉君主。""君王和父母的爱护关怀，人们所承受的恩泽没有比这更为深厚的了。"《国语》上说："人们的一切都来自君、父、师，所以侍奉他们要始终如一。"《仪礼》上讲："斩衰，公、卿士、大夫众臣要替他们的君主服这种最重的丧服。"周乘虽然被察举为孝廉，但公文未发，还是郡国属吏，没有授予官职。掌治郡县百姓和神社的，是百姓和神社的主人，道义上应当服持勤恳，参与郡守的丧礼。虽然郡守夫人言辞恳切，但儿子不以听从命令为孝，周乘放肆地阻拦其他几位孝廉，抛开丧事去就宠位，称能有特殊的功绩，可担任县长并无政声，也就很快辞职，哪里是在褒扬君父的美德呢！

河内太守庐江周景

原文 河内太守庐江周景仲向①，每举孝廉，请之上堂，家人宴饮，皆令平仰②，言笑宴宴③，如是三四。临发，赠以衣齐④，皆出自中。子弟中外⑤，过历职署，逾于所望。曰："移臣作子，于之何有⑥！"

注释 ①河内：郡名。西汉置，治怀县（今河南武陟西南）。周景：字仲向，庐江舒县（今安徽庐江西南）人。历任豫州刺史、河内太守、尚书令、太仆、卫尉。礼贤下士，为人称誉。延熹六年（163），升任司空。建宁元年（168）卒于太尉位。

②平：视面。仰：谛视，仔细看。

③宴宴：或作“晏晏”，和柔貌。《诗经·卫风·氓》：“言笑晏晏。”

④齐（zī）：通“资”，资财，钱财。

⑤中外：中表之亲，如姑表、舅表兄弟。

⑥此二句谓把属吏当作子弟，对治政没有什么不好。之：政。

译文 河内太守庐江人周景字仲向，每次举荐孝廉，请他们坐到厅堂，家人与他们一起宴饮，让他们平起平坐，谈笑风生，像这样请三四次。这些孝廉临走时，赠给他们衣服资财，都出自他的家中。他们的子弟及舅表兄弟，被选送到官署任职，超过了他们的期望。周景说：“把属吏当作子弟，对治政没有什么不好！”

河内太守司徒颍川韩演

原文 河内太守司徒颍川韩演伯南①，举孝廉，唯临辞，一与相见，无所宠拔，曰：“我已举若，岂可令恩偏积于一门乎？”

注释 ①韩演：字伯南，颍川舞阳（今河南舞阳西北）人。顺帝时，为丹阳太守。桓帝永寿元年（155），以太常为司空；三年（157），除司徒。延熹二年（159），免；八年（165），拜司隶校尉。后坐狱遣归本郡。韩演任河内太守在周景之前。

译文 河内太守后任司徒的颍川人韩演字伯南，举荐孝廉，只是临别时才见他们一面，对他们的家人不再优宠提拔，说："我已举荐了你们，怎能让私恩累施于一家呢？"

原文 谨按：《春秋左氏传》："夫举无他也，唯善所在，亲疏一也[①]。""祈奚称其仇[②]，不为谄[③]；立其子，不为比[④]；举其偏[⑤]，不为党[⑥]，建一官而三物成[⑦]。"晋国赖之，君子归焉[⑧]。盖人君者，辟门开窗[⑨]，号咷博求[⑩]，得贤而赏[⑪]，闻善若惊，无适也，无莫也[⑫]。周景不综臧否[⑬]，而务蕴崇之[⑭]，韩演不唯善是务，越此一概。夫不择而强用之，与可用而败之，其罪一也。

注释 ①见《左传·昭公二十八年》。

②祈奚：字黄羊，春秋时晋臣，曾任晋国的中军尉。称：

举荐。

③谄（chǎn）：谄媚。

④比：近，私，指偏爱亲人。

⑤偏：下属，下级。

⑥党：偏私。指偏袒自己的下属。《尚书·洪范》："无偏无党，王道荡荡。"

⑦建一官：立一个中军尉之官。三物成：指解狐得举、祁午得位、伯华得官。《左传·襄公三年》："祈奚请老，晋侯问嗣焉。称解狐，其仇也，将立之而卒。又问焉，对曰：'午也可。'于是羊舌职死矣，晋侯曰：'孰可以代之？'对曰：'赤也可。'于是使祁午为中军尉，羊舌赤佐之。君子谓：'祁奚于是能举善矣。称其仇，不为谄；立其子，不为比；举其偏，不为党。《商书》曰："无偏无党，王道荡荡。"其祁奚之谓矣。解狐得举，祁午得位，伯华得官，建一官而三物成，能举善也。'"

⑧归：称许。《论语·颜渊》："一日克己复礼，天下归仁焉。"朱熹集注："归犹与也。"

⑨辟门开窗：谓打开明堂四门宣布政教，使四方听得清楚明白。《尚书·尧典》："辟四门，明四目，达四聪。"窗，通"聪"，听得明白。

⑩号咷：大哭。喻求贤之心急迫。博求：广泛搜罗。

⑪而：若。

⑫此二句谓对人无所亲厚，亦无所疏薄。《论语·里仁》：“子曰：‘君子之于天下也，无适也，无莫也，义之与比。’”

⑬景：原脱，依本书文例增补。综：核实。臧否（pǐ）：善恶。

⑭蕴崇：积聚，堆积。蕴，积；崇，聚。

译文

谨按：《春秋左氏传》上讲：“举荐人才没有其他标准，只唯善是从，亲疏一视同仁。”“祈奚举荐他的仇人，不是谄媚；推立他的儿子，不是偏爱亲人；荐举属官的儿子，不是偏袒下级，立一个中军尉之官，而得举、得位、得官三件好事都做成了。”晋国信赖他，君子称赞他。作为人君，应打开明堂四门宣布政教，让四方听得清楚明白，广泛搜罗人才，得到贤士像得到奖赏，听到善言像受到震动，对人无所亲厚，也无所疏薄。周景不核实善恶，而一味荐举任用，韩演不唯才是举，不切实际地一律摈弃。没有选择地勉强任用他们，与可以任用却摈弃他们，这罪过是相同的。

安定太守汝南胡伊

原文 安定太守汝南胡伊伯、建平长樊绍孟建①，俱为司空虞放掾属②，放逊位自劾还家，郡以伊为主簿，迎新太守，曰："我是宰士③，何可委质于二朝乎④！"因出门名户，占系陈国⑤。绍曰："柳下惠不去父母之国，君子不辞下位⑥。"独行服事。后公黄琼大以为恨⑦，移书汝南，论正主者吏⑧，绝绍文书，而更辟伊。

注释 ①安定：郡名。西汉元鼎三年（前114）置，治所在高平（今宁夏固原）。东汉移治临泾（今甘肃镇原东南）。胡伊伯：王利器认为"伯"下脱"建"字。建平：沛国属县，故地在今河南永城西南。

②虞放：字子仲，东汉陈留（今河南开封东南）人，少为太尉杨震门徒。延熹三年（160），虞放由太常为司空，四年免。

③宰士：谓公卿之属官。

④二朝：谓新旧太守。朝，汉代州治亦称之为朝。

⑤占系：犹占著。上报家中人数附于册籍，落户定居。陈国：郡、国名。秦置郡。西汉改为淮阳国，东汉章和二年（88）改为陈国。治所在陈县（今河南淮阳）。

⑥不辞下位：不辞小官。《孟子·公孙丑上》："柳下惠不羞污君，不卑小官。"

⑦虞放免司空职后，黄琼代为司空，故此云"后公黄琼"。黄琼，参见《愆礼》篇"弘农太守河内吴匡"条注。

⑧主者：犹言主办之人。

译文 安定太守汝南人胡伊字伯建、建平长樊绍字孟建，都曾担任司空虞放的属官。虞放离任，自纠过失辞职回家。郡府让胡伊担任主簿，迎接新任太守，胡伊说："我是宰士，怎能在新旧二朝太守手下任职！"于是远离家乡，定居陈国。樊绍说："柳下惠不离开父母所在的国家，君子不辞小官。"于是独自勤勉行事。接任的黄琼非常遗憾，写信给汝南郡主事的官吏，断绝樊绍的文书，而重新征召胡伊。

原文 谨按：《春秋》尊公曰宰，其吏为士[①]，言于四海，无所不统焉。孟轲称"不枉尺以直寻，况于枉寻以直尺[②]"。柳下惠不枉道以事人，故三黜而不去，孔子谓之不恭[③]。今绍见编[④]，会以礼游引耳[⑤]，其义不同于此。伊心明审，自求多福。近灵帝之末，司徒掾弘农董君考上名典，君事不得自劾，暂以家急假[⑥]，太守李崇请乞相见，频领功曹[7]，与俱班录讫[8]，乃谢遣。时公袁隗意亦非之[9]，然不弹纠[10]。自是之后，弥以滋甚，郡用从事，县用府吏[11]，上下溷淆[12]，良可秽也。《诗》云："虽无老成人，尚有典刑[13]。"国之大纲也，可不申敕小惩而大戒哉[14]！

注释

①《春秋公羊传·僖公九年》："宰周公者何？天子之为政者也。"何休《解诂》："宰犹治也，三公之职号尊名也。"

②此二句谓不屈折一尺而来伸直八尺，何况屈折八尺来伸直一尺。喻宁肯委屈自己也不违心逐利。《孟子·滕文公下》："且夫枉尺而直寻者，以利言也。如以利，则枉寻直尺而利，亦可为与？"寻，八尺。

③恭：恭顺。

④编：通"贬"。

⑤会：当。游引：离职。

⑥暂以家急假：暂时乞假归家。

⑦頫领：俯身受职。頫，低头，后作"俯"。

⑧班录：分赐俸禄给百姓。

⑨袁隗：字次阳，袁安曾孙，东汉汝南汝阳（今河南商水西北）人。曾两除司徒，后为董卓所杀。

⑩不：原脱，据文义补。《群书拾补》云："疑脱'不'字。"

⑪从事：东汉时州郡皆有从事。此当指州从事。州从事为刺史耳目，掌纠举非法。府吏：指郡府吏。

⑫溷（hùn）淆：混杂。溷，混浊。

⑬见《诗经·大雅·荡》。老成人：年老有德之人。典刑：典章刑法。

⑭小惩而大戒：惩罚小错就能使人警惕大错。语本《周易·系辞下》："子曰：'小人不耻不仁，不畏不义。不见利不劝，不威不惩。小惩而大诫，此小人之福也。'"

译文

谨按:《春秋》上尊称公卿为宰，其属吏为士，是说四海之内没有他不主管的。孟轲称"不屈折一尺而来伸直八尺，何况屈折八尺来伸直一尺"。柳下惠不违背道义来侍奉别人，所以三次被免职也不离开，孔子批评他不恭顺。现今樊绍被贬，当依礼仪离职，其道义和柳下惠不同。胡伊内心明审，自己追求更多的福分。近来灵帝末年，司徒属官弘农人董君考察上世名典，知道侍奉君上不可自我纠劾，于是暂时乞假归家，太守李崇请求与他相见，董君屈身领受功曹一职，与他一起分赐俸禄后才离开。当时司徒袁隗觉得这事不对，但没有弹劾纠举他。从这以后，这种事层出不穷，郡用州从事，县用郡府吏，上下混杂，实在是混乱不堪。《诗经》上讲："虽然没有年老有德之人，但还有典章刑法。"典章刑法是国家的治政大纲，难道不能用来惩罚小错使他们警惧大错吗？

宗正南阳刘祖

原文 宗正南阳刘祖奉为郡属曹史①，左骑校尉薛丞君卓为户曹史②。太守公孙庆当祠章陵③，旧俗常以衣冠子孙、容止端严、学问通览、任顾问者以为御史④。时功曹白用刘祖，祖曰："既托帝王肺腑⑤，过闻前训，不能备光辉胥附之任⑥，而身当侧身陪乘，执策握革，有死而已，无能为役⑦。"薛丞因前自白："今明公垂出⑧，未有御者，虽云不敏，敢充人乏。"周旋进退，补察时阙，言出成谟⑨，大见敬重，亦以祖为高。岁尽，俱举孝廉。

注释 ①宗正：官名。始于秦，汉沿置，九卿之一，多由皇族中人充任，为皇族事务机关的长官。历代职掌略同。刘祖：事迹未详。“奉”为刘祖字中之一字，其上下必有脱字。

②左骑：官名，即羽林左骑。《后汉书·曹褒传》注引《汉官仪》：“羽林左骑，秩六百石，领羽林，属光禄勋也。”薛丞：字君卓。事迹未详。户曹：官名。主民户、祠祀、农桑，有掾史。

③公孙庆：事迹未详。章陵：汉光武帝祖考的陵墓，在南阳郡章陵县（今湖北枣阳南）。

④衣冠子孙：指缙绅之家的子孙。容止端严：仪容举止端正严敬。通览：通达博识。御史：此指负责执御之事的官吏，为州郡的属官。

⑤肺腑：指自己是宗室微末之亲。乃谦辞。肺，借为“柿”，削下的木片。腑，借为“附”，言柿附于大木，微末之极。

⑥备：充任。光辉：光荣，荣耀。胥附：使疏远者相亲附。亦指亲附、亲附的人或泛指附庸。

⑦役：使。

⑧垂出：将要出行。

⑨谟：谋。

译文 曾任宗正一职的南阳人刘祖担任郡属曹吏，左骑校尉薛丞字君卓担任户曹史。太守公孙庆准备祭祀章陵，旧俗常派缙绅之家的子孙、仪容举止端正严敬、学问通达博识、能担任左右顾问的作为负责驾车的佐吏。当时郡功曹建议用刘祖，刘祖说：“我既是宗室微末之亲，曾听到过前人训导，不能充任光荣的使疏远者相亲附的职务，而应当陪乘左右，执鞭握辔，我宁死也决不能做这个差事。”薛丞于是上前说：“现今太守即将出行，没有负责驾车的佐吏，我虽愚钝，斗胆来充任这一空缺。”结果交际应酬，处理疏忽遗漏，甚至每句话都显得有主见，郡守大为敬重，同时也认为刘祖品行高洁。到了岁末，两人都被举荐为孝廉。

原文 谨案:《周礼》: 保氏掌六艺之教，其一曰御[①]。《论语》曰:“吾何执？执御乎[②]。”“子适卫，冉子仆[③]。”有，政事之士，列于四友[④]。然犹御者，不为役也。《春秋左氏传》: 晋悼公即位，程郑为乘马御，训群驺知礼[⑤]。今国家大驾[⑥]，大仆亲御[⑦]，他出，奉车都尉御[⑧]，宁可复言执策握革而辞让之乎？凡黔首皆五帝子孙，何独今之肺腑当见优异也[⑨]？宗庙之人，或在畎亩[⑩]，人之化也，何日之有[⑪]。旧时长吏质朴，子皆驾御，故曰从儿。君臣父子，其揆一也[⑫]。臣不肯御，子岂可然。公孙遂偃蹇不使[⑬]，下陵上替，能无乱乎[⑭]！刘祖幸免罪戾，而见褒赏，公孙于是失政刑矣！

注释

①《周礼·地官·保氏》云:“保氏掌谏王恶，而养国子以道，乃教之六艺，一曰五礼，二曰六乐，三曰五射，四曰五驭，五曰六书，六曰九数。”

②《论语·子罕》云:“达巷党人曰:‘大哉孔子！博学而无所成名。’子闻之，谓门弟子曰:‘吾何执？执御乎？执射乎？吾执御矣。’”执御：驾车。

③《论语·子路》云:“子适卫，冉有仆。”冉有，即冉求，字子有，孔子弟子，曾为季氏宰。仆，驾车。

④四友：此指列于德行、言语、政事、文学四个方面的人。《论语·先进》云:“德行：颜渊，闵子骞，冉伯牛，仲弓。言语：宰我，子贡。政事：冉有，季路。文学：子游，子夏。”

⑤《左传·成公十八年》载:“二月乙酉朔，晋悼公即位于朝，始命百官”,“程郑为乘马御，六驺属焉，使训群驺知礼”。程郑：晋国贵族。乘马御：即赞仆，乘车之仆，官名。群驺：诸驺官。驺，官名。据杨伯峻《春秋左传注》:“六闲之驺有一百八人，由程郑率领。”

⑥国家：汉代亦称天子为国家。大驾：皇帝出行，仪仗队之规模最大者为大驾，在法驾、小驾之上。泛指天子的车驾。《续汉书·舆服志》:“东都唯大行乃大驾。”又云:“大驾属车八十一乘，法驾半之。”

⑦大仆：九卿之一，负责掌管皇帝的车驾。大，同“太”。

⑧奉车都尉：参见《正失》篇“封泰山禅梁父”条注。

⑨优异：特别优待。优，本义为“饶”，引申为厚待、优待。异，本义为“分开”，引申为特别优待。

⑩甽（quǎn）亩：田间。代指民间。甽，同“畎”，田间的水沟。

⑪何日之有：犹无有日。

⑫揆：道。

⑬偃蹇：原指托病以卧。此指不理事。

⑭下陵上替：下面侵凌，上面废弛。替，废弛。《左传·昭公十八年》：“于是乎下陵上替，能无乱乎？”

译文

谨案：《周礼》上记载：保氏负责六艺的教导，其中之一就是驾车。《论语》上说：“我干什么好呢？驾车吧。”“孔子到卫国，冉有替他驾车。”冉有，是熟悉政事的人，列于四友之中。但还驾车，这不是为了应付差事。《春秋左氏传》上记载：晋悼公即位，程郑做乘马御，让他教育驺官们明白礼仪。现今天子大驾，太仆亲自驾车，其他时候出门，奉车都尉驾车，怎么可以再说是执鞭握辔而加以推辞呢？大凡百姓都是五帝子孙，为何唯独今天的宗室微末之亲要特别优待？同宗族的人，有的身份卑微，这只是人事的变化，要不了多少时日。过去的长史朴实敦厚，儿子都驾驭车马，所以称作从儿。君臣父子，其道义是一样的。臣下不肯驾驭，难道儿子可以这样。公孙庆放任不加管束，在下者凌驾于上，在上者废弛无所作为，能不发生变乱吗？刘祖幸而逃脱罪责，反而被赞赏，公孙庆有失德政威刑了！

聘士彭城姜肱

原文 聘士彭城姜肱伯淮、京兆韦著休明①，灵帝践祚②，太后临朝③，陈、窦以忠见害④。中常侍曹节秉国之权⑤，大作威福，冀宠名贤，以弭己谤，于是起姜肱为犍为太守⑥，著东海相⑦。肱告其友⑧："吾以虚获实，蕴藉声价⑨，盛明之际，尚不委质，况今政在家哉⑩！"遂乘桴浮海⑪，莫知所极。而著欢以承命，驾言宵征⑫。民不见德，唯戮是闻，论输左校⑬。

注释 ①聘士：不应征召之士。彭城：郡、国名。西汉地节元年（前69）改楚国为彭城郡，不久复为楚国。东汉章和二年（88）

改为彭城国。治所在彭城（今江苏徐州）。姜肱：字伯淮，彭城广戚（今江苏沛县东南）人。家世名族，以孝行称。公府争辟，皆不就。后隐居青州，卖卜为生。韦著：字休明，京兆杜陵（今陕西西安东南）人，以经行知名当世，不应辟召。

②践祚：即帝位。此句与上文义不相承，当有脱句。《焦氏类林》五下引此段文，前尚有"桓帝尝征姜肱，不至，乃下彭城，使画工图肱形状。肱卧于幽暗，以被韬面，言感眩疾，不欲出风。工竟不得见之"。与《后汉书》所叙合，当据补。

③太后：指窦太后，即窦妙。东汉桓帝皇后。灵帝即位，她临朝执政，并任其父窦武为大将军。建宁元年（168），窦武谋诛宦官未成自杀，她被迫归政。

④陈：陈蕃。参见《愆礼》篇"山阳太守汝南薛恭祖"条注。窦：窦武，字游平，扶风平陵（今陕西咸阳西北）人。官历郎中、城门校尉、大将军等职，以功封闻喜侯。据《后汉书·窦武传》载，窦太后临朝，蕃、武戮力辅政，中常侍曹节、王甫谄事太后，蕃、武欲诛之，事泄曹节矫诏诛杀蕃、武。

⑤中常侍：官名。秦始置，西汉沿置，出入宫廷，侍从皇帝，常为列侯至郎中的加官。东汉时则专用宦官为中常侍，以传达诏令和掌理文书，权力极大。曹节：字汉丰，南阳新野（今

河南新野）人，世吏二千石。桓帝时，迁中常侍、奉车都尉。建宁元年（168），以定策立灵帝有功，封长安乡侯。与宦官王甫等矫诏诛大将军窦武、太傅陈蕃等，迁长乐卫尉，封育阳侯。次年诏拜车骑将军。后领尚书令，卒赠车骑将军。

⑥犍为：郡名。西汉建元六年（前135）置，治武阳（今四川彭山）。

⑦东海相：汉光武帝建武十九年（43），封子强为东海王，四传至懿王祇，韦著即为祇相。

⑧友：原作“人”，今据《后汉书·姜肱传》改。

⑨蕴藉：谓含蓄而不显露。声价：名誉身价。

⑩《后汉书·姜肱传》载肱语云：“吾以虚获实，遂藉声价。明明在上，犹当固其本志，况今政在阉竖，夫何为哉！”

⑪桴（fú）：竹木筏子。

⑫驾言：驾，乘车。言，语助词。宵征：夜行。

⑬左校：参见《过誉》篇“度辽将军安定皇甫规”条注。

译文

聘士彭城人姜肱字伯淮、京兆人韦著字休明，灵帝即位，窦太后临朝执政，陈蕃、窦武因忠心秉政被杀。中常侍曹节掌握国家大权，作威作福，希望重用名贤，来消除民众对自己的责难，于是起用姜肱为犍为太守，韦著任东海王相。姜肱对他的友人说：“我因虚名得到官位，不想显露自己的声价。世道昌明之际，我尚且不为官，何况现今宦官当权！”于是乘竹木筏子漂浮海上，人们不知他到底去了哪里。但韦著高兴地接受任命，驾车连夜赴任。民众看不到其德政，只听到威刑，最后韦著犯法被送到左校服刑。

原文 谨按：《易》称：“君子之道，或出或处，或默或语①。”传曰：“朝廷之人，入而不能出；山林之士，往而不能返②。”言各有长也。孔子嘉虞仲、夷逸③，作者七人④，亦终隐约⑤。姜肱高尚其事⑥，见得思义⑦，岂不绰绰然有余裕哉⑧！韦著迈种其德⑨，少有云补⑩，可也；虐刑以逞，民心怨痛，德薄位尊，力小任重，古人惧旃⑪，鲜能不及矣⑫。

注释 ①参见《愆礼》篇“南阳张伯大”条注。

②同上。

③虞仲、夷逸：皆古时隐士。其身世不可考。《论语·微子》：“虞仲、夷逸，隐居放言，身中清，废中权。”

④作者七人：这样的隐者已有七位。七位指伯夷、叔齐、虞仲、夷逸、朱张、柳下惠、少连。作者，隐者。

⑤隐约：不清楚。

⑥高尚其事：看重自身价值。《周易·蛊卦》上九爻辞："不事王侯，高尚其事。"

⑦见得思义：《论语·季氏》载孔子语。谓看见可得的，应考虑该得否。

⑧绰绰然：宽裕的样子。

⑨迈：借为"励"，勉励。种其德：培养他的德操。

⑩云：所。

⑪旃（zhān）："之焉"的合音。

⑫能：语助词。《周易·系辞下》："德薄而位尊，知小而谋大，力小而任重，鲜不及矣。"

译文 谨按：《周易》上讲："君子处世之道，或者出世或者入世，或者缄默无语或者议论弘发。"经传上说："位居朝廷之人，入世而不能抽身而出；隐遁山林之士，出世而不能返归尘俗。"是说他们各有所长。孔子赞美虞仲、夷逸，这样隐居不仕的七位，最终湮没不彰。姜肱看重自身名誉，看见可得的考虑该不该得，难道不是德行宽厚有余吗？韦著砥砺他的德操，对治政稍有所补，这样是可以的；肆行其虐刑，民心怨恨，德行微薄而地位尊贵，力量小而责任重，古人担心这种人，少有不遭殃的。

赵相汝南李统

原文

赵相汝南李统少幼①，为冀州刺史阮况所奏“耳目不聪明”②。股肱掾史咸用忿愤③，欲诣阙自理。统闻知之，历收其家，遣吏追还，曰：“相久忝重任，负于素餐，年渐七十，礼在悬车④，顷被疾病，念存首丘⑤，比自乞归，未见听许。州家幸能为⑥，相得去，实上愿也。”居无几，果征。时冀州有疑狱，章帝见问统。统处当详平⑦，克厌上心⑧。帝曰：“君大聪明，刺史侵君。”统曰：“臣受国厚恩，官尊禄重，不能自竭，有以报称。久抱重疾，气力羸露⑨，耳聋目眩，守虚陨越⑩，自分奄忽填壑⑪，猥得承望阙廷⑫，亲见御座，不胜其喜。权时有瘳⑬，辞出之后，必复故也，刺史不侵臣也。”上悦其逊，即日免况，拜统侍中。

注释

①李统为赵相在章帝时，据《后汉书·赵孝王良传》推测，李统或为赵栩相，或为赵商相。赵国治邯郸（今河北邯郸西南）。少幼为李统字。

②阮况：生卒年未详。曾任功曹，与任光共守信都，击退王

郎。刘秀即位后，任南阳太守，颇有政声。《后汉书·任光传》有载。

③用：因此。

④悬车：废车不用。谓辞官不仕。《白虎通义·致仕》："臣七十悬车致仕者，臣以执事趋走为职，七十阳道极，耳目不聪明，跂踦之属，是以退去避贤者。所以长廉耻也。悬车，示不用也。致仕者，致其事于君，君不使自去者，尊贤者也。"

⑤首丘：喻人死后归葬故土。《礼记·檀弓上》："古之人有言曰：'狐死正丘首，仁也。'"

⑥州家：指州刺史阮况。

⑦处当：处断。详平：审慎公平。

⑧克：能。厌：合。

⑨羸露：瘦弱，病弱。露，羸弱。

⑩守虚：心怀虚弱。陨越：颠坠，丧失。

⑪自分：自料。奄忽：谓突然死亡。奄，遽，突然。

⑫猥：犹言"辱"。谦辞。

⑬权时：暂时。瘳：病愈。

译文 赵相汝南人李统字少幼，被冀州刺史阮况以"耳不聪目不明"奏闻。辅佐的掾史都因此愤愤不平，想到朝廷亲自申诉。李统知道后，将他们一一请到自己家中，派官吏追回，说：“我久忝重任，有愧于尸位素餐，年纪将近七十，依礼应当辞去官职，一旦遇到疾病，只想死后归葬故土，接连亲自请求告老还乡，没有被接受。州刺史阮况幸好能这样上奏，我能离任，实在是巴不得的事。”没有多久，果然被征召。当时冀州有疑难案件，章帝召见询问李统。李统处断审慎公平，能合皇上心意。章帝说：“您耳聪目明得很，刺史是在攻击您。”李统说：“臣蒙受国家厚恩，官位尊显俸禄优厚，却不能竭尽全力，来报恩称旨。久抱重病，气力病弱，耳聋眼花，心力虚弱衰退，自料会突然死去，有幸被朝廷看重，亲眼见到圣颜，喜不自胜。暂时病愈，辞职之后，一定会像原来的样子，刺史阮况没有攻击臣。”皇上为他的谦逊而高兴，当天免去阮况之职，任李统为侍中。

司徒九江朱伥

原文 司徒九江朱伥[①]，以年老，为司隶虞诩所奏耳目不聪明[②]，见掾属大怒曰："颠而不扶，焉用彼相[③]！君劳臣辱，何用为！"于是东阁祭酒周举曰[④]："昔圣帝明王，莫不历象日月星辰[⑤]，以为镜戒。荧惑比有变异[⑥]，岂能手书，密以上闻？"伥曰："可自力也。"举为创草："臣闻《易》曰：'天垂象，见吉凶[⑦]。''观乎天文，以察时变[⑧]。'臣窃见九月庚辰，今月丙辰，过荧惑于东井辟[⑨]，金光辉合[⑩]，并移时乃出。臣经术浅末，不晓天官[⑪]，见其非常，昭昭再见，诚切怪之[⑫]，臣诚懑愤。夫月者太阴，荧惑火星，不宜相干。臣闻盛德之主，不能无异，但当变改，有以供御[⑬]。孔子曰：'虽明天子，荧惑必谋[⑭]。'祸福之征，慎察用之。孝宣皇帝地节元年，月蚀荧惑，明年有霍氏乱[⑮]。孔子曰：'火上不可握，荧惑班变，不可息志，帝应其修无极。'此言荧惑火精，尤史家所宜察也。楚庄曰：'灾异不见，寡人其亡[⑯]。'今变异屡臻[⑰]，此天以佑助汉室，觉悟国家也。臣诚惧史官畏忌，不敢极言，惟陛下深留圣恩，按图书之文，鉴古今之戒，召见方直，极言而靡讳[18]，亲贤纳忠，推诚应人[19]，犹影响也。宋景公有善言，荧惑徙舍，延年益寿[20]。况乎至尊，感不旋日[21]!《书》曰:‘天威棐谌[22]。’言天德辅诚也。周公将没，戒成王以左右常伯、常任、准人、缀衣、虎贲[23]，言此五官，存亡之机，不可不谨也。臣愿陛下思周旦之言，详左右清禁之内[24]，谨供养之官，严宿卫之身，申敕屡省，务知戒慎，以退未萌，以此无疆。谨匍匐自力，手书密上。”上览伥表，嘉其忠谟[25]。伥目数病，手能细书[26]。诩案大臣，苟肆私意[27]。诩坐上谢，伥蒙慰劳。

注释

①朱伥：字孙卿，九江寿春（今安徽寿县）人。汉顺帝永建元年（126）二月任司徒，第二年七月免。

②虞诩：字升卿（或字定安），陈国武平（今河南鹿邑西北）人。永建元年（126）为司隶校尉。后征拜议郎、尚书仆射。永和初，迁尚书令。

③此二句原为孔子语，载《论语·季氏》。相：扶助盲人的人称相。这里作助手讲。

④东阁祭酒：官职名。汉置，从公以上设东阁、西阁，辅助政务。东阁祭酒负责东阁事务。周举：字宣光，汝南汝阳（今河南商水西北）人，博学洽闻，为儒者所崇。顺帝时，官历

并州刺史、冀州刺史、尚书、司隶校尉等职。桓帝时，迁光禄勋、光禄大夫。

⑤历：这里是推算的意思。《尔雅·释诂》："历，数也。"象：这里是取法的意思。《楚辞》王逸注："象，法也。"

⑥荧惑：火星。又称太白星。

⑦见《周易·系辞上》。

⑧见《周易·贲卦》象传。

⑨东井：井宿，二十八宿之一，有星八颗，属双子座。

⑩金：金星，即太白星。古时认为太白与月相干则有乱事。

⑪天官：本指掌天文之官，有时亦指天文。

⑫切：似当作"窃"。

⑬供御：供给，亦指供给之物。

⑭此语出处不详。《汉书·天文志》："荧惑，天子理也。故曰：虽有明天子，必视荧惑所在。"

⑮据《汉书·天文志》载，地节元年（前69）正月戊午乙夜，月蚀荧惑。四年，故大将军霍光夫人显、大司马霍禹、奉车都尉霍山等谋反被诛，与《宣帝纪》合。此云霍氏乱在地节二年，误。

⑯《春秋繁露·必仁且智》："楚庄王以天不见灾，地不见孽，则祷之于山川，曰：'天其将亡予邪？不说吾过，极吾罪也？'"

⑰臻：至。

⑱极：尽。靡：没有。

⑲“诚”字下,《群书拾补》云:“疑脱四字，二字属上句，又二字当是‘天之’。”此说甚是。《后汉书·郎顗传》:“天之应人，敏于影响。”是其证。

⑳据《史记·宋微子世家》《吕氏春秋·制乐》等记载，宋景公时，荧惑停留在心宿，宋景公询问司星子韦。子韦说，心宿为宋之分野，宋国国君当有灾祸，但可移于将相、百姓或年成。宋景公认为这样会损害国家民众的利益，宁愿自己受祸。子韦认为景公的善言会得到上天的奖赏，荧惑当徙三舍，君将延寿二十一年。而这天荧惑果徙三舍。

㉑旋日：一日之间。形容速度之快。旋，不久。

㉒威:《尚书·康诰》作“畏”，二字古通。棐（fěi）：辅助。谌：通“忱”，诚信。

㉓周公旦告诫成王语见《尚书·立政》。常伯：治民官。常任：治事官。准人：执法官。缀衣：掌管天子衣服的官。虎贲：守卫王宫的武官。

㉔清禁：指皇宫。皇宫中清静严肃，故称。

㉕忠谟：犹忠谋。

㉖细书：写的字小。

㉗苟肆：不审慎。私意：出于私情。

译文

司徒九江人朱伥，因为年老，被司隶虞诩奏称耳目不聪明，他见到属官大怒，说：“快摔倒了而不去搀扶，还要助手干什么！君主劳累臣子受辱，还用他们干吗！”于是东阁祭酒周举说：“过去圣明的帝王，没有不推算日月星辰运行的规律，以为镜戒的。火星屡有变异，莫非得手书奏表上闻朝廷？”朱伥说：“你可自己动手写。”周举替他起草：“臣闻《周易》上说：‘上天显示各种天象，表示吉凶。’‘观察天文，来考察四季的变化。’臣私下见九月庚辰日，本月丙辰日，火星经过井宿，与月相侵乱，过了一个时辰才移出。臣经术浅陋，不懂天文，见这一现象异常，明明白白地再次出现，实在私下感到怪异，臣也实在烦闷。月是太阴，荧惑是火星，两者不宜侵犯。臣听说具有盛德的君主，也不能例外，只是应当改变用来供给的物品。孔子说：‘即使是圣明的天子，也一定要观察火星之所在。’祸福的征兆，谨慎地加以观察。孝宣皇帝地节元年，月亮侵犯火星，第二年有霍氏之乱。孔子说：‘火星难以掌握，火星位置的变化，不可停止记述，帝王一定要不停地研究。’这是说火星为火精，史家尤其应当考察。楚庄王说：‘灾异没有出现，寡人必定死去。’现在变异屡次出现，这是上天用来辅助汉室，使天子觉悟。臣确实担心史官畏忌，不敢畅所欲言，希望陛下仔细思考，根据图书记载，借鉴古今的警戒，召见正直之士，畅所欲言而没有忌讳，亲近贤臣采纳忠言，开诚布公，上天对人的报应，犹如影子和回声一样。宋景公有善良的言语，以致火星退避三舍，他自己得以延年益寿。何况对于天子，要不了多久上天就会感动!《尚书》上说:‘天威棐谌。’是说天之威德辅助诚信的人。周公旦临死前，告诫周成王任用辅佐左右的常伯、常任、准人、缀衣、虎贲，称这五官，是存亡的关键，不可不谨慎。臣愿陛下思量周公旦之言，谨慎对待身边宫廷里的人，审察侍奉起居的官员，严格考核宿卫的兵士，再三告诫屡次省察，一定要谨戒慎重，来消除还未萌发的祸殃，从而长治久安。谨匍匐在地勉力手书密奏。”皇上看了朱伥上的奏表，嘉奖他忠诚有谋。朱伥几次生眼疾，却亲自书写小字的奏疏。虞诩考察大臣，出于私情不审慎。因此虞诩上表道歉，朱伥则蒙受慰劳。

原文 谨按:《论语》:“能以礼让为国乎？何有[①]？”“夫子温良恭俭让以得之[②]。”传曰:“心苟不竞，何惮于病[③]？”朱伥位极人臣，视事数年，讫无一言弥缝时阙。又伥年且九十，足以惛愦，义当自引，以避贤路。就使有枉，欣以俟命耳。何能乃发忿，欲自提理④。周举为人谋而不忠，维讫匡陈⑤，起自营卫。夫奉义顺之谓礼，爱人而不以德，不可谓仁，信不由中⑥，文辞何为？向遇中宗、永平之政⑦，救罪不暇，何慰劳之有？李统内省不疚，进退温雅，明主是察，终为长者⑧。

注释

①《论语·里仁》:“子曰:‘能以礼让为国乎？何有？不能以礼让为国，如礼何？’”

②参见《过誉》篇“度辽将军安定皇甫规”条注。

③《左传·僖公七年》:“谚有之曰:‘心则不竞，何惮于病。’”竞：刚强。

④提理：申诉，上诉。提，提出；理，申诉。

⑤维讫：卢文弨《群书拾补》云:“二字疑。”维，通“惟”，思考。讫，或“计”之误。

⑥中：衷。

⑦中宗：即汉宣帝刘询。公元前73~前49年在位。《汉书·宣帝纪》赞云:“孝宣之治，信赏必罚，综核名实，政事文学法理之士咸精其能。”永平：汉明帝刘庄年号。《后汉书·明帝纪》论云:“明帝善刑理，法令分明，日晏坐朝，幽枉必达。内外

无倖曲之私，在上无矜大之色。断狱得情，号居前代十二。”

⑧长者：谓年长德高，见多识广者。

译文

谨按：《论语》上讲：“能够用礼让来治理国家吗？如能这样那治理国家还有什么困难呢？”“夫子温和、善良、严肃、节俭、谦逊，才获得这种待遇。”经传上说：“内心若不想争胜，还怕受到屈辱吗？”朱伥位居人臣中的上位，任职数年，不曾有一句有补朝政缺失的建议。另外朱伥年龄将近九十，肯定会糊涂，理当自己辞职，为贤人让出位置，即使有委屈，也应高兴地等待命令，怎么能这样发泄愤怒，想要自己申诉。周举为人有计谋但内心不忠，考虑如何辅佐陈述，这是出于自我保护。奉行道义顺从它称为礼，不以仁德爱人，不能称为仁，诚信不是出自内心，修饰文辞又有何用？假使遇到宣帝、明帝时严明的政令，逃脱罪责都来不及，哪里还会受到慰劳？李统自我反省，内心无愧，举止温文尔雅，明主考察他，使他最终成为德高望重的长者。

蜀郡太守颍川刘胜

原文 蜀郡太守颍川刘胜季陵，去官在家，闭门却扫[1]。岁时致敬郡县，答问而已，无所褒贬，虽自枝叶莫力[2]。太仆杜密周甫[3]，亦去北海相[4]，在家，每至郡县，多所陈说，笺记托属[5]。太守王昱颇厌苦之，语次[6]："闻得京师书，公卿举故大臣刘季陵，高士也，当急见征。"密知以见激，因曰："明府在九重之内[7]，臣吏惶畏天威，莫敢尽情。刘胜位故大夫[8]，见礼上宾，俯伏甚于鳖猬，冷涩比如寒蜓[9]，无能往来，此罪人也。清隽就义，隐居笃学，时所不综[10]，而密达之；冤疑勋贤，成陈之罪，所折而密启之[11]。明府赏刑得中，令问休扬[12]，虽自天然之姿[13]，犹有万分之一。《诗》不云乎：'雨我公田，遂及我私[14]。'人情所有，庶不为阙[15]，既不善是，多见讥论，夫何为哉！"于是昱甚悦服，待之弥厚。

注释 ①却扫：不再扫径迎客。指闭门谢客。却，停止。

②枝叶：指宗族旁支。

③杜密：字周甫，东汉颍川阳城（今河南登封东南）人。为

司徒胡广所辟，迁代郡（今山西阳高西南）太守，征，三迁太山太守、北海相，后去官还家。

④北海：封国名，西汉景帝时置，东汉沿袭，治营陵（今山东昌乐东南）。

⑤笺记：古代文体名。给长官的书启。托：原作“括”，据王利器《风俗通义校注》改。

⑥语次：言谈之际。

⑦九重之内：本指君王的居处。此言九重，是对王昱表示尊崇。

⑧位故大夫：《后汉书·杜密传》作“位为大夫”，与《资治通鉴》所载同。胡三省注：“位为大夫，谓在朝列也。”

⑨冷涩：谓说话迟钝，语言艰难。寒蜒（yán）：虫名，即蚰蜒，俗称“钱串子”“千足虫”，古时称“草鞋虫”。栖息木石阴湿之地，常夜间出来活动。

⑩综：综合考核。

⑪此段疑有讹脱。王利器案：“范书此段作‘今志义力行之贤，而密达之，违道失节之士，而密纠之’。”所折：卢文弨《群书拾补》曰：“疑有讹脱。”

⑫令问：善誉。问，通“闻”。休：美好。

⑬天然：犹言自然。

⑭见《诗经·小雅·大田》。

⑮庶：希望，但愿。阙：缺点。

译文 蜀郡太守颍川人刘胜字季陵，辞官在家，闭门谢客。只在一定的时节去郡县表达敬意，仅回答对方提出的问题，没有什么褒贬之意，即使对自己的亲属，也不肯尽力推荐。太仆杜密字周甫也辞去北海相位在家，每次到郡县，喜欢陈述自己的见解，写信托付事情。太守王昱对此颇为厌烦苦恼，言谈间称："听说京师的文书上讲，公卿举荐的原大臣刘胜，是个高洁之士，当很快被征召。"杜密知道这是在激将他，于是说："您住在郡府之中，属吏慑于您的威严，不敢尽心表达自己的想法。刘胜位列朝廷，被待以上宾之礼，却像鳖和刺猬一样隐伏，像冬天的蚰蜒一样不声不响，不与郡守交往，这是罪人。那些品行高洁，隐居好学，却不为世人所知的，我举荐他们；那些违道失节的罪人，我揭发他们。您赏罚得当，美名远扬，虽然是基于自然的天赋，但我也有其中万分之一的功劳。《诗经》上不是说：'甘雨先落到公田，再泽惠我的私田。'人之常情所在，是希望没有缺失。既然不被肯定，多被讥讽，图些什么呢？"于是王昱心悦诚服，待他更加优厚。

原文 谨按:《论语》:“澹台灭明，非公事未尝至于偃之室也①。”“君子思不出其位②。”孟轲亦以为“达则兼济天下，穷则独善其身”③。刘胜在约思纯，其静已甚，若时意宴及，言论折中，亦无嫌也。杜密婆娑府县④，干与王政，就若所云，犹有公私。既见讥切，不蹴坐谢负⑤，而多伐善，以为己力，惟颜之厚，博而俗矣。

注释 ①语见《论语·雍也》:“子游为武城宰。子曰:‘女得人焉尔乎?’曰:‘有澹台灭明者，行不由径，非公事，未尝至于偃之室也。’”澹台灭明：姓澹台，名灭明，字子羽，武城(今山东费县)人。《史记·仲尼弟子列传》将他列为孔子学生。偃：言偃，字子游，吴人，或云鲁人，亦孔子学生。

②此为曾子语，见《论语·宪问》。

③见《孟子·尽心上》。原作“穷则独善其身，达则兼善天下”。

④婆娑：往来貌。《汉书·叙传·答宾戏》:“婆娑乎术艺之场。”

⑤蹴：惊惭不安的样子。

译文 谨按:《论语》上讲:“澹台灭明不是为了公事，从不到子游住的地方来。”“君子思考问题不超出自己的职责范围。”孟轲也认为“得志时兼济天下，穷困时独善自身”。刘胜处在贫困之中考虑到保持纯正，他也够静穆的了，如果平时被问到，讲的话不偏不倚，也没有什么不好。杜密频繁往来于府县，干预政事，即使像他所说的，也还有公私之分。已经被微言讽刺，不恭敬地道歉，却大肆表功，认为有自己的功劳，只能说明他脸皮厚，虽然有学识但显得庸俗。

声音第六

题解

在本篇中，应劭记述了各种乐器的制作者和形制，为我们研究乐器史提供了第一手资料。其中有些乐器早已失传，我们是从此篇中得到有关知识的。应劭写作此篇，乃有感于自东周以来礼崩乐坏的局面，目的在于正音律、辨声音，阐发其敦风化俗的礼乐教化思想，维护封建礼义和人伦道德。中国封建统治阶级历来非常重视音乐，“作乐”与“制礼”并行，所以乐律、乐器的制作以及音乐的演奏都很讲究。另外，汉代五行学说盛行，音乐又与天时、节令、农事、度量衡制作等紧密联系。音乐与这些事物的对应关系在此篇中亦有具体体现。

原文

《易》称：“先王作乐崇德，殷荐之上帝，以配祖考①。”《诗》云：“钟鼓锽锽，磬管鎗鎗，降福穰穰②。”《书》曰：“击石拊石，百兽率舞③。”鸟兽且犹感应，而况于人乎！况于鬼神乎！

夫乐者，圣人所以动天地，感鬼神，按万民④，成性类者也⑤。故黄帝作《咸池》⑥，颛顼作《六茎》⑦，喾作《五英》⑧，尧作《大章》⑨，舜作《韶》⑩，禹作《夏》⑪，汤作《护》⑫，武王作《武》⑬，周公作《勺》⑭。《勺》，言能斟勺先祖之道也⑮。《武》，言以功定天下也。《护》，言救民也。《夏》，大承二帝也。《韶》，继尧也。《大章》，章之也。《五英》，英华茂也。《六茎》，及根茎也。《咸池》，备矣。

注释

①见《周易·豫卦》。殷荐：隆重地进献。配：享，犹献。祖考：这里泛指先人。

②见《诗经·周颂·执竞》。穰（ráng）穰：丰盛，众多。

③见《尚书·益稷》。石：石磬。拊：轻击。

④按：通“安”。

⑤性类：犹生类。指有生命的物类。《汉书·礼乐志》云：“故乐者，圣人之所以感天地，通神明，安万民，成性类者也。”此为应劭所本。

⑥《咸池》：传说中的古代乐名。《周礼》记载为《大咸》。据《吕氏春秋·古乐》，是黄帝命伶伦、荣将所作。《礼记·乐记》郑玄注：“黄帝所作乐名也，尧增修而用之。咸，皆也，池之言施也，言德无不施也。”《白虎通义·礼乐》云：“黄帝曰《咸池》者，言大施天下之道而行之，天之所生，地之所载，咸蒙德施也。”

⑦《六茎》：传说中的古代乐名。《白虎通义·礼乐》：“《礼记》曰：‘颛顼乐曰《六茎》。’”又：“颛顼曰《六茎》者，言和律吕以调阴阳。茎者，万物也。”

⑧《五英》：传说中的古代乐名。《白虎通义·礼乐》云：“帝喾曰《五英》者，言能调和五声以养万物，调其英华也。”又，

《吕氏春秋·古乐》作《六英》。

⑨《大章》：传说中的古代乐名。《白虎通义·礼乐》云："《礼记》曰：'尧乐曰《大章》。'"又："尧曰《大章》者，大明天地人之道也。"《礼记·乐记》云："《大章》，章之也。"郑玄注："尧乐名也，言尧德章明也。"章，同"彰"。

⑩《韶》：传说中的古代乐名。《礼记·乐记》云："《韶》，继也。"郑玄注："舜乐名也。韶之言绍也，言舜能继绍尧之德。"

⑪《夏》：传说中的古代乐名。《礼记·乐记》："《夏》，大也。"郑玄注："禹乐名也，言禹能大尧、舜之德。《周礼》曰《大夏》。"

⑫《护》：传说中的古代乐名。《白虎通义·礼乐》云："汤曰《大护》者，言汤承衰，能护民之急也。"

⑬《武》：传说中的古代乐名。《白虎通义·礼乐》云："《大武》者，天下始乐周公之征伐行武，故诗人歌之：'王赫斯怒，爰整其旅。'当此之时，天下乐文王之怒以定天下，故乐其武也。"

⑭《勺》：传说中的古代乐名。勺（zhuó），通"酌"。《白虎通义·礼乐》云："《礼记》曰：'周公之乐曰《酌》。'"又："周公曰《酌》者，言周公辅成王，能斟酌文、武之道而成之也。"

⑮斟勺：考虑，吸取。

译文 《周易》上讲："先王制作音乐推崇道德，隆重地进献给上帝，以此配享先人。"《诗经》上说："钟鼓之声和谐悦耳，磬管之声锵锵动人，降福于芸芸众生。"《尚书》上记载："轻敲重击着石磬，百兽都跳起舞来。"鸟兽尚且被音乐感动，何况对于人呢！何况对于鬼神呢！

音乐，圣人用来感动天地，感化鬼神，安抚万民，哺育有生命的万物。所以黄帝制作《咸池》，颛顼制作《六茎》，喾制作《五英》，尧制作《大章》，舜制作《韶》，禹制作《夏》，汤制作《护》，武王制作《武》，周公制作《勺》。《勺》，是说周公能吸取文王、武王之治道。《武》，是说用武功平定天下。《护》，是说能救助万民。《夏》，是说禹能光大尧、舜的功德。《韶》，是说舜能继承尧的事业。《大章》，是说尧能彰明大义。《五英》，是说能让万物华茂。《六茎》，是说恩泽惠及万物。《咸池》，是说恩德普施。

原文 其后，周室陵迟[①]，礼乐崩坏，诸侯恣行，竞悦所习，桑间、濮上，郑、卫、宋、赵之声[②]，弥以放达[③]，滔湮心耳，乃忘和平，乱政伤民，致疾损寿。重遭暴秦，遂以阙忘[④]。汉兴，制氏世掌大乐[⑤]，颇能纪其铿锵[6]，而不能说其义[7]。武帝始定郊祀，巡省告封[8]，乐官多所增饰，然非雅正[9]，故继其条畅曰《声音》也[10]。

注释

①陵迟：衰颓。《后汉书·冯衍传下》：“澄德化之陵迟兮，烈刑罚之峭峻。”李贤注：“陵迟言颓替也。”

②《汉书·礼乐志》云：“周室大坏，诸侯恣行，设两观，乘大路。陪臣管仲、季氏之属，三归《雍》彻，八佾舞庭，制度遂坏，陵夷而不反，桑间、濮上，郑、卫、宋、赵之声并出，内则致疾损寿，外则乱政伤民。”颜师古注：“应劭曰：‘桑间，卫地；濮上，濮水之上。皆好新声。’郑、卫、宋、赵诸国，亦皆有淫声。”《史记·乐书》云：“郑、卫之音，乱世之音也，比于慢矣。桑间、濮上之音，亡国之音也，其政散，其民流，诬上行私而不可止。”

③放达：狂放不羁，不拘礼法。

④忘：通“亡”。

⑤制氏：《汉书·礼乐志》颜师古注引服虔云：“鲁人也，善乐事也。”

⑥铿锵：形容金玉或乐器等声音洪亮。

⑦《汉书·礼乐志》云：“汉兴，乐家有制氏，以雅乐声律，世世在大乐官，但能记其铿锵鼓舞，而不能言其义。”

⑧巡省：巡察诸侯。告封：告祭封禅。

⑨《文心雕龙·乐府》云："暨武帝崇礼，始立乐府，总赵、代之音，撮齐、楚之气，延年以曼声协律，朱、马以骚体制歌，《桂华》杂曲，丽而不经，《赤雁》群篇，靡而非典，河间荐雅而罕御，故汲黯致讥于《天马》也。"（详参《汉书·礼乐志》）

⑩继：延续，使之不绝。条畅：通畅，畅达。

译文

之后，周王室衰微，礼仪毁弃，音乐衰败，诸侯恣意横行，竞相乐其所好，桑间、濮上，郑、卫、宋、赵之地的音乐，越来越放荡不羁，使人心荡耳塞，因此忘掉平正和谐，扰乱政治伤害民众，导致疾病折损寿数。又遭逢暴虐的秦朝，上古先王制作的音乐于是不存。汉朝建立，制氏世代执掌乐事，善于记下响亮而有节奏的乐曲，但不能阐述音乐的要义。武帝时开始订立郊祀的礼仪巡察诸侯，告祭封禅，乐官增加修饰了不少，然而都不够标准典雅，所以把上古音乐的道理讲明白使之传承下去，称作《声音》。

原文

昔皇帝使伶伦自大夏之西①，昆仑之阴，取竹于嶰谷生②，其窍厚均者③，断两节而吹之，以为黄钟之管[④]。制十二筩[⑤]，以听凤之鸣，其雄鸣为六，雌鸣亦为六。天地之风气正而十二律定[⑥]，五声于是乎生，八音于是乎出。声者，宫、商、角、徵、羽也[⑦]。音者，土曰埙，匏曰笙，革曰鼓，竹曰管，丝曰弦，石曰磬，金曰钟，木曰柷。《诗》曰："鹤鸣九皋，声闻于天[⑧]。"《书》："八音克谐，无相夺伦[⑨]。"由是言之，声本音末也。

注释

①皇帝：即黄帝。皇，通"黄"。伶伦：传说为黄帝臣属。大夏：古地名。《汉书·律历志》颜师古注引应劭云："大夏，西戎之国也。"

②嶰（xiè）谷：指昆仑山北谷名，传说黄帝使伶伦取嶰谷之竹以制乐器。《汉书·律历志》颜师古注："孟康曰：'解，脱也。谷，竹沟也。取竹之脱无沟节者也。一说昆仑之北谷名也。'晋灼曰：'谷名是也。'"

③窍：孔。

④黄钟之管：律管。古代用来校正乐音标准的管状仪器。《续汉书·律历志上》："截管为律，吹以考声。"

⑤筩（tǒng）：同"筒"。《吕氏春秋·古乐》高诱注："六律六吕各有管，故曰十二筒。"

⑥十二律：古人按乐音的高低分为六律和六吕，合称十二律。

十二律分别称为应钟、无射、南吕、夷则、林钟、蕤宾、仲吕、姑洗、夹钟、太蔟、大吕、黄钟。又，古人用律管候气，以十二律的名称对应一年的十二个月，故此处“风气”当指节气。

⑦宫、商、角、徵（zhǐ）、羽：古音的五个音阶，相当于现在简谱中的1、2、3、5、6。

⑧见《诗经·小雅·鹤鸣》。今本“鸣”字下有“于”字。皋：泽。

⑨见《尚书·舜典》。夺：失去。伦：理，次序。

译文 从前，黄帝派伶伦从大夏的西边，昆仑山之南，采伐嶰谷中生长的竹子，选取那些竹孔内外厚薄均匀的，砍断两节来吹，当作校正乐音标准的律管。制成六吕六律共十二根竹筒，来听凤凰的鸣声，雄鸣声为六种，雌鸣声也为六种。天地之间的节气正常而十二律稳定，五声于是产生，八音于是制出。声，指宫、商、角、徵、羽。音（乐器的总称），用土制作的称作埙，用匏制作的称作笙，用革制作的称作鼓，用竹制作的称作管，用丝制作的称作弦，用石制作的称作磬，用金属制作的称作钟，用木制作的称作柷。《诗经》上记载：“鹤在水泽引吭长鸣，声音响彻云天。”《尚书》上讲：“八类乐器的声音能够调和，不搞乱相互的次序。”如此说来，声为本，音为末。

商

原文 谨按：刘歆《钟律书》[①]：“商者，章也[②]，物成熟可章度也[③]。”五行为金[④]，五常为义[⑤]，五事为言[⑥]，凡归为臣[⑦]。

注释 ①刘歆：字子骏，西汉著名经学家、文学家刘向之子。博学洽闻，历任太中大夫、骑都尉、奉车光禄大夫等职。《钟律书》：西汉刘歆著。今不存。

②章：同“张”，张开。《汉书·律历志》作“章”，《白虎通义·礼乐》作“张”，二字通。

③章度（duó）：衡量，计算。《汉书·律历志》：“商之为言章也，物成孰可章度也。”

④五行：指金、木、水、火、土。汉代流行的阴阳五行说认为：五行中的金与时序上的秋季、五声中的商相配合；木与春季、角声相配合；火与夏季、徵声相配合；水与冬季、羽

声相配合；土尊贵，不与四时相配，五声中合于宫。

⑤五常：封建礼教中指仁、义、礼、智、信。

⑥五事：指貌、言、视、听、思。《尚书·洪范》："五事，一曰貌，二曰言，三曰视，四曰听，五曰思。"

⑦此句即《汉书·律历志》"以君臣民事物言之"，商合于臣之义。《礼记正义》孔颖达引《乐纬动声仪》："商为臣，臣者，当发明君之号令，其声散以明，其和温以断，动肺也。"

译文 谨按：刘歆的《钟律书》上讲："商，即张开的意思，是说作物成熟可以计算收成。"五行中的金与之相配，五常中的义与之相配，五事中的言与之相配，以君、臣、民、事、物对应来讲，合于臣之义。

角

原文 谨按：刘歆《钟律书》："角者，触也，物触地而出，戴芒角也[①]。"五行为木，五常为仁，五事为貌，凡归为民[②]。

注释 ①此二句《意林》引作“物触地戴芒角而生也”。《白虎通义·礼乐》云：“所以名为角何？角，跃也，阳气动跃。”义与此同。芒角：指植物的尖叶。

②《礼记正义》引《乐纬动声仪》：“角为民，民者，当约俭不奢僭差，故其声防以约，其和清以静，动肝也。”

译文 谨按：刘歆《钟律书》上讲：“角，即触动的意思，是说作物触动大地破土而出，现出初生的尖叶。”五行中的木与之相配，五常中的仁与之相配，五事中的貌与之相配，以君、臣、民、事、物对应来讲，合于民之义。

宫

原文 谨按：刘歆《钟律书》：“宫者，中也，居中央，畅四方，倡始施生[①]，为四声纲也[②]。”五行为土，五常为信，五事为思，凡归为君[③]。

注释 ①倡始：首倡，先导。施生：谓生育万物。

②《汉书·律历志》引与刘歆同。《白虎通义·礼乐》云：“宫者，容也，含也，含容四时者也。”义与此异。纲：关键。

③《礼记正义》引《乐纬动声仪》：“宫为君，君者，当宽大容众，故其声宏以舒，其和清以柔，动脾也。”

译文 谨按：刘歆《钟律书》上讲：“宫，即中的意思，居于中央，通达四方，肇始万物，为其他四声的关键。”五行中的土与之相配，五常中的信与之相配，五事中的思与之相配，以君、臣、民、事、物对应来讲，合于君之义。

徵

原文 谨按：刘歆《钟律书》：“徵者，祉也，物盛大而繁祉也[①]。”五行为火，五常为礼，五事为视，凡归为事[②]。

注释 ①《汉书·律历志》引与刘歆同。《白虎通义·礼乐》云：“徵者，止也，阳气止。”义与此殊。繁祉（zhǐ）：多福。祉，福。②《礼记正义》引《乐纬动声仪》：“徵为事，事者，君子之功既当急就之，其事勿久流亡，故其声贬以疾，其和平以切，动心也。”

译文 谨按：刘歆《钟律书》上讲：“徵，即福祉的意思，是说事物盛大而且多福。”五行中的火与之相配，五常中的礼与之相配，五事中的视与之相配，以君、臣、民、事、物对应来讲，合于事之义。

羽

原文 谨按：刘歆《钟律书》：“羽者，宇也，物聚藏，宇覆之也[1]。”五行为水，五常为智，五事为听，凡归为物[2]。故闻其宫声，使人温润而广大；闻其商声，使人方正而好义；闻其角声，使人整齐而好礼；闻其徵声，使人恻隐而博爱；闻其羽声，使人善养而好施。宫声乱者，则其君骄；商声错者，则其臣坏；角声缪者，则其民怨[3]；徵声洪者，则其事难；羽声差者，则其物乱。春宫秋律，百卉必凋；秋宫春律，万物必荣；夏宫冬律，雨雹必降；冬宫夏律，雷必发声[4]。夫音乐至重，所感者大，故曰："知礼乐之情者能作，识礼乐之文者能述[5]。作者之谓圣，述者之谓明。明圣者，述作之谓也[6]。"

注释

①《汉书·律历志》引与刘歆同。《白虎通义·礼乐》云："羽者，纡也，阴气在上，阳气在下。"义与此殊。

②《礼记正义》引《乐纬声动仪》："羽为物，物者，不有委聚，故其声散以虚，其和断以散，动肾也。"

③缪：通"谬"。

④"春宫"以下八句：此谓五音、十二律与十二月应配合有序，否则必生灾异。宫，这里指五音。宫为五音之本，故有时指代五音。音、律及节令间的对应关系详见下表：

十二月	孟春	仲春	季春	孟夏	仲夏	季夏	孟秋	仲秋	季秋	孟冬	仲冬	季冬
五音	角	角	角	徵	徵	宫	商	商	商	羽	羽	羽
十二律	太蔟	夹钟	姑洗	仲吕	蕤宾	林钟	夷则	南吕	无射	应钟	黄钟	大吕

⑤识：记住。文：泛指曲调。《荀子·乐论》："故乐者审一以

定和者也，比物以饰节者也，合奏以成文者也。”

⑥“故曰”后至“述作之谓也”数句，见《礼记·乐记》。

译文 谨按：刘歆《钟律书》上讲：“羽，即屋宇的意思，是说物质聚藏屋宇遮盖它们。”五行中的水与之相配，五常中的智与之相配，五事中的听与之相配，以君、臣、民、事、物来对照，合于物之义。所以听到宫音，会使人温和舒畅而胸襟开阔；听到商音，会使人刚正不阿而急公好义；听到角音，会使人庄敬端正而爱好礼节；听到徵音，会使人恻隐忧悯而慈爱待人；听到羽音，会使人乐意向善而慷慨施予。如果宫声紊乱，则可能是由于君主行为骄逸的反映；如果商声紊乱，则可能是由于臣子败坏政务的反映；如果角声紊乱，则可能是由于民众怨愤的反映；如果徵声洪亮，则可能是由于事情陷入困境的反映；如果羽声有差错，则可能是由于事物杂乱无章。如果用合于秋季的律来与合于春季的音相配，则百花必定凋谢；如果用合于春季的律与合于秋季的音相配，则万物必定荣茂；如果用合于冬季的律与合于夏季的音相配，雨雹必定降落；如果用合于夏季的律与合于冬季的音相配，雷霆必定发声。音乐至关重要，感动面广，所以说:“了解礼乐深刻意义的人能创制新的礼乐，而能记住礼乐的曲调的人只能复述旧的礼乐。能创制礼乐的人叫作圣，能复述的人称作明。明和圣，就是所说的能复述和创制礼乐的人。”

埙

原文 谨按:《世本》[①]:“暴辛公作埙[②]。”《诗》云:“天之诱民，如埙如篪[③]。”埙，烧土为之，围五寸半，长三寸半，有四孔，其二通，凡为六孔。

注释 ①《世本》:先秦史料丛编。战国时史官撰。记载自黄帝以来帝王公卿大夫的姓氏、世系、都邑等。

②暴辛公:《御览》云:“《世本》曰:‘埙，暴新公所造。’亦不知何人。周畿内有暴国，岂其时人乎?烧土为之，大如鹅卵，锐上平底，形似称锤，六孔。”又引宋均注:“暴公，周平王诸侯也。”

③诱:今本《诗经·大雅·板》作“牖”。篪(chí):一种乐器。

详后。

译文 谨按:《世本》上记载:“暴辛公制作了埙这种乐器。”《诗经》上讲:“上天诱导下民,犹如埙和篪唱和相应。”埙,是用土烧制而成,周长五寸半,长三寸半,有四个孔,其中有两个孔对应贯通,共有六个孔。

笙

原文 谨按:《世本》:“随作笙。”长四寸,十二簧①,像凤之身,正月之音也,物生故谓之笙。《诗》云:“我有嘉宾,鼓瑟吹笙②。”大笙谓之簴,小者谓之和③。

注释 ①二:似当作“三”。《说文解字》:“笙,十三簧,象凤之身也。笙,正月之音,物生,故谓之笙。大者谓之巢,小者谓之和。从竹生声。古者随作笙。”

②见《诗经·小雅·鹿鸣》。

③《尔雅·释乐》:“大笙谓之巢,小者谓之和。”簴(cháo),

同“巢”。

译文 谨按:《世本》上记载:“随制作了笙这种乐器。”笙长四寸,有十三块簧片,形状像凤的身体,象征正月的声音,这时候万物萌生所以称之为笙。《诗经》上讲:“我有嘉宾,为他鼓瑟又吹笙。”大笙称之为簴,小笙称之为枊。

鼓

原文 谨按:《易》称:“鼓之以雷霆①。圣人则之。”不知谁所作也。鼓者,郭也②,春分之音也。万物郭皮甲而出,故谓之鼓。《周礼》六鼓③,雷鼓八面,灵鼓六面④,路鼓四面,鼖鼓、鼛鼓、晋鼓皆二面⑤。《诗》云:“击鼓其镗⑥。”《论语》:“小子鸣鼓而攻之可也⑦。”

注释 ①见《周易·系辞上》。

②郭:同“廓”,扩张。《汉书·律历志》颜师古注:“鼓者,

郭也，言郭张皮而为之也。”

③六鼓：指雷鼓、灵鼓、路鼓、鼖鼓、鼛鼓、晋鼓。《周礼·地官·鼓人》云：“鼓人掌教六鼓四金之音声，以节声乐，以和军旅，以正用役。教为鼓而辨其声用，以雷鼓鼓神祀，以灵鼓鼓社祭，以路鼓鼓鬼享，以鼖鼓鼓军事，以鼛鼓鼓役事，以晋鼓鼓金奏。”郑玄注：“雷鼓，八面鼓也。”“灵鼓，六面鼓也。”“路鼓，四面鼓也。”“大鼓谓之鼖，鼖鼓长八尺。”“鼛鼓长丈二尺。”“晋鼓长六尺六寸。”

④灵鼓六面：四字原无，依上下文例补。

⑤鼖（fén）鼓：二字原无，前既言“《周礼》六鼓”，当有，据补。睪（gāo）：与“鼛”字音同，借为“鼛”。

⑥见《诗经·邶风·击鼓》。镗：鼓声。

⑦《论语·先进》：“季氏富于周公，而求也为之聚敛而附益之。子曰：‘非吾徒也。小子鸣鼓而攻之可也。’”

译文

谨按：《周易》上讲：“用雷霆来鼓动它们，圣人以此作为法则。”鼓这种乐器不知是谁制作的。鼓，即扩张的意思，象征春分时的声音。这时候万物从皮壳中扩张而出，所以称之为鼓。《周礼》上记载有六种鼓，雷鼓有八面，灵鼓有六面，路鼓有四面，鼖鼓、鼛鼓、晋鼓都是二面。《诗经》上记载：“击鼓咚咚作响。"《论语》上讲:"你们学生应大张旗鼓地来攻击冉求。"

管

原文 谨按:《诗》云:"嘒嘒管声①。""萧管备举②。"《礼·乐记》:"管,漆竹,长一尺,六孔,十二月之音也。象物贯地而牙,故谓之管③。"《尚书大传》:"舜之时,西王母来献其白玉琯④。"昔章帝时,零陵文学奚景⑤,于泠道舜祠下得笙白玉管⑥,知古以玉为管,后乃易之以竹耳。夫以玉作音,故神人和,凤皇仪也⑦。

注释 ①见《诗经·商颂·那》。嘒(huì):象声词。形容小声或清脆的声音。

②见《诗经·周颂·有瞽》。萧:即箫。

③此处所引《礼记·乐记》文字,今本《礼记·乐记》未见。西汉刘向校书,得《乐记》二十三篇,著录于《别录》。今《乐

记》仅断取其中十一篇，所剩十二篇已佚，但篇名犹存，其中有《乐器》第十三。此处征引的《礼记·乐记》即出于《乐器》。《汉书·律历志》颜师古注引孟康曰：“《礼·乐器记》：‘管，漆竹，长一尺，六孔。’”

④琯（guǎn）：玉管。古乐器，用玉制成，六孔，如笛。

⑤文学：官名。汉代于州郡及王国置文学，或称文学掾，或称文学史，是后世教官的前身。

⑥泠道：地名。汉时为零陵郡属县，故地在今湖南宁远东。泠，原作“冷”，据《文选·闲居赋》李善注校正。舜祠：人们为纪念舜帝修建的祠庙，位于九嶷（亦作“疑”）山东北。传说舜南巡死去，葬于九嶷山。《水经·湘水注》：“九疑山之东北，泠道县界，又有舜庙。”

⑦仪：来。

译文

谨按：《诗经》上讲：“箫管之声悠扬。”“笙箫一齐奏响。”《礼记·乐记》上记载：“管，由漆竹制成，长一尺，有六孔，象征十二月的声音。标志万物破土发芽，所以称之为管。”《尚书大传》上说：“舜时，西王母来献白玉琯。”从前在汉章帝时，零陵文学史奚景，在泠道县舜庙下得到笙白玉管，可以知道古时用玉做管，后来才改为竹。以玉管发音，所以神人应和，凤凰来仪。

瑟

原文 谨按:《世本》:“宓羲作瑟①，长八尺一寸，四十五弦。”《黄帝书》②:“泰帝使素女鼓瑟而悲③，帝禁不止，故破其瑟为二十五弦④。”《春秋》:“师旷为晋平公奏清徵之音⑤，有玄鹤二八，从南方来，进于廊门之危⑥。再奏之而成列，三奏之则延鸡而鸣⑦，舒翼而舞。音中宫商，声闻于天。平公大说，坐者皆喜。平公提觞而起，为师旷寿，反坐而问曰:‘音莫悲于清徵乎?’师旷曰:‘不如清角⑧。’平公曰:‘清角可得闻乎?’师旷曰:‘不可。昔黄帝驾象车⑨，六交龙，毕方并辖⑩，蚩尤居前⑪，风伯进扫，雨师洒道⑫，虎狼在后⑬，虫蛇伏地⑭，大合鬼神于太山之上，作为清角。今主君德薄，不足以听之，听之，将恐有败。’平公曰:‘寡人老矣，所好者音也，愿遂闻之。’师旷不得已而鼓之，一奏之，有云从西北起，再奏之，暴风亟至，大雨洋沛⑮，裂帷幕，破俎豆⑯，堕廊瓦，坐者散走。平公恐惧，伏于室侧，身遂疾痛，晋国大旱，赤地三年。故曰：不务德治而好五音，则穷身之事也⑰。”今瑟长五尺五寸，非正器也⑱。

注释

①《宋书·乐志》云：“瑟，马融《笛赋》云：‘神农造瑟。’《世本》：‘宓羲所造。’《尔雅》：‘瑟二十七弦者曰洒。’今无其器。”

②《黄帝书》：疑为《汉书·艺文志》著录的《黄帝》十六篇。

③《文选》张平子《思玄赋》注引高诱《淮南子》注：“素女，黄帝时方术之女也。”

④《史记·封禅书》：“太帝使素女鼓五十弦瑟，悲，帝禁不止，故破其瑟为二十五弦。”《御览》引王嘉《拾遗记》：“黄帝使素女鼓庖羲氏之瑟，满席悲不能已，后破为七尺二寸，二十五弦。”

⑤事见《韩非子·十过》《史记·乐书》《论衡·感虚篇》和《纪妖篇》。清徵：清澄的徵音。徵，五音之一。

⑥危（guǐ）：屋脊。

⑦鸰：同“颈”。

⑧清角（jué）：角，古代五音之一，古人以为角音清，故曰清角。

⑨象车：用象牙镂饰的车子。

⑩毕方：传说中的神名。《淮南子·氾论训》高诱注："毕方，木之精也。"《文选·东京赋》薛综注："毕方，父老神也。"二说不同。并：并行，并列。辖：安在车轴末端的挡铁，用以挡住车轮，不使脱落。

⑪《山海经·大荒北经》："蚩尤作兵伐黄帝，黄帝乃令应龙攻之冀州之野。应龙畜水，蚩尤请风伯、雨师纵大风雨，黄帝乃下天女曰魃，雨止，遂杀蚩尤。"《史记·五帝本纪》正义引《龙鱼河图》："黄帝摄政，有蚩尤兄弟八十一人，并兽身人语，铜头铁额，食沙石子，造立兵仗刀戟大弩，威振天下，诛杀无道，不慈仁。万民欲令黄帝行天子事，黄帝以仁义不能禁止蚩尤，乃仰天而叹。天遣玄女下授黄帝兵信神符，制伏蚩尤，帝因使之主兵，以制八方。蚩尤没后，天下复扰乱，黄帝遂画蚩尤形像以威天下，天下咸谓蚩尤不死，八方万邦皆为弭服。"

⑫雨师：神名，指毕星。古时认为毕星能招致雨，故奉为雨师。《淮南子·原道训》："令雨师洒道，使风伯扫尘。"高诱注："雨师，毕星也，《诗》云：'月丽于毕，俾滂沱矣。'风伯，箕星，月丽于箕风扬沙。"

⑬"虎狼"二字后，《韩非子·十反》《论衡·纪妖篇》多"在前，鬼神"四字，疑本书有脱文。

⑭虫蛇:《韩非子·十过》作“腾蛇”,“伏地”下且有“凤皇覆上”四字;《论衡·纪妖篇》有“白云覆上”四字。

⑮沣沛：雨盛貌。

⑯俎豆：俎和豆。古代祭祀、宴飨时盛食物用的两种礼器。

⑰穷身：谓使己困窘。

⑱正器：谓合乎标准的治具或器具。

译文 谨按:《世本》上说:“宓羲制作了瑟，长八尺一寸，有四十五根弦。”《黄帝书》中讲:“黄帝让素女鼓瑟，声音使人悲伤，黄帝抑制不住，所以将瑟弦减少到二十五根。”《春秋》上记载:“乐师师旷替晋平公演奏清徵之调，有十六只黑鹤，从南方飞来，停在廊门的屋脊上。再奏，黑鹤排列成行而来；第三次弹奏，黑鹤伸颈张开翅膀翩翩起舞。声音合乎宫商，音乐震动云天。晋平公十分高兴，在座的人也很开心。晋平公举起酒杯站起来，向师旷祝寿，回到座位后又问:‘还有比这支乐曲更美妙的音乐吗?’师旷说:‘清徵之调还不如清角之调。’晋平公问:‘能听听清角之调吗?’师旷说:‘不能。古时黄帝驾着象牙装饰的车，用六条蛟龙来拉，木神毕方守护在车辖左右，蚩尤在前面开路，风伯一路向前扫除尘埃，雨师冲洗道路，虎狼殿后，虫蛇伏地而行，会合诸路鬼神于泰山之上，这才弹奏清角之调。现在您的德行浅薄，不足以听这个，听了，怕不会有什么好处。’晋平公说：‘我老了，所爱好的也只有音乐，我还是希望听一听。’师旷不得已开始演奏，刚一演奏，有云从西北方涌起，再奏，暴风呼啸而来，骤雨滂沱如注，撕裂帷幕，打破了宴席上的俎和豆，吹落回廊屋面上的瓦片，陪坐的人纷纷逃散。晋平公惊恐不安，伏在廊屋的地上，之后身患病痛，晋国大旱，三年寸草不生。所以说，不致力于德政而沉湎于音乐，那是使自己陷于困窘之中的事情。”现今瑟长五尺五寸，不是标准的乐器。

磬

原文 谨按：《世本》：“毋句作磬[①]。”《尚书》：“豫州锡贡磬错[②]。”《诗》云：“笙磬同音[③]。”《论语》：“子击磬于卫，有荷蒉而过者，曰：‘有心哉！’[④]”

注释 ①《通志·乐略》云:“磬,《世本》云叔所造,不知何代人。又曰无句作磬。”《御览》引《古史考》云:“无句,尧时人。”

②见《尚书·禹贡》。豫州:古九州之一。《尔雅·释地》:“河南曰豫州。”锡:贡给,与“贡”义同。错:磨。

③见《诗经·小雅·钟鼓》。

④见《论语·宪问》。蒉(kuì):草筐。

译文 谨按:《世本》上记载:“毋句制作了磬这种乐器。”《尚书》上讲:“豫州进贡经过磨打的磬石。”《诗经》上称:“笙磬的声音和谐。”《论语》上说:“孔子在卫国敲磬,有个挑着草筐的人从门口经过,说:‘这个敲磬的人心里有事呀!’”

钟

原文 谨按:《世本》:“垂作钟[①]。”秋分之音也。《诗》:“鼓钟于宫,声闻于外[②]。”《论语》云:“乐云乐云,钟鼓云乎哉[③]?”周景王将铸大钟[④],单穆公谏[⑤]:“夫先王之制钟也，大不出均[6]，重不过石，律度量衡于是乎生[7]，小大器用于是乎出[8]，故圣人慎之。今王作钟，听之弗及[9]，比之不度[10]，钟声不可以知和，制度不可以出节，无益于乐，而鲜民财[11]，将焉用之!”

注释

①《宋书·乐志》云:“钟者,《世本》云:‘黄帝工人垂所造。’”

②见《诗经·小雅·白华》。

③见《论语·阳货》。

④周景王二十三年（前522），将铸无射（yì），而为之大林（无射、大林皆钟名）。铸大钟即指此。事详《国语·周语下》。

⑤单穆公：周王卿士，单靖公之曾孙，名旗。

⑥均：同“钧”。乐器的调律器称均，调节乐音也称钧。以木长七尺者弦系之以为钧法。

⑦律：音律。度：指长短，即分、寸、尺、丈、引。量：量容积大小的量器，即龠（yuè）、合、升、斗、斛。衡：称轻重的衡器单位，即铢、两、斤、钧、石。《国语》韦昭注：“律，五声阴阳之法也。度，丈尺也。量，斗斛也。衡，称上衡。衡有斤两之数，生于黄钟。黄钟之管，容秬黍千二百粒。粒百为铢，是为一龠，龠二为合，合重一两。故曰‘律度量衡于是乎生’也。”

⑧小：指锱、铢、分、寸等小的计量单位。大：指斤、钧、丈、尺等大的计量单位。

⑨听之弗及：无射为阳律细声，林钟为阴律大声，细声被大声压抑，所以耳朵就无法分辨声音的清浊。

⑩不度：指不符合“大不出钧，重不过石”的法度。

⑪鲜：少，尽。

译文

谨按:《世本》上记载:“垂制作了钟这种乐器。”钟声象征着秋分时的声音。《诗经》上讲:“在宫内鸣钟，宫外都能听到声音。”《论语》上说:“乐呀乐呀，岂只是指钟鼓等乐器而说的吗?”周景公准备铸一口大钟，单穆公劝谏道:“先王制作钟，钟音的律度最大不得超出钧，重不超过一石，音律、长度、容量、重量的标准由此产生，小大器用由此制出，所以圣人对此很慎重。现今大王制作钟，耳朵分辨不出清音浊音，不合乎钧、石的规定，钟声听不出是否和谐适中，制作的尺度又不可作为法令制度，对乐无益，却用尽民财，为什么要用这种规格的钟!”

柷

原文 谨按:《礼·乐记》:“柷，漆桶，方画木，方三尺五寸，高尺五寸，中有椎，止其名也①，用柷止音为节②。”《书》曰:“合止柷敔，笙镛以间③。”声所以五者，系五行也；音所以八者，系八风也④。传曰:“八音之变，不可胜听也。”由经五艺六⑤，而其枝别叶布，繁华无已也。

注释 ①止其名：止就是击打柷（zhù）的椎之名。

②用柷止音为节:《说文解字》:“柷，乐木空也，所以止音为节。”

③见《尚书·益稷》。合止：合乐止乐。敔（yǔ）：一种打击乐器，又称楬。形如伏虎，奏乐将终，击敔使演奏停止。镛：大钟。

④《白虎通义·礼乐》云:“笙在北方，柷在东北方，鼓在东方，箫在东南方，琴在南方，埙在西南方，钟在西方，磬在西北方。声五音八何？声为本，出于五行；音为末，象八风。故《乐记》曰:‘声成文，谓之音；知音而乐之，谓之乐也。’”

⑤由：同“犹”。经五艺六：即五经六艺。五经指《易》《书》

《诗》《礼》《春秋》。六艺指礼、乐、射、御、书、数。

译文 谨按:《礼记·乐记》上记载:“柷,形状像漆桶,方形木制,画有图案,周长三尺五寸,高一尺五寸,中间有一个椎柄,称作止,用柷止音以合乎节拍。”《尚书》上说:“敲柷作为演奏乐曲的开始,笙和大钟交替演奏,敲敔作为演奏乐曲的结束。”声之所以有五,是由于它出于木、火、土、金、水五行;音之所以有八,是由于八面来风。经传上讲:“八音的音调变化无穷,怎么也听不完。”就像五经六艺,派生的枝叶,枝繁叶茂无穷无尽。

琴

原文 谨按:《世本》:“神农作琴[①]。”《尚书》[②]:“舜弹五弦之琴,歌《南风》之诗[③],而天下治。”《诗》云:“我有嘉宾,鼓瑟鼓琴[④]。”雅琴者,乐之统也,与八音并行。然君子所常御者,琴最亲密,不离于身。非必陈设于宗庙乡党，非若钟鼓罗列于虡悬也[5]。虽在穷阎陋巷，深山幽谷，犹不失琴，以为琴之大小得中，而声音和，大声不喧哗而流漫[6]，小声不湮灭而不闻，适足以和人意气，感人善心。故琴之为言禁也，雅之为言正也，言君子守正以自禁也。夫以正雅之声，动感正意，故善心胜，邪恶禁。是以古之圣人君子，慎所以自感，因邪禁之适，故近之。闲居则为从容以致思焉，如有所穷困，其道闭塞，不得施行，及有所通达而用事，则著之于琴，以杼其意[7]，以示后人。其道行和乐而作者，命其曲曰畅。畅者，言其道之美畅，犹不敢自安，不骄不溢，好礼不以[8]，畅其意也。其遇闭塞，忧愁而作者，命其曲曰操。操者，言遇菑遭害[9]，困厄穷迫，虽怨恨失意，犹守礼义，不惧不慑，乐道而不失其操者也。伯子牙方鼓琴[10]，钟子期听之[11]，而意在高山，子期曰："善哉乎，巍巍若太山！"顷之间而意在流水，钟子又曰："善哉乎，汤汤若江河！"子期死，伯牙破琴绝弦，终身不复鼓，以为世无足为音者也[12]。今琴长四尺五寸，法四时五行也。七弦者，法七星也[13]。大弦为君，小弦为臣，文王、武王加二弦，以合君臣之恩[14]。

注释

①《史记·乐书》正义、《初学记》卷十六、《乐府诗集》卷五七并引《世本》此文。《说文解字》:“琴，神农所作。”《文选·笛赋》云:“庖羲作琴。”盖传说不同。

②此指汉伏胜所撰之《尚书大传》。

③《文选·琴赋·序》李善注:“《尸子》曰:‘舜作五弦之琴，以歌《南风》:南风之薰兮，以解吾人之愠。’是舜歌也。”

④见《诗经·小雅·鹿鸣》。

⑤虡（jù）悬：古时悬钟鼓木架的两侧立柱。

⑥流漫：放纵。

⑦杼：通“抒”。

⑧以：通“已”。

⑨菑：通“灾”。

⑩伯子牙：一作伯牙，传说中人物。相传生于春秋时代，善弹琴。据《乐府解题》：伯牙学琴于成连先生，三年不成。后随成连至蓬莱山，闻海水澎湃，群鸟悲号，心有所感，援琴而歌，从此琴艺大进。

⑪钟子期：传说中人物，与伯牙同时，以善于欣赏音乐著称。

⑫事又见《列子·汤问》《吕氏春秋·本味》《韩诗外传》等。

⑬七星：指北斗星座的天枢、天璇、天玑、天权、玉衡、开阳、摇光七星。

⑭“大弦为君”以下数句原无，今据《御览》卷五七七、《记

纂渊海》卷七八引增补。

译文

谨按:《世本》上记载:“神农制作了琴这种乐器。”《尚书》上讲:“舜弹着五弦琴,吟唱《南风》这首诗,天下得以治理。”《诗经》上说:“我有嘉宾,为他鼓瑟又鼓琴。”高雅的琴这种乐器,它是表现音乐的工具,与金、石、丝、竹、匏、土、革、木等八音乐器并列。然而君子经常携带使用的是琴,琴与君子最为亲密,须臾也不离开身。它并非一定要陈设在宗庙、乡社,也不像钟鼓那样罗列悬挂在木架上。它即使处在穷户陋巷、深山幽谷,也不会失去琴的本色,因为琴的体积大小适中,声音和谐,声音大时并不喧哗而曲调舒缓,声音小时并不会消失而让人听不清楚,正适合调节人们的意气,启发人们的善心。所以说,琴的意思可以用“禁”字来体现,雅的意思可以用“正”字来体现,说的是君子遵守正道,以此来约束自己。用既正且雅的音乐,感动纯正的心志,所以善良之心占上风,邪恶之心被抑制。因此古时候的圣人君子,对影响自己的音乐很慎重,根据禁绝邪恶之心的需要,所以偏爱琴。闲居时从容弹奏则深谋远虑,如遇到穷困潦倒之时,奉行的道阻塞不通,施行不了,需要有所排遣予以寄托，则依靠琴来抒发他的胸臆，来昭示后人。那些道行顺畅因而作曲的人，将其曲命名为《畅》。《畅》，是说其道行顺畅，仍不敢自在安适，不骄傲自满，好礼不已，尽情表达其胸臆。那些境遇闭塞不通、忧愁烦闷而作曲的人，将其曲命名为《操》。《操》，是说遭遇了灾难，穷困潦倒，虽然怨恨失意，仍能坚守礼义，不害怕不屈服，安贫乐道却不失其节操。伯牙正弹琴，钟子期聆听，琴声想表现高山，钟子期说："好啊！仿佛巍峨的泰山就在眼前。"过了一会儿想表现流水，钟子期又说："好啊！似乎浩浩荡荡的江河在奔流。"钟子期死后，伯牙破琴断弦，终身不再弹琴，认为世上再也没有称得上知音的了。现今琴长四尺五寸，效法春、夏、秋、冬四时和金、木、水、火、土五行。七弦，是效法北斗七星。大弦为君，小弦为臣，文王、武王加二弦，以符合君臣之恩义。

空侯[①]

原文　谨按：《汉书》[②]：孝武皇帝赛南越[③]，祷祠太乙、后土[4]，始用乐人侯调，依琴作坎侯[5]，言其坎坎应节奏也，侯以姓冠章耳[6]。或说空侯取其空中。琴瑟皆空，何独坎侯耶？斯论是也。《诗》云："坎坎鼓我[7]。"是其文也[8]。

注释

①空侯：又作箜篌、坎侯，古代拨弦乐器。有卧式、竖式两种。

②见《汉书·郊祀志》。又见《史记·封禅书》。

③赛：旧时行祭礼以酬神曰赛。《史记》《汉书》均作"塞"。"塞"为"赛"之借字。

④太乙：或作"太一""泰一"，北极神之别名。《史记·孝武本纪》："皇帝敬拜泰一。"后土：地神之名。

⑤坎侯：原作"坎坎之乐"，《类聚》卷四四、《初学记》卷一六、《记纂渊海》卷七八、《天中记》卷四三皆引作"坎侯"，今据改。

⑥《史记·封禅书》集解引徐广曰："应劭云：'武帝令乐人侯调始造此器。'"《文选·箜篌引》注引应劭《汉书注》："使乐人侯调作之。取其坎坎应节也，因以其姓号名曰坎侯。"《宋书·乐志一》："空侯，初名坎侯。汉武帝赛灭南越，祠太一后土，用乐，令乐人侯晖依琴作坎侯，言其坎坎应节奏也。侯者，因工人姓尔，后言空，音讹也。"

⑦见《诗经·小雅·伐木》。

⑧文：指鼓乐。《礼记·乐记》："始奏以文，复乱以武。"郑玄注："文谓鼓也，武谓金也。"

译文 谨按:《汉书》上记载：汉武帝因灭了南越行祭礼以酬神，祭祀太一神和后土神，开始任用乐师侯调，依据琴的形制制作了坎侯这种乐器，称它坎坎发声应和节奏，因制作它的人姓侯而冠以这个名称。有人说空侯是由于这种乐器中间是空的而得名。琴瑟中间都是空的，哪里是坎侯独有呢？看来前一种结论是正确的。《诗经》上说："敲击乐器坎坎响。"即指这种声音。

筝[①]

原文 谨按:《礼·乐记》："筝，五弦，筑身也[②]。"今并、凉二州筝形如瑟[③]，不知谁所改作也。或曰秦蒙恬所造[④]。

注释 ①《御览》卷五七六载:“《风俗通》曰:谨按:《乐记》:‘筝,五弦,筑身也。’今并、凉州筝形如瑟,不知谁作也。按京房制五音,唯加瑟十三弦,此乃筝也。今雅乐筝十二弦,他乐皆十三弦。如筝稍小曰云和,乐府不用。”

②此句《宋书·乐志》引作“筑身而瑟弦”。筑身:形体像筑。筑,乐器名。其形颈细而肩圆,弦下设柱。演奏时,左手按弦的一端,右手执竹尺击弦发音。

③并、凉二州:古地区名。并州为汉武帝所置“十三刺史部”之一,约当今山西大部和内蒙古、河北的一部分,东汉治所在晋阳(今山西太原西南),辖境扩大,包有今陕西北部与河套地区。凉州亦为当时十三刺史部之一。东汉时治所在陇县(今甘肃张家川)。辖境约当今甘肃、宁夏,青海湟水流域,陕西定边、吴旗、凤县、略阳和内蒙古额济纳旗一带。

④蒙恬:秦名将。秦统一六国后,他率兵三十万击退匈奴贵族,收河南地(今内蒙古河套一带),并修筑长城。守卫数年,匈奴不敢入侵。后为秦二世所迫,自杀。

译文 谨按:《礼记·乐记》上记载:“筝这种乐器,有五根弦,形体和筑这种乐器差不多。”当今并、凉二州的筝形状像瑟,不知是谁改成这样子的。有人说这种乐器是秦国的蒙恬制作的。

筑

原文 谨按:《太史公记》[1]:燕太子丹遣荆轲欲西刺秦王,与客送之易水[2],而设祖道[3]。高渐离击筑,荆轲和歌,为变徵之声[4],士皆垂泪涕泣[5],复为羽声慷慨[6],而士皆瞋目[7],发尽上指冠。荆轲入秦,事败而死,渐离变名易姓,为人庸保[8],匿作于宋子[9]。久之,作苦,闻其家堂上客击筑,伎痒[10],不能毋出言,曰:"彼有善不善。"从者告其主曰:"彼庸乃知音,窃言是非。"家丈人作乐[11],召前使击筑,一坐称美,赐酒。而渐离念久畏约[12],毋穷已时,乃退,出装匣中筑与其善衣,更容貌而前,莫不惊愕,下与亢礼[13],以为上客。使击筑歌,无不涕泣而去者。宋子客传之,闻于秦始皇。始皇召见,人有识者,乃高渐离。始皇惜其善击筑,重赦之[14],乃矐其目[15]。使击筑,未尝不称善。稍益近之,渐离乃以铅置筑木中,后进得近,举筑扑始皇,不中,于是遂诛。

注释 ①见《史记·刺客列传》。下面所引文字与之略异。

②易水:古河流名。在燕南境,源出今河北易县,东流注入

涞水，现称为拒马河。

③祖道：出行时祭祀路神。

④此句原作“为濮上音”，今据《史记》改。变徵之声：变徵调之音，其曲哀切悲壮。变徵，古时七声声阶中的第四个音级，比徵低半音。《国语·周语下》韦昭注：“蕤宾为变徵也。”

⑤泪：原作“发”，据《史记》改。

⑥羽声慷慨：古乐中羽声悲壮慷慨。

⑦士皆：原作“索”，今据《史记》改。

⑧庸保：指受雇佣而充当酒保、杂工的人。庸，通“佣”；保，佣人。

⑨宋子：战国时赵邑，西汉置县，属巨鹿郡，故地在今河北赵县北。

⑩伎痒：身怀技艺而欲逞其能。伎，同“技”。

⑪丈人：古时对老人或前辈的敬称。

⑫畏：畏缩，害怕。约：贫穷俭约。

⑬亢礼：彼此以平等礼节相待。亢，同“抗”。

⑭赦：原作“杀”，今据《史记》改。

⑮矐（huò）：使眼睛失明。

译文

谨按：《太史公记》上记载：燕国太子丹派荆轲到西边的秦国去刺杀秦王，和客人一起将他送到易水，设坛祭祀路神。高渐离击着筑，荆轲和着筑声唱歌，唱的是凄凉的变徵音调的曲子，送行的人都落下泪来，又唱悲壮慷慨的羽声调子，送行的人都怒目圆睁，怒发冲冠。荆轲到了秦国，事败身死，高渐离改变姓名替人做佣工，躲藏在宋子县。时间一久，觉得做工太苦，听到主人厅堂上有客人在击筑，不禁技痒，忍不住加以评论，说："有的地方击得好，有的地方击得不好。"仆从告诉主人说："那个佣工竟然懂得音乐，私下评论好坏。"那家主人演奏音乐，请高渐离上去击筑，在座的都称好，赐给他酒喝。高渐离想到自己这么长时间谨小慎微守着穷困的日子，没有出头之日，于是告退，拿出行装中匣里的筑和他的好衣服，恢复原来模样回到堂前。在座的人没有不感到惊讶的，走下堂来和他以平等的礼节相见，把他当作上宾。请他击筑唱歌，没有不流着眼泪离开的。宋子县的人轮流款待他，这事被秦始皇知道了。秦始皇召见他，有认识他的人，知道是高渐离。秦始皇看重他擅长击筑，特别赦免了他，只是弄瞎了他的眼睛。叫他击筑，没有不称好的。从此渐渐和秦始皇接近，高渐离便把铅放在筑中，等到进宫靠近秦始皇的时候，举起筑扑打秦始皇，没有击中，于是被杀。

缶

原文 谨按：《易》称："日昃之离，不鼓缶而歌[1]。"《诗》云："坎其击缶，宛丘之道[2]。"缶者，瓦器，所以盛浆，秦人鼓之以节歌。《太史公记》："赵惠文王与秦昭王会于渑池[3]，秦王饮酒酣，曰：'寡人窃闻赵王好音，请奏瑟。'赵王鼓瑟，秦御史前曰：'某日，秦王与赵王会饮，令赵王鼓瑟。'蔺相如前曰[4]：'窃闻秦王善为秦声，请奏缶以相乐。'秦王怒，不许。于是相如进曰：'五步之内，相如请得以颈血溅大王矣！'左右欲刃，相如张目叱之，皆靡。于是秦王不怿，为一击缶。相如顾召御史书曰：'秦王为赵王击缶也。'"

注释 ①见《周易·离卦》。日昃（zè）：太阳偏西。鼓缶而歌：古人认为日仄时霓虹在天是凶兆，应唱歌击缶以禳除之。

②见《诗经·陈风·宛丘》。坎：象声词。宛丘：四周高中央低的地方。

③渑池之会在赵惠文王二十年（前279），秦昭襄王二十八年。事载《史记·廉颇蔺相如列传》。渑池：古城名。一作黾池。在今河南渑池西。战国郑地，后入韩，又入秦。

④蔺相如：战国时赵国大臣。赵惠文王时，秦向赵强索“和氏璧”，他奉命带璧入秦，当廷力争，使完璧归赵。赵惠文王二十年（前279），随赵王到渑池与秦王相会，使赵王没有受屈辱，因功封为上卿。

译文 谨按：《周易》上讲：“黄昏时霓虹出现在天空，这是凶兆，人们竟然不击缶唱歌禳除它。”《诗经》上说：“击缶坎坎，在宛丘道旁。”缶，本是瓦器，用这个东西来盛酒浆，秦国人击打它和着节拍唱歌。《太史公记》上记载：“赵惠文王与秦昭王在渑池相会，秦王喝酒喝得畅快，说：‘寡人私下听说赵王喜好音乐，请弹瑟。’赵王弹了瑟，秦国史官上前记下：‘某日，秦王和赵王一起饮酒，命令赵王弹瑟。’蔺相如走上前去说：‘私下听说秦王擅长秦国音乐，请击缶以示同乐。’秦王发怒，不答应。于是蔺相如靠近秦王说：‘在这不到五步的地方，请让我的颈血溅到大王身上！’侍卫秦王左右的人要杀相如，相如瞪眼怒斥他们，惊得他们都退了下去。于是秦王不悦地敲了一下缶。相如回头召请赵国的史官说：‘秦王为赵王击了缶。’”

笛

原文 谨按:《乐记》:“武帝时丘仲之所作也[①]。笛者，涤也，所以荡涤邪秽，纳之于雅正也。”长一尺四寸[②]，七孔，其后又有羌笛。马融《笛赋》曰[③]:“近世双笛从羌起，羌人伐竹未及已。龙鸣水中不见已，截竹吹之音相似。剡其上孔通洞之[④]，材以当柎便易持[⑤]。京君明贤识音律[⑥]，故本四孔加以一[⑦]。君明所加孔后出，是谓商声五音毕。”

注释 ①《宋书·乐志》:“笛，案马融《长笛赋》，此器起近世，出于羌中，京房备其五音。又称丘仲工其事，不言仲所造。《风俗通》则曰丘仲造笛，武帝时人，其后更有羌笛尔。三说不同，未详孰实。”

②一:原作“二”，卢文弨《群书拾补》云:“《初学记》《书钞》皆作‘一’,《类聚》无。”据改。

③马融：字季长，扶风茂陵（今陕西兴平东北）人。东汉著名经学家、文学家。历任郎中、议郎、武都太守等职。著述颇丰，后人辑有《马季长集》。《笛赋》指其《长笛赋》，是一篇关于音乐的赋文，描写笛子的制作过程和笛音的优美，是

其赋文中较著名的一篇。

④剡（yǎn）其上孔：即在其上削孔。剡，削。

⑤檛（zhuā）：马鞭。

⑥京君明：京房，字君明，汉武帝时著名学者，对《易经》很有研究，且懂音律。

⑦此句谓笛原四孔，京房为合五声，又增一孔于下，为商声。

译文

谨按:《礼记·乐记》上讲:“笛这种乐器是汉武帝时有个叫丘仲的人制作的。笛的意思是洗涤，用它可以荡涤邪恶与污秽，使音乐归于高雅纯正。”笛子长一尺四寸，七个孔穴，后来又有羌笛。马融在《长笛赋》中描写道:“近代的双笛是从羌人那里制作出来的，当时羌人正在砍伐竹子，还没有结束，而龙吟水中不见龙，因此羌人截竹管吹奏模仿龙吟。在竹管上削出孔穴与竹管相通，形若马鞭便于携持。京君明精通音律，所以在原来四孔的基础上加上一孔。京君明补加一孔的笛子后出，这就是商声，五音就完备了。”

批把[1]

原文 谨按：此近世乐家所作，不知谁也。以手批把，因以为名[2]。长三尺五寸，法天地人与五行，四弦象四时。

注释 ①批把：《类聚》卷四四、《御览》卷五八三、《书钞》卷一一〇、《初学记》卷一六等均引作“琵琶”。今作琵琶。

②《初学记》卷一六引《释名》云：“琵琶，本胡中马上所鼓也。推手前曰琵，引手却曰琶，因以为名。”

译文 谨按：琵琶这种乐器是近代乐家制作的，但不知制作的人是谁。用手指前后推拨，根据这取的名称。长三尺五寸，效法天地人和五行，四根弦象征四季。

竽

原文 谨按:《礼记》[1]:“管[2],三十六簧也[3],长四尺二寸。”今二十三管。

注释 ①此处所引当为《乐记》篇佚文。

②管:竽管。

③簧:乐器中用以发声的薄片。古代以竹箬或铜片充当。

译文 谨按:《礼记》上讲:“竽管有三十六根簧片,长四尺二寸。”当今的竽有二十三根簧片。

簧

原文 谨按:《世本》:“女娲作簧。”簧,笙中簧也。《诗》云:“吹笙鼓簧,承筐是将[1]。”

注释 ①见《诗经·小雅·鹿鸣》。筐：盛着币帛的筐。将：送。

译文 谨按：《世本》上讲："女娲制作了簧。"簧，指笙中的簧片。《诗经》上说："为他吹笙又鼓簧，赠客币帛盛满筐。"

籥

原文 谨按：《周礼》："籥师氏掌教国子吹籥①。"《诗》云："以籥不僭②。"籥，乐之器，竹管，三孔，所以和众声也。

注释 ①见《周礼·春官·籥师》。籥（yuè）：古管乐器，分吹籥和舞籥两种。此指吹籥。形状像笛，短管，三孔或六孔。

②见《诗经·小雅·鼓钟》。

译文 谨按：《周礼》上记载："籥师氏掌管教习公卿大夫的子弟吹籥。"《诗经》上说："用籥合乐不僭越。"籥，是由竹管做成的乐器，有三孔，用它来协调各种音乐。

篪[1]

原文 谨按:《世本》:“苏成公作篪[2]。”管乐，十孔，长尺一寸[3]。《诗》云:“伯氏吹埙，仲氏吹篪[4]。”

注释 ①篪（chí）：古代的一种横吹竹管乐器，久已失传，其制不详。

②《御览》卷五八〇引《世本》云:“苏成公造篪。吹孔有嘴如酸枣。苏成公，平王时诸侯也。”又引《古史考》云:“古有篪尚矣，苏成公善篪，而记者因以为作，谬也。”二说不同。

③关于篪的记载说法不一。《尔雅·释乐》:“大篪谓之沂。”郭璞注:“篪以竹为之，长尺四寸，围三寸，一孔上出，一寸三分，名翘，横吹之。小者尺二寸。《广雅》云八孔。”《周礼》郑玄注:“篪，如管，六孔。”孙诒让《周礼正义》:“诸书并云篪七孔，不云八孔。徐氏本《诗·小雅·何人斯》孔疏说，

谓不数其上出者，故七孔。此说甚当。”“《通典·乐》引《月令章句》云：‘篪，六孔，有距，横吹之。’案：‘距’当即所谓翘觜，盖皆指其上出之吹孔而言。但云‘六孔’，未详其说。聂氏《三礼图》引《旧图》云：‘雅篪长尺四寸，围三寸，翘长一寸三分，围自称，九孔。颂篪尺二寸。’此又作‘九孔’。然则孔有多少，或雅篪、颂篪之异与?”此云篪有十孔，它书未见。

④见《诗经·小雅·何人斯》。

译文 谨按：《世本》上讲：“苏成公制作篪。”它是一种竹管乐器，有十个孔，长一尺一寸。《诗经》上说：“哥哥吹的乐器是埙，弟弟吹的乐器是篪。”

箫

原文 谨按：《尚书》：“舜作，《箫韶》九成，凤凰来仪[①]。”其形参差，像凤之翼，十管，长一尺[②]。

注释 ①《尚书·益稷》孔颖达疏:“郑云:‘成，犹终也。每曲一终，必变更奏。’故经言九成，传言九奏,《周礼》谓之九变，其实一也。”《箫韶》:虞舜时的乐章。九成:谓演奏乐曲，变更九次才算结束。凤凰来仪:凤凰来舞，仪表非凡。仪，容仪。

②一尺:《诗经·周颂·有瞽》孔颖达疏、《御览》卷五八一、《事物纪原》卷二、《记纂渊海》卷七八、《玉海》卷一一〇、《天中记》卷四俱引作“尺二寸”,《书钞》卷一一一引作“二尺”,《类聚》卷四四、《广博物志》卷三五引作“三尺”。按:箫的管数、长度，历代皆有差异，且大小亦有别。

译文 谨按:《尚书》上讲:“舜帝制作了箫这种竹管乐器，《箫韶》之曲连续演奏了九章，凤凰也随乐声翩翩起舞。”箫是由一组长短不等的细竹管编排而成，像凤的翅膀，共有十根竹管，长一尺。

籁

原文 谨按:《礼·乐记》:“三孔籥也。大者谓之产，其中谓之仲，小者谓之箹[①]。”

注释 ①《尔雅·释乐》说同。《广韵》：“产，生也。又大籥，似笛三孔而短。”又，《御览》卷五八〇引舍人云：“仲，其声适中，仲吕也；小者，形声细小曰箹也。”箹：音yuē。

译文 谨按：《礼记·乐记》上讲：“籁这种乐器形状像三个孔的籥。大的称之为产，一般大小的称之为仲，小的称之为箹。”

箛[①]

原文 谨按：《汉书旧注》：“箛，吹鞭也[②]。箛者，忾也，言其节忾威仪[③]。”

注释 ①箛（gū）：古乐器名。一说即笳。

②《说文解字·竹部》：“箛，吹鞭也。”《宋书·乐志》云：“笳，杜挚《笳赋》云：‘李伯阳入西戎所造。’《汉旧注》曰：

‘箛，号曰吹鞭。’晋《先蚕仪注》：‘车驾住，吹小箛，发，吹大箛。’箛即笳也。”

③怃（wǔ）：思。威仪：庄重的仪容举止。

译文 谨按：《汉书旧注》上说：“箛，又称为吹鞭。所谓箛，也就是‘怃’，说的是它的音节令人想起庄严的仪容举止。”

簌①

原文 谨按：《汉书注》：“簌，筩也。言其声音萩萩，名自定也。”

注释 ①簌（qiū）：吹筒。古代用于警戒或督役的哨子。

译文 谨按：《汉书注》上说：“簌，也就是吹筒。是说吹出来的声音簌簌作响，所以起名为‘簌’。”

穷通第七

题解 穷通，意思是困厄与显达。本篇除“虞卿”条外，均讲述历史上先否后泰的故事，阐述人情世故和为人处世之道，说明“圣人不失其德，故废而复兴”的道理，对穷且益坚的仁人君子表示了极大的钦佩，对朝秦暮楚的势利小人表示了极大的鄙视。按语附于篇末，综合品评上述人物，认为“韩信宠秩，出跨下之人，斯难能也。安国不念旧恶，合礼中平。李广因威归忿，非义之理。宣尼暨陈，皆降而复升，兼济天下”。

原文 《易》称“悬象著明，莫大乎日月[①]”，然时有昏晦。《诗》美“滔滔江汉，南北之纪[②]”，然时有壅滞。《论语》“固天纵之”，莫盛于圣[③]，然时有困否[④]。日月不失其体，故蔽而复明；江汉不失其源，故穷而复通；圣人不失其德，故废而复兴。非唯圣人，俾尔亶厚[⑤]，夫有恒者，亦允臻矣[⑥]。是故君子厄穷而不闵[⑦]，劳辱而不苟[⑧]，乐天知命，无怨尤焉。故录先否后喜曰《穷通》也。

注释 ①见《周易·系辞上》。

②见《诗经·小雅·四月》。

③《论语·子罕》：“太宰问于子贡曰：‘夫子圣者与？何其多能也？’子贡曰：‘固天纵之将圣，又多能也。’”

④困否（pǐ）：艰难窘迫。

⑤俾：使。亶：忠厚，淳厚。

⑥有恒：谓坚持一定的操守、品行。允：信。臻：至。

⑦闵：忧愁。

⑧苟：苟且，不循礼法。

译文 《周易》上讲“悬在空中最耀眼的物象，莫过于日月了”，然而它们也有昏暗不明的时候。《诗经》上赞美“滔滔不绝的长江、汉水，它们是南国诸水的纲纪”，然而它们有时也会壅塞不通。《论语》上说“本是上天让孔夫子成为圣人”，没有谁比圣人更伟大，然而有时孔夫子也会陷入艰难窘迫的境地。日月不失其形体，所以被遮掩了还会再亮；长江、汉水不失其源流，所以壅塞了还会浚通；圣人不失其品德，所以被埋没了还会被起用。不但只有圣人德行越积越厚，那些坚持一定操守和品行的人也会受到信任。因此君子即使处于困厄贫穷之中也不忧愁，蒙受羞辱也不苟且行事，乐天知命，不怨天尤人。所以记下那些否极泰来的事例称之为《穷通》。

孔子

原文 孔子困于陈、蔡之间①，七日不尝粒，藜羹不糁②，而犹弦琴于室。颜回释菜于户外③，子路、子贡相与言曰："夫子逐于鲁④，削迹于卫⑤，拔树于宋⑥，今复见厄于此。杀夫子者无罪，籍夫子者不禁⑦，夫子弦歌鼓儛⑧，未尝绝音。盖君子之无耻也若此乎⑨？"颜渊无以对，以告孔子。孔子恬然推琴，喟然而叹曰："由与赐小人也⑩，召，吾语之。"子路与子贡入，子路曰："如此可谓穷矣。"夫子曰："由，是何言也！君子通于道之谓通，穷于道之谓穷。今丘抱仁义之道，以遭乱世之患，其何穷之为？故内省而不疚于道，临难而不失其德。大寒既至，霜雪既降，吾是以知松柏之茂也⑪。昔者桓公得之莒⑫，晋文公得之曹⑬，越得之会稽⑭，陈、蔡之厄，于丘其幸乎⑮！"自卫反鲁，删《诗》《书》⑯，定《礼》《乐》，制《春秋》之义，著素王之法⑰，复相定公，会于夹谷⑱，昭旧以正其礼，抗辞以拒其侮，齐人谢过，来归郓、讙、龟阴之田焉⑲。

注释

①孔子困于陈、蔡之间：事见《史记·孔子世家》："闻孔子在陈、蔡之间，楚使人聘孔子。孔子将往拜礼。陈、蔡大夫谋曰：'孔子贤者，所刺讥皆中诸侯之疾。今者久留陈、蔡之间，诸大夫所设行皆非仲尼之意。今楚，大国也，来聘孔子。孔子用于楚，则陈、蔡用事大夫危矣。'于是乃相与发徒役围孔子于野。不得行，绝粮。从者病，莫能兴。孔子讲诵弦歌不衰。子路愠见曰：'君子亦有穷乎？'孔子曰：'君子固穷，小人穷斯滥矣。'"陈，古国名，妫姓。开国君主胡公（名满），相传是舜的后代，周武王灭商后所封。建都宛丘（今河南淮阳）。公元前478年为楚所灭。蔡，古国名。开国君主是周武王弟叔度，因随武庚反叛，被周公放逐。后改封其子蔡仲（名胡）于此。建都上蔡（今河南上蔡西南）。春秋时常受楚的逼迫，多次迁移。公元前447年为楚所灭。

②藜：一种野生植物。其嫩叶可食。糁（sǎn）：饭粒。

③释：通"择"。《庄子·让王》《吕氏春秋·慎人》作"择"。

④孔子于鲁定公十二年（或认为鲁定公十四年）被逐于鲁。其事详《论语·微子》《孟子·告子》《史记·孔子世家》。

⑤削迹于卫：不被卫国任用。削迹，削除车迹，谓不被任用。

⑥拔树于宋：指宋司马桓魋欲加害孔子事。《史记·孔子世家》："孔子去曹适宋，与弟子习礼大树下。宋司马桓魋欲杀孔子，拔其树。孔子去。弟子曰：'可以速矣。'孔子曰：'天

生德于予，桓魋其如予何!’”

⑦籍：羞辱，欺凌。

⑧儛：同“舞”。

⑨此句《吕氏春秋·慎人》作“盖君子之无所丑也若此乎”。丑，犹“耻”。

⑩由：即子路，仲由字子路。赐：即子贡，端木赐字子贡。

⑪《论语·子罕》:“岁寒，然后知松柏之后凋也。”义与此同。

⑫桓公得之莒（jǔ）：指齐桓公霸心起萌于莒。莒，古邑名。在今山东莒县一带。周为莒国，公元前431年为楚所灭，后属齐。齐襄公初立时，其弟公子小白（齐桓公之名）出奔莒。后襄公被杀，小白从莒回国取得政权，任用管仲进行改革，国力富强，成为一时的盟主。

⑬晋文公得之曹：指晋文公称霸的想法产生在困于曹之时。晋文公，春秋时晋国君。献公子，名重耳。初因献公立幼子为嗣，流亡在外。先过曹，曹共公闻其骈胁，重耳浴时，近前观看，不以礼相待。后重耳由秦送回即位，卒成霸业。曹，古国名。姬姓。始封之君为周武王弟叔振铎，建都陶丘（今山东定陶西南）。公元前487年为宋所灭。

⑭越得之会稽：谓勾践的称霸之心产生于会稽之厄。吴王夫差大败越王勾践，勾践被困于会稽。后勾践卧薪尝胆，奋发图强，任用范蠡、文种等人整顿国政，十年生聚，十年教训，

终于转弱为强，灭亡吴国。后大会诸侯，成为霸主。会稽，山名，在浙江省中部绍兴、嵊县、诸暨、东阳县一带。春秋时越王勾践为吴所败，退居于此。

⑮孔子所云,《荀子·宥坐》载:“由，居，吾语女。昔晋公子重耳霸心生于曹，越王句践霸心生于会稽，齐桓公小白霸心生于莒。故居不隐者思不远，身不佚者志不广，女庸安知吾不得之桑落之下!”

⑯孔子删《诗》之说，最早见于《史记·孔子世家》。据考订，其说难以成立。孔子删《书》之说，源于孔安国《尚书序》,《史记·孔子世家》《汉书·艺文志》皆无删《书》之语，其说不可考。

⑰素王：有王者之德而无王者之位的人。杜预《春秋左氏传序》:“说者以为仲尼自卫反鲁，修《春秋》，立素王，丘明为素臣。”孔颖达《正义》曰:“麟是帝王之瑞，故有素王之说。言孔子自以身为素王，故作《春秋》，立素王之法，丘明自以身为素臣，故为素王作《左氏》之传。”

⑱夹谷：齐地，在今江苏赣榆西。一说即今山东莱芜南之夹谷峡。

⑲事见《左传·定公十年》及《史记·孔子世家》。谨:《史记》作“汶阳”。裴骃《集解》引服虔曰:“三田，汶阳田也。”司马贞《索隐》亦云:“三田皆在汶阳也。”汶阳，春秋鲁地。在

今山东泰安西南一带。因在汶水之北，故名。

译文 孔子被围困在陈、蔡之间，七天没有吃饭，喝着见不到米粒的藜菜羹汤，但还在室内弹琴。颜回在外面挖野菜，子路和子贡对他说："先生在鲁国被驱逐，在卫国不被任用，在宋国树下习礼时被人伐倒树，现今又在此遭受困厄。要杀先生的没有罪，凌辱先生的不受禁止，先生还弹琴唱歌，歌声从未中止过。难道君子竟像这样没有羞耻心吗？"颜回无话回答，把这些话转告孔子。孔子并不在意地推开琴，叹息着说："仲由和端木赐真是没出息的人，叫他们来，我有话跟他们讲。"子路和子贡进来了，子路说："像现在这种情况，可以说是困窘了。"孔子说："仲由，这是什么话！君子在道义上通达才叫作通达，在道义上困窘才叫作困窘。现今我固守仁义的原则，因而遭受乱世的祸患，怎么能叫困窘呢？所以反省自己，在道义上不感到内疚；面临灾祸，不丧失自己的品德。严寒到来，霜雪降临以后，我因此才知道松柏生命力的旺盛。从前齐桓公出奔莒国而萌发大会诸侯之意，晋文公出亡曹国而有了称王称霸之心，越王勾践因受会稽之辱而暗生复国雪耻之志，在陈、蔡遇到困厄，对我大概是幸运吧!”孔子从卫国返回鲁国，删订《诗》《书》，制定《礼》《乐》，创制《春秋》大义，确立素王的法则，又被定公任用，掌理典礼会盟的事务，鲁国与齐国在夹谷会盟，孔子揭示从前的典章制度来整肃其礼节，据理力争以免遭侮辱，齐国人表达歉意，将以前从鲁国侵夺来的郓、谨和龟阴的田归还鲁国。

孟轲

原文 孟轲受业于子思[①]，既通，游于诸侯，所言皆以为迂远而阔于事情，然终不屈道趣舍，枉尺以直寻。尝仕于齐，位至卿，后不能用。孟子去齐，尹士曰[②]:“不识王之不可以为汤、武，则是不明也；识其不可，然且至，则是干禄也[③]。千里而见王，不遇故去，三宿而后出画[④]，是何濡滞也[⑤]?”轲曰:“夫尹士乌知予哉！千里而见王，是予所欲也；不遇故去，岂予所欲哉！予不得已也。予三宿而出画，于予心犹以为速，王庶几改诸[⑥]。王如改之，则必反予。夫出画，而王不予追也，予然后浩然有归志[⑦]。”

鲁平公驾[⑧]，将见孟子，嬖人臧仓谓曰[⑨]：“何哉？君所谓轻身以先于匹夫者，以为贤乎？”乐正子曰[⑩]：“克告于君，君将为来见也。嬖人有臧仓者沮君[⑪]，君是以不果[⑫]。”曰：“行，或使之；止，或尼之[⑬]。行止，非人之所能也。吾不遇于鲁侯，天也，臧氏之子焉能使予不遇哉！”

又绝粮于邹、薛[⑭]，困殆甚，退与万章之徒序《诗》《书》、仲尼之意[⑮]，作书中外十一篇[⑯]，以为：“圣王不作，诸侯恣行，处士横议[⑰]，杨朱、墨翟之言盈于天下。天下之言，不归杨则归墨。杨氏为我，是无君也；墨氏兼爱，是无父也。无父无君，是禽兽也。杨、墨之道不息，孔子之道不著，是邪说诬民，充塞仁义也。仁义充塞，则率兽食人，人将相食也。吾为此惧，闲先王之道[⑱]，距杨、墨，放淫辞[⑲]，正人心，熄邪说，以承三圣者[⑳]。予岂好辩哉？予不得已也[㉑]。”梁惠王复聘请之[㉒]，以为上卿[㉓]。

注释

①子思：名伋，孔子之孙。后人辑有《子思子》一卷，凡九篇。《汉书·艺文志》：“孟子，子思弟子。”赵岐《孟子题辞》：“师

事孔子之孙子思。”然据推算，孟轲出生时子思已卒，故孟轲不可能受业于子思。《史记·孟子列传》：“孟轲，邹人也，受业子思之门人。”《孟子·离娄下》载孟子语：“予未得为孔子徒也，予私淑诸人也。”

②尹士：《孟子》赵岐注：“齐人也。”以下尹士与孟轲语见《孟子·公孙丑下》。

③干禄：追求官爵厚禄。干，追求，求取。

④画：繁体字为“畫”，通“澅”，因澅水而得名。齐邑，在今山东临淄西南。孟子自齐返邹，必经此邑。

⑤濡滞：迟缓。

⑥诸：《孟子》作“之”。

⑦浩然：水盛大貌。

⑧鲁平公：鲁景公之子，名叙，一说名旅。

⑨嬖（bì）人：受宠幸的人。

⑩乐正子：人名，名克。

⑪沮（jǔ）：终止，停止。

⑫果：凡事跟预期的相吻合叫“果”，否则叫“不果”。

⑬尼：阻止。

⑭邹：古国名。本作邾，亦称邾娄。在今山东邹城东南。薛：战国时齐邑，在今山东滕州东南。

⑮万章：姓万名章，孟子弟子，师徒间互相问难颇多，载

《孟子》。

⑯今本《孟子》凡七篇。赵岐《孟子题辞》:“孟子著书七篇……又有《外书》四篇:《性善辨》《文说》《孝经》《为正》。其文不能弘深，不与内篇相似，似非《孟子》本真，后世依放而托之者也。”《汉书·艺文志》亦云十一卷，即包括《外书》。

⑰处士：不官于朝而居家者，即有才德而隐居不仕的人。

⑱闲：捍卫。

⑲放：舍弃，废置。《尚书·周书·康诰》:“惟威惟虐，大放王命。”

⑳三圣：指夏禹、周公和孔子。《孟子·滕文公下》:“我亦欲正人心，息邪说，距诐行，放淫辞，以承三圣者，岂好辩哉？予不得已也。”朱熹集注:“三圣，禹、周公、孔子也。”

㉑以上孟子语见《孟子·滕文公下》。

㉒梁惠王：战国时魏国国君，名䓨。即位后从安邑（今山西夏县北）迁都大梁（今河南开封西北），故称梁惠王，亦称魏惠王。

㉓上卿：古代官名。春秋时，周朝及诸侯国都有卿，是高级长官，分为上、中、下三级，上卿为卿之首，地位相当于丞相。

译文 孟子是子思的门徒，融会贯通之后，周游于列国诸侯，他所讲的被认为迂曲高远不切实际，但始终不委曲求全，屈缩一尺而伸展八尺。他曾经在齐国做官，达到卿这一高位，后来不被重用。孟子离开齐国，尹士说："不知道齐王成不了商汤和周武王那样的圣君，这是孟子糊涂；如果知道他不行，却还要到齐国来，这便是追求高官厚禄。不远千里来见齐王，意见不合而去，歇了三夜才离开澅邑，为何这么缓慢呢？"孟轲说："这尹士怎会了解我呢！不远千里来见齐王，是我的心愿；意见不合而去，难道是我希望的吗？我是不得已呀。我待了三天才离开澅邑，内心还觉得太匆忙，我认为齐王也许会改变主意。齐王如果改变主意，一定会召回我。我离开澅邑，齐王并没有召我回去，我这才断然决定一去不返。"

鲁平公准备好了车马，要去会见孟子，他宠幸的近臣臧仓说："这为的是什么呢？您降低身份去拜访一个普通人，难道认为他有贤德吗？"乐正子说："我跟鲁平公说过，他本来准备会见你。有个叫臧仓的近臣劝阻他，因此他打消念头没有来。"孟子说："办一件事，或许有人会促使它；不办，或许有人会阻挠它。能不能办成事，不是只靠人力所能决定的。我不能跟鲁侯会晤，这是天意，这个姓臧的小子怎能让我见不到呢!”

孟子又曾经在邹、薛二地断炊，困窘极了，退下来跟弟子万章等人叙述《诗经》《尚书》，阐扬孔子的学说，著成《孟子》一书，其中内外篇共十一篇，认为：“圣明的君主不兴起，诸侯横行无忌，隐居不仕的人乱发议论，杨朱、墨翟的学说流行天下。天下的言论不是站在杨朱一边，就是站在墨翟一边。杨朱提倡一切为自己，就是无视君主；墨家学派鼓吹兼爱，就是无视父亲。目无父亲，目无君主，这就如同禽兽。杨朱、墨翟的学说不停息，孔子的学说就不能发扬，这些荒诞的谬论蒙骗了百姓，阻塞了仁义的道路。仁义之路被阻塞，那就无异于率领野兽吃人，人与人也将互相吃。我为此而担忧，捍卫先圣的学说，排斥杨朱、墨翟的学说，舍弃那些荒唐的言辞，匡正人心，止息邪说，以便继承夏禹、周公、孔子这三位圣人的事业。我难道喜欢辩论吗？我是不得已啊。”梁惠王又聘请他，把他任为上卿。

孙况

原文 孙况[1]，齐威、宣王之时，聚天下贤士于稷下[2]，尊宠之。若邹衍、田骈、淳于髡之属甚众[3]，号曰列大夫，皆世所称，咸作书刺世。是时，孙卿有秀才，年十五始来游学[4]。诸子之事，皆以为非先王之法也。孙卿善为《诗》《礼》《易》《春秋》，至襄王时，而孙卿最为老师[5]，齐尚修列大夫之缺[6]，而孙卿三为祭酒焉[7]。齐人或谗孙卿，乃适楚，楚相春申君以为兰陵令[8]。人或谓春申君："汤以七十里，文王以百里[9]。孙卿，贤者也，今与之百里地，楚其危乎!"春申君谢之。孙卿去之，游赵，应聘于秦。

是时，七国交争，尚于权诈，而孙卿守礼义，贵术籍[10]，虽见穷摈，而犹不黜其志。作书数十篇[11]，疾浊世之政，国乱君危相属，不遵大道而营乎巫祝，信禨祥[12]。苏秦、张仪以邪道说诸侯，以大贵显。随而笑之曰："夫不以其道进者，必不以其道亡。"又小五伯，以为仲尼之门羞称其功[13]。

后客或谓春申君曰："伊尹去夏入殷，殷王而夏衰；管仲去鲁入齐，鲁弱而齐强。故贤者所在，君尊国安，今孙况天下贤人，所去之国，其不安乎？”春申君使请孙况，况遗春申君书，刺楚国，因为歌赋以遗春申君⑭，春申君恨，复固谢孙卿，因不得已，乃行，复为兰陵令焉。

注释

①孙况：即荀子。战国时思想家。名况，时人尊而号为“卿”。汉人避宣帝刘询讳，称为孙卿。赵国人。游学于齐，后在稷下学宫三为祭酒。曾入秦见秦昭王和相国范雎，入赵和临武君及赵孝成王议论兵法，继赴楚国，由春申君用为兰陵令，韩非、李斯都是他的学生。著作有《荀子》。

②稷下：古地名。战国时各学派荟萃的中心，在齐国都城临淄稷门附近。齐宣王继其祖桓公、父威王曾在这里扩置学宫，招揽文学游说之士数千人，任其讲学议论。有淳于髡、邹衍、田骈、接子、慎到、宋钘、尹文、环渊、田巴、鲁仲连和荀况等著名人物。学宫的设置，对百家争鸣、学术繁荣起了很大作用。

③邹衍：战国末期齐国人，阴阳家代表人物，号“谈天衍”。曾游历魏、燕、赵等国，受到诸侯礼遇。《汉书·艺文志》阴阳家载《邹子》四十九篇、《邹子终始》五十六篇。田骈：战国末期齐国人，号“天口骈”。著有《田子》二十五篇。淳于髡：战国末期齐国人。以博学著称。齐威王在稷下招揽学者，

被任为大夫。后到魏国，魏惠王拟任为卿相，他辞去。

④十五:《史记》作“五十”。《颜氏家训·勉学》亦云:“荀卿五十，始来游学，犹为硕儒。”卢文弨《群书拾补》云:“以所当之世考之，似年十五是。”

⑤最为：最被称为。老师：年老辈尊的传授学术的人。

⑥修：原作“循”，今据《史记·孟子荀卿列传》改。整治，补充。

⑦三为祭酒：指荀况三度担任列大夫的头领。祭酒，古代飨宴时酹酒祭神的长者。后亦以泛称年长或位尊者。《史记·孟子荀卿列传》司马贞《索隐》:“礼食必祭先，饮酒亦然，必以席中之尊者一人当祭耳，后因以为官名，故吴王濞为刘氏祭酒是也。而卿三为祭酒者，谓荀卿出入前后三度处列大夫康庄之位，而皆为其所尊，故云‘三为祭酒’也。”

⑧春申君：即黄歇，战国时楚国贵族。顷襄王时任左徒，考烈王即位，任为令尹，封给淮北地十二县。考烈王十五年（前248）改封于吴（今江苏苏州），号春申君。门下有食客三千。曾派兵救赵攻秦，后又灭鲁。考烈王死后，在内讧中被杀。兰陵：古县名，战国楚置，治所在今山东省兰陵县兰陵镇。

⑨此二句谓商汤只用方圆七十里，周文王只用方圆百里的土地就使人心归服。《孟子·公孙丑上》:“以德行仁者王，王不

待大。汤以七十里，文王以百里。”

⑩贵术籍：重视与儒术有关的书。

⑪《汉书·艺文志》：“《孙卿子》三十三篇。”

⑫禨（jī）：向鬼神求福。祥：吉凶的预兆。

⑬《荀子·仲尼篇》：“仲尼之门，五尺之竖子，言羞称乎五伯。”荀卿崇尚王道，故贬斥五霸。

⑭《荀子·赋篇》载此赋云：“琁玉瑶珠，不知佩也。杂布与锦，不知异也。闾娵、子奢，莫之媒也。嫫母、力父，是之喜也。以盲为明，以聋为聪，以危为安，以吉为凶。呜呼上天，曷维其同！”

译文

孙况，齐威王、宣王时期，聚集天下贤士于稷门，尊宠这些人。像邹衍、田骈、淳于髡这类人很多，称为列大夫，都被世人所称道，这些人都著书立说讥评世事。这时的孙卿有才华，十五岁就来齐国游学。他认为诸子百家之说都没有遵循先王的法则。孙卿精通《诗》《礼》《易》《春秋》，到齐襄王时，孙卿最算得上是智德兼隆的老师，齐国这时还在补充列大夫的缺位，孙卿前后曾三度担任列大夫的领袖。齐国有人谗毁孙卿，孙卿于是转往楚国，楚相春申君任他为兰陵县令。有人对春申君说：“商汤用方圆七十里，周文王用方圆百里的土地就使人心归服。孙卿，是贤明之士，现今给他方圆百里之地，楚国很危险呀！”春申君于是谢绝孙卿的帮助。孙卿离开楚国，游历赵国，后在秦国受到聘用。

这时七国争雄，崇尚权谋诈术，而孙卿坚守礼义，重视儒家典籍，虽然处境穷困，但还是不改变他的志向。著书数十篇，痛恨乱世污浊的政治，国乱君危之事接连不断，他们不循正道而热衷于巫祝，信奉求神赐福免灾。苏秦、张仪用歪门邪道游说诸侯，借此颇为富贵尊显。孙卿随即耻笑他们说：“不用这些人的邪说作为进身之阶，肯定不会因这些邪说招致身死。”又贬斥五霸，认为仲尼的门徒耻于谈论五霸的功业。

后来有门客对春申君说：“伊尹离开夏进入殷，殷称王天下而夏衰亡；管仲离开鲁国到齐国，鲁国衰弱而齐国强大。所以贤者所在的地方，君主被人尊崇国家安定，现今孙况是天下贤明之士，他离开的国家，会不会不安定呢?”春申君派人请孙况，孙况将信带给春申君，讥刺楚国，还就此作歌赋送给春申君，春申君感到悔恨，又坚持向孙卿道歉，孙卿于是不得已，动身到楚国去，又担任兰陵县令。

虞卿

原文 虞卿[①]，游说之士也。一见赵孝成王，赐黄金百镒[②]，白璧一双。再见拜为上卿，故号为虞卿。其后，范雎之仇魏齐亡过平原君[③]，于是秦昭王请平原君，愿为布衣之交，与饮数日，请曰："周文王得吕尚而以为太公[④]，齐桓公得管夷吾而以为仲父[⑤]，今范君亦寡人之叔父也。范君之仇，在君之家，愿使人取其头。不然，吾不出君于关[⑥]。"平原君曰："贵而交者，为贱也；富而友者，为贫也。夫魏齐者，胜之交也，在固不出，况今又不在臣所乎？"昭王乃遗赵王书曰："范君之仇魏齐在平原君家，王使人疾持其头来。不然，吾举兵而伐赵，又不出王之弟于关。"赵孝成王乃发卒围平原君家，急，魏齐夜亡，出见赵相虞卿。虞卿度赵王终不可说，乃解其印，与魏齐间行[⑦]，念诸侯莫可以赴急者，乃复走大梁，欲因信陵以至楚。而信陵君闻之，畏秦，犹与未肯见，曰："虞卿何如人哉？"时侯嬴在傍[⑧]，曰："人固未易知，知人亦未易也。夫虞卿一见赵王，赐白璧一双，黄金百斤，再见拜为上卿，三见卒受相印，封万户侯。当是之时，天下争知之。夫魏齐穷困，过虞卿，虞卿不敢重爵禄之尊，解相印，捐万户侯而间行，以急士穷而归公子，公子曰‘何如人’，知人固未易也。”信陵君大惭，驾如野迎之。魏齐闻信陵君之初重见之[9]，大怒而自刎。赵王闻之，卒取其头与秦，秦乃遣平原君。虞卿遂留于魏。魏、赵畏秦，莫复用，困而不得意，乃著书八篇，号《虞氏春秋》焉[10]。

注释

①虞卿：战国时人，虞氏，名失传，因进说赵孝成王被任为上卿，称为虞卿。主张以赵为主，合纵抗秦。长平之战前，建议联合楚、魏，迫使秦讲和。后又反对割地给秦。著有《虞氏春秋》十五篇，今佚。

②镒（yì）：古代的重量单位，合二十两（一说二十四两）。

③范雎：战国时魏国人。因事为须贾所诬，被魏相魏齐使人笞击折胁，后化名张禄进入秦国。秦昭王四十一年（前266）任秦相，封于应（今河南宝丰西南），称应侯。主张远交近攻，歼灭敌国主力。后谢病归相印。

④吕尚：周代齐国的始祖。姜姓，吕氏，名望，一说字子牙，西周初年官太师（武官名），也称师尚父。辅佐武王灭商有功，封于齐。有太公之称，俗称姜太公。

⑤仲父：叔父。此为尊礼之称。

⑥关：指函谷关（今河南灵宝东北）。战国秦置，号称天险。

⑦间行：潜行，微行。

⑧侯嬴：战国时魏国人。年七十岁，任大梁（今河南开封）夷门的守门小吏。后被信陵君迎为上客。魏安釐王二十年（前257），安釐王派将军晋鄙救赵，屯兵不敢前进。他献计信陵君，设法窃得兵符，并推荐勇士朱亥击杀晋鄙，夺取兵权，因而胜秦救赵。

⑨重:《史记》作“难”，义同。

⑩《汉书·艺文志》:“《虞氏春秋》十五篇。”《史记·平原君虞卿列传》云：虞卿“不得意，乃著书，上采《春秋》，下观近世，曰《节义》《称号》《揣摩》《政谋》，凡八篇，以刺讥国家得失，世传之曰《虞氏春秋》”。

译文

虞卿，是位擅长游说的才士。第一次谒见赵孝成王，被赐给黄金百镒，白璧一双。第二次谒见，就被任为上卿，所以称为虞卿。这之后，范雎的仇人魏齐躲在平原君府邸，因此秦昭王请来平原君，表示愿意结为朋友，和他畅饮了几天，请求他说：“周文王得到吕尚就称他为太公，齐桓公得到管仲就称他为仲父，现在范君也是我的叔父。范君的仇人，在公子的家里，希望公子派人回去把他的头拿来。不然，我不放公子出关。”平原君说：“一个人贵显的时候结交朋友，是为了将来地位低贱的时候有个依靠；人富裕的时候结交朋友，是为了将来贫寒的时候有个地方投奔。那魏齐是我的朋友，就算他在我家里，我也绝不把他交出来，何况他现在不在我家呢？”昭王就写了一封信给赵王说：“范君的仇人魏齐在平原君家里，你赶紧派人拿他的头来。不然，我便发兵攻打赵国，并且不放你的弟弟平原君出关。”赵孝成王于是派兵包围了平原君的家，情况紧急，魏齐在夜里逃走，见到赵相虞卿。虞卿料定赵王一定不能说通，就解下相印，和魏齐一起偷偷逃走，考虑到诸侯中没有能抵挡秦国的，于是又逃到大梁，想依靠信陵君的力量逃到楚国去。然而信陵君听到这个消息，畏惧秦国，心中犹豫，不肯接见他们，问道：“虞卿是怎样一个人呢？”当时侯嬴在旁，说：“一个人固然不容易了解，真正要了解一个人也不容易啊。那虞卿第一次见赵王，赵王就赐白璧一双，黄金百斤；第二次见赵王，赵王封他为上卿；第三次见赵王，就接受了赵国的相印，被封为万户侯。在这个时候，天下的人争着见识他。魏齐穷困之时投奔虞卿，虞卿不顾爵禄的尊贵，解下相印，抛弃万户侯的尊位，和他一起偷偷逃走，为解救魏齐的窘迫而投靠公子，公子却问他是怎样一个人，真要了解一个人不容易啊！”信陵君感到很惭愧，驾车到郊外去迎接他们。魏齐听说信陵君起初不情愿接见他，一怒之下自刎而死。赵王听说这事，就拿了他的头献给秦国，秦昭王这才把平原君放回，虞卿于是留在魏国。魏、赵二国畏惧秦国，不敢再任用虞卿，虞卿穷困潦倒不得志，于是著书八篇，称为《虞氏春秋》。

孟尝君

原文 孟尝君逐于齐，见反，谭子迎于澅[1]，曰：“君怨于齐大夫乎？”孟尝君曰：“有。”谭子曰：“如意则杀之乎？夫富贵，则人争归之；贫贱，则人争去之。此物之必至，而理之固然也，愿君勿怨。请以市论，朝而盈焉，夕而虚焉，非朝爱之而夕憎之也，求在故往，亡故去[2]。”孟尝君曰：“谨受命。”于是削所怨者名而已。

注释 ①谭子：《战国策·齐策四》作“谭拾子”。齐国人。澅：邑名。

又作“晝”。参见“孟轲”条注④。

②亡：通“无”。

译文　孟尝君被齐国驱逐出境，又被请回，谭子到澅邑迎接他，问：“您怨恨齐国的大夫吗？”孟尝君说：“是的。”谭子说：“您想杀掉他们才满意吗？富贵了，人们就争着接近他；一旦贫贱，人们就唯恐避之不及。这是事物必然的趋向，情理上固然如此，望您不要怨恨。请让我以市场打比方，市场上早晨人满满的，晚上就空荡无人，这不是人们爱早市而恨晚市，而是想要买东西所以到集市去，要买的东西晚上没有，所以离开。”孟尝君说：“谨听从你所说的。”于是就把仇人的名字删削掉了。

韩信

原文　韩信常从南昌亭长食[①]，数月，亭长妻患之，乃晨早食。食时，信往，不为具食。信亦知意，遂绝去。钓城下，有一漂母见信饥[②]，饭之，竟漂数十日。信曰："吾必重报母。"母怒曰："大丈夫不能自食，吾哀王孙耳[③]，岂望报乎！"淮阴少年有侮信者[④]，曰："君虽姣丽，好带长剑，怯耳。能死，刺我；不能，则出我跨下[⑤]。"于是信熟视之，俛出跨下[⑥]，匍匐，一市人皆笑，以为信怯。后佐命大汉，功冠天下，封为楚王[⑦]。赐所食母千金，及亭长与百钱，曰："公，小人也，为德不竟。"召辱信之少年，以为中尉[⑧]，告诸侯将相曰："此人壮士也。方辱我时，岂不能杀之，杀之无名，故忍至于此也。"

注释

①南昌：淮阴下乡的一个亭。亭：古代设于道旁，供行人停留宿食的公共屋舍。秦汉时县道每十里设一所。亭吏称为亭长，或为亭父。

②漂（piǎo）：在水中冲洗丝绵。

③此句《史记·淮阴侯列传》《汉书·韩信传》俱作"吾哀王孙而进食"。司马贞《索隐》："刘德曰：'秦末多失国，言王孙、公子，尊之也。'"

④淮阴：故地在今江苏淮阴东南。

⑤跨：通"胯"。

⑥俛：同"俯"。

⑦汉高祖五年（前202）正月，徙齐王韩信为楚王，都下邳，同年废免。

⑧中尉：官名，职掌巡城捕盗，秩比二千石。

译文 韩信曾经到南昌亭长家吃饭，这样过了几个月，亭长的妻子讨厌他，于是大清早就把饭吃了。等到吃饭时，韩信赶去，不替他准备饭菜。韩信也知道亭长妻子的意图，于是与他们断绝关系不来往了。有次在城边垂钓，有一位漂洗丝絮的老妈妈见韩信饿肚子，给他饭吃，一连几十天都是这样，直到漂洗完毕。韩信说："我一定要加倍报答您。"老妈妈生气地说："大丈夫不能自食其力，我是可怜你才给你饭吃，难道是指望有什么报答吗？"淮阴有位少年侮辱韩信，说："你虽然相貌堂堂，喜欢佩戴长剑，其实胆小怕事。不怕死，用剑刺我；怕死不敢，就从我的胯下钻过去。"于是韩信盯着他看了好一会，低下身子钻出胯下，从地上爬过去，满街人都讥笑他，认为韩信怯懦。后来他辅佐汉室，功高盖世，被封为楚王。赐给当年给他饭吃的漂母千金，又给南昌亭长一百钱，说："你是个没出息的小人，做好事不能做到底。"召来曾侮辱他的那位少年，并让他担任中尉，告诉部属说："这是位壮士。当初他侮辱我时，难道我不能杀了他吗？杀他没有正当理由，所以就忍了下来，才能成就今天这样的功业。”

韩安国

原文 韩安国为梁中大夫①，坐法抵罪，蒙狱吏田甲辱安国②，安国曰：“死灰独不复燃乎？”田甲曰：“燃则溺之③。”居无几，梁内史缺④，孝景皇帝遣使者即拜安国为内史，起徒中为二千石。田甲亡，安国曰：“甲不就官，我灭乃宗。”甲肉袒谢，安国笑曰：“公等可与治乎？”卒善遇之。

注释 ①韩安国：西汉梁国成安（今河南临汝）人，字长孺。初为梁孝王中大夫，吴楚七国之乱时，领军击退吴兵。武帝时，任御史大夫，后为卫尉。匈奴进犯，他任材官将军，屯兵渔阳，兵败，徙屯右北平，不久病死。中大夫：汉官名，备顾问应对。

②蒙：西汉梁国属县，故地在今河南商丘东北。

③溺（niào）：小便。

④内史：官名。西汉初，诸侯王国置内史，掌民政。历代沿置，隋始废。

译文 韩安国担任梁国中大夫，犯法被判罪，蒙县的狱吏田甲羞辱安国。安国说："难道死灰不能复燃吗？"田甲说："要是再燃起来，我就撒泡尿浇熄它。"没过多久，梁国内史这一职位空缺，汉景帝派使者任命安国为梁内史，从刑徒中提拔他出来担任二千石的官。田甲逃走，安国说："你田甲不回来就任，我就灭了你的宗族。"田甲袒露臂膀，前来谢罪，安国笑着说："像你们这些人值得我惩办吗？"最终善待田甲。

李广

原文 李广去云中太守[①]，屏居蓝田南山中[②]，射猎。尝夜从一骑出饮田间，还，霸陵尉呵止广[③]。广骑曰："故李将军。”尉曰：“今将军尚不得夜行，何故也？”宿亭下。居无何，匈奴入辽西④，大为边害。于是孝武皇帝乃召广为右北平太守⑤，广请霸陵尉与俱，至军斩之，上书谢罪。上报曰：“将军者，国之爪牙也。《司马法》曰⑥：‘登车不式⑦，遭丧不服⑧。’振旅抚师，以征不服。率三军之心，同战士之力，故怒形则千里竦，威振则万物伏。是以名声暴于夷貊，威稜憺乎邻国⑨。夫报忿除害，捐残去杀⑩，朕之所图于将军也。若乃免冠徒跣⑪，稽颡请罪⑫，岂称朕之指哉！”

注释

①李广：西汉名将。陇西成纪（今甘肃秦安）人。善骑射。文帝时，为郎、武骑常侍。景帝、武帝时，历典上郡、陇西、北地、雁门、代郡、云中诸郡。元光元年（前134）为卫尉。后任右北平太守，匈奴数年不敢侵扰，称之为“飞将军”。元狩四年（前119）随大将军卫青攻匈奴，以失道被责，自杀。云中：郡名。治所在云中（今内蒙古托克托东北）。

②屏居：隐居。蓝田：秦置县，汉沿置，故地在今陕西蓝田西。

③霸陵：古县名，汉置，治所在今陕西西安东北。汉文帝卒后葬此。尉：县尉。秦汉县令、县长下置尉，掌一县治安。

④辽西：郡名。战国燕置。秦汉治所在阳乐（今辽宁锦州义

县西）。

⑤右北平：郡名。战国燕置。秦治所在无终（今天津市蓟州区），西汉移治平刚（今辽宁凌源西南）。右，原无，据《史记》《汉书》补。

⑥《司马法》：亦称《司马兵法》。《汉书·艺文志》载《司马法》共一百五十五篇。今本仅存五篇。据今人研究，它可能成书于战国中期齐威王时（公元前356～前320年间），非出自一人之手。它对战争的目的、用兵原则和某些作战方法作了重要论述，保留了许多研究古代军法制度的宝贵资料。

⑦此句《司马法》作“兵车不式”。谓在兵车上不行礼。式：扶着轼敬礼。

⑧《司马法》：“兵车不式，城上不趋。”无“遭丧不服”语。

⑨稜（léng）：威势。憺（dàn）：畏惧。

⑩捐残去杀：指感化残暴的人使其不再作恶，便可废除死刑；也指以德化民，太平至治。《论语·子路》：“善人为邦百年，亦可以胜残去杀矣。”捐残，免除残暴。去杀，不必用刑杀。

⑪免冠徒跣（xiǎn）：古时凡谢罪皆免冠，重则徒跣。徒跣，赤足而行。

⑫稽颡（sǎng）：叩头。颡，额。

译文 李广卸任云中太守一职，隐居在蓝田南山中，射箭打猎。曾经有一个晚上，他带了一个随从骑马去乡间喝酒，回来路上，霸陵县尉大声呵斥，禁止李广通行。李广的随从说：“这是前任李将军。”县尉说：“就是现任将军也不能违犯宵禁，何况是前任将军呢？”李广只好宿在驿亭里。过了不久，匈奴侵犯辽西，为边境大患。于是汉武帝召来李广，封他为右北平太守。李广请求派霸陵县尉和他一起去，到了军中就把他斩了，上书谢罪。皇上回复说：“将军，是国家的得力帮手。《司马法》上说：‘登上兵车就不必扶着轼敬礼，遭逢丧事也不必服丧。’振作军威安抚军队，来征伐不服从天子命令的敌人。与三军齐心，与战士协力，所以发怒则千里惊竦，军威振作则万物降伏。因此名声传播于夷貊之地，威势使邻国畏惧不安。报仇除害，感化残暴之人勿用刑杀，这是我对将军的期待。如果要免冠赤足叩头请罪，难道符合我的意旨吗？”

太尉沛国刘矩

原文 太尉沛国刘矩叔方①，为尚书令②，失大将军梁冀意③，迁常山相④，去官。冀妻兄孙礼为沛相⑤，矩不敢还乡里，访友人彭城环玉都⑥。玉都素敬重矩，欲得其意，喜于见归，为除处所，意气周密⑦。人有请玉都者:“祸至无日，何宜为其主乎?”玉都因事远出，家人不复占问⑧，暑则郁蒸，寒则凛冻，且饥且渴，如此一年。矩素直亮⑨，众谈同愁⑩。冀亦举寤，转薄为厚，上补从事中郎⑪，复为尚书令，五卿三公⑫，为国光镇⑬。玉都惭悔自绝。

注释 ①太尉：官名。秦至西汉设置，为全国军政首脑，与丞相、御史大夫并称三公。汉武帝时改称大司马。东汉时，太尉与司徒、司空，并称三公。刘矩：参见《十反》篇“太尉沛国刘矩”条注。

②尚书令：官名。始于秦，西汉沿置，本为少府的属官，掌章奏文书。汉武帝以后职权渐重。东汉政务皆归尚书，尚书令成为直接对君主负责并总揽一切政令的首脑。

③大：原无，据《后汉书·刘矩传》补。梁翼：参见《过誉》

篇“江夏太守河内赵仲让”条注。

④常山：郡、国名。秦置恒山郡，西汉避文帝讳改为常山郡。高后及景帝、武帝时曾为国，后又为郡。东汉初改为国，辖境略大。治所在元氏（今河北元氏西北）。

⑤礼:《后汉书·刘矩传》作“祉”。

⑥彭城：郡、国名。西汉地节元年（前69）改楚国为彭城郡，不久复为楚国。东汉章和二年（88）改为彭城国。治所在彭城（今江苏徐州）。环玉都：生平未详。

⑦意气：此指待人接物的态度。

⑧占：视。

⑨亮：同“谅”，诚信。

⑩众谈：当众坦言。同愁：与众人分忧。

⑪从事中郎：参见《过誉》篇“江夏太守河内赵仲让”条注。

⑫刘矩曾由尚书令迁宗正、太常，身居卿位；又于桓帝延熹四年（161）、灵帝建宁元年（168）两次为太尉，身居公位，故称他“五卿三公”。

⑬国光：本指国家的礼乐文物，后多指国家的威望和荣誉。镇：喻指倚重者，中坚人物。

译文 太尉沛国人刘矩字叔方，担任尚书令时，因违背了大将军梁冀的意志，被调任常山国相，后来被罢官。梁冀的妻兄孙礼任沛国相，刘矩不敢返回家乡，于是拜访友人彭城人环玉都。环玉都向来敬重刘矩，想满足他的心愿，见刘矩到来很高兴，替他安排了居住的地方，招待他很周到。有人对环玉都说："灾祸说不定什么时候到来，怎能给他当东道主呢？"后来环玉都因有事出远门，家里人不再关心刘矩，夏天闷热，冬天又寒冻，往往饥渴交加，就这样过了一年。刘矩历来正直诚信，大家谈起他的境遇都很担心。梁冀也有所醒悟，转变了刻薄的态度，变得宽厚起来，禀报朝廷，补官为从事中郎，后又恢复为尚书令，历任五卿三公之位，成为国家所倚重的大臣。环玉都惭愧悔恨，自己断绝和他的交往。

司徒中山祝恬

原文　司徒中山祝恬伯休[①]，公车征，道得温病[②]。过友人邺令谢著[③]，著拒不通，因载病去。至汲[④]，积六七日，止客舍中。诸生曰："今君所苦沈结，困无医师，闻汲令好事，欲往语之。”恬曰：“谢著，我旧友也，尚不相见视，汲令初不相知，语之何益。死生命也，医药曷为?”诸生事急，坐相守吉凶，莫见收举，便至寺门口白[5]。时令汝南应融义高，闻之惊愕，即严便出[6]，径诣床蓐，手拉摸[7]，对之垂涕，曰：“伯休不世英才，当为国家干辅[8]。人何有生相知者，默止客舍，不为人所知，邂逅不自贞哉[9]！家上有尊老，下有弱小，愿相随俱入解传[10]。”伯休辞让，融遂不听，归取衣车，厚其荐蓐[11]，躬自御之，手为丸药，口尝饘粥，身自分热[12]，三四日间，加甚劣极，便制衣棺器送终之具。后稍加损[13]，又谓伯休：“吉凶不讳，忧怖交心，间粗作备具[14]。”相对悲喜。宿止传中数十余日，伯休强健，入舍后，室家酣宴，乃别。伯休到拜侍中尚书仆射令、豫章太守、大将军从事中郎[15]。义高为庐江太守[16]。八年，遭母丧，停柩官舍，章百余上，得听行服，未阕[17]，而恬拜司隶[18]，荐融自代，历典五郡，名冠远近。著去郯，浅薄流闻，不为公府所取。

注释

①“伯休”前原有“字”字，依本书文例，名与字间皆不加“字”，故删。祝恬：字伯休。东汉卢奴（中山国治所，即今

河北定州）人。汉桓帝延熹二年（159），以光禄大夫除司徒，卒于官。

②温病：亦称热病。《素问·生气通天论》：“冬伤于寒，春必温病。”

③邺：古地名。汉时为魏郡治所，故地在今河北临漳西。谢著：生平未详。

④汲：东汉河内郡属县，故地在今河南卫辉西南。

⑤寺：官舍。本书佚文：“寺，司也，诸官府所止皆曰寺。”

⑥严：衣装。原本作“装”，亦可写作“庄”，汉避明帝刘庄讳，改“庄”为“严”。

⑦抆（wěn）：擦。

⑧干辅：主干与辅佐。亦喻担当重任的人。

⑨邂逅：意外，万一。《后汉书·杜根传》：“周旋民间，非绝迹之处，邂逅发露，祸及知亲，故不为也。”贞：卜问。此谓料想。

⑩解（xiè）传：即廨舍。解，同“廨”。

⑪荐：衬，垫。蓐：蓐席。

⑫分热：指用自己的身体温暖别人。

⑬加损：稍加减轻。损，减。

⑭间：私下。

⑮尚书仆射：职官名。少府属官有尚书令一人、尚书仆射一

人。尚书仆射秩六百石，署尚书事，尚书令不在则奏下众事。令：指尚书令。豫章：郡名，汉置，治所在南昌（今江西南昌）。

⑯庐江：郡名。汉置，治所在舒县（今安徽庐江西南）。

⑰未阕（què）：服丧期未满。

⑱司隶：即司隶校尉。参见《过誉》篇“江夏太守河内赵仲让”条注。

译文

司徒中山国人祝恬字伯休，受官府征召，在路上得了热病。经过朋友郧令谢著家，谢著拒绝出面接待，只好抱病离开。走到汲郡，病情已恶化了六七天，于是住在客店中。众弟子说：“现在您疾病缠身，日渐沉重，困在这里没有医生医治，听说汲县令急公好义，想到他那里说一说。”祝恬说：“谢著是我的老朋友，尚且不愿出来接待我，汲县令与我素不相识，跟他说有什么用。死和生为命中注定，求医问药能解决什么问题呢?”众弟子见祝恬病情十分危急，便坐在他床边守候着，眼看着吉凶难料，就来到官府大门口，向人说起祝恬的事。当时正在汝南做县令的应融（字义高）听说后十分惊愕，立即整装出门，径直到病床边看望，亲自用手抚摸，面对他掉泪，说：“您是世间少有的英才，应当成为国家担当重任的人。哪有生来就被人了解的，悄无声息地留在客店，不被他人知道，万一遇到什么不测之事呢？我的家里上有老人，下有稚小，希望您随我一起住到官舍里。”祝恬辞谢，应融不听，回家取来衣被车辆，把垫席被蓐铺得厚厚的，亲自驾着车带到官舍中，亲自侍候祝恬吃药，亲口尝粥的冷热，用身子温暖祝恬。过了三四天，病情更加恶化，应融便制作准备了寿衣棺木等送终的用具。后来祝恬的病情稍有减轻，应融又对祝恬说：“当你病危时，吉凶难测，忧惧交心，私下为你简单地准备了送终的物件。”说完互相看着，悲喜交加。祝恬在官舍里住了几十天，身体逐渐康复，两家聚在一起，欢宴饮酒，而后分别。祝恬到朝廷后，拜为侍中，官历尚书仆射、尚书令、豫章太守、大将军从事中郎。应融担任庐江太守。八年后，应融的母亲去世，棺柩停在官舍，他向朝廷上奏了一百多次，才被允许离职行服丧事。服丧期未满，祝恬被拜为司隶校尉，他推荐应融代理自己的职务。应融先后主管过五郡的政务，声名卓著。谢著离开郫县后，为人浅薄的名声流传开来，不被官府所任用。

司徒颍川韩演

原文 司徒颍川韩演伯南，为丹阳太守①，坐从兄季朝为南阳太守刺探尚书②，演法车征，以非身中赃釁③，道路听其从容④。至萧⑤，萧令吴斌，演同岁也。未至，谓其宾从："到萧乃一相劳。"而斌内之狴犴⑥，坚其镣楗⑦，躬将兵马，送之出境。从事汝南阎符迎之于杼秋⑧，相得，令止传舍，解其桎梏，入与相见，为致肴异⑨，曰："明府所在流称⑩，今以公征，往便原除⑪，不宜深以介意⑫。"意气过于所望，到亦遇赦。其间无几，演为沛相，斌去官。及临中台⑬，首辟符焉。

注释 ①丹阳：郡名。西汉元狩二年（前121）置。治所在宛陵（今安徽宣城）。

②刺探：探知机密并私自写下来。汉尚书执掌机密，故有禁止刺探尚书的律令。

③釁：同"衅"，罪。

④从容：举止。

⑤萧：县名。汉置，属沛国，故地在今安徽萧县西北。

⑥狴犴（bì àn）：监狱。原为传说中的龙子名。龙生九子，四为狴犴，形似虎，有威力。或因狴犴威猛，或因狴犴好讼，在牢狱门上绘其形状，因此作为牢狱的代称。

⑦镮：通“环”。楗：原作“挻”。孙诒让《札迻》疑当作“楗”，据改。《说文解字》：“楗，限门也。”即门的插销。

⑧从事：三公及州郡刺史、太守皆可自辟僚属，其称从事者有从事史、从事中郎、别驾从事、治中从事等。杼秋：沛国属县，与萧县接壤，在萧县西北，故地在今安徽省砀山县东。

⑨异：王利器案：“疑当作‘馔’，形近而误。”

⑩流称：犹传颂。流，传播、传布；称，显扬、名扬。

⑪原除：赦免，免除。

⑫“以”前原衍一“入”字，据《群书拾补》删。

⑬中台：司徒的别称。

译文

司徒颍川人韩演字伯南，担任丹阳太守时，受到担任南阳太守的堂兄韩昭（字季朝）犯了刺探尚书之罪的连累，被朝廷用车征召，因为不是他自己犯贪赃之罪，在路上行动自由。到了萧县，萧令吴斌，当初与韩演同年被辟举。还没到萧县时，韩演对他的宾客和随从说：“到萧县后，县令一定会慰问我。”然而吴斌却将他下狱，把牢门拴得死死的，之后亲自率领兵马，将韩演送出境。从事汝南人阎符在杼秋迎接他，两人彼此很投合，传令让韩演住在供来往行人住宿的传舍里，解开他的枷锁，进去和他见面，替他准备好的饭菜，说："您所治理的地方美誉流播，现在征召您，到了朝廷之后会赦免您，不要太在乎这件事。"接待的态度之好出乎韩演意料，他到朝廷后就被赦免。这之后不久，韩演担任沛相，吴斌被免官。等韩演担任司徒，首先就辟举了阎符。

太傅汝南陈蕃

原文 太傅汝南陈蕃仲举，去光禄勋[①]，还到临颍巨陵亭[②]，从者击亭卒数下，亭长闭门收其诸生人客，皆厌毒痛[③]。欲复收蕃，蕃曰："我故大臣，有罪，州郡尚当先请。今约敕儿客无素[④]，幸皆坐之，何谓乃欲相及[⑤]？"相守数时，会行亭掾至[⑥]，困乃得免。时令范伯弟亦即杀其亭长。

蕃本召陵[⑦]，父梁父令[⑧]，别仕平舆[⑨]，其祖河东太守，冢在召陵。岁时往祠，以先人所出，重难解亭[10]，止诸冢舍。时令刘子兴，亦本凡庸，不肯出候，股肱争之，尔乃会其冢上。蕃持板迎之[11]，长跪。令徐乃下车，即坐，不命去板，辞意又不谦恪[12]，蕃深忿之。令去，顾谓宾客："平舆老夫何欲召陵令哉[13]？不但为诣冢故耶[14]！而为小竖子所慢[15]。孔子曰：'假我数年乎[16]！'"其明年，桓帝赫然诛五侯邓氏[17]，海内望风草偃。子兴以赃疾见弹[18]，埋于当世矣。蕃起于家，为尚书仆射、太中大夫、太尉[19]。

注释

①陈蕃：参见《愆礼》篇"山阳太守汝南薛恭祖"条注。光禄勋：官名。秦称郎中令，汉武帝时改称光禄勋。东汉末年复称郎中令。掌领宿卫侍从之官。

②临颍：颍川郡属县，故地在今河南临颍东南。巨陵亭：古称大陵，在今河南临颍北。

③厌：饱受。

④约敕儿客无素：谓平时对门生宾客缺乏约束管教。约敕，约束诫饬。儿客，门生宾客。无素，不经常。

⑤谓：通"为"。

⑥行亭掾：郡县属官。执掌各乡亭事。

⑦召陵：汝南郡属县，故地在今河南漯河东。

⑧梁父：又作“梁甫”，泰山郡属县，故地在今山东泰安南。

⑨平舆：汝南郡治所，故地在今河南平舆北。

⑩重难：严重困难。解（xiè）亭：廨舍。

⑪板：笏。古代朝见时大臣所执的手板，以记事及指画用。

⑫谦恪：谦虚恭敬。

⑬欲：求。

⑭诣冢：原作“诸家”，不通，据《群书拾补》改。

⑮小竖子：骂人语。犹言小子。慢：怠慢，轻视。

⑯《论语·述而》：“子曰：‘加我数年，五十以学《易》，可以无大过矣。’”

⑰五侯邓氏：指南乡侯邓万世、南顿侯邓康、昆阳侯邓统、安阳侯邓会、淯阳侯邓秉。

⑱疾：王利器案：“疑是‘吏’字。”

⑲《后汉书·陈蕃传》载：“自蕃为光禄勋，与五官中郎将黄琬共典选举，不偏权富，而为势家郎所谮诉，坐免归。顷之，征为尚书仆射，转太中大夫。八年，代杨秉为太尉。”

译文 太傅汝南人陈蕃字仲举，卸任光禄勋之职，回到临颍县巨陵亭时，随从打了亭卒几下，亭长将陈蕃的门生宾客关押起来，这些人都饱受皮肉之苦。亭长又想收审陈蕃，陈蕃说：“我是前任大臣，即使有罪，州郡尚且得先请示朝廷。我平素对门生宾客缺乏约束管教，碰到他们犯事，为什么要牵连到我呢?”相持了几个时辰，恰好行亭掾来到这里，才摆脱困境。当时任临颍县令的范伯弟立即将这位亭长杀了。

陈蕃原是召陵人，父亲担任梁父县令，他本人在平舆做官，其祖上曾担任过河东太守，墓葬在召陵。每年都去祭祀，因为是在先人的出生地，不好住在官署，于是住到墓旁的小房子里。当时任召陵令的刘子兴不过是个平庸之辈，却不肯出来迎接，左右的人劝他，这才在墓旁会见陈蕃。陈蕃手持笏板迎了上去，直身而跪。召陵令慢腾腾地下车，随即就座，不让陈蕃收起笏板，言谈又不谦虚恭敬，陈蕃十分愤懑。召陵令离开后，陈蕃对宾客说:“我这个在平舆做官的老头子对召陵令有什么要求呢?不就是为祭祀祖坟的缘故啊!却被这个小人怠慢。孔子说:‘再给我几年的寿数吧!’”第二年，汉桓帝大发君威诛灭五侯邓氏，国内作奸犯科者望风披靡。刘子兴因为贪赃枉法被弹劾，声名湮没于当世。陈蕃在家乡被征召，担任尚书仆射、太中大夫、太尉等职。

原文 谨按:《尚书》曰:“人惟求旧[①]。”《诗》云:“虽有兄弟，不如友生[②]。”《论语》：“久要不忘平生之言[③]。”《周礼》九两：“友以任得民。”是以隋会图其身而不遗其友[④]，鲍叔度其德而固推管子[⑤]。厥后陵迟[⑥]，弥已凋翫[⑦]，《伐木》有鸟鸣之刺[⑧]，《谷风》有弃予之怨[⑨]。陈馀、张耳携手遁秦[⑩]，友犹父子，及据国争权，还为豺虎[⑪]。自汉所称，王、贡弹冠[⑫]，萧、朱结绶，博、育复隙其终[⑬]，始以交为难，况容悦偶合而能申固其好者哉！故长平之吏移于冠军[⑭]，魏其之客移于武安[⑮]，郑当、汲黯亦旋复然[⑯]。翟公疾之，乃书其门：“一死一生，乃知交情；一贵一贱，交情乃见[⑰]。”自古患焉，非直今也[⑱]。韩信宠秩，出跨下之人，斯难能也。安国不念旧恶，合礼中平。李广因威归忿，非义之理。宣尼暨陈[⑲]，皆降而复升，兼济天下。唯虞卿逼干强秦，独善其身，缵述篇籍[⑳]，垂训后昆[㉑]。昔子夏心战则臞[㉒]，道胜如肥[㉓]，何必高位丰爵以为融懿也[㉔]。

注释

①《尚书·盘庚》云：“迟任有言曰：‘人惟求旧，器非求旧，惟新。’”

②见《诗经·小雅·常棣》。

③见《论语·宪问》。要：通“约”，贫困。

④隋会：亦作士会、范会、士季、随季，即随武子、范武子，春秋时晋国大夫，字季。食邑在随（今山西介休东南），后更受范地（今山东梁山西北）。晋哀公死，与先蔑使秦，迎立公子雍，为赵盾所拒，因而奔秦。后仍归晋，任上军之将。后升为中军元帅，兼任太傅，修订法制，执掌国政。事详《左传·宣公十二年》。

⑤鲍叔牙与管仲友善，曾分别事齐桓公小白和公子纠，后公子纠被小白所杀，管仲被囚。鲍叔牙向小白推荐管仲，小白任管仲为大夫。事详《史记·管晏列传》《史记·齐太公世家》。

⑥陵迟：渐趋衰败。

⑦凋翫（wán）：衰败淡漠。凋，本义为草木凋谢，引申为人或事的衰败、受损。翫，同“玩”。相习既久而生懈怠。

⑧《诗经·小雅·伐木》：“伐木丁丁，鸟鸣嘤嘤。出自幽谷，迁于乔木。嘤其鸣矣，求其友声。相彼鸟矣，犹求友声；矧伊人矣，不求友生。”

⑨《诗经·小雅·谷风》：“习习谷风，维风及雨。将恐将惧，维予与女。将安将乐，女转弃予。”

⑩陈馀：秦末大梁（今河南开封）人。陈胜起义后，他与张耳跟随武臣占据赵地。武臣被杀后，他又与张耳立旧贵族赵歇为王。后与张耳绝交，并击走张耳，自为代王。后在韩信

破赵之战中兵败被杀。张耳：汉初诸侯王。大梁（今河南开封）人。战国末为魏国外黄（今河南民权西北）令。秦末与陈馀从武臣北定赵地。武臣为赵王，他任丞相。项羽分封诸侯王时被封为常山王。后投奔刘邦，又改立为赵王。

⑪《史记·张耳陈馀列传》："然张耳、陈馀始居约时，相然信以死，岂顾问哉？及据国争权，卒相灭亡，何乡者相慕用之诚，后相倍之戾也？岂非以势利交哉！"

⑫王：指王吉。西汉大臣，字子阳，琅玡（治今山东诸城）人。贡：指贡禹。西汉大臣，字少翁，琅玡人。历任谏议大夫、御史大夫、丞相。弹冠：弹去冠上的灰尘。比喻准备做官。《汉书·王吉传》云："吉与贡禹为友，世称'王阳在位，贡公弹冠'，言其取舍同也。"

⑬萧：指萧育，字次君，东海兰陵（今山东苍山西南）人，西汉著名大臣萧望之之子。《汉书》有传。朱：指朱博，字子元，杜陵（今陕西西安东南）人。《汉书》有传。结绶：谓授予官职。绶，用以拴系玉饰和印章的丝质带子。《汉书·萧望之传》云："少与陈咸、朱博为友，著闻当世。往者有王阳、贡公，故长安语曰'萧、朱结绶，王、贡弹冠'，言其相荐达也。始育与陈咸俱以公卿子显名，咸最先进，年十八为左曹，二十余为御史中丞。时朱博尚为杜陵亭长，为咸、育所攀援，入王氏。后遂并历刺史郡守相，及为九卿，而博先至将军上

卿，历位多于咸、育，遂至丞相。育与博后有隙，不能终，故世以交为难。”

⑭长平：指长平侯卫青。西汉名将。字仲卿，河东平阳（今山西临汾西南）人。汉武帝元朔二年（前127），青以击匈奴有功封为长平侯。冠军：指冠军侯霍去病。去病以击匈奴有功封为冠军侯。汉武帝元狩四年（前119）春，武帝命大将军卫青、骠骑将军霍去病各率五万骑击匈奴，去病从代郡出发，卫青从定襄出发。去病斩捕之功多于卫青，加封食邑五千八百户，下属官吏也得到赏赐。而卫青没有加封，下属将吏也没有封侯者。武帝遂令去病秩禄与大将军卫青相等。此后，卫青失势，去病日趋贵宠，卫青故人门下多离去，改事去病。事详《史记》《汉书》本传。

⑮魏其：指魏其侯窦婴。西汉大臣。字王孙，观津（今河北衡水东）人。吴楚七国之乱时，被景帝任为大将军，守荥阳，监齐赵兵。七国破，封魏其侯。武帝初，任丞相，后因罪被杀。武安：指武安侯田蚡。西汉大臣。长陵（今陕西咸阳东北）人。汉景帝王皇后同母弟。武帝初年，封武安侯，为太尉。后任丞相，骄横专断。《史记·魏其武安侯列传》：“魏其、武安由此以侯家居。武安侯虽不任职，以王太后故，亲幸，数言事多效，天下吏士趋势利者，皆去魏其归武安。”

⑯郑当：即郑当时，字庄，西汉大臣。陈县（今河南淮阳）

人。汉武帝时，曾为鲁中尉、济南太守、江都相，又为右内史，位列九卿。汲黯：字长孺，西汉濮阳（今河南濮阳西南）人。武帝时，任东海太守，继为主爵都尉。后出为淮阳太守，在任十年卒。《史记·汲郑列传》云："郑庄、汲黯始列为九卿，廉，内行修絜。此两人中废，家贫，宾客益落。及居郡，卒后家无余赀财。"

⑰《史记·汲郑列传》赞语云："夫以汲、郑之贤，有势则宾客十倍，无势则否，况众人乎！下邽翟公有言，始翟公为廷尉，宾客阗门；及废，门外可设雀罗。翟公复为廷尉，宾客欲往，翟公乃大署其门曰：'一死一生，乃知交情；一贫一富，乃知交态；一贵一贱，交情乃见。'"

⑱直：仅，只是。

⑲宣尼：即孔子。《汉书·平帝纪》："元始元平六月……追谥孔子曰褒成宣尼公。"陈：指陈蕃。

⑳缵（zuǎn）述：继承传述。

㉑后昆：后代，后辈。

㉒臞（qú）：瘦。

㉓如：而。《韩非子·喻老》："子夏见曾子，曾子曰：'何肥也?'对曰：'战胜故肥也。'曾子曰：'何谓也?'子夏曰：'吾入见先王之义则荣之，出见富贵之乐又荣之，两者战于胸中，未知胜负故臞，今先王之义胜故肥。'"又《淮南子·原道训》：

"子夏心战而臞，得道而肥。"

㉔融懿：和乐美好。融，和乐、恬适；懿，美好。

译文 谨按：《尚书》上说："人们还是喜欢旧友。"《诗经》上说："虽然有兄弟，不如有友人。"《论语》上讲："久处贫穷也不忘平日的诺言。"《周礼》称用九种相对的关系维系国内的人民，其中第八种是说："朋友因为诚笃可信而得到民众。"所以，隋会考虑自己的出路而不遗忘自己的朋友，鲍叔牙衡量一个人的品德才能而推举管仲担任齐相。至于后来周德衰颓，朋友之情日趋淡漠，所以《诗经·小雅·伐木》用"鸟鸣嘤嘤"讽刺缺少朋友之道,《诗经·小雅·谷风》用"弃我如遗"表达对朋友相弃的怨恨。陈馀、张耳一起从秦国逃出，友情如同父子，等到他们势力盘踞一国而互相争权夺利时，彼此又视为豺狼虎豹。就拿汉朝来讲，从前王吉和贡禹交好，世称"王阳在位，贡公弹冠"。又如萧育与朱博为友，流传有"萧、朱结绶"之说，但后来朱博、萧育有了嫌隙。自幼交好尚且难以保持友情，更何况那些一时因外表情投意合而结交朋友的，这怎能维持巩固双方友情呢？所以当长平侯卫青的权势渐衰而冠军侯霍去病的权势渐重时，卫青手下的故旧大多投到霍去病的门下；同样，魏其侯窦婴的门客改投武安侯田蚡门下，郑当时与汲黯也遇到这种情况。翟公对此很痛恨，于是在大门上写道：“一死一生，才知交情；一贵一贱，交情才见。”自古以来，人们就对那些趋炎附势的小人感到痛恨，并非只有今天才有这种情况。韩信官位在至宠之列，能忍下胯下之辱，确实难能可贵。韩安国不念旧仇，能以礼待人。李广倚仗权势泄私愤，不合乎道义。孔子和陈蕃，都经过潦倒失意进而升居高位，能兼济天下。只有虞卿被强秦所逼，独善其身，继续传述著作，教导后辈。过去子夏因纠结于先王之道或富贵之乐而消瘦，又因为先王之道在内心占了上风而发胖，那又何必认为高官厚禄才是和乐美好的呢？

祀典第八

题解 本篇记述了各种祭祀活动的由来及祭祀的方式，其中有的祭祀活动早已不见，其内容仅见于本篇。所以，本篇为研究古代民俗的重要参考资料。对于研读《汉书·郊祀志》及《续汉书·祭祀志》，亦为不可多得的史料。在本篇中，应劭阐述了祀各有主和“淫祀无福”的观点，对盲目的祭祀活动予以批评，又主张“重祀而不贵牲，敬宝而不求华”。

原文 《礼》:“天子祭天地山川，岁遍[①]。”《春秋国语》[②]:“凡禘、郊、宗、祖、报[③]，此五者，国之典礼[④]；加之以社稷山川之神，皆有功烈于民者也；及前哲令德之人[⑤]，所以为质者也[⑥]；及天之三辰[⑦]，所昭仰也[⑧]；地之五行，所生殖也；九州名山川泽，所出财用也。非是族也，不在祀典[⑨]。”礼矣。《论语》:“非其鬼而祭之，谄也[⑩]。”又曰:“淫祀无福[⑪]。”是以泰山不享季氏之旅[⑫]，而《易》美西邻之禴祭[⑬]。盖重祀而不贵牲，敬宝而不求华也。自高祖受命，郊祀祈望，世有所增。武帝尤敬鬼神，于时盛矣[⑭]。至平帝时[⑮]，天地六宗已下及诸小神凡千七百所[⑯]，今营寓夷泯[⑰]，宰器阙亡。盖物盛则衰，自然之道，天其或者欲反本也，故记叙神物曰《祀典》也。

注释

①《礼记·曲礼》云:“天子祭天地，祭四方，祭山川，祭五祀，岁遍。”

②见《国语·鲁语上》。

③禘（dì）、郊、宗、祖、报：皆祭祀名。祭昊天于圜丘称作禘，祭上帝于南郊称作郊，祭五帝五神于明堂称作祖、宗（此据《礼记》郑玄注），报德之祭称作报。

④此句《国语·鲁语上》作“此五者，国之典祀也”。

⑤令：美好。

⑥此句《国语·鲁语上》作“所以为明质也”。韦昭注:“质，信也。以其有德于民而祭之，所以信之于民心也。”

⑦三辰：指日、月、星。

⑧此句《国语·鲁语上》作“民所以瞻仰也”。

⑨此二句《国语·鲁语上》作“非是不在祀典”。

⑩见《论语·为政》。

⑪《礼记·曲礼》云:“凡祭，有其废之，莫敢举也；有其举之，莫敢废也。非其所祭而祭之，名曰淫祀，淫祀无福。”

⑫旅：祭山。《论语·八佾》云:“季氏旅于泰山。子谓冉有曰:‘女弗能救与?’对曰:‘不能。’子曰:‘呜呼！曾谓泰山不如林放乎?’”按礼制，只有天子才有资格祭祀名山大川。季氏是鲁大夫，竟然也要去祭泰山，故孔子认为这是一种越礼行为。

⑬西邻：指周人。禴（yuè）：古代君王具有的祭礼。春祭曰祠，夏祭曰禴，秋祭曰尝，冬祭曰烝。禴祭，薄祭。四时之祭中最薄者。《周易·既济卦》："九五，东邻杀牛，不如西邻之禴祭，实受其福。"

⑭《汉书·郊祀志》："武帝初即位，尤敬鬼神之祀。"

⑮平帝：汉平帝刘衎，公元1～6年在位。

⑯六宗：古代尊祭的六神。宗即尊之义。六宗之含义，其说不同。东汉安帝元初六年（119）采用尚书欧阳家说。所谓六宗，在天地四方之中，为上下四方之宗。天宗，日、月、星辰、寒暑之属；地宗，社稷、五祀之属；四方宗，四时五帝之属。元初六年三月庚辰，初更立六宗，祀于洛阳西北戌亥之地。所：许。

⑰营寓：指祭祀的祠庙。营，祠庙四旁的界限，借指祠庙。寓，同"宇"，指房屋。夷泯：毁灭。

译文

《礼记》上讲："天子祭天地山川，每年祭一遍。"《国语》上说："大凡禘、郊、宗、祖、报，这五种祭法是国家所规定的礼法；加上那些社稷山川之神，都对民众有功勋劳绩；以及前代哲人和有美德的人，民众因他们有德行而祭祀他们；还有天上的日、月、星三辰，这是人们所仰望的；大地上的金、木、水、火、土五行，是万物赖以生长的；九州中的名川山泽，这是财用所赖以出产的。不是所提到的这些，不在祭祀之列。”这就是礼。《论语》上讲：“不应该祭祀的鬼神却去祭祀，这是谄媚。”《礼记》上也说：“过多的祭礼不会带来福分。”因此泰山不接受鲁大夫季氏的祭祀，而《周易》却赞美周人的薄祭。这是因为看重祭祀但不以祭品的丰盛为贵，敬重实质但不追求华美。自从汉高祖刘邦登上天子之位，郊祀祈福的活动，累世都有增加。汉武帝尤其敬重鬼神，在这一时期祭祀活动最为兴盛。到汉平帝时，天地四时五帝以下诸神，以及众小神大约有一千七百个，如今供神的祠庙毁灭，祭祀的器具散失殆尽。大概是事物兴盛则会转向衰败，这是自然的规律，或许是上天想还其本源，所以记叙与神相关的事物称之为《祀典》。

先农[1]

原文 谨按：《春秋左氏传》曰[2]：“夏四月，三卜郊，不从[3]，乃免牲。孟献子曰：‘吾乃今而知有卜筮。夫郊祀后稷[4]，以祈农事也。是故启蛰而郊[5]，郊而后耕。今既耕而卜郊，宜其不从也。’”周四月，今二月也[6]，先农之时也。孝文帝二年正月诏曰[7]：“农者，天下之本，其开籍田[8]，朕躬帅耕，以给宗庙粢盛[9]。”今民间名曰官田[10]。古者使民如借，故曰籍田[11]。

注释

①先农：古代传说中最先教民耕种的农神，或谓神农，或谓后稷。《续汉书·礼仪志上》刘昭注引《汉旧仪》云：“春始东耕于藉田，官祠先农。先农即神农炎帝也。”又引贺循《藉田仪》云：“汉耕日，以太牢祭先农于田所。”

②见《左传·襄公七年》。

③不从：犹言不吉利。

④后稷：周族的始祖，相传擅长播殖。

⑤启蛰：古代节气名。启，指惊蛰；蛰，指入蛰。

⑥周以十一月为岁首，汉武帝太初以前以十月为岁首，以后改为一月。周四月，相当于东汉二月。

⑦孝文帝诏见《史记·孝文本纪》《汉书·文帝纪》。

⑧籍田：古代帝王于正月躬耕，以示劝农。籍，或作“藉”。藉，同“借”。

⑨粢（zī）：古代供祭祀用的谷物。盛：祭器中所盛的谷物。

《史记》裴骃《集解》引应劭云：“黍稷曰粢，在器曰盛。”

⑩官田：原误倒为“田官”，据《群书拾补》改。

⑪《礼记·王制》郑玄注：“籍之言借也，借民力，治公田，美恶取于此，不税民之所自治也。”《国语·周语》韦昭注：“籍，借也，借民力以为之。”

译文 谨按：《春秋左氏传》上讲：“夏季四月，三次占卜郊祭，不吉利，于是就免除牺牲。孟献子说：‘我现在才知道有占卜和占筮。郊祭，是祭祀后稷而祈求农业丰收。所以一到启蛰节就举行郊祭，郊祭以后就开始耕作。现在已经耕作而去占卜郊祭，占卜不吉利是自然的了。’”周代的四月，相当如今的二月，正是祭祀先农的时候。汉文帝二年正月下诏说：“农业，是天下的根本，举行籍田的仪式，我亲自率先耕种，以供给宗庙祭祀时的黍稷。”如今民间把这称为官田。古时役用民力如同借用民力，所以称为籍田。

社神

原文 《孝经说》[①]："社者，土地之主。土地广博，不可遍敬，故封土以为社而祀之，报功也。"《周礼》说[②]："二十五家置一社。"但为田祖报求[③]。《诗》云："乃立冢土[④]。"又曰："以御田祖，以祈甘雨[⑤]。"

谨按：《春秋左氏传》曰："共工氏有子曰句龙，佐颛顼，能平九土，为后土[⑥]。"故封为上公[⑦]，祀以为社，非地祇[⑧]。

注释 ①或指《孝经纬》。《御览》卷三一引《孝经纬》："社，土地之主也，土地广博，不可尽敬，故封土为社，以报功也。"

②此指汉人解《周礼》的一家旧说。

③田祖：指神农。

④见《诗经·大雅·绵》。

⑤见《诗经·小雅·甫田》。御：迎。

⑥《左传·昭公二十九年》："共工氏有子曰句龙，为后土。"无"佐颛顼，能平九土"二句。

⑦上公：周制，三公（太师、太傅、太保）八命，出封时，加一命，称为上公。周代官爵分为九个等级，称九命，其中

八命为王之三公及州牧。

⑧地祇（qí）：地神。

译文 《孝经说》上讲："社，是指土地的主人。土地广袤，不能一一敬拜，所以堆土做成社坛来祭祀，报答土地神的功绩。"《周礼》的一家注本中称："每二十五家设一个社坛。"只是为神农求福报功。《诗经》上说："古公亶父又建立了大社。"又说："来迎接神农，祈求甘雨降临。"

谨按：《春秋左氏传》上说："共工有个儿子叫句龙，辅佐颛顼，能平定九州，做了后土。"所以他被封为上公，当作社神祭祀，不是地神。

稷神

原文 《孝经说》①："稷者，五谷之长②。五谷众多，不可遍祭，故立稷而祭之③。"

谨按：《春秋左氏传》④："有烈山氏之子曰柱⑤，能殖百谷疏果⑥，故立以为稷正也⑦。周弃亦以为稷⑧，自商以来祀之。”礼缘生以事死，故社稷人祀之也。则祭稷谷，不得以稷米祭，稷反自食也⑨。而邾文公用缯子于次睢之社⑩，司马子鱼曰⑪：“古者六畜不相为用⑫，祭以为人也，民，神之主也，用人，其谁享之⑬？”《诗》云：“吉日庚午，既伯既祷⑭。”岂复杀马以祭马乎？《孝经》之说，于斯悖矣。未之神为稷⑮，故以癸未日祠稷于西南⑯，水胜火为金相也⑰。

注释

①此指《孝经援神契》。参见《皇霸》篇“三皇”条注②。

②五谷：指稻、黍、稷、麦、菽。一说指麻、黍、稷、麦、豆。《白虎通义·社稷》：“稷者得阴阳中和之气，而用尤多，故为长也。”《说文解字》：“稷，齐也，五谷之长也。”

③《初学记》卷十三、《书钞》卷八七、《类聚》卷三九、《御览》卷二一引《孝经援神契》：“稷，五谷之长也，谷众不可遍祀，故立稷神祀之。”

④见《左传·昭公二十九年》。

⑤烈山氏：指炎帝。《国语·鲁语》韦昭注：“烈山氏，炎帝之号也，起于烈山。《礼·祭法》以烈山为厉山也。”

⑥疏：同“蔬”。

⑦此句疑有脱漏。《礼记·郊特牲》孔颖达疏载《五经异义》

云:“今《孝经》说:‘稷者,五谷之长。谷众多不可遍敬,故立稷而祭之。’古《左氏》说:‘列山氏之子曰柱,死祀以为稷,稷是田正,周弃亦为稷,自商以来祀之。’”据此,此句或作:“故立以为稷。稷,田正也。”

⑧弃:又名后稷。周的始祖,能播百谷,曾在尧舜时代做农官。

⑨不得以稷米祭:原误作“不得稷米”。《札迻》云:“‘不得稷米稷’,当作‘不得以稷米祭稷’。此篇说社稷五祀皆本许氏《五经异义》说。《礼记·郊特牲》孔颖达疏引《五经异义》:‘许君谨按:礼缘生及死,故社稷人事之。既祭稷谷,不得但以稷米祭稷,反自食。’可据以校此文。”

⑩事详《左传·僖公十九年》。邾(zhū)文公:邾国国君,在位五十二年。邾,曹姓子爵国(在今山东邹城东南)。因从齐桓公尊周有功,进爵为子,后为楚国所灭。用缯(zēng)子:指杀缯子祭祀。用,犹言祭祀。缯子,缯国国君。缯,《左传》作“鄫”。姒姓子爵国(在今山东枣庄东),鲁襄公六年被莒国所灭。次睢(suī)之社:土地神所在地(今山东临沂东北)。

⑪司马子鱼:即公子目夷。

⑫六畜:指马、牛、羊、猪、狗、鸡六种家畜。不相为用:不能相互用来祭祀。

⑬《左传》载:“夏,宋公使邾文公用鄫子于次睢之社,欲以属东夷。司马子鱼曰:‘古者六畜不相为用,小事不用大牲,而况敢用人乎?祭祀以为人也。民,神之主也。用人,其谁飨之?齐桓公存三亡国以属诸侯,义士犹曰薄德。今一会而虐二国之君,又用诸淫昏之鬼,将以求霸,不亦难乎?得死为幸!’”

⑭《诗经·小雅·吉日》作“吉日维戊,既伯既祷”,此疑涉下章“吉日庚午”而误。伯:祭祀马神。

⑮未:误作“米”,据《群书拾补》改。未,十二地支之一。

⑯根据五行学说,十二地支中的“未”与西南方相配,故在癸未日于西南方祭祀。

⑰金相(xiàng):五行之说,谓水胜火。根据五行生、壮、死(又称“老”或“终”)的规律,金生于火行中的巳位,到未位时水胜火,金行渐兴。

译文 《孝经援神契》上讲:“稷,是五谷之长。五谷众多,不能一一祭祀,所以选取稷来祭祀。”

谨按:《春秋左氏传》上讲:“炎帝的儿子叫柱,擅长种植百谷蔬果,所以被立为稷神。周代的始祖弃也被立为稷神,从商朝以来祭祀他。”礼依据生者侍奉死者的原则,所以人们祭祀社稷,就用谷祭祀,不能用米来祭祀，相反米是稷神自己享用的。宋襄公让邾文公杀缯子祭祀次雎的土地神，司马子鱼劝谏说：“古时候六畜不能相互用来祭祀，祭祀是为了人，民众是神的主人，杀人祭祀，谁来享用他呢?”《诗经》上说：“吉日良辰就在戊日，祭祀马祖向神灵祈祷。”难道要杀马来祭祀马吗？看来《孝经援神契》上的观点错了。未之神为稷神，所以于癸未日在西南方祭祀稷神，因为水胜火为金相。

灵星

原文 俗说：县令问主簿：“灵星在城东南，何法[①]?”主簿仰答曰：“唯灵星所以在东南者，亦不知也。”

《汉书·郊祀志》：“高祖五年[②]，初置灵星，祀后稷也。敺爵簸扬[③]，田农之事也。”

谨按：祀典，既以立稷，又有先农，无为灵星，复祀后稷也。左中郎将贾逵说[④]：以为龙第三有天田星[⑤]。灵者，神也，故祀以报功[⑥]。辰之神为灵星，故以壬辰日祀灵星于东南[7]，金胜木为土相。

注释 ①《通典·礼四》:“周制：仲秋之月，祭灵星于国之东南。”灵星：星名，又称天田星、龙星。主农事。

②《汉书·郊祀志》《续汉书·祭祀志》俱云立灵星祠在高祖八年,《史记·封禅书》张守节《正义》引《汉旧仪》《独断》云在高祖五年。

③敺爵：模仿驱雀的舞蹈动作。敺，原为“歐”，形近而误。敺乃“驱”之古字。簸扬：模仿扬谷的舞蹈动作。《后汉书·祭祀志》描述祭祀灵星的场面:“牲用太牢，县邑令长侍祠。舞者用童男十六人。舞者象教田，初为芟除，次耕种、芸耨、驱爵及获刈、舂簸之形，象其功也。”

④左中郎将：官名。秦置。主执戟宿卫事，秩比二千石。贾逵：字景伯，东汉和帝永元三年（91）为左中郎将。

⑤龙：龙星，东方苍龙七宿的统称。七宿中的任何一宿，也可称为龙星。东方苍龙七宿分别是角、亢、氐、房、心、尾、箕。天田星：星名。《星经》卷下:“天田九星在牛东南，主畿内田苗之职。”《史记·封禅书》:“其令郡国县立灵星祠。”裴骃《集解》引三国魏张晏曰:“龙星左角曰天田，则农祥也，晨见而祭。”

⑥《后汉书·祭祀志》:“旧说，星谓天田星也。一曰，龙左角

为天田官，主谷。祀用壬辰位祠之。壬为水，辰为龙，就其类也。”

⑦根据五行学说，十二地支中的“辰”与东南方相配，故于东南方祭祀。

译文 民间传言：有位县令问主簿：“灵星祠建在城东南，这是为什么？”主簿抬头回答说：“只知道是因灵星在东南方，其他的就不知道了。”

《汉书·郊祀志》记载：“汉高祖五年，开始立灵星祠，祭祀后稷。祭祀时模仿驱雀、扬谷等动作，以象征农田劳作之事。”

谨按：祭祀的典制，既然已经立了稷神，又有祭祀先农的祭典，所以不必设灵星之祭，再次祭祀后稷。左中郎将贾逵解释说：东方苍龙七宿第三宿有天田星。所谓灵，是天上的神，所以祭祀它来报答功绩。辰之神为灵星，所以要在壬辰日于东南方祭祀灵星，金胜木为土相。

灶神

原文 《礼器记》曰："臧文仲安知礼？燔柴于灶[1]。灶者，老妇之祭也。故盛于盆，尊于瓶。"

《周礼》说："颛项氏有子曰黎，为祝融，祀以为灶神[2]。"

谨按：《明堂月令》[3]："孟夏之月[4]，其祀灶也。"五祀之神[5]，王者所祭，古之神圣，有功德于民，非老妇也。《汉记》[6]："南阳阴子方积恩好施[7]，喜祀灶，腊日晨炊而灶神见[8]，再拜受神[9]，时有黄羊[10]，因以祀之。其孙识，执金吾[11]，封原鹿侯[12]；兴，卫尉，鲖阳侯[13]。家凡二侯[14]，牧守数十[15]。其后子孙常以腊日祀灶以黄羊。"

注释 ①臧文仲：即臧孙辰，为鲁大夫。灶：今本《礼记·礼器》作"奥"。郑玄注："'奥'当为'爨'字之误也。"爨，即灶。据古礼，炉灶所祭的是主炊事的老妇，祭祀只需用盆盛祭品，用瓶做酒尊，不得以燔柴来祭祀，故孔子讥之。

②此为注解《周礼》的一家旧说。祝融：远古时的火正之官。执掌民事。《淮南子·时则训》高诱注："祝融吴回为高辛氏火正，死

为火神，托祀于灶。”黎为吴回兄，俱为火正，故后人指为灶神。

③《明堂月令》：指《礼记·月令》。

④夏：原作“冬”，今据《礼记·月令》改。

⑤五祀：其说有二。一说祭祀五行之神，一说则所谓“春祀户，夏祀灶，中央祀中霤，秋祀门，冬祀行”。

⑥《汉记》：即东汉荀悦所著《汉纪》，编年体史书，记西汉一代史事。

⑦阴子方：西汉南阳新野（今河南新野）人。据《后汉书·阴识传》，为阴识三世祖。

⑧腊日：一般指腊月二十三日或二十四日。灶神：《后汉书·阴识传》注引《杂五行书》：“灶神名禅，字子郭，衣黄衣。”亦称灶君。

⑨受神：祭神受福。

⑩黄羊：野生羊的一种。《后汉书·阴识传》：“家有黄羊，因以祀之，自是已后，暴至巨富……故后常以腊日祀灶，而荐黄羊焉。”

⑪执金吾：官名。金吾为两端涂金的铜棒，此官执之以示权威。一说“吾”读为“御”，谓执金以御非常。另一说金吾为鸟名，主辟不祥。西汉武帝时改中尉为执金吾，为督巡三辅治安的长官。东汉沿置。

⑫据《后汉书》，光武帝建武十五年（39），阴识封为原鹿侯。原鹿：东汉汝南郡属县，故地即今安徽阜南。

⑬《后汉书》载汉明帝永平元年（58）诏云："以汝南之鲖阳封兴子庆为鲖阳侯。"知封鲖阳侯者乃兴子庆。鲖（tóng）阳：东汉汝南郡属县，故地即今安徽省临泉县鲖阳镇。

⑭据《后汉书·阴识传》，阴识及弟兴，兴子庆、博，四人皆封侯。此云二侯，失考。

⑮牧守：州郡长官。州官称牧，郡官称守。

译文

《礼记·礼器》上说："臧文仲哪里懂什么礼？祭灶时用祭天神的燔柴之祭。灶祭所祭的是主炊事的老妇。所以祭祀只需用盆盛祭品，用瓶做酒樽。"

《周礼》上讲："颛顼氏有个儿子叫黎，担任祝融，被当作灶神祭祀。"

谨按：《礼记·月令》上说："孟夏之月，应祭祀灶神。"五祀之神，是王者所祭祀的，它们都是古时对民众有功德的神灵，不是主炊事的老妇。《汉纪》上记载："南阳的阴子方，平时总是积善好施，喜欢祭祀灶神。在腊日那天早晨做饭时，灶神出现了，阴子方行再拜之礼接受赐福。当时有一只黄羊，便用它来祭祀。他的孙子阴识，官为执金吾，封原鹿侯；阴兴担任卫尉，封鲖阳侯。一家有二人封侯，当州郡长官的有几十人。后来他的子孙经常在腊日那天用黄羊来祭祀灶神。"

风伯

原文 《楚辞》说[①]:“后飞廉使奔属[②]。”飞廉,风伯也。

谨按:《周礼》:“以槱燎祀风师[③]。”风师者,箕星也[④]。箕主簸扬,能致风气[⑤]。《易》巽为长女也[⑥]。长者伯,故曰风伯。鼓之以雷霆,润之以风雨,养成万物,有功于人,王者祀以报功也。戌之神为风伯,故以丙戌日祀于西北[⑦],火胜金为木相也。

注释 ①《楚辞》:骚体类文章总集,西汉刘向辑。收录战国屈原、宋玉等楚人的辞赋及汉人拟作,因都具有楚地的文学样式、方言声韵、风土色彩,故名“楚辞”。说:《意林》作“云”。汉时对注文才称为“说”。下文“后飞廉使奔属”见《楚辞·离骚》。汉王逸注:“飞廉,风伯也。”可知应劭将王逸的注文与《楚辞》正文引在一块。

②飞廉:神话中的人物,风神。奔属:在后面跟随。属,跟随。

③槱(yǒu)燎:古代封禅祭天的一种礼仪。以牲体置柴堆上焚之,扬其光炎上达于天,以祀天神。《周礼·春官·大宗伯》云:“以槱燎祀司中、司命、飌师、雨师。”

④箕星：星宿名，二十八宿之一，东方青龙七宿的末一宿，有星四颗。

⑤《周礼·春官·大宗伯》郑玄注："风师，箕也。"贾公彦疏引《春秋纬》云："月离于箕，风扬沙，故知风师，箕也。"

⑥《周易·说卦》云："乾，天也，故称乎父；坤，地也，故称乎母；震一索而得男，故谓之长男；巽一索而得女，故谓之长女。"震、坎、艮皆为阳卦，巽、离、兑皆为阴卦。凡阳卦皆一个阳爻，以阳爻为主爻；凡阴卦皆一个阴爻，以阴爻为主爻。作为阳卦的乾与作为阴卦的坤互相感应。阳感应阴，使坤的初爻转化为阳爻，即形成震卦，所生必为男，故称之长男。相反，阴感应阳，使乾卦的初爻转化为阴爻，即形成巽卦，所生必为女，所以称之为长女。

⑦《后汉书·祭祀志下》："县邑常以乙未日祠先农于乙地，以丙戌日祠风伯于戌地，以己丑日祠雨师于丑地。"

译文 《楚辞》上讲："让后面的飞廉紧紧跟上。"飞廉，就是风伯。

谨按：《周礼》上记载："用槱燎之礼来祭祀风神。"风师，是指箕星。箕星主簸扬之事，能带来风和气流。《周易》用巽卦代表长女。长即伯的意思，所以称为风伯。用雷霆来鼓舞，用风雨来滋润，养育万物，对民众有功，王者祭祀它来报答功德。戌之神是风神，所以在丙戌日那天于西北方祭祀风神，火胜金为木相。

雨师

原文 《春秋左氏传》说："共工之子，为玄冥师①。""郑大夫子产禳于玄冥②。"玄冥③，雨师也。

谨按：《周礼》："以槱燎祀雨师。"雨师者，毕星也④。《诗》云："月离于毕，俾滂沱矣⑤。"《易·师卦》："师者，众也。"土中之众者莫若水。雷震百里，风亦如之，至于太山，不崇朝而遍雨天下⑥，异于雷风，其德散大，故雨独称师也。丑之神为雨师，故以己丑日祀雨师于东北，土胜水为火相也。

注释 ①《左传·昭公元年》："金天氏有裔子曰昧，为玄冥师。"金天氏是古帝少昊的称号，不是共工。

②见《左传·昭公十八年》。子产：见《十反》篇"太尉掾汝

南范滂”条注。玄冥：杜预注：“水神。”

③玄冥：二字原脱，据《群书拾补》增。

④毕星：星宿名。二十八星宿之一，西方白虎七宿的第五宿，有星八颗。以其形状像毕网得名。

⑤见《诗经·小雅·渐渐之石》。离（lì）：接近，投入。

⑥不崇朝而遍雨天下：见《正失》篇“封泰山禅梁父”条注。

译文 《春秋左氏传》上说：“共工之子是玄冥师。”“郑大夫子产祭祀玄冥以免除灾祸。”玄冥，即雨师。

谨按：《周礼》上讲：“用槱燎之礼来祭祀雨师。”雨师，是指毕星。《诗经》上说：“月亮接近了毕星，就会大雨滂沱。”《周易·师卦》上称：“师，是众的意思。”土地上最多的莫过于水。雷能震动百里，风也如此，至于泰山，没有多久雨就下遍了天下，有别于雷和风，其德广大，所以唯独雨神称为师。丑之神是雨师，所以己丑日在东北方祭祀雨师，土胜水为火相。

桃梗　苇茭　画虎

原文 谨按:《黄帝书》[①]:"上古之时,有神荼与郁垒昆弟二人[②],性能执鬼。度朔山上立桃树下[③],简阅百鬼[④],无道理[⑤],妄为人祸害,神荼与郁垒缚以苇索,执以食虎。"于是县官常以腊除夕,饰桃人,垂苇茭,画虎于门,皆追效于前事[⑥],冀以御凶也[⑦]。

桃梗,梗者,更也,岁终更始,受介祉也[⑧]。《战国策·齐语》[⑨]:"孟尝君将西入秦,谏者千数而弗听。苏秦欲止之,曰:'臣之来也,过于淄上[⑩],有土偶人焉,与桃梗相与语[⑪],谓土偶人曰:"子西岸之土也,埏子以为人[⑫],至岁八月,天霖雨,淄水至,则子残矣。"曰:"不然。吾西岸之土也,残则复西岸耳。今子东国桃木也,削子以为人,隆雨下[⑬],淄水至,泆子而去,泛泛将何如矣[⑭]。"夫秦四塞之国[⑮],譬若虎口而入之,则不知其可。'孟尝乃止。"

《春秋左氏传》曰[⑯]:"鲁襄公朝楚,会楚康王卒,楚人使公亲襚[⑰],公患之。叔孙穆叔曰[⑱]:'祓殡而襚,则布帛也[⑲]。'乃使巫以桃茢先祓殡[⑳]。楚人弗禁,既而悔之。""古者,日在北陆而藏冰深山穷谷[㉑]。其藏之也，黑牡秬黍[22]，以享司寒[23]。其出之也，桃弧棘矢[24]，以除其灾也。”

苇茭，传曰：“萑苇有丛[25]。”《吕氏春秋》：“汤始得伊尹，祓之于庙，薰以萑苇[26]。”《周礼》：“卿大夫之子，名曰门子[27]。”《论语》：“谁能出不由户[28]？”故用苇者，欲人子孙蕃殖，不失其类，有如萑苇。茭者，交易，阴阳代兴也。虎者，阳物，百兽之长也，能执搏挫锐，噬食鬼魅。今人卒得恶悟[29]，烧虎皮饮之，系其爪[30]，亦能辟恶，此其验也[31]。

注释

①《黄帝书》：古逸书名。假托黄帝言黄老之术。

②神：原无，《文选·东京赋》薛综注、《书钞》卷一五五、《御览》卷八九一俱有，据补。

③度朔山：传说中的山名。

④简阅：考察，察看。桓宽《盐铁论·刺复》：“计数不离于前，万事简阅于心。”

⑤以上三句《岁时广记》引作“于度朔山桃树下简阅百鬼之无道者”。

⑥追效：追随仿效。

⑦御：原作“卫”，《文选·东京赋》薛综注、《书钞》卷一五五、《御览》卷八九一俱作“御”，据改。

⑧介祉：大福。介，大。祉，福。

⑨见《战国策·齐策三》。

⑩淄：即今山东境内的淄河。

⑪桃梗：指桃木刻的人。

⑫埏（shān）：以水和土。

⑬隆：通“降”。

⑭泆：通“溢”。此句《战国策》作“流子而去，则子漂漂者将何如耳”。

⑮秦四面有关山之险阻，故云“四塞之国”。

⑯见《左传·襄公二十九年》。

⑰襚（suì）：古吊丧之礼。停柩前吊丧者为死者穿衣，或停柩后将送死者的衣服置于柩东，皆谓之“襚”。此指替死者穿衣服。

⑱叔孙穆叔：即叔孙豹，鲁襄公时曾为卿。

⑲祓（fú）殡：祓除棺材的凶邪。这是古代迷信习俗。祓，祓除，即扫除。布帛：陈列币帛。布，陈列。帛，《左传》作“币”。《左传·襄公二十九年》：“祓殡而襚，则布币也。”“币”与“帛”意思相同。

⑳桃茢（liè）：桃杖与扫帚。古代用以辟邪除秽。桃，桃棒。茢，笤帚。

㉑见《左传·昭公四年》。北陆：指虚宿。位于北方，为二十八

宿之一。

㉒黑牡：此指黑毛公羊。秬（jù）黍：黑黍。

㉓司寒：神名。掌管寒冷。

㉔桃弧：桃木弓。棘矢：荆棘箭。

㉕《淮南子·说林训》："藿苇有丛。"藿、萑古通。萑（huán），获类植物。

㉖见《吕氏春秋·本味》。今传本《吕氏春秋》无"薰以萑苇"四字。

㉗门子：指嫡子。《周礼·春官·小宗伯》："其正室皆谓之门子。"

㉘见《论语·雍也》。

㉙悟：同"迕"。

㉚系：原作"击"，《御览》卷八九一引作"系其衣服"，《事类赋》卷二〇引作"系之衣服"。据改。

㉛其：《御览》《事类赋》作"甚"。

译文

谨按：《黄帝书》上讲："上古时候，有神荼和郁垒兄弟二人，天生能捉鬼。站在度朔山的桃树下，审察百鬼，对那些不讲道义、恣意祸害人的鬼，神荼和郁垒用芦苇做的绳子将他们捆起来，拿他们喂虎。"于是县官常在腊月除夕那天，用桃木雕刻木人，悬挂苇编的缆索，在门上画虎，都是跟着仿效前事，希望用这些避凶。

桃梗，梗，即更的意思，岁终新旧更替，接受大福。

《战国策·齐语》记载："孟尝君打算到西边的秦国去，劝谏的有上千人，他还是不听。苏秦想劝阻他，说：'我来的时候，路过淄水边，有一个土做的人偶和一个桃木做的人偶说话，桃偶对土偶说："你是西岸的泥土，揉捏做成人，到了八月间，雨下个不停，淄水涨到这里，那你就毁了。"土偶说："不对。我是西岸的泥土，人身毁了又回到西岸罢了。现今你是东边国家的桃木，削刻成为人，雨落下来，淄水涨到这里，你将漂到哪里去呢?"秦国四面皆有关山之阻，就像虎口却要进去，那不知有何可行之处。'孟尝君于是打消了这一念头。"

《春秋左氏传》上说："鲁襄公到楚国去，恰逢楚康王去世，楚国人让鲁襄公亲自为楚王行禭礼，鲁襄公为此感到忧虑。叔孙豹说：'先祓除棺材的凶邪然后行禭礼，就等于朝见时陈列玉帛。'于是就让巫人用桃杖、笤帚先在棺材上祓除凶邪。楚国人没有禁止，不久又感到后悔。""从前，太阳在虚宿的位置时就藏冰，在深山幽谷取冰。当藏冰的时候，就用黑毛公羊、黑黍来祭祀冬神。当出冰的时候，门上挂着桃木弓、荆棘箭，用来消除灾难。”

苇茭，经传上讲：“萑苇丛生。”《吕氏春秋》上说：“汤得到伊尹之后，在宗庙举行祓除灾邪的仪式，用萑苇来薰。”《周礼》上讲：“卿大夫的嫡子称为门子。”《论语》上说：“谁能够不经过门走出屋外去呢？”之所以用苇挂在门上，是想让人子孙繁衍不息，不失去他的族类，就像萑苇。茭，是交替变化的意思，指阴阳交替代代兴旺。虎，是阳刚之物，百兽之王，能捕捉摧折锐气，吞食鬼魅。现在如有人突然遇到可怕或违逆的事，烧块虎皮和水吞服，在衣服上系上虎爪，也能避凶邪，这种方法很灵验。

雄鸡

原文 俗说：鸡鸣将旦，为人起居。门亦昏闭晨开，扞难守固。礼贵报功，故门户用鸡也。

《青史子》书说[1]：“鸡者，东方之牲也。岁终更始，辨秩东作[②]，万物触户而出，故以鸡祀祭也。”

太史丞邓平说[③]：“腊者，所以迎刑送德也[④]。大寒至，常恐阴胜，故以戌日腊。戌者，土气也[⑤]，用其日杀鸡以谢刑德[⑥]。雄著门，雌著户[⑦]，以和阴阳，调寒暑，节风雨也。”

谨按：《春秋左氏传》[⑧]：“周大夫宾孟适郊[⑨]，见雄鸡自断其尾，归以告景王曰：‘惮其为牺也[⑩]。’”《山海经》曰[⑪]：“祠鬼神皆以雄鸡[⑫]。”鲁郊祀常以丹鸡，祝曰：“以斯鷐音赤羽[⑬]，去鲁侯之咎。”今人卒得鬼刺痱[⑭]，悟[⑮]，杀雄鸡以傅其心上。病贼风者作鸡散治之[⑯]，东门鸡头可以治蛊[⑰]。由此言之，鸡主以御死辟恶也。

注释

①《青史子》：古逸书名。《汉书·艺文志》：“《青史子》五十七篇。”《通志·氏族略》引贾执《姓氏英贤传》：“青史子，晋太史董狐之子，受封青史之田，因氏焉。《汉书·艺文志》：‘青史子著书。’”今书不存，清马国翰有辑本。

②辨秩：分别安排耕作的先后。秩，次序。分别次第，以便从事春耕。东作：谓春耕。作，《广雅·释诂》：“作，始也。”语出《尚书·尧典》：“分命羲仲，宅嵎夷曰旸谷，寅宾出日，平秩东作。”孔安国传：“秩，序也。岁起于东，而始就耕，谓

之东作。平均次序东作之事以务农也。”

③太史丞：官职名。汉置太常，属官有太史令一人，掌天时星历，其下置有丞一人。邓平：西汉武帝时人。曾创制八十一分律历。

④卢文弨《群书拾补》云：“似误。下云‘谢刑德’，此当是送刑德，《御览》十三引《独断》云：‘腊但送不迎。’况春气将至，何反言迎刑乎？其误明矣。”卢说甚是。刑：杀气，阴气。德：旺气，阳气。

⑤土气：即中宫之气。宫为星官所处的天区。《史记·天官书》有中宫、东宫、南宫、西宫、北宫“五宫”之说。德是阳气，与中宫之气（土气）相合，能入中宫。刑是阴气，为中宫所不容，不能进入中宫，只好转移到“木”方（东）。戌日与中宫之气相合，故于此日杀鸡以去刑气。

⑥用：以。

⑦户：单扇门。一扇曰户，两扇曰门。《说文解字》：“半门曰户。”

⑧见《左传·昭公二十二年》。

⑨宾孟：又称宾起，周大夫，周景王长庶子王子朝之傅。

⑩《左传·昭公二十二年》载：“王子朝、宾起有宠于景王。王与宾孟说之，欲立之。刘献公之庶子伯蚠事单穆公，恶宾孟之为人也，愿杀之。又恶王子朝之言，以为乱，愿去之。宾孟适郊，见雄鸡自断其尾。问之，侍者曰：‘自惮其牺也。’

遽归告王，且曰：'鸡其惮为人用乎，人异于是。牺者实用人，人牺实难，己牺何害。'王弗应。"

⑪《山海经》：古地理书。作者不详。内容主要为民间传说中的地理知识，包括山川、道里、民族、物产、药物、祭祀、巫医等，保存了不少远古的神话传说。

⑫《山海经·北山首经》《北次二经》《中次三经》《中次八经》《中次十经》俱言"祠之用雄鸡"。

⑬鶾（hàn）音：肥鸡。《集韵·寒韵》："鶾，鶾音，肥鸡名，以祀神。通作翰。"

⑭痱：病。

⑮悟：通"忤"。

⑯贼风：四时不正之风，或穴隙檐下之风。皆有害于人畜。《素问·上古天真论》："虚邪贼风，避之有时。"王冰注："窃害中和，谓之贼风。"鸡散：或为鸡内金，别称鸡黄皮、鸡嗉子。杀鸡后，取出鸡肫，立即剥下内壁，洗净，干燥。可入药。主治食积不消、呕吐泻痢等。治之：二字原无，《御览》卷九一八引有，据补。

⑰蛊：伤害人的热恶毒气。

译文 民间传言：鸡叫天将亮，替人们起居提供了方便。门也是昏闭晨开，抵御灾祸防守牢固。礼义讲求报答功德，所以祭祀门户用鸡。

《青史子》上讲:“鸡，是用来祭祀东方的牺牲。年终又开始新的一年，排定耕作的次序，开始春耕，这时万物从门户出来，所以用鸡来祭祀。”

太史丞邓平说:“腊祭，人们用来去阴气迎阳气。大寒到了，常担心阴气占上风，所以在戌日腊祭。戌，指土气，在这一天杀鸡来去阴气迎阳气。雄鸡附着门上，母鸡附着户上，来调和阴阳和寒暑，调节风雨。”

谨按:《春秋左氏传》上说:“周大夫宾孟到郊外，看见公鸡自己弄断了尾巴，回去报告景王说:‘它是害怕自己做牺牲。’”《山海经》上讲:“祭祀鬼神都是用雄鸡。”鲁国郊祭常用红色羽毛的鸡，祷告说:“用这个红羽毛的鸡祭祀，来免除鲁侯的灾祸。”现今有人突然遇到鬼怪得了病，忤逆了神灵，把雄鸡杀了放到心口上。患了伤风病的人用鸡散治病，在东门斩鸡头可以用来治蛊。这样看来，鸡是用来抗拒死亡避免凶邪的。

杀狗磔邑四门

原文 俗说：狗别宾主，善守御，故著四门，以辟盗贼也。

谨按：《月令》[①]："九门磔禳，以毕春气[②]。"盖天子之城，十有二门，东方三门，生气之门也。不欲使死物见于生门，故独于九门杀犬磔禳。犬者，金畜[③]；禳者，却也。抑金使不害春之时所生，令万物遂成其性。火当受而长之，故曰"以毕春气"。功成而退，木行终也。《太史公记》："秦德公始杀狗磔邑四门，以御蛊菑[④]。"今人杀白犬以血题门户，正月白犬血辟除不祥，取法于此也。

注释 ①《月令》:《礼记》中篇名。

②《礼记·月令》:"九门磔攘，以毕春气。"郑玄注:"磔牲以攘于四方之神，所以毕止其灾也。"磔（zhé）：古代祭礼时，分裂牲畜的肢体。禳（ráng）：通"攘"。

③金畜：狗与五行中的金相配，故称之"金畜"。《周礼·春官·大宗伯》贾公彦疏:"磔狗止风者，狗属西方金，金制东方木之风，故用狗止风也。"又，五行与五畜相配：木配羊、火配鸡、土配牛、金配狗、水配猪。

④见《史记·封禅书》。蛊：参见本篇“雄鸡”条注。菑：通“灾”。

译文 民间传言：狗能识别宾客和主人，善于看守防御，所以附着于四门，来防止盗贼。

谨按:《礼记·月令》上说:“在九门肢解牲体来驱除厉疫之气，结束春季。”天子所居的城池有十二个门，东方的三个门，是生气之门。不能让动物的尸体出现在生气之门，所以就只在其他九个门杀狗肢解它来驱祸。狗，在五行中与金相配；禳，是除却的意思。抑制金使之不妨害春天万物的生长，使万物顺其自然生长。属火的夏季接受并渐渐兴盛，所以说“用来结束春季”。功成而身退，与春季相配的木行终结。《太史公记》上说:“秦德公磔裂狗悬于城邑的四门，来抵御蛊祸。”如今人们杀白狗用血题写门户，正月间白狗的血能驱除不祥，即根据这个说法。

膢

原文 谨按:《韩子书》[①]:“山居谷汲者,膢腊而遗水[②]。”楚俗常以十二月祭饮食也[③]。又曰:“尝新始杀也,食新曰貙膢[④]。”

注释 ①《韩子书》:即《韩非子》,法家著作。战国韩非撰。

②膢(lú):古代祭名。《说文解字》:“膢,楚俗以二月祭饮食也,从肉娄声,一曰祈谷食新曰离膢。”又云:“腊,冬至后三戌腊祭百神。”遗:原作“买”。《韩非子·五蠹》:“夫山居而谷汲者,膢腊而相遗以水。”今据改。

③“楚俗”句前疑脱“《说文》”二字。《群书拾补》曰:“《玉篇》《广韵》皆云‘冀州八月,楚俗二月’。今案当作‘十二月’,《说文》脱‘十’字,后皆承其误耳。下文‘尝新’,即指八月言,曰膢腊,腊非十二月而何?”

④貙(chū)膢:古祭名。传说貙常以立秋日杀物祭兽,因有貙膢之祭。貙,虎属猛兽,似狸而大。

译文 谨按:《韩非子》上讲:“住在山上要到山谷去打水的人,相互赠水作为膢腊祭祀仪式。”楚地风俗常在十二月祭祀饮酒食肉。又说:“立秋日尝食新谷,开始杀牲,食新谷称为貙膢。”

腊

原文 谨按:《礼传》①:“夏曰嘉平,殷曰清祀,周曰大蜡,汉改为腊。”腊者,猎也,言田猎取禽兽,以祭祀其先祖也。或曰:腊者,接也,新故交接,故大祭以报功也。汉家火行,衰于戌,故以戌腊也②。

注释 ①《礼传》:疑指《礼记》。汉代《礼记》不在五经之列,后人认为它是解释礼经《仪礼》的书,故又称其为《传》。

②此句原作“故曰腊也”。《御览》卷三三、《事类赋》卷五俱引作“故以戌为腊也”。按:依下“祖”条“故以午祖也”文例,改为“故以戌腊也”。

译文 谨按:《礼传》上讲:“夏朝称之为嘉平,殷朝称之为清祀,周朝称之为大蜡,汉朝改称为腊。”腊,猎的意思，是说田猎获取禽兽，来祭祀先祖。有人说：腊，即接的意思，新旧交接，所以举行大祭来报答功德。汉朝属火行，火衰于戌日，所以在戌日腊祭。

祖

原文 谨按:《礼传》:"共工之子曰脩，好远游，舟车所至，足迹所达，靡不穷览，故祀以为祖神①。"祖者，徂也。《诗》云:"韩侯出祖，清酒百壶②。"《左氏传》:"襄公将适楚，梦周公祖而遣之③。"是其事也。《诗》云:"吉日庚午④。"汉家火行⑤，盛于午，故以午祖也。

注释 ①又见《白虎通义·杂录》。

②《诗经·大雅·韩奕》:"韩侯出祖，出宿于屠。显父饯之，清酒百壶。"

③见《左传·昭公七年》。其文作"襄公之适楚也，梦周公祖而行"。

④见《诗经·小雅·吉日》。

⑤火行：二字原无，《后汉书·陈咸传》李贤注引有，据补。

译文 谨按：《礼传》上记载："共工之子名脩，喜好远游，车船所到的地方，足迹所到的地方，没有不遍览的，所以将他当作路神祭祀。"祖，是往的意思。《诗经》上讲："韩侯出行路祭，清酒百壶摆满席。"《春秋左氏传》上说："襄公打算去楚国的时候，梦见周公祭祀路神然后派遣他去。"讲的就是这事。《诗经》上又说："择定庚午这一吉日。"汉朝属火行，于午日兴盛，所以在午日祭祀路神。

禊[1]

原文 谨按：《周礼》[2]："男巫掌望祀、望衍[3]，旁招以茅[4]。""女巫掌岁时以祓除衅浴[5]。"禊者，洁也；春者，蠢也，蠢蠢摇动也[6]。《尚书》："以殷仲春，厥民析[7]。"言人解析也。疗生疾之时，故于水上衅洁之也。日用上巳[⑧]，巳者，祉也，邪疾已去，祈介祉也。

注释 ①禊（xì）：古俗春秋两季于水滨设祭祓除不祥。《广雅·释天》："禊，祭也。"

②见《周礼·春官》。

③望祀：遥望而祝。望衍：遥望而延请神灵来用言语责求。

④旁招以茅：用茅草从四方招来望祭的神。

⑤衅浴：用香草水涂身（或熏身）并沐浴洁身。《周礼·春官·女巫》："女巫，掌岁时祓除衅浴。"郑玄注："衅浴，谓以香薰草药沐浴。"衅，以香草涂身。

⑥蠢：万物由冬眠开始苏醒。《礼记·乡饮酒义》："春之为言蠢也。"《汉书·律历志》："春，蠢也，物蠢生，乃动运。"《释名·释天》："春，蠢也，万物蠢然而生也。"

⑦见《尚书·尧典》。殷：正，定准。厥：其。析：分开。

⑧日用上巳：日子选在上巳日。上巳，指农历三月三日。这是古时行禊礼之日。"日用上巳"四字原无，卢文弨《群书拾补》云："此下有脱文，当言'日用上巳，下方可承'。"据补。

译文 谨按：《周礼》上讲："男巫主管望祀、望衍，并用茅草从四方招来望祭的神。""女巫主管每年在一定的时节用香草沐浴来消灾除病。"禊，清洁的意思；春，蠢的意思，是说万物蠢然而动。《尚书》上说："这一天定为春分，这时人们分散在田野。"是说人们分头做事去了。这时要注意疗病，所以在水边用香草沐浴。日子选在上巳日。巳，福的意思，邪疾已除，祈求大福。

司命

原文 谨按:《诗》云:"芃芃棫朴，薪之槱之①。"《周礼》:"以槱燎祀司中、司命②。"司命，文昌也③。司中，文昌下六星也。槱者，积薪燔柴也。今民间独祀司命耳，刻木长尺二寸为人像，行者檐篋中④，居者别作小屋。齐地大尊重之，汝南诸郡亦多有，皆祠以猪，率以春秋之月。

注释 ①见《诗经·大雅·棫朴》。芃（péng）芃：草木茂盛的样子。棫朴（yù pǔ）：二木名，白桵和枹木。槱（yǒu）：堆积木柴以备燃烧。

②司中、司命：皆星名。《周礼·春官·大宗伯》："以槱燎祀司中、司命。"郑玄注引郑司农曰："司中、司命，文昌第五、第四星。"

③文昌：星座名。共六星，在斗魁之前形成半月形状。

④檐：《续汉书·祭祀志》刘昭注引作"置"。

译文 谨按：《诗经》上说："白棫、枹木多茂盛，砍它做柴堆起烧。"《周礼》上讲："用槱燎之礼来祭祀司中、司命。"司命，是文昌宫星。司中，是文昌宫之下的六星。槱，是堆积柴薪燔烧的意思。现今民间只祭祀司命，刻长一尺二寸的人像，出外的人放在箧中，居家的人另建一小屋供奉。齐地的人很敬奉它，汝南诸郡也大多有这一风俗，都是用猪祭祀，均在春秋月间。

怪神第九

题解 应劭在本篇中进一步阐明了“淫祀无福”的道理，这从“城阳景王祠”“九江浚遒有唐、居山”“会稽俗多淫祀”诸条可以看出。其中，宋均罢除对山神的祭祀与战国时西门豹破除邺地“河伯娶妇”的迷信如出一辙。应劭还嘲笑了那些将捕风捉影之事引以为神灵的荒唐之举，发人深省，如“鲍君神”“李君神”“石贤士神”等条。作者并不否认鬼神的存在，但认为只要人们问心无愧，面对鬼神内心无惧，自然不会遭致祸殃。“世间多有狗作变怪”“世间多有精物妖怪百端”“世间多有伐木血出以为怪者”等条就说明了这一道理。此外，本篇中的许多内容为后来的志怪小说《搜神记》所取材，在中国文学史上占有一席之地。“杯弓蛇影”这一典故也源自本篇。

原文 《礼》①：天子祭天地、五岳②、四渎③，诸侯不过其望也，大夫五祀④，士门户，庶人祖⑤。盖非其鬼而祭之，谄也⑥。又曰“淫祀无福⑦”。是以隐公将祭钟巫⑧，遇贼苏氏⑨；二世欲解泾神⑩，阎乐劫弑⑪；仲尼不许子路之祷，而消息之节平⑫；荀蒉不从桑林之祟⑬，而晋侯之疾间⑭。由是观之，则淫躁而畏者，灾自取之。厥咎向应⑮，反诚据义，内省不疚者，物莫能动，祸转为福矣。传曰：“神者，申也⑯；怪者，疑也。”孔子称土之怪为坟羊⑰。《论语》：“子不语怪、力、乱、神⑱。”故采其晃著者曰《怪神》也⑲。

注释

①见《礼记·王制》。

②五岳：我国五大名山的总称。古书中记述略有不同。一种指东岳泰山、南岳衡山、西岳华山、北岳恒山、中岳嵩山。另一种指东岳泰山、南岳霍山、西岳华山、北岳恒山、中岳嵩山，霍山即今安徽霍山西北的天柱山。本书《山泽》篇“五岳”条则谓“南方衡山，一名霍山”。

③四渎：指河、江、淮、济。详后《山泽》篇“四渎”条。

④参见《祀典》篇“灶神”条注。

⑤祖：这里指祭祀祖先。《礼记·曲礼下》：“天子祭天地，祭四方，祭山川，祭五祀，岁遍。诸侯方祀，祭山川，祭五祀，岁遍。大夫祭五祀，岁遍。士祭其先。”又《礼记·王制》：“天子祭天地，诸侯祭社稷，大夫祭五祀。天子祭天下名山大川，五岳视三公，四渎视诸侯。诸侯祭名山大川之在其地者。”

⑥见《论语·为政》。

⑦《礼记·曲礼下》：“非其所祭而祭之，名曰淫祀，淫祀无福。”

⑧钟巫：神名，指郑大夫尹氏家立的祭主神的名。

⑨蒍氏：鲁国大夫。鲁隐公十一年（前712）十一月，隐公要祭祀钟巫，住在蒍氏那里。十一月十五日，鲁国大夫羽父派贼人到蒍氏家杀掉了隐公，立桓公为鲁君并攻打蒍氏。事详《左传·隐公十一年》及《史记·鲁周公世家》。

⑩解：除，祷祠以除灾。泾神：神名，泾水之神。泾，原作“淫”，据《史记》改。

⑪阎乐：秦相赵高婿，任咸阳令。公元前207年，赵高指使他杀死秦二世胡亥。《史记·秦始皇本纪》：二世“梦白虎啮其左骖马，杀之，心不乐，怪问占梦。卜曰：‘泾水为祟。’二世乃斋于望夷宫，欲祠泾，沈四白马。使使责让高以盗贼事”，赵高惧，令其婿咸阳令阎乐杀死二世。

⑫消息：休养，休息。节平：犹调和。事见《论语·述而》：“子疾病，子路请祷。子曰：‘有诸?’子路对曰：‘有之。《诔》曰：“祷尔于上下神祇。”’子曰：‘丘之祷久矣。’”

⑬荀罃（yīng）：晋大夫。桑林：原指殷天子的乐名，宋国沿用此乐。此指桑林之神。

⑭晋侯：指晋悼公。间：病愈。《左传·襄公十年》：“宋公享晋侯于楚丘，请以《桑林》。荀罃辞。荀偃、士匄曰：‘诸侯，宋、鲁于是观礼。鲁有禘乐，宾祭用之，宋以《桑林》享君，不亦可乎?’舞，师题以旌夏，晋侯惧而退入于房。去旌，卒享而还。及著雍，疾。卜，桑林见。荀偃、士匄欲奔请祷焉。

荀偃不可，曰：'我辞礼矣，彼则以之。犹有鬼神，于彼加之。' 晋侯有间，以偪阳子归，献于武宫，谓之夷俘。"

⑮厥：代词，那个。咎：过错，过失。向应：回声相应。这里作弄清楚讲。

⑯《论衡·论死》："神者，伸也，申复无已，终而复始。"

⑰坟羊：传说为泥土里的一种雌雄未成的怪物。《史记·孔子世家》："季桓子穿井得土缶，中若羊。问仲尼云'得狗'。仲尼曰：'以丘所闻，羊也。丘闻之，木石之怪夔、罔阆，水之怪龙、罔象，土之怪坟羊。'"

⑱见《论语·述而》。

⑲晃著：显著。

译文 《礼记》上讲：天子祭祀天地、五岳、四渎，而诸侯祭祀山川只能遥望而祭，大夫祭祀五祀，吏士祭祀门户，庶民只能祭祀自己的祖宗。如果超越自己应该祭祀的范围，这就是谄媚。又讲"过多的祭祀没有福分"。所以鲁隐公将要祷祝钟巫，在芳氏的馆舍里被人杀害；秦二世想祭祀泾神除灾，反而被阎乐杀死；孔子不答应子路祷祝，而病情得到调节恢复；荀偃不同意向桑林之神祈祷，而晋悼公的疾病得到痊愈。从以上事例看来，凡是浮躁不定、心怀畏惧的人，都是自取灾祸。反之，弄清那过错，根据义理诚心检讨，反省内心没有悔恨的，外物不能侵害，就是有祸也可以转化为福。经传上讲：“神，伸的意思；怪，是疑的意思。”孔子称泥土里的怪物为坟羊。《论语》上说：“孔子不讲那些怪异、勇力、叛乱、鬼神的事情。”所以我在此选择一些显著的事例，称为《怪神》。

世间多有见怪惊怖以自伤者

原文 谨按：《管子书》①：“齐公出于泽②，见衣紫衣，大如毂，长如辕，拱手而立。还归，寝疾，数月不出。有皇士者，见公语，惊曰：‘物恶能伤公③，公自伤也。此所谓泽神委蛇者也，唯霸主乃得见之。’于是桓公欣然笑，不终日而病愈。”

注释 ①今本《管子》不见，当为《管子》佚文。《庄子·达生》所载与此大同小异，唯较此为详。《管子书》：即《管子》，法家著作，旧题春秋齐管仲撰。

②齐公：指齐桓公。

③恶（wū）：疑问代词。哪里，怎么。

译文 谨按:《管子书》上讲:“齐桓公在野泽里打猎，看见一个鬼穿着紫衣服，大如车毂，长如车辕，拱手而立。回来后，生了病，几个月不出门。有个叫皇士的人，拜见齐桓公与他交谈，吃惊地说:‘鬼哪能伤害您，是您自己伤害自己而致。这就是所说的泽神委蛇神，只有霸主才能见到它。’于是桓公高兴地笑起来，不到一天病就好了。”

原文 予之祖父郴，为汲令[①]，以夏至日诣见主簿杜宣，赐酒。时北壁上有悬赤弩，照于杯，形如蛇。宣畏恶之，然不敢不饮，其日便得胸腹痛切，妨损饮食，大用羸露[②]，攻治万端，不为愈。后郴因事过至宣家，窥视[③]，问其变故，云畏此蛇，蛇入腹中。郴还听事[④]，思惟良久[⑤]，顾见悬弩，必是也。则使门下史将铃下侍徐扶辇载宣[⑥]，于故处设酒，杯中故复有蛇，因谓宣:“此壁上弩影耳，非有他怪。”宣遂解，甚夷怿[⑦]，由是瘳平，官至尚书，历四郡，有威名焉。

注释

①汲：古县名，汉时属河内郡，故地在今河南汲县。

②用：以，因此。羸（léi）露：瘦弱，病弱。

③窥视：看望。窥，看。

④听事：官府治事之所。听，通“厅”。

⑤思惟：思考。惟，思。

⑥门下史：即门下掾。汉代州郡长官自己选荐的属吏。因常居门下，故称。铃下：指仆役、随从护卫之人等。

⑦夷怿：高兴。夷，同“怡”。

译文

我的祖父名郴，担任汲县令，在夏至日那天会见主簿杜宣，并请他喝酒。当时北面墙壁上悬挂着红色的弓弩，弓弩的影子映在酒杯里，形状像蛇。杜宣见后又怕又厌恶，但是不敢不喝，当天就觉得胸口和腹部非常疼痛，影响了饮食，使得身体虚弱不堪，千方百计治疗也不见好转。后来祖父应郴因为有事经过杜宣家，进门探望，询问得病的原因。杜宣说起那次喝酒害怕杯中之蛇，而那蛇又进了自己腹中。应郴回到官府，思考了很久，无意中回头看见悬挂的弓弩，心想肯定是弓的影子。于是派门下史带着随从护卫慢慢用辇车载着杜宣，在原来喝酒的地方摆上酒杯，杯中依旧有蛇影，于是对杜宣说：“这是墙壁上弓弩的影子，并非有什么怪物。”杜宣这才解开了心结，很是高兴，因此病愈，后来官至尚书，先后主管过四郡的政事，威名远扬。

世间多有恶梦变难必效

原文 谨按:《晏子春秋》[①]:“齐景公病水十日[②]，夜梦与二日斗而不胜。晏子朝，公曰:‘吾梦与二日斗，寡人不胜，我其死也[③]?’晏子对曰:‘请召占梦者。’立于闺[④]，使以车迎召占梦者。至，曰:‘曷为见召?’晏子曰:‘公梦与二日斗，不胜，恐必死也。’占梦者曰:‘请反具书[⑤]。’晏子曰:‘无反书，公无所病。病者，阴也；日者，阳也。一阴不胜二阳，公病将已。’居三日，公病大愈，且赐占梦者。曰:‘此非臣之功也，晏子教臣对也。’公召晏子，将赐之。晏子曰:‘占梦者以臣之言对，故有益也。使臣身言之，则不信矣。此占梦者之力也，臣无功焉。’公召吏而使两赐之。晏子不为夺人之功，占梦者不蔽人之能。”

注释

①见《晏子春秋·内篇杂下》。《晏子春秋》：一名《晏子》，主要记述春秋时期齐国政治家晏婴的生平言行。旧题春秋齐晏婴撰。

②齐景公：春秋时齐国君，名杵臼，公元前547～前490年在位。病水：患水肿病。

③也：通“耶”。

④闺：宫中小门。

⑤反：通“翻”。

译文

谨按：《晏子春秋》记载：“齐景公患水肿病十天，一次夜里梦见和两个太阳搏斗，没有取胜。晏子上朝时，景公说：‘我梦见与两个太阳搏斗，我没有取胜，我大概是要死了吧？’晏子回答说：‘请把占梦的叫来。’晏子站在宫中的小门，派人用车去接占梦者。占梦的人到了，问：‘为什么召见我？’晏子说：‘君王梦见跟两个太阳搏斗，没有取胜，担心要死了。’占梦的人说：‘请让我找解梦的书翻翻。’晏子说：‘不用翻书，君王没有什么大碍。病，是阴性的；太阳，是阳性的。一阴不能胜过二阳，君王的病将会痊愈。’过了三天，齐景公的病大大好转，齐景公要赏赐占梦的人。占梦的人说：‘这不是我的功劳，是晏子教我这样回答的。’

齐景公召见晏子，要赏赐他。晏子说：‘占梦的人用我的话来回答，所以有效。假使我亲口说那些话，您就不会相信了。这是占梦的人的功劳，我没有什么功劳。’齐景公召来官吏赏赐了他们两个人。晏子不抢夺别人的功劳，占梦的人不掩蔽别人的才能。”

城阳景王祠

原文 谨按：《汉书》①：“朱虚侯刘章②，齐悼惠王子③，高祖孙也，宿卫长安，年二十，有气力。高后摄政，诸吕擅恣，章私忿之。尝入侍宴饮，章为酒吏④，自请曰：‘臣，将种也，请得军法行酒。’有诏可。酒酣，章进歌儛⑤，已而复曰：‘请为太后《耕田歌》⑥。’太后笑曰：‘顾汝父知田耳⑦，若生而为王者子⑧，安知田乎？’曰：‘臣知之。深耕广种⑨，立苗欲疏，非其种者，锄而去之。’太后默然。顷之，诸吕有亡酒者，章拔剑追斩之，而还报曰：‘有亡酒一人，臣谨行军法斩之。’太后左右大惊。业许之矣，无以罪也。自是诸吕畏惮，虽大臣亦皆依之。”高后崩，诸吕作乱，欲危社稷，章与周勃共诛灭之，尊立文帝，封城阳王⑩，赐黄金千金。立二年薨。

注释

①见《汉书·高五王传》。文字略异。

②朱虚：古县名，治所在今山东临朐东南。刘章：汉高祖刘邦之孙。刘章封为朱虚侯在吕后二年（前186）。

③齐悼惠王：即刘肥，汉高祖刘邦之子，以高祖六年（前201）封王。

④酒吏：掌酒的人。

⑤儛：同“舞”。《汉书》作“舞”。

⑥此句《汉书》作“请为太后言耕田”。《史记·齐悼惠王世家》作“请为太后言《耕田歌》”。《汉书》颜师古注曰：“欲申讽喻也。”

⑦顾：念。汝父：此指高祖。

⑧若：代词，汝。

⑨广：《汉书》作“概”，《史记》同。

⑩城阳：郡国名。西汉初置郡，文帝二年（前178）改为国，封刘章为城阳王。治所在今山东莒县。

译文

谨按：《汉书》上讲：“朱虚侯刘章，是齐悼惠王的儿子，高祖刘邦的孙子，值宿守卫长安，年纪二十岁，有气力。高后摄政，诸吕擅权放纵，刘章私底下痛恨他们。有次刘章进入宫中侍奉宴饮，他担任掌酒令，主动请求说：‘我是将军的后代，请按军法饮酒。’太后下诏称许可。酒喝得正酣畅，刘章进献歌舞，之后又说：‘请为太后吟唱《耕田歌》。’太后笑着说：‘想来你的祖父倒是懂得耕田，你生来就是王者之子，怎知道耕田呢？’刘章回答说：‘我知道的。深耕广种，栽苗要疏，不是同种的，将它们锄掉。’太后沉默不语。不一会儿，吕姓族人中有位避酒逃走的，刘章拔出剑追上去把他斩了，然后回来上报说：‘有人避酒逃亡，我谨奉军法将他斩了。’太后左右的人大惊失色。既已答应刘章按军法饮酒，不好加罪于他。从此吕氏族人都畏惧他，即使大臣也都听从他。”高后死后，吕氏宗族作乱，想危害社稷，刘章与周勃一起诛灭了诸吕，尊立文帝，刘章被封为城阳王，赏赐黄金千斤。他被立为城阳王的第二年就去世了。

原文 城阳，今莒县是也。自琅琊、青州六郡及渤海都邑、乡亭、聚落[①]，皆为立祠，造饰五二千石车[②]，商人次第为之，立服带绶，备置官属，烹杀讴歌，纷籍连日，转相诳曜③，言有神明，其谴问祸福立应，历载弥久，莫之匡纠④。唯乐安太守陈蕃、济南相曹操一切禁绝⑤，肃然政清。陈、曹之后，稍复如故，安有鬼神能为病者哉！

注释

①琅琊：一作琅邪。郡国名。秦置郡。东汉改为国，移治开阳（今山东临沂北）。青州六郡：青州为汉武帝所置十三刺史部之一，其管辖的六郡为济南、乐安、齐国、北海、东莱、平原。聚落：村落。

②五二千石车：二千石车五辆。

③诳曜：欺骗迷惑。诳，欺骗；曜，炫耀、显示。

④匡纠：纠正。匡，正；纠，纠正。

⑤乐安：郡、国名。汉千乘郡，后汉改曰乐安国，治临济（今山东高苑西北）。陈蕃：参见《愆礼》篇“山阳太守汝南薛恭祖”条注。曹操：即魏武帝。字孟德，谯（今安徽亳州）人。曹操于东汉灵帝光和末年任济南相。济南国治东平陵（今山东历城）。《三国志·魏书·武帝纪》：“光和末，迁为济南相，禁断淫祀，奸宄逃窜，郡界肃然。”裴松之注引《魏书》曰：“初，城阳景王刘章以有功于汉，故其国为立祠，青州诸郡转相仿效，济南尤盛，至六百余祠。贾人或假二千石舆服导从作倡乐，奢侈日甚，民坐贫穷，历世长吏无敢禁绝者。太祖

到，皆毁坏祠屋，止绝官吏民不得祠祀。”一切：一律。

译文 城阳，即今天的莒县。自琅琊、青州六郡以及渤海郡的都邑、乡亭、村落，都为城阳景王立祠，造二千石官员的车五辆，商人相继制造，又制作衣服绶带，设置官属，烹杀牺牲制乐歌颂，接连热闹几天，进而欺骗迷惑，称有神明，神明责问祸福立马有回应，习俗持续了很久，没有人能匡纠。只有乐安太守陈蕃、济南相曹操一律禁绝祭祀，治政清明。陈蕃、曹操去任之后，又稍稍恢复原来的样子，哪有鬼神会带来祸患的呢！

原文 予为营陵令[①]，以为章本封朱虚，并食此县。《春秋国语》：“以劳定国，能御大灾[②]。”凡在于他，尚列祀典。章，亲高祖之孙[③]，进说耕田，军法行酒，时固有大志矣。及诛诸吕，尊立太宗，功冠天下，社稷已宁[④]。同姓如此，功烈如彼，余郡禁之可也，朱虚与莒，宜常血食[⑤]。于是乃移书曰：“到闻此俗，旧多淫祀，靡财妨农，长乱积惑，其侈可忿，其愚可愍。昔仲尼不许子路之祷，晋悼不解桑林之祟。死生有命，吉凶由人，哀哉黔黎[⑥]，渐染迷谬，岂乐也哉？莫之徵耳[7]。今条下禁，申约吏民，为陈利害。其有犯者，便收朝廷。若私遗脱[8]，弥弥不绝，主者髡截[9]，叹无及已。城阳景王[10]，县甚尊之。惟王弱冠，内侍帷幄，吕氏恣睢，将危汉室，独先见识，权发酒令，抑邪扶正，忠义洪毅，其歆禋祀[11]，礼亦宜之。于驾乘烹杀，倡优男女杂错，是何谓也？三边纷拏[12]，师老器弊[13]，朝廷旰食[14]，百姓嚣然[15]。礼兴在有，年饥则损。自今听岁再祀[16]，备物而已，不得杀牛，远迎他倡，赋会宗落[17]，造设纷华。方廉察之[18]，明为身计，而复僭失，罚与上同。明除见处，勿后中觉。”

注释

①营陵：古县名。东汉属北海国，治今山东昌乐。朱虚县在其西南。

②《国语·鲁语上》：“夫圣王之制祀也，法施于民则祀之，以死勤事则祀之，以劳定国则祀之，能御大灾则祀之，能捍大患则祀之。非是族也，不在祀典。”

③亲：在亲戚称谓前加以“亲”字，以示其为直系亲属或最亲近之戚属。

④已：同“以”，因此。

⑤血食：谓受享祭品。古代杀牲取血以祭，故称。

⑥黔黎：黔首、黎民的合称。指百姓。

⑦徵：通“惩”。

⑧遗脱：谓漏于法禁之外。

⑨髡截：剃发之刑。

⑩城阳景王：城阳王刘章卒后谥“景”，故称。

⑪歆：享。禋（yīn）祀：这里泛指祭祀。

⑫三边：指北、西、南三边，又称三方或三垂。此泛指边境。纷拏：战事纷乱。

⑬师老：谓军队长期驻扎在外。老，久于其事。器弊：谓战具毁坏。

⑭旰（gàn）食：晚食，犹言不能按时吃饭。旰，晚。

⑮嚣然：忧愁貌。

⑯再祀：两祀。

⑰赋会：赋敛资财。宗落：家族村落。

⑱廉察：查访。

译文 我担任营陵县令时，认为刘章封地在朱虚，并食禄本县。《国语》上讲：“凭功劳平定国家，能抵御大灾难的应该祭祀。”大凡对于他族，尚且在祭祀之列。刘章，是高祖嫡亲的孙子，用耕田之事来进劝讽喻，用军法来行酒令，当时就胸怀大志了。后来诛灭诸吕，尊立文帝，功盖天下，社稷因此安宁。刘氏宗族中出了像他那样的人，有上述丰功伟烈，其他郡禁止祭祀他尚可，朱虚县与莒县，应经常祭祀他。于是发布文告说："到任后听说此地风俗，过去有过多的祭祀，浪费钱财妨害农事，助长混乱，使民众越来越迷惑，这种奢侈让人气愤，这种愚昧令人同情。从前孔子生了病不答应子路祷告，晋悼公不因桑林的鬼祟之说而祷祠以除灾。死生有命，吉凶在人，可悲呀老百姓，渐渐被谬说所迷惑，难道乐在其中吗？只是没人惩戒罢了。现今颁下禁令，告诫约束吏民，向他们陈说利害。假如有违犯的，立即由朝廷收押。若私自逃脱于法禁之外，继续这样干下去，为首的处以髡刑，叹悔也来不及了。城阳景王，本县很尊崇他。念及他弱冠之时，充任宫禁侍卫，诸吕放纵暴戾，想危害汉室，他独具远见卓识，姑且发布酒令，抑邪扶正，忠义刚直果决，他配享祭祀，在礼义上也合适。至于置办车驾，烹杀牺牲，唱戏的男男女女混杂一起，这是为什么呢？边境战事纷乱，军队疲惫武备弛废，朝廷日夜操劳，百姓愁眉苦脸。祭礼在年成好时则兴盛，年成歉收时则减损。从今往后听任每年祭祀两次，准备祭品就够了，不得杀牛祭祀，不得到远处迎接表演歌舞杂戏的艺人，不得到宗族村落赋敛资财，不得置办得奢侈华美。正要查访这些事情，希望众人清楚地为自身考虑，如果还有再犯的，处罚跟上面一样。要明确改正，不要中途后悔。”

九江浚遒有唐、居山

原文 九江浚遒有唐、居山①，各有神②，众巫共为取公妪③，岁易④。男不得复娶，女不得复嫁，百姓苦之。谨按：时太守宋均到官⑤，主者白出钱给聘男女。均曰：“众巫与神合契⑥，知其旨欲，卒取小民不相当。”于是敕条巫家男女以备公妪⑦。巫扣头服罪，乃杀之，是后遂绝。

注释 ①浚遒：古县名。九江郡属县，故地在今安徽合肥东。浚，原作“逡”,《汉书·地理志》《续汉书·郡国志》和《后汉书·宋均传》俱作“浚”，今据改。

②各：原作“名”，据《群书拾补》改。

③《后汉书·宋均传》李贤注："以男为山公，以女为山妪，犹祭之有尸主也。"

④此句《后汉书·宋均传》作"岁岁改易"。

⑤宋均：参见《正失》篇"宋均令虎渡江"条注。

⑥合契：融洽，意气相投。

⑦敕条：朝廷所颁列的法律条款。这里指官府下达公告。《后汉书·宋均传》载："均乃下书曰：'自今以后，为山娶者皆娶巫家，勿扰良民。'"

译文 九江郡浚遒县有唐、居两座山，各有山神，众巫一起为山神选定配偶，每年更换。做过山神配偶的男子不得再娶，女子不得再嫁，百姓对此感到苦恼。

谨按：当时太守宋均到任，主事者称要出钱为山神聘配偶。宋均说："众巫和山神意气相投，知道山神的意图，若一律选取小民，不能满足山神的愿望。"于是下令选取巫家的男女来献给山神当配偶。众巫叩头服罪，于是杀了他们，之后这一风俗于是绝迹。

会稽俗多淫祀

原文 会稽俗多淫祀①，好卜筮，民一以牛祭，巫祝赋敛受谢，民畏其口，惧被祟，不敢拒逆。是以财尽于鬼神，产匮于祭祀。或贫家不能以时祀，至竟言不敢食牛肉，或发病且死，先为牛鸣。其畏惧如此。

谨按：时太守司空第五伦到官②，先禁绝之。掾吏皆谏，伦曰："夫建功立事在敢断，为政当信经义，经言'淫祀无福'，'非其鬼而祭之，谄也③'。律'不得屠杀少齿④'。令鬼神有知，不妄饮食民间；使其无知，又何能祸人？"遂移书属县，晓谕百姓，民不得有出门之祀。督课部吏，张设罪罚，犯，尉以下坐⑤。巫祝依托鬼神⑥，恐怖愚民，皆按论之，有屠牛辄行罚。民初恐怖，颇摇动不安，或接祝妄言⑦，伦敕之愈急，后遂断，无复有祸祟矣。

注释 ①会稽：郡名。秦置。汉沿置，治吴（今江苏吴县）。东汉顺帝时分置吴郡，会稽郡治所徙山阴（今浙江绍兴）。

②第五伦：字伯鱼。"第五"是姓，"伦"是名。京兆长陵（今陕西咸阳东北）人。初为郡吏、乡啬夫。因官久不得升，携

家客居河东。后京兆尹阎兴召为主簿，署督铸钱掾。建武二十七年（51），举孝廉，补淮阳国医工长。次年，拜会稽太守。明帝初，免归乡里。数岁，任宕渠令、蜀郡太守。荐举贤才，时以为知人。章帝时，迁司空。元和三年（86），以病免。

③所引二句见《礼记·曲礼》《论语·为政》。

④少齿：指幼畜。汉人称牛马年龄为齿。

⑤尉：通“罻”，网。此作动词用，引申为系狱的意思。

⑥巫祝：原作“坐祀”，今据《后汉书·第五伦传》改。

⑦此句《后汉书·第五伦传》作“或祝诅妄言”。

译文

会稽郡有祭祀过滥的风俗，喜好卜筮，民众一律用牛来祭祀，巫祝赋敛民财接受馈赠，民众害怕巫祝之言，担心被鬼神作祟祸人，不敢违抗。家财因此用尽在鬼神上，产业花光在祭祀上。有的贫家不能按时祭祀，以至于始终不敢吃牛肉，还有的得病将死时，先发出牛叫声。他们竟畏惧到这种地步。

谨按：当时任太守、后官至司空的第五伦到任后，首先禁绝这一习俗。属官都劝阻他，第五伦说：“建功立业在于果断，治政应当信守经书上的大义，经书上称‘过多的祭祀没有福报’，‘不是应当祭祀的鬼神却去祭祀，这是谄媚’。法令上规定‘不得屠杀幼畜’。若鬼神有知，不会胡乱在民间吃喝；若鬼神无知，又怎能祸害人?”于是颁发文书到属县，晓谕百姓，民众不得有出门之祭。督促部下属吏，公布罪罚条令，有违犯条令的，尉以下的连坐。巫祝假借鬼神，使愚民惊恐不安，都按照条令论罪，有杀牛的就治他的罪。民众起初恐惧，很是惊慌不安，有的巫祝诅咒乱言，第五伦的条令越来越严厉，后来这一习俗终于绝迹，不再借鬼神作怪祸人。

鲍君神

原文 谨按：汝南鲖阳有于田得麏者[①]，其主未往取也。商车十余乘经泽中行，望见此麏著绳，因持去。念其不事，持一鲍鱼置其处[②]。有顷，其主往，不见所得麏，反见鲍鱼，泽中非人道路，怪其如是，大以为神，转相告语，治病求福，多有效验。因为起祀舍，众巫数十，帷帐钟鼓，方数百里皆来祷祀，号鲍君神。其后数年，鲍鱼主来历祠下，寻问其故，曰："此我鱼也，当有何神！"上堂取之，遂从此坏。传曰："物之所聚斯有神。"言人共奖成之耳③。

注释

①鲖（tóng）阳：古县名，治今安徽临泉西北鲖城。麏（jūn）：同"麇"，獐子。

②鲍鱼：盐渍的鱼。

③奖：夸誉。此为吹嘘之意。

译文

谨按：汝南郡鲖阳县有个猎人在田野里网到一只獐子，这时猎主还没有到网前取走它。恰巧有十余辆商人车队从水泽旁经过，望见这只獐子触上网绳，于是把獐子取走了。商人考虑到这是不劳而获，就把一条鲍鱼放在网上。不久，猎主来到，不见自己猎到的獐子，反而看见一条鲍鱼，水泽当中又没有人通行的道路，所以对这件事感到奇怪，认为神奇极了。于是人们辗转相告，有人还向鲍鱼祷祝用来治病求福，还常常有应验的时候。因此建起祠堂庙舍，有几十个巫师，设置帷帐、钟鼓，方圆数百里的人都来祈祷祭祀，称为鲍君神。过了几年，放置鲍鱼的主人来到这里，经过祠堂，询问建立祠堂的原因，说："这条鲍鱼是我的，哪有什么神！”于是进祠堂把鲍鱼拿走，从此祠堂就衰败了。经传上讲：“各种事物聚合在一起，便出现了神。”这是说神是由人们共同吹嘘造成的。

李君神

原文 谨按：汝南南顿张助[①]，于田中种禾，见李核，意欲持去，顾见空桑中有土，因殖种，以余浆溉灌。后人见桑中反复生李，转相告语。有病目痛者，息阴下，言李君令我目愈，谢以一豚。目痛小疾，亦行自愈。众犬吠声，因盲者得视，远近翕赫[②]，其下车骑常数千百，酒肉滂沱[③]。间一岁余，张助远出来还，见之，惊云：“此有何神，乃我所种耳！”因就斮也[④]。

注释 ①南顿：古县名，故地在今河南项城西。

②翕赫：形容声势很大。《文选·扬雄〈甘泉赋〉》：“翕赫曶霍，雾集而蒙合兮，半散昭烂，粲以成章。”李善注：“翕赫，

盛貌。”

③滂沱：形容丰盛。《抱朴子·道意》：“远近翕然，同来请福，常车马填溢，酒肉滂沱。”

④斮（zhuó）：斩、砍。

译文

谨按：汝南郡南顿人张助，在地里种庄稼时，发现地上有一枚李子核，便想带回家去，回头看见一棵枯空的桑树树干里有土，于是就把李核种进去，用喝剩下的水浇灌。后来有人看见桑树中生出李树，辗转相告。有个有眼疾的人，在桑树下乘凉，说李君使我眼病痊愈，我就献上一头小猪答谢。本来眼痛只是小病，不久自然就好了。一犬吠形，百犬吠声，由此编出了瞎子复明的奇谈，结果远近都轰动了。这棵李树下常有成百上千的车马来祭祀，酒肉很丰盛。就这样过了一年多，张助出远门回来，看见这个情形，吃惊地说：“这里有什么神，不过是我种的李树罢了！”于是上前把李树砍掉了。

石贤士神

原文 谨按：汝南汝阳彭氏墓路头立一石人①，在石兽后。田家老母，到市买数片饵②，暑热行疲，顿息石人下小瞑③，遗一片饵去，忽不自觉。行道人有见者，时客适会，问何因有是饵，客聊调之："石人能治病，愈者来谢之。"转语："头病者摩石人头，腹痛者摩其腹，亦还自摩，他处放此④。"凡人病自愈者，因言得其福力，号曰贤士。辎辇毂击⑤，帷帐绛天⑥，丝竹之音，闻数十里。尉部常往护视⑦，数年亦自歇沫⑧，复其故矣。

注释 ①汝阳：古县名，故地在今河南商水。

②饵：《御览》卷七四一引作"饼"，《抱朴子·道意》亦引作"饼"，二字形义俱近。

③小瞑：小睡。

④放：通"仿"。

⑤辎辇：此处泛指车辆。毂击：车毂相击，形容车辆之多。

⑥绛天：把天空染为红色。

⑦尉部：官名。分掌一部之都尉，汉代都尉于郡内分部而治。

⑧歇沫：停息。

译文

谨按：汝南郡汝阳人彭氏墓道前立一石人，在石兽的后面。有位农家老妇人，到市场上去买了几片糕饼，天热走累了，在石人下休息小睡了一会，遗落一片糕饼，自己没有发觉。有一位过路的人看见了它，正好有人经过那里，问石人下为何有这片糕饼，那人开玩笑说："石人能治病，治好病的人拿来感谢它。"结果传言："头痛的人抚摸石人的头，腹痛的人抚摸石人的腹，然后抚摸自己相同的部位，身体别的部位有病也仿效这么去做。"凡是病愈的人，都说得到了石人的福力，称石人为贤士。车辆错杂拥挤，帷帐使天空映红一片，音乐之声传遍数十里。郡内的都尉常常去那里护卫视察，几年之后这一情形自行停息，又恢复到原来的样子。

世间多有亡人魄持其家语声气，所说良是

原文 谨按：陈国张汉直到南阳①，从京兆尹延叔坚读《左氏传》②。行后数月，鬼物持其女弟言③：“我病死，丧在陌上，常苦饥寒。操一量不借④，挂屋后楮上⑤。傅子方送我五百钱，在北墉中⑥，皆亡取之⑦。又买李幼一头牛，本券在书箧中。”往求索之，悉如其言。妇尚不知有此妹，新从聓家来⑧，非其所及。家人哀伤，益以为审。父母诸弟，衰绖到来迎丧，去精舍数里⑨，遇汉直与诸生十余人相随。汉直顾见其家，怪其如此。家见汉直，谓其鬼也，惝惘良久⑩。汉直乃前为父拜，说其本末，且悲且喜。凡所闻见，若此非一。

注释 ①陈国：封国名。汉高祖十一年（前196）置淮阳国，东汉章帝章和二年（88）改为陈国，治陈县（今河南淮阳）。

②京兆尹：官名。汉太初元年（前104）改右内史置，分原右内史东半部为其辖区，职掌相当于郡太守。因地属畿辅，故不称郡。延叔坚：即延笃，东汉南阳人。曾为京兆尹，后以

病免归。《后汉书》有传。

③鬼物：鬼，鬼怪。女弟：妹。

④操：作，编。一量：一双。量，同“两”，双。不借：麻鞋。《方言》云：“丝作之者谓之履，麻作之者谓之不借。”

⑤楮（chǔ）：木名，即构树。

⑥墉：此指住宅的墙壁。

⑦亡：通“忘”。

⑧聓：同“婿”。

⑨精舍：学舍，书斋。

⑩惝惘：亦作“惝罔”，惊惧貌。《楚辞·严忌〈哀时命〉》：“怅惝罔以永思兮，心纡轸而增伤。”洪兴祖补注：“惝，惊也。”

译文

谨按：陈国人张汉直到南阳郡，跟随京兆尹延叔坚研读《左氏传》。离家后过了几个月，有鬼怪找到他妹妹说：“我病死了，死在路上，常常受饥寒之苦。家里编的一双麻鞋，挂在屋后楮树上。傅子方送给我的五百文钱，放在房子北面的墙缝里，我走时都忘记带上。另外买李幼那头牛，契据放在小书箱中。”张汉直的妹妹回娘家寻找这些东西，都跟所说的情况一样。张汉直的媳妇并不知道有这个妹妹，刚从夫婿家来，不是她所能接触到。张汉直家人很悲伤，更加确信他死了。他的父母和各位弟弟，都穿上丧服到南阳来迎丧，在离学舍几里远的地方，遇见张汉直与十几位同学在一起。张汉直看见家人，对他们来迎丧感到奇怪。家里的人看见张汉直，认为是鬼，惊得愣了半天。张汉直于是走上前向父亲跪拜，说起事情的来龙去脉，一家人悲喜交加。所见所闻，像这样的不止一件。

原文 夫死者，澌也[①]；鬼者，归也，精气消越，骨肉归于土也。夏后氏用明器，殷人用祭器，周人兼用之，视民疑也[②]。子贡问孔子："死者其有知乎？"曰："赐，尔死自知之，由未晚也[③]。"董无心云[④]："杜伯死，亲射宣王于镐京[⑤]。"子以为桀、纣所杀，足以成军，可不须汤、武之众。古事既察，且复以今验之。人相啖食，甚于畜生。凡菜肝鳖瘕[⑥]，尚能病人，人用物精多，有生之最灵者也，何不芥蒂于其胸腹而割裂之哉[⑦]！犹死者无知审矣[⑧]，而时有汉直为狗鼠之所为[⑨]。

注释 ①澌（sī）：尽。

②视：通"示"。《礼记·檀弓上》："仲宪言于曾子曰：'夏后氏用明器，示民无知也；殷人用祭器，示民有知也；周人兼

用之，示民疑也。’曾子曰：‘其不然乎！其不然乎！夫明器，鬼器也；祭器，人器也。夫古之人，胡为而死其亲乎！’”明器：冥器。古代随葬的器物。

③由：通“犹”。《说苑·辨物》：“子贡问孔子：‘死人有知无知也?’孔子曰：‘吾欲言死者有知也，恐孝子顺孙妨生以送死也；欲言无知，恐不孝子孙弃不葬也。赐欲知死人有知将无知也？死徐自知之，犹未晚也。’”

④董无心：战国时人，著有《董子》一篇，已佚。

⑤杜伯：周宣王时大臣。镐京：西周都城，故地在今陕西西安。《墨子·明鬼下》：“周宣王杀其臣杜伯而不辜。杜伯曰：‘吾君杀我而不辜，若以死者为无知则止矣；若死而有知，不出三年，必使吾君知之。’其三年，周宣王合诸侯而田于圃，田车数百乘，从数千，人满野。日中，杜伯乘白马素车，朱衣冠，执朱弓，挟朱矢，追周宣王，射之车上，中心折脊，殪车中，伏弢而死。”

⑥菜肝：王利器认为当作“马肝”。《论衡·言毒》：“食走马之肝杀人。”瘕：虾之借字。

⑦芥蒂：细小的梗塞物。

⑧审：清楚，明白。

⑨狗鼠：比喻品行卑劣的人。

译文 死，即尽的意思；鬼，即归的意思，是说人的精气消失，骨肉化在土中。夏后氏殉葬用冥器，殷人用祭器，周人兼用冥器和祭器，是让人知道他们不认为死者有知，也不认为死者无知。子贡问孔子："死人有知觉吗？"孔子回答说："赐，你死的时候自然就知道了，到那时知道还不算晚。"董无心说："杜伯死后，他的鬼魂亲手将周宣王射死在镐京。"我认为假如这样，桀、纣所杀的人，足以组成大军，不需要仰仗汤、武之众。古事既已明察，再用今天之事来验证。人吃的东西，甚于畜生。大凡马肝鳖虾，尚能使人生病，人食用的东西很多，是有生命的万物中最有灵性的，怎能不梗塞在胸腹中将吃人者割裂呢？死者没有知觉是明白无疑的了，而当今的张汉直的故事，是由品行卑劣的人所编造的。

世间亡者，多有见神[1]

原文 世间亡者，多有见神，语言饮食，其家信以为是，益用悲伤[②]。

谨按：司空南阳来季德停丧在殡[③]，忽然坐祭床上[④]，颜色服饰，声气熟是也。孙儿妇女，以次教诫，事有条贯，鞭挞奴婢，皆得其过[⑤]。饮食饱满，辞诀而去，家人大哀剥断绝[⑥]。如是三四，家益厌苦。其后饮醉形坏，但得老狗，便朴杀之，推问里头沽酒家狗。

注释

①"谨按"前数句原是标题，今取首句作标题。下"世间多有狗作变怪"条同。

②用：因此。

③来季德：名艳，字季德，南阳新野（今河南新野）人。官历太常、司空等职。停丧在殡：殓而待葬。古代习俗，死者殡在屋内，择吉日而葬。

④祭床：摆设祭品的案桌。

⑤得：谓惩罚与过失相当。

⑥哀剥断绝：谓极度悲伤。

译文

世间死者，大多显现神灵，能说话饮食，他的家人确信无疑，更加因此悲伤。

谨按：司空南阳郡人来季德，死后殓棺殡在屋里待葬，忽然坐到祭床上，面色服饰，声音语气都是人们熟悉的那个样子。对儿孙媳妇，依次训诫，事情做得很有条理，鞭打奴婢，都跟他们的过失相当。吃饱喝足后，与家人诀别后离去，家人都极其悲伤。这样重复了三四次，家里人感到很厌烦。后来他喝酒醉后露出原形，只是一只老狗，于是把它扑杀了，到村头乡里查访，原来是卖酒人家的狗。

世间多有狗作变怪

原文 世间多有狗作变怪，朴杀之[①]，以血涂门户，然众得咎殃[②]。

谨按：桂阳太守汝南李叔坚[③]，少时，为从事。在家，狗人立行[④]，家言当杀之。叔坚云："犬马喻君子，狗见人行，效之何伤?"叔坚见县令还，解冠榻上，狗戴持走，家大惊。时复云："误触冠，冠缨挂著之耳[⑤]。"狗于灶前蓄火，家益怔忪[⑥]。复云："儿婢皆在田中，狗助蓄火，幸可不烦邻里，此有何恶?"里中相骂，不言无狗怪，遂不肯杀。后数日，狗自暴死，卒无纤介之异[7]。叔坚辟太尉掾、固陵长、原武令[8]，终享大位。子条蜀郡都尉，威龙司徒掾。

凡变怪，皆妇女下贱。何者？小人愚而善畏，欲信其说，类复裨增，文人亦不证察[9]，与俱悼慑[10]，邪气承虚，故速咎证[11]。《易》曰：“其亡，斯自取灾[12]。”若叔坚者，心固于金石，妖至而不惧，自求多福，壮矣乎！

昔晋文公出猎，见大蛇，高如堤，其长竟路[13]。文公曰：“天子见妖则修德，诸侯修政，大夫修官，士修身。”乃即斋馆，忘食与寝，请庙曰：“孤牺牲瘯蠡[14]，币帛不厚，罪一也；游逸无度，不恤国政，罪二也；赋役重数[15]，刑罚懆克[16]，罪三也。有三罪矣，敢逃死乎！”其夜，守蛇吏梦天杀蛇，曰：“何故当圣君道为?”及明视之，则已臭烂。

武帝时迷于鬼神，尤信越巫，董仲舒数以为言。武帝欲验其道，令巫诅仲舒，仲舒朝服南面，诵咏经论[17]，不能伤害，而巫者忽死。

注释

①朴：通“扑”，击。

②众：王利器认为“众”古通“终”。

③桂阳：郡名。汉高祖时置，治郴县（今湖南郴州）。

④人立行：像人一样站立起来用两只脚行走。

⑤缨：系在颈下的冠带。

⑥怔忪：惊恐不安。

⑦纤介：喻细微。介，通“芥”。

⑧固陵：东汉无此县。原武：古县名，西汉置。治所在今河南原阳。汉制，县万户以上置令，不满万户置长。

⑨文人：疑当作“大人”，谓正人君子。证察：考证审察。

⑩悼慑：惧怕。悼，害怕、恐惧。《说文解字·心部》：“悼，惧也。”慑，害怕。《广韵·叶部》：“慑，怖也，失常也，失气也。”

⑪速：招致。咎证：灾祸应验。

⑫《周易·否卦》九五爻辞云：“其亡其亡，系于苞桑。”又《周易·旅卦》初六爻辞云：“旅琐琐，斯其所取灾。”

⑬竟：终。

⑭瘯蠡（cù luǒ）：皮肤病。指六畜疥癣之疾。

⑮重数：苛繁。

⑯憯克：惨酷严急。憯，同“惨”；克，同“刻”，苛严、刻薄。

⑰经论：佛教指三藏中的经藏与论藏。此指儒家经典。

译文 世间常有狗变作精怪，将它扑杀，用血涂在门户上，这样才能免除祸殃。

谨按：桂阳太守汝南人李叔坚，年轻的时候，担任从事。居家时，他家的狗像人一样站立着行走，家里的人说应杀掉它。李叔坚说："犬马常用来比喻君子，狗见人行走，仿效人又有什么关系呢？"李叔坚见县令后回到家里，将帽子解下放置榻上，狗戴上帽子跑，家里人大为吃惊。李叔坚又说："它误碰帽子，帽带挂在它的头上罢了。"狗又在灶前积储火种，家里人更加惊惧不安。李叔坚再次说："儿子婢女都在田头干活，狗帮助积储火种，正好可以不再麻烦乡邻，这有什么坏处？"邻里骂詈，叔坚仍声称没有狗怪，不肯杀狗。过了几天，狗突然自己死掉，李家始终没有丝毫灾异发生。叔坚被征召为太尉掾、固陵长、原武令，最终享有高位。他的儿子李条担任蜀郡都尉，李威龙担任司徒的属官。

大凡变异妖怪之事，都是妇女卑贱之人编造出来的。为什么呢？地位低下的人愚蠢而且容易畏惧，主观上相信怪异的传闻，这样的事越传越神，正人君子也不考证明察，和他们一起担惊受怕，邪气乘虚而入，所以招致灾祸应验。《周易》上说："危险啊，这是自我招致祸殃。"像李叔坚，心比金石还坚定，妖怪来到而不惊惧，以求得更多的福分，真有气魄啊！

从前晋文公出外狩猎，见到一条大蛇，高如土堤，身子和道路一样长。文公说："天子看见妖怪就修养德行，诸侯看见就修明政治，大夫看见就整饬吏治，士看见就陶冶身心。"于是到斋馆，废寝忘食，到宗庙祷告说："我供奉的牺牲有疥癣之疾，币帛不丰厚，这是第一条罪过；游玩没有节制，不体恤国政，这是第二条罪过；赋役繁苛，刑罚严酷，这是第三条罪过。有这三条罪过，怎敢免除一死呢！"这天夜里守护大蛇的官吏梦见上天杀死大蛇，说："为什么要挡住圣君的道路呢？"到天明看那条蛇，已经发臭变烂了。

汉武帝迷信鬼神，尤其相信越地巫术，董仲舒几次劝谏。汉武帝想试一下巫术是否灵验，就让巫师诅咒董仲舒，董仲舒穿着朝服朝南而坐，吟诵经书，结果不能伤害他，反而是巫师突然死去。

世间多有精物妖怪百端

原文 谨按：鲁相右扶风臧仲英为侍御史①，家人作食，设桉②，欻有不清尘土投污之③。炊临熟，不知釜处。兵弩自行，火从箧簏中起④，衣物烧尽，而簏故完。妇女婢使悉亡其镜，数日堂下掷庭中，有人声言："汝镜。"女孙年三四岁，亡之，求不能得，二三日乃于清中粪下啼⑤。若此非一。

注释 ①右扶风：古地区名。东汉治所在槐里（今陕西兴平东南）。侍御史：官名。在御史大夫下，或给事殿中，或奉使外出，掌举动、督察诸职。

②桉：同"案"。

③欻（xū）：突然。

④箧簏（qiè lù）：盛衣物的竹箱。

⑤清：厕所。

译文 谨按：官至鲁相的右扶风人臧仲英担任侍御史时，家里人做好饭，摆上几案，突然有不干净的泥土掉在上面弄脏了它。食物要煮熟的时候，不知道煮食物的锅到什么地方去了。兵器弓箭会自己移动，火从竹箱子中燃起，衣服烧光了，但是竹箱子却完好无损。妻子、女儿和女仆的镜子都不见了，过了几天，镜子从堂下扔到庭院里，有个声音说："还你们镜子。"孙女年龄三四岁，失踪了，到处找不到，两三天后才发现她在厕所粪堆里啼哭。像这样的怪事不一而足。

原文 汝南有许季山者，素善卜卦，言："家当有老青狗物[1]，内中婉御者益喜与为之[2]。诚欲绝，杀此狗，遣益喜归乡里。"皆如其言，因断无纤介[3]，仲英迁太尉长史[4]。

注释 ①狗物：犹言"狗魅"。

②此句《搜神记》卷三作"内中侍御者名益喜，与共为之"。

③断无：绝无。纤介：细微。指细微之祸。

④太尉长史：官名。太尉的属官，署诸曹事，秩一千石。

译文 汝南人许季山，平时善于卜卦，说："你家有一只老黑狗鬼魅，内庭中有个侍者叫益喜的与它共同作怪。诚心想灭绝怪事，就杀掉这条狗，打发益喜回老家去。"臧仲英全都按许季山的话去做，因此再无丝毫灾异之事，后来臧仲英升迁为太尉长史。

原文 汝南汝阳西门亭有鬼魅[①]，宾客宿止，有死亡，其厉厌者[②]，皆亡发失精。寻问其故，云：“先时颇已有怪物，其后，郡侍奉掾宜禄郑奇来[③]，去亭六七里，有一端正妇人，乞得寄载。奇初难之，然后上车。入亭，趋至楼下，吏卒檄白[④]：‘楼不可上。’奇云：‘我不恶也。’时亦昏冥，遂上楼，与妇人栖宿，未明发去。亭卒上楼扫除，见死妇，大惊，走白亭长。亭长击鼓会诸庐吏[⑤]，共集诊之[⑥]，乃亭西北八里吴氏妇，新亡，以夜临殡，火灭，火至失之，家即持去。奇发行数里，腹痛，到南顿利阳亭加剧[⑦]，物故[⑧]，楼遂无敢复上[⑨]。”

注释 ①汝阳：古县名。属汝南郡，治今河南商丘西北。亭：亭传。古代供旅客和传递公文的人途中歇宿的处所。

②厉厌：受害严重。厉，厉害，严重。厌，损害。

③郡侍奉掾：郡守自辟的属官，负责侍从左右，处理日常事务。宜禄：古县名。属汝南郡，故地在今河南沈丘。

④徼：阻拦。白：告白。

⑤庐吏：谓亭所属的里等乡下行政小吏。

⑥诊：察看。

⑦南顿：古县名。属汝南郡，故地在今河南项城西南。

⑧物故：病死。

⑨事又见《搜神记》卷十六。

译文 汝南郡汝阳县西门的亭传有鬼魅出现，旅客在那里留宿，常有人死去，其中受害严重的，都没有了头发失去了精髓。寻问这事的缘故，称："先前就已经常有怪物，此后郡侍奉掾宜禄县人郑奇来到这里，在距离亭传六七里路的地方，有一个长相端正的妇人要求搭车。郑奇起初感到为难，后来叫她坐上车。进了亭传，走到楼下，亭卒阻拦说：'不要上楼去。'郑奇说：'我不嫌弃。'当时天色已晚，郑奇便上楼去，与那妇人睡觉，第二天天不亮就出发走了。亭卒上楼去打扫，见到一个已死的妇人，大吃一惊，跑去告诉亭长。亭长击鼓召集各里庐吏，一起来察看这个妇人，原来是亭传西北八里的吴家妇人，死去不久，晚上要装殓时灯灭，等再点亮灯，尸体不见了，吴家就将妇人尸体领回家去。郑奇出发走了几里，肚子痛起来，走到南顿县利阳亭时疼痛加剧，死去。这楼于是再没人敢上去了。"

原文 谨按：北部督邮西平郅伯夷①，年三十所②，大有才决，长沙太守郅君章孙也③。日晡时到亭，敕前导入。录事掾白："今尚早，可至前亭。"曰："欲作文书，便留。"吏卒惶怖，言当解去，传云："督邮欲于楼上观望，亟扫除。"须臾便上。未冥楼镫④，阶下复有火，敕："我思道，不可见火，灭去。"吏知必有变，当用赴照，但藏置壶中耳。既冥，整服坐诵《六甲》《孝经》《易本》讫⑤，卧有顷，更转东首，絜巾结两足帻冠之⑥，密拔剑解带。夜时，有正黑者四五尺，稍高，走至柱屋⑦，因覆伯夷。伯夷持被掩足，跣脱几失⑧，再三，徐以剑带系魅脚，呼下火上，照视老狸正赤，略无衣毛，持下烧杀。明旦发楼屋，得所髡人结百余⑨，因从此绝。伯夷举孝廉，益阳长⑩。

注释 ①北部督邮：官名。汉制，郡有东、西、南、北、中五部督邮，为郡佐吏，职掌监督属县，宣达教令，兼司狱讼捕亡。西平：汝南郡属县，故地在今河南西平。

②所：许。

③郅君章：郅恽，字君章，汝南西平人。《后汉书》有传。

④镫（dēng）：古代照明的器具。

⑤《六甲》：书名。内容叙述道家遁甲之术。遁甲，古代方士

术数之一。《易本》：书名。内容叙述鬼神之情。

⑥絮巾：即巾帑。长布巾。

⑦柱屋：正屋。柱，用来支撑屋宇的构件。

⑧跣（xiǎn）脱：指包扎的布巾脱落而赤脚。跣，赤脚。

⑨结：头髻。

⑩益阳：长沙郡属县，故地在今湖南益阳。

译文

谨按：北部督邮西平县人郅伯夷，年纪三十岁左右，很有才干，办事决断，是长沙太守郅君章的孙子。他黄昏时来到一个供旅客和传递公文的人途中歇宿的亭传，命令进亭传住下。录事掾禀报："现在还早，可以到前面的亭传。"郅伯夷说："我想写文书，就在这里歇下吧。"吏卒惊惧不安，说是应当去向神祈求解除灾祸，传下话说："督邮想到楼上观看，立即打扫。"一会儿他就上了楼。天未黑，楼上有灯，楼梯下面有火，郅伯夷下令说："我要思考道的学问，不能见到火光，把火灭掉。"吏卒知道一定会有变故，应当用灯火去照明，只是把灯藏在壶中。天已经黑了，郅伯夷整理衣服坐下，诵读《六甲》《孝经》《易本》完毕，躺了一会，改换到床东头，用长布巾包扎发髻扎成两角帻戴在头上，悄悄拔出剑解开腰带。夜里，有一个四五尺长的很黑的东西，有些高，走到正屋，趁势盖住郅伯夷。伯夷拿被子蒙上鬼魅的脚，鬼魅光着脚板，有两三次差点让它跑掉，郅伯夷从容地用剑带系住鬼魅的脚，呼楼下的人拿灯火上来，照着看见是只赤色的老狐狸，身上几乎没有毛，把它捉去烧死了。第二天早上，打开楼上房间搜查，找到剃下的人的头髻一百多个，从此这个亭传的妖怪就绝迹了。郅伯夷被举荐为孝廉，担任益阳县令。

原文 《楚辞》云[①]："鳖令尸亡，溯江而上，到岷山下苏起，蜀人神之，尊立为王[②]。"汉淮阳太守尹齐[③]，其治严酷，死未及殓，怨家欲烧之，尸亦飞去，见于书传。楼上新妇，岂虚也哉？

注释 ①今传本《楚辞》不载。

②《御览》卷八八八引《蜀王本纪》："望帝积百余岁。荆有一人，名鳖灵，其尸亡去，荆人求之不得。鳖灵尸至蜀，复生，蜀王以为相。时玉山出水，若尧之洪水，望帝不能治水，使鳖灵决玉山，民得陆处。鳖灵治水去后，望帝与其妻通。帝自以德薄，不如鳖灵，委国授鳖灵而去，如尧之禅舜。鳖灵即位，号曰开明奇帝。"

③尹齐：西汉东郡茌平（今山东茌平）人。曾任淮阳都尉（《汉书·尹齐传》云尹齐为淮阳都尉，未为淮阳太守）、关内都尉，治政严酷，不畏避权势贵戚。

译文 《楚辞》上讲：“鳖令的尸体亡去，溯江而上，到岷山脚下苏醒过来，蜀地民众认为他神奇，把他尊立为王。”汉淮阳太守尹齐，治政严苛，死后还未下殓，仇家想烧尸，尸体同样飞走了，这事见于史书本传。西门亭楼上的新妇一事，难道是虚妄的吗？

世间多有伐木血出以为怪者

原文 谨按：桂阳太守江夏张辽叔高[①]，去鄢令[②]，家居买田，田中有大树十余围，扶疏盖数亩地[③]，播不生谷，遣客伐之，木中血出。客惊怖，归具事白叔高。叔高大怒曰：“老树汁出，此何等血。”因自严行[④]，复斫之，血大流洒。叔高使先斫其枝，上有一空处，白头公可长四五尺，忽出往赴叔高，叔高乃逆格之，凡杀四头。左右皆怖伏地，而叔高恬如也[5]。徐熟视，非人非兽也，遂伐其树。其年司空辟侍御史，后为兖州刺史[6]，以二千石之尊[7]，过乡里，荐祝祖考[8]。白日绣衣[9]，荣羡如此，其祸安居?《春秋国语》曰："木石之怪夔、魍魉[10]。"物恶能害人乎?

注释

①江夏：郡名。汉高祖时置，东汉时治西陵（今湖北武汉新洲区西）。

②鄢：即鄢陵县。属颍川郡，故地在今河南鄢陵。

③扶疏：枝叶繁盛貌。

④严行：严装而行。意即整装前往。

⑤恬如：安详自在的样子。

⑥此二句原为"其年同司空辟侍御史、兖州刺史",《御览》引作"其年召辟侍御史，后为兖州刺史"，今据改。

⑺二千石：为郡守俸禄，亦作为郡守的代称。

⑧荐祝：祭祀。荐，祭祀时献牲。祝，祝祷。祖考：祖先。

⑨白日绣衣：白天穿锦绣衣服。犹衣锦还乡之意。《史记·项羽本纪》：项羽攻占咸阳后，"人或说项王曰：'关中阻山河四塞，地肥饶，可都以霸。'项王见秦宫皆以烧残破，又心怀思欲东归，曰：'富贵不归故乡，如衣绣夜行，谁知之者！'"后遂用"衣绣夜行""衣锦夜行"等谓不能向人显示荣华富贵；

又用“衣锦还乡”“衣绣昼行”等指富贵后回乡，表示炫耀富贵荣华。

⑩此为孔子语。见《国语·鲁语》。

译文 谨按：桂阳太守江夏人张辽字叔高，辞去鄢陵令职位，回到老家买田种地，田中有一棵十多围粗的大树，枝叶繁盛，覆盖的面积有好几亩地，播种后谷物不生，派门客去砍伐这棵树，树中有血涌出。门客惊恐，回来将这事告诉张辽。张辽大怒说：“老树流出汁液，哪里是什么血！”于是亲自整装前往，再去砍树，树的血汁到处流淌。张辽叫人先砍掉树枝，见树上有一个空洞，里面出现一个白头翁，约四五尺高，突然扑到张辽的跟前，张辽就迎上去与他格斗，连续砍下四个头。左右的人都吓得趴在地上，而张辽就像没事一般。慢慢地凑上去细看，是个非人非兽的东西，于是砍掉了这棵大树。这年张辽被司空委任为侍御史，后担任兖州刺史，以郡守的尊贵身份，经过乡里，祭奠祖先。衣锦还乡，如此荣耀令人羡慕，哪有什么灾祸?《国语》上讲：“树木、石头的怪物叫夔和魍魉。”这些怪物怎能伤害人呢?

世间多有蛇作怪者

原文 谨按：车骑将军巴郡冯绲鸿卿为议郎①，发绶笥②，有二赤蛇，可长三尺，分南北走，大用忧怖。许季山孙曼字宁方③，得其先人秘要，绲请使卜，云："君后三岁，当为边将，东北四五千里，官以东为名，复五年为大将军，南征，此吉祥也。"鸿卿意解④，实应且惑。居无几，拜尚书、辽东太守、廷尉、太常。会武陵蛮夷黄高攻烧南郡⑤，鸿卿以威名素著，选登亚将⑥，统六师之任⑦，奋虓虎之势⑧。后为屯骑校尉、将作大匠、河南尹⑨，复再临理，官纪数方面⑩，如宁方之言。《春秋》："外蛇与内蛇斗⑪。"文帝时亦复有此⑫，传志著其云为，而鸿卿独以终吉，岂所谓"或得神以昌"乎？

注释 ①巴郡：郡名。治所在江州（今重庆市北）。冯绲：参见《过誉》篇"南阳五世公"条注。

②绶笥（sì）：装印绶的箱子。

③曼：许曼，字宁方。《后汉书·方术列传》："许曼者，汝南平舆人也。祖父峻，字季山，善卜占之术，多有显验，时人

方之前世京房。”

④意解：内心释然。

⑤事参见《过誉》篇“南阳五世公”条注。

⑥亚将：指车骑将军。车骑将军位次于大将军、骠骑将军，故称。

⑦六师：即六军。

⑧虓（xiāo）虎：怒吼之虎。

⑨屯骑校尉：汉时军职之称，略次于将军，掌屯田骑射之事，与中垒、步兵、越骑、长水、胡骑、射声、虎贲总称八校尉，为专掌特种军队的将领。将作大匠：官名。职掌宫室、宗庙、陵寝及其他土木营建。河南尹：东汉时都城洛阳的行政长官。

⑩纪数方面：犹言纲纪一面，即统治一方。

⑪《左传·庄公十四年》载：“初，内蛇与外蛇斗于郑南门中，内蛇死。六年而厉公入。”外蛇：在城门外的一条蛇。内蛇：在城门内的一条蛇。

⑫《汉书·五行志》载：“武帝太始四年七月，赵有蛇从郭外入，与邑中蛇斗孝文庙下，邑中蛇死。后二年秋，有卫太子事，事自赵人江充起。”此云文帝时，应劭失考。

译文 谨按：车骑将军巴郡人冯绲字鸿卿，当初担任议郎，有次打开装印绶的箱子，里面有两条红色的蛇，长约三尺，分别往南北方向爬走，他大为忧虑害怕。许季山的孙子许曼字宁方，学得前辈方术的秘诀，冯绲请他占卜，他说："您过三年会任驻守边关的将领，在东北方四五千里的地方，官名以'东'为名，再过五年担任大将军南征，这是吉祥的征兆。"冯绲放心了，希望应验又有些疑惑不解。没过多久，冯绲拜为尚书、辽东太守、廷尉、太常。碰上武陵蛮夷黄高攻打烧杀南郡，冯绲凭借平日显著的威名，被选拔为车骑将军，统率六军，奋起怒虎之威。后来担任屯骑校尉、将作大匠、河南尹，又两次为廷尉，统制一方，正如许曼所预言的。《春秋》上记载："城外之蛇与城内之蛇相斗。"文帝时也有这类事，史书详细记载了这些，而唯独冯绲最后吉利，难道是"因得到神助而发达"吗？

世间人家多有见赤白光为变怪者

原文

谨按：太尉梁国桥玄公祖为司徒长史[①]，五月末所，于中门外卧，夜半后，见东壁正白，如开门明，呼问左右，左右莫见。因起自往手扶摸之，壁自如故，还床，复见之，心大悸动。其旦，予适往候之，语次相告，因为说："乡人有董彦兴者，即许季山外孙也。其探赜索隐[②]，穷神知化，虽眭孟、京房无以过也[③]。然天性褊狭，羞于卜术。间来候师王叔茂，请起往迎。"须臾，便与俱还。公祖虚礼盛馔，下席行觞[④]。彦兴自陈："下土诸生，无他异分，币重言甘，诚有踧踖[⑤]。颇能别者，愿得从事。"公祖辞让再三，尔乃听之。曰："府君当有怪，白光如门明者，然不为害也。六月上旬鸡鸣时，南家哭声，吉也。到秋节，迁北行郡[⑥]，以金为名，位至将军、三公。"公祖曰："怪异如此，救族不暇，何能致望于所不图，此相饶耳[⑦]。"到六月九日未明，太尉杨秉暴薨[⑧]。七月二日，拜钜鹿太守[⑨]，"钜"边有金。后为度辽将军，历登三事[⑩]。今妖见此而应在彼，犹赵鞅梦童子裸歌而吴入郢也[11]。

注释

①桥玄：字公祖，东汉梁国睢阳（今河南商丘南）人。官历司空、司徒、尚书令、光禄大夫、太尉、太中大夫等职。司徒长史：司徒的属官。

②探赜（zé）索隐：探求深奥的道理和隐秘的事情。

③眭（suī）孟：名弘，西汉鲁国人。习《公羊春秋》，以推测后事。《汉书》有传。京房：字君明，西汉东郡人。治《易》以说灾变。《汉书》有传。

④行觞：此指敬酒。

⑤踧踖（cù jí）：恭敬而不安的样子。

⑥北行郡：指往北走才能到达之郡。

⑦饶：此为安慰的意思。

⑧据《后汉书·桓帝纪》，延熹八年（165）五月丙戌，太尉杨秉死，与本书所记不同。杨秉事迹详见《后汉书·杨震传》。

⑨钜鹿：郡名。东汉治所在廮陶（今河北宁晋西南）。

⑩三事：指三公太尉、司徒、司空。桥玄为度辽将军，是在桓帝末年。灵帝初，桥玄历官河南尹、少府、大鸿胪；建宁三年（170），迁司空，转司徒；光和元年（178），迁太尉，故云“历登三事”。

⑪《左传·昭公三十一年》载："十二月辛亥朔，日有食之。是夜也，赵简子梦童子裸而转以歌。旦，占诸史墨，曰：'吾梦如是，今而日食，何也？'对曰：'六年及此月也，吴其入郢乎！终亦弗克。入郢必以庚辰，日月在辰尾。庚午之日，日始有谪。火胜金，故弗克。'"六年后，即定公四年十二月庚辰，吴入郢，不久秦兵救楚，吴兵遂引去。

译文

谨按：官至太尉的梁国人桥玄字公祖，担任司徒长史，大约五月末，他在中门外睡觉，半夜以后，看见东面墙壁很白，像开门一样明亮，叫左右的人来问，左右的人看不见。于是他起床亲自前去用手抚摸，墙壁却跟原来一样，回到床上，又看见那白色的墙，心里很害怕。第二天早上，我正好去看望他，他把这情形一一告诉了我，我于是说："我有个同乡叫董彦兴的，是许季山的外孙。他探索深奥的道理和隐秘的事情，透彻了解神术及其变化，即使是眭孟、京房也不会超过他。然而他生性狭隘，认为卜卦是羞耻的事。最近他来拜望老师王叔茂，请让我去迎接他。"一会儿，我们就一起来了。桥玄态度谦虚，安排了丰盛的食物，亲自起身到桌子边敬酒。董彦兴表示："我是乡下的儒生，没有什么特别的本事，您礼节隆重言语客气，我实在感到局促不安。我稍能判断吉凶，愿意为您效劳。”桥玄再三推辞，然后把那件事说给他听。董彦兴说：“您正是有妖作怪，所以看见白色的光像开门一样明亮，但是不会有灾难。六月上旬鸡叫天亮时，听到南边人家哭，说明吉利。到了秋天，您调到北方郡任职，郡城的名称含有金字，以后职位要升迁至将军、三公。”桥玄说：“像这样怪异，拯救家族唯恐不及，怎敢奢望不敢图谋的事，这是你安慰我罢了。”到六月九日天不亮，太尉杨秉突然去世。七月二日，桥玄任钜鹿郡太守，“钜”字以金为偏旁。后来桥玄被封为度辽将军，官历三公之位。现妖异之事出现在此而应验在彼处，犹如赵鞅梦见一个小孩子光着身子合着歌曲的节拍跳舞而吴国不久进入郢都一样。

山泽第十

题解 本篇专门记叙名山大川、河渠薮泽的分布情况，对一些地理名称由来的介绍，可供研究历史地理者参考。此篇共有十九条，分别为五岳、四渎、林、麓、京、陵、丘、墟、阜、培、薮、泽、沆、沛、湖、陂、渠、沟、洫，应劭先对这些概念释义，再通过引述经典的方式进行解说，并通过字义强调地理主体在政治、文化中的尊崇地位。由于历史地理的变迁，书中记叙的一些河流湖泽今已不存，或面目全非，我们是通过本篇才了解到这些知识的。

原文 《孝经》曰[①]："圣不独立[②]，智不独治。神不过天地，同灵造虚[③]，由立五岳，设三台[④]。"传曰[⑤]："五岳视三公[⑥]，四渎视诸侯，其余或伯或子男，大小为差[⑦]。"《尚书》[⑧]："咸秩无文[⑨]。"王者报功，以次秩之，无有文也。《易》称[⑩]："山泽通气。"《礼》："名山大泽，不以封诸侯[⑪]。"故积其类曰《山泽》也。

注释 ①此为《孝经纬》文。

②此句谓圣人没有俊贤之士的辅佐不可能独撑天下。

③此句又作"造灵洞虚"。同，通"洞"，通的意思。言造设神灵通达虚境。

④三台：星名。又称天柱、天阶、泰阶、三阶、三衡、三奇、

台阶。《晋书·天文志》:“三台六星，起文昌，列抵太微。一曰天柱，三公之位也。在人曰三公，在天曰三台，主开德宣符也。西近文昌曰上台，为司命，主寿。次二星曰中台，为司中，主宗室。东二星曰下台，为司禄，主兵，所以昭德塞违也。”

⑤见《尚书大传》。

⑥五岳视三公：指祭祀五岳时所用牲币、粢盛、笾豆、爵献之数比照三公的规格。视，比照。

⑦《说苑·辨物》:“五岳何以视三公？能大布云雨焉，能大敛云雨焉。云触石而出，肤寸而合，不崇朝而雨天下，施德博大，故视三公也。四渎者，何谓也？江、河、淮、济也。四渎何以视诸侯？能荡涤垢浊焉，能通百川于海焉，能出云雨千里焉，施德甚大，故视诸侯也。山川何以视子男也？能出物焉，能润泽物焉，能生云雨，为恩多，然品类以百数，故视子男也。”

⑧见《尚书·洛诰》。

⑨咸秩无文：都安排得有条不紊。秩，次序。这里作动词，安排的意思。文，通“紊”，乱。

⑩见《周易·说卦》。

⑪《礼记·王制》云:“名山、大泽不以封，其余以为附庸、间田。”郑玄注:“名山大泽不以封者，其民同财，不得障管，

亦赋税之而已。”《白虎通义·封公侯》云：“名山大泽不以封者，与百姓共之，不使一国独专也。山木之饶，水泉之利，千里相通，所以均有无，赡其不足。”

译文 《孝经纬》上讲：“圣人不依赖俊贤之士的辅佐不可能独撑天下，聪明的人不依靠众人的智慧不可能修好政治。神灵不能遍布天地，造设神灵通达虚境，因此立五岳，设三台。”《尚书大传》上说：“祭祀五岳比照三公，祭祀四渎比照诸侯，其余的比照伯或子男，按等级大小相差别。”《尚书》上称：“都安排得有条不紊。”王者报答功德，依照等差序列，从不紊乱。《周易》上讲：“山泽的气息是互相流通的。”《礼记》上说：“名山大泽，不能用来封给诸侯。”所以集中论述这些事物称之为《山泽》。

五岳

原文 东方泰山。《诗》云：“泰山岩岩，鲁邦所瞻①。”泰山，山之尊者。一曰岱宗。岱者，始也；宗者，长也②。万物之始，阴阳交代，云触石而出，肤寸而合，不崇朝而遍雨天下，其惟泰山乎。故为五岳之长。王者受命易姓，改制应天，功成封禅，以告天地。孔子曰："封泰山，禅梁父，可得而数，七十有二。"岱宗庙在博县西北三十里③，山虞长守之④。十月曰合冻⑤，腊月曰涸冻，正月曰解冻，皆太守自侍祠，若有秽疾，代行事，法七十万五千三牲燔柴⑥，上福脯三十朐⑦，县次传送京师⑧。四岳皆同王礼。南方衡山，一名霍山⑨。霍者，万物盛长，垂枝布叶，霍然而大。庙在庐江灊县⑩。西方华山。华者，华也，万物滋熟，变华于西方也⑪。庙在弘农华阴县⑫。北方恒山⑬。恒者，常也，万物伏藏于北方有常也。庙在中山上曲阳县⑭。中央曰嵩高。嵩者，高也。《诗》云："嵩高惟岳，峻极于天⑮。"庙在颍川阳城县⑯。

注释

①见《诗经·鲁颂·閟宫》。今本《诗经》"瞻"作"詹"，二字古通。詹，至。

②"泰山，山之尊者"至"长也"数句，原脱误为"尊曰岱宗，岱者，长也"。《尚书·舜典》孔颖达疏、《左传·昭公四年》孔颖达疏皆引作"泰山，山之尊者，一曰岱宗。岱，始也；

宗，长也”。又,《诗经·大雅·崧高》孔颖达疏、《尔雅·释山》邢昺疏皆引作“泰山，山之尊，一曰岱宗。岱，始也；宗，长也”。今据改。

③博县：古县名。东汉属泰山郡，故地在今山东泰安东南。

④山虞长：官名。负责掌管山林。

⑤合冻：古代十月祀岱宗之名。

⑥法：按规定。这里指祭祀规定。三牲：指祭祀用的牛、羊、猪。

⑦福脯：祭祀用的干肉。朐（qú）：屈曲的干肉。

⑧县次：犹言所经过之县。次，依次。

⑨霍山：安徽天柱山的别名。在今安徽潜山西南。汉武帝以衡山辽旷，移岳祠于天柱山，以后称之为南岳。《史记·孝武本纪》载：元封五年（前106）冬，武帝“巡南郡，至江陵而东。登礼潜之天柱山，号曰南岳”。

⑩灊（qián）县：古县名。汉时属庐江郡，故地在今安徽霍山东北。

⑪《白虎通义·巡狩》:“西方为华山者何？华之为言获也，言万物成熟，可得获也。”

⑫华阴县：古县名。汉属弘农郡，故地在今陕西华阴东南。

⑬恒山：又名常山，因避汉文帝刘恒讳改。

⑭上曲阳县：古县名。汉置，东汉属中山国，故地在今河北

曲阳西。

⑮见《诗经·大雅·崧高》。嵩：高大貌。极：至。

⑯阳城县：东汉属颍川郡，治今河南登封东南。

译文 东方泰山。《诗经》上称："泰山巍峨高峻，是鲁国所仰望的。"泰山，是山之中最尊崇的。又叫岱宗。岱，是始的意思；宗，是长的意思。万物的本源，阴阳交替，云气贴着石缝冒出来，一点一点地汇合成大雨，不到一个早晨就能普降于天下，只有泰山了。所以为五岳之首。王者接受天命，改朝换代，变更制度适应天命，功成封禅，来祷告天地。孔子说："封泰山，禅梁父，可考知行封禅大典的王者，共有七十二家。"岱宗庙在博县西北三十里，山虞长在那里看守它。十月祭祀泰山叫合冻，腊月祭祀泰山叫涸冻，正月祭祀泰山叫解冻，都是由太守亲自主持祭祀，若患有不洁的疾病，由他人来代行执掌祭祀之事，按规定用七十万五千头祭祀用的牛、羊、猪三牲放在柴火上燔烧来祭祀，奉上祭祀用的干肉三十束，经过各县传送到京师。四岳都同享君王的祭礼。南方衡山，又名霍山。霍，是万物盛长的意思，枝叶纷披，万物茂盛而广大。庙建在庐江郡灊县。西方华山。华，是化的意思，万物成熟，从西方开始起变化。庙建在弘农郡华阴县。北方恒山。恒，即常的意思，是说万物长久地伏藏于北方。庙建在中山国的上曲阳县。中央的叫嵩高。嵩，即高的意思。《诗经》上说："高耸的四岳大山，巍峨高峻直接云天。"庙建在颍川郡的阳城县。

原文

谨按：《尚书》[①]："岁二月，东巡狩，至于岱宗，柴[②]。"岱宗，泰山也。"望秩于山川[③]，遂见东后[④]。"东后，诸侯也。"合时月正日[⑤]，同律度量衡，修五礼、五玉、三帛、二牲、一死贽[⑥]。""五月南巡狩，至于南岳。"南岳，衡山也。"八月西巡狩，至于西岳。"西岳，华山也。"十一月北巡狩，至于北岳[⑦]。"北岳，恒山也。皆如岱宗之礼。中岳，嵩高也，王者所居，故不巡焉。巡者，循也；狩者，守也。道德太平，恐远近不同化，幽隐有不得所者，故自亲行之也。所以五载一出者，盖五岁再闰，天道大备[⑧]。岳者，捔功考德[⑨]，黜陟幽明也[⑩]。

注释

①见《尚书·舜典》。

②柴：祭名。柴上加牲，燔烧以祭。

③望秩：按等级祭祀山川。秩，次序。

④东后：东方诸侯的君长。

⑤合：今传本《尚书》作“协”。二字义同。时：春夏秋冬四季。正：定。

⑥五礼：公侯伯子男五等朝聘之礼。五玉：亦称五瑞。诸侯作为符信用的五种玉。三帛：三种不同颜色用来垫玉的丝织品。二牲：指卿所执活羊羔、大夫所执活雁。一死贽：指士所执一只死野鸡。

⑦十一月：原作“十二月”。《尚书·舜典》云：“十有一月朔巡守，至于北岳。”据改。

⑧《白虎通义·巡狩》：“所以不岁巡狩何？为太烦也，过五年为太疏也，因天道时有所生，岁有所成，三岁一闰，天道小备，五岁再闰，天道大备，故五年一巡狩。”

⑨捔（jué）：角逐，较量。

⑩黜：罢免。陟：升迁。幽：昏庸。明：贤明。《尚书·舜典》：“三载考绩，三考黜陟幽明。”

译文

谨按：《尚书》上讲：“这年二月，舜到东方巡视，到达了岱宗，举行了柴祭。”岱宗，就是泰山。“对于其他山川，都按地位尊卑依次举行了祭祀，然后接受了东方诸侯君长的朝见。”东后，就是东方诸侯君长。“协调春夏秋冬四季的月份，确定天数，统一音律、度、量、衡，制定了公侯伯子男朝聘的礼节、五种圭玉、三种不同颜色的帛、两种牺牲、一只死野鸡分别作为诸侯、卿大夫和士朝见时的贡物。”“五月到南方巡视，到达南岳。”南岳，就是衡山。“八月到西方巡视，到达西岳。”西岳，就是华山。“十一月到北方巡视，到达北岳。”北岳，就是恒山。所行的各种礼节和在泰山时一样。中岳，就是嵩高，这是王者居住的地方，所以不巡视那里。巡，是遵循的意思；狩，是守的意思。道德隆盛天下太平，担心远近的教化不同，居住在边远隐蔽处的人得不到照应，所以天子要亲自巡视。之所以每隔五年巡视一次，是因为五年中出现第二个闰月，天道已经很完备。岳，是说比较考核功德，罢免昏庸的官员，提拔贤明的官员。

四渎

原文 河出燉煌塞外昆仑山，发源注海。《易》：“河出图[①]，圣人则之。”《禹贡》：“九河既道[②]。”《诗》曰：“河水洋洋[3]。”庙在河南荥阳县[4]，河堤谒者掌四渎[5]，礼祠与五岳同。江出蜀郡湔氐徼外岷山[6]，入海。《诗》云：“江、汉陶陶[7]。”《禹贡》：“江、汉朝宗于海。”庙在广陵江都县[8]。淮出南阳平氏桐柏大复山[9]，东南入海。《禹贡》：“海、岱及淮[10]，淮、沂其乂[11]。”《诗》云：“淮水汤汤[12]。”庙在平氏县[13]。济出常山房子赞皇山[14]，东入泜[15]。《禹贡》：“浮于汶，达于济[16]。”庙在东郡临邑县[17]。

注释

①见《周易·系辞上》。图：传说伏羲时有龙马出于黄河，身有纹如八卦。伏羲取法于此创制八卦。

②九河：黄河流至华北平原后分流为九条河。《尔雅·释水》以徒骇、太史、马颊、覆鬴、胡苏、简、絜、钩盘、鬲津为九河，故道今已不可确考。道：通“导”，疏导。

③见《诗经·卫风·硕人》。洋洋：盛大貌。

④荥阳县：古县名。故地在今河南荥阳。

⑤河堤谒者：官名。西汉时置，职掌治河，秩比一千石。

⑥湔（jiān）氐：古县名。故地在今四川松潘。徼（jiào）：边界。岷山：山名。在四川省北部，绵延四川、甘肃两省边境。

⑦今本《诗经·大雅·江汉》作“江、汉浮浮”。应劭所引当

是鲁、韩两家《诗经》。陶陶：广大貌。

⑧广陵：郡、国名。治在广陵（今江苏扬州）。江都县：古县名。汉置，故地在今江苏江都西南。

⑨平氏：古县名。故地在今河南桐柏西，桐柏山在其境内。大复山：桐柏山的支峰。

⑩此句今本《尚书·禹贡》作“海、岱及淮惟徐州”。海：黄海。淮：淮河。

⑪沂：沂水，发源于山东沂水西北。乂（yì）：治。

⑫见《诗经·小雅·鼓钟》。汤汤：大水急流的样子。

⑬《续汉书·郡国志》刘昭注引《荆州记》云：“桐柏淮源涌发，其中潜流三十里，东出大复山南，山南有淮源庙。”

⑭常山：郡、国名。治所在今河北常山西北。房子：古县名。汉置，故地在今河北高邑西南。赞皇山：山名。在房子县西南六十里。

⑮泜（zhī）：古水名，即今槐河。源出今河北赞皇西南，东流折南入滏阳河。

⑯汶（wèn）：水名。今大汶水，又称大汶河，发源于山东莱芜北。济：古四渎之一，源出王屋山。

⑰东郡：郡名。治所在濮阳（今河南濮阳西南）。临邑县：古县名。故地在今山东东阿北。

译文　黄河发源于敦煌塞外的昆仑山，最后注入大海。《周易》上讲："黄河出现背上有图形的龙马，圣人仿照它制作八卦。"《禹贡》上说："黄河下游的九条支流疏通了。"《诗经》上称："黄河之水浩浩荡荡。"祭庙建在河南荥阳县，河堤谒者掌管四渎，祭祀的礼节和祭祀五岳一样。长江发源于蜀郡湔氐县境外的岷山，注入大海。《诗经》上称："长江、汉水宽广浩荡。"《禹贡》上说："长江、汉水像诸侯朝见天子一样奔向大海。"祭庙建在广陵郡的江都县。淮河发源于南阳郡平氏县桐柏山的支峰大复山，东南流注大海。《禹贡》上讲："黄海、泰山及淮水之间，淮水、沂水一定要治理好。"《诗经》上称："淮水水大又急湍。"祭庙建在平氏县。济水发源于常山郡房子县赞皇山，东流注入泜水。《禹贡》上讲："进贡的船只通过汶水，到达济水。"祭庙建在东郡临邑县。

原文　谨按:《尚书大传》《礼三正记》[①]:"江、河、淮、济为四渎。"渎者，通也，所以通中国垢浊，民陵居，殖五谷也。江者，贡也，珍物可贡献也。河者，播也，播为九流[②]，出龙图也。淮者，均也，均其务也。济者，齐也，齐其度量也。

注释 ①《礼三正记》:《仪礼》中的逸篇名。

②九流：江河的许多支流。

译文 谨按:《尚书大传》《礼三正记》上记载:“长江、黄河、淮水、济水为四渎。”渎，即通的意思，它可以疏通中原大地的污垢浊泥，百姓在高地上居住，种植五谷。江，即贡的意思，这里出产的珍贵物品可以贡献于天下。河，即流播的意思，是说它流播为许多支流，这里是出龙图的地方。淮，即平均的意思，天下都可以从中得到益处。济，即齐的意思，天下的度量统一相等。

林

原文 谨按:《诗》云:“殷商之旅，其会如林①。”传曰:“山林之士，往而不能反②。”《礼》记“将至泰山③，必先有事于配林④”。林，树木之所聚生也。今配林在泰山西南五六里，予前临郡，因侍祀之行，故往观之。树木盖不足言，犹七八百载间有衰索乎⑤！

注释

①见《诗经·大雅·大明》。旅：众。会：王先谦《诗三家义集疏》："《齐》《韩》'会'作'旝'。《说文》：'旝，建大木，置石其上，发以机，以追敌也。'"一说古代军队所用的一种令旗。今从后说。

②参见《愆礼》篇"南阳张伯大"条注。

③"礼记将至"四字，《群书拾补》曰："疑是'礼将祀'三字，'至'字当是衍文。《礼器》本作'齐人将有事于泰山'，此或约省其文也。程本改'祀'为'记'，书中无此例。"

④事：祭祀。配林：林名。《礼记正义》孔颖达疏："有事于泰山，谓祭泰山也。先告配林，配林是泰山之从祀者也。故先告从祀，然后祭泰山。"

⑤索：尽。

译文

谨按：《诗经》上称："殷商的师旅，旌旗蔽日多如树林。"经传上讲："山林之士，遁于世事之外而不能返回俗间。"《礼记》记载"将要到泰山去祭祀，必须先到泰山的配林去祭祀"。林，也就是树木丛生的地方。今天的配林在泰山西南五六里，我在来到泰山郡之前，因为陪同祭祀泰山，所以曾经前去观看。那里的树木不足以称道，大概是自春秋以来七八百年间树林有所衰败吧！

麓

原文 谨按：《尚书》："尧禅舜，纳于大麓[①]。"麓，林属于山者也。《春秋》："沙麓崩[②]。"传曰："麓者，山足也。"《诗》云："瞻彼旱麓[③]。"《易》称："即鹿无虞，以从禽也[④]。"

注释 ①见《尚书·舜典》。纳：进入。大麓：官名。《说文解字》："麓，一曰守山林吏也。"

②《左传·僖公十四年》载："秋八月，辛卯，沙鹿崩。"杜预注："沙鹿，山名，平阳元城县东有沙鹿土山，在晋地。""麓"与"鹿"古通。

③见《诗经·大雅·旱麓》。旱：山名。麓：山脚。

④见《周易·屯卦》六三爻辞象传。即：就，亦即追逐的意思。虞：古官名。掌管山泽禽兽之事。春秋战国时或称"虞人"。

译文 谨按:《尚书》上讲:“尧禅位给舜之前，曾让舜担任守山林的官。”麓，是指属于山的林地。《春秋》上记载:“沙麓这座山崩塌了。”经传上说:“麓，是指山脚。”《诗经》上称:“遥望那个旱山的山脚。”《周易》上讲:“追逐山鹿没有虞人引导，说明贪于追捕禽兽。”

京

原文 谨按:《尔雅》①:“丘之绝高大者为京②。”谓非人力所能成，乃天地性自然也③。《春秋左氏传》:“莫之与京④。”《国语》:“赵文子与叔向游于九京⑤。”今京兆、京师，其义取于此⑥。

注释 ①《尔雅》:我国古代最早解释词义的专著。由秦汉间学者缀辑周汉诸书旧文，递相增益而成，为考证词义和古代名物的重要资料。

②《尔雅·释丘》作“绝高为之京，非人为之丘”。

③《说文解字·京部》:“京，人所为绝高丘也。”与《尔雅》

说异。应劭主《尔雅》说。

④见《左传·庄公二十二年》。此为懿氏卜妻陈敬仲之辞，谓敬仲“八世之后，莫之与京”。京：大，强大。

⑤见《国语·晋语八》。赵文子：即赵武，晋赵盾之孙、赵朔之子。谥献文，称献文子或单称文子。叔向：即羊舌肸（xī），为晋国有名的贤臣。九京：即九原。《国语》作“九原”。春秋晋国卿大夫的墓地，在今山西绛县北。

⑥京师：《白虎通义·封公侯》云：“京师者，何谓也？千里之邑号也。京，大也；师，众也。天子所居，故以大众言之。”

译文

谨按：《尔雅》上说：“特别高大的山丘称为京。”是指不是由人力堆造而成，而是由天地自然之力所造成的。《春秋左氏传》上说：“没有谁能比他更强大。”《国语》上讲：“赵文子和叔向出游到九京。”今天京兆、京师这样的称呼，其字义就依据于此。

陵

原文

谨按:《诗》云:“如山如陵①。”《易》曰:“伏戎于莽,升其高陵②。”又:“天险不可升,地险山川丘陵③。”《春秋左氏传》曰④:“殽有二陵⑤:其南陵,夏后皋之墓也⑥;其北陵,文王之所避风雨也⑦。”殽在弘农渑池县⑧。其语曰:“东殽、西殽,渑池所高。”《国语》:“周单子会晋厉公于加陵⑨。”《尔雅》曰:“陵莫大于加陵⑩。”言其独高厉也。陵有天性自然者,今王公坟垄,各称陵也⑪。

注释

①《诗经·小雅·天保》:“天保定尔,以莫不兴。如山如阜,如冈如陵。”大阜曰“陵”。

②见《周易·同人卦》九三爻辞。伏:埋伏。戎:武装,军队。莽:草丛。这里泛指草丛密林。升其高陵:谓登上高陵侦察敌情。

③见《周易·坎卦》彖传。

④以下所引为秦蹇叔语。见《左传·僖公三十二年》。

⑤二陵:两个山头。崤山二陵相距三十五里,故称“二崤”。其山路奇险,上有陡坡,下临绝涧,两车不能并进,故称绝

险之地。

⑥夏后皋：夏代的君主，名皋，夏桀的祖父。后，国君。

⑦文王：即周文王。

⑧渑池县：战国时韩邑，后为秦所有，汉置县，故地在今河南渑池。

⑨《国语·周语下》："柯陵之会，单襄公见晋厉公视远步高。"单（shàn）子：即单襄公。名朝，食邑于单，为周王卿士。"襄公"是他的谥号。晋厉公：名州蒲，为晋成公之孙、景公之子。加陵：又作"柯陵""嘉陵"。晋国地名，今地不详。

⑩见《尔雅·释地》。

⑪此二句,《水经注·渭水》引作"陵者，天生自然者也，今王公坟垄称陵"。

译文

谨按:《诗经》上称:"如同大山和高陵。"《周易》上说:"埋伏军队于草莽之中，登上高陵侦察敌情。"又说:"天之险在于无阶可升，地之险在于山川交错、丘陵起伏。"《春秋左氏传》上讲:"崤山有两个山头:南面那个山头，有夏王皋的坟墓；北面那个山头，是周文王避过风雨的地方。"崤山在弘农郡渑池县。当地流行这样一句话:"东殽、西殽，是渑池最高的两个地方。"《国语》上记载:"周单襄公和晋厉公在加陵会面。”《尔雅》上说：“没有比加陵更大的山头了。”是说其地特别高峻。陵是天地自然之力形成的，今天王公堆起的坟，也都称为陵。

丘

原文 谨按：《尚书》：“民乃降丘度土①。”尧遭洪水，万民皆山栖巢居，以避其害。禹决江疏河，民乃下丘，营度爽垲之场②，而邑落之③。故“丘”之字，二人立一上。一者，地也。四方高，中央下，像形也④。《诗》云：“至于顿丘⑤。”“宛丘之下⑥。”《论语》：“他人之贤，丘陵也⑦。”《尔雅》曰：“天下有名丘五，其三在河南，二在河北⑧。”

注释 ①民乃降丘度土：《尚书·禹贡》：“桑土既蚕，是降丘宅土。”降丘，从山丘上下来。度土，居住在土地上。

②爽垲（kǎi）：高爽明朗。垲，地势高而干燥。

③邑落：部落，村落。这里作动词用，指聚为村落。

④《说文解字》:“丘，土之高也，非人所为也。从北从一。一，地也。人居在丘北，故从北，中邦之居，在昆仑东南。一曰：四方高，中央下为丘，象形。”

⑤《诗经·卫风·氓》:“送子涉淇，至于顿丘。”顿丘：古邑名。一作敦丘。春秋卫地，在今河南浚县西。

⑥《诗经·陈风·宛丘》:“坎其击鼓，宛丘之下。”宛丘：古丘阜名。在今河南淮阳。春秋时陈国都于此丘之侧。

⑦《论语·子张》云:“叔孙武叔毁仲尼。子贡曰:‘无以为也！仲尼不可毁也。他人之贤者，丘陵也，犹可逾也；仲尼，日月也，无得而逾焉。’”

⑧见《尔雅·释丘》。

译文

谨按:《尚书》上讲:“于是民众从山丘上搬下来住到平地上。”尧时遭遇洪水，万民都住在山上和树上，来躲避洪水之灾。禹疏导江河，民众于是从山丘搬下来，选择高爽明亮的住处，聚为村落。所以“丘”字的字形，为二人立在一之上。一，是指地。四周高，中央低，像这一形状的为丘。《诗经》上称:“送你到达顿丘。”“在那宛丘脚下。”《论语》上说:“别人的贤能，好比丘陵。”《尔雅》上记载:“天下有五座著名的山丘，三座在黄河南边，两座在黄河北边。”

墟

原文 谨按:《尚书》:“舜生姚墟①。”传曰:“郭氏之墟。”墟者,虚也。郭氏,古之诸侯,善善不能用,恶恶不能去。故善人怨焉,恶人存焉,是以败为丘墟也②。今故庐居处高下者亦名为墟。姚墟在济阴城阳县③,帝颛顼之墟、阏伯之墟是也④。

注释 ①见《尚书大传》。

②《说文解字》:“郭,齐之郭氏虚,善善不能进,恶恶不能退,是以亡国也。”《新序·杂事四》:“昔者,齐桓公出游于野,见亡国故城郭氏之墟,问于野人曰:‘是为何墟?’野人曰:‘是为郭氏之墟。’桓公曰:‘郭氏者曷为墟?’……野人曰:‘善善而不能行,恶恶而不能去,是以为墟也。’”

③济阴:郡、国名。汉景帝中元六年(前144)分梁国置国,后改为郡,治所在定陶(今山东定陶西北)。城阳县:古县名。在今山东鄄城。

④帝颛顼之墟:指帝丘。古邑名,在今河南濮阳西南。相传为颛项都城。《汉书·地理志下》:“《春秋经》曰:‘卫迁于帝丘。’今之濮阳是也。本颛项之虚,故谓之帝丘。”阏(è)伯

之墟：指商丘。古邑名，在今河南商丘西南。阏伯，相传为高辛氏之子。

译文 谨按：《尚书》上记载："舜出生在姚墟。"经传上称："郭氏之墟。"墟，是虚的意思。郭氏，是古时的诸侯，善待好人却不能任用，讨厌恶人却不能除去。所以好人埋怨，恶人又在，因此败亡成为废墟。今天地位尊崇者的故居也称为墟。姚墟在济阴郡城阳县，还有帝颛顼的故居、阏伯的故居。

阜

原文 谨按：《诗》云："如山如阜①。"《春秋左氏传》："鲁公伯禽宅曲阜之地②。"阜者，茂也，言平地隆踊，不属于山陵也。今曲阜在鲁城中，委曲长七八里。雒北芒坂即为阜也③。

注释 ①见本篇"陵"条注。

②今本《左传》无此语。《尚书·费誓》:“鲁侯伯禽宅曲阜。”疑应劭引用此文。伯禽：周公的儿子。宅：居。

③雒：雒阳，今河南洛阳市。芒坂：即芒山，在雒阳城北。

译文 谨按:《诗经》上称:“如同高山和大阜。”《春秋左氏传》上讲:“鲁公伯禽居住在曲阜这个地方。”阜，即茂的意思，是说平地上突兀而起，地形上不属于山陵。今天曲阜在鲁城中，逶迤七八里地。雒阳城北面的芒坂就是皋。

培

原文 谨按:《春秋左氏传》:“培塿无松柏①。”言其卑小。部者，阜之类也②。今齐、鲁之间，田中少高印名之为部矣③。

注释 ①见《左传·襄公二十四年》。培塿:《左传》作“部娄”，二字音同，为互假字。指小土山。松柏：指大木。

②此句《书钞》卷一五七引作“培塿者，即阜之类”,《御览》卷五六引同，仅句末有“也”字。刘师培《左盦集》卷七《风俗通义书后》云:“《山泽篇》:‘部者，阜之类也。’《书钞》引作‘培塿者’，此承上文引《左传》言，似以作‘培塿’为长。”此说甚是。译文从。

③少：稍微。高卬：指地势高。此句《御览》引作“今齐、鲁之间山之小高者名之为培塿矣”。

译文 谨按:《春秋左氏传》上讲:“小土山上不会有大树木。”是说小土山矮小。培塿，是和阜相类似的土山。现在齐、鲁两地，田野间地势稍高的地方称之为培塿。

薮

原文 谨按:《尔雅》:“薮者，泽也。薮之为言厚也，草木鱼鳖，所以厚养人君与百姓也①。鲁有泰野②，晋有泰陆③，秦有阳纡④，宋有孟诸⑤，楚有云梦⑥，吴有具区[7]，齐有海隅[8]，燕有昭馀祁[9]，郑有圃田[10]，周有焦濩[11]。”今汉有九州之薮：扬州曰具区，在吴县之西；荆州曰云梦，在华容县南，今有云梦长掌之；豫州曰圃田，在中牟县西；青州曰孟诸，不知在何处；兖州曰大野，在钜野县北；雍州曰弦蒲[12]，在汧县北蒲谷亭[13]；幽州曰奚养[14]，在虒县东[15]；冀州曰泰陆，在钜鹿县西北；并州曰昭馀祁，在邬县北；其一薮推求未得其处[16]。《尚书》：“纣为逋逃渊薮[17]。”《春秋左氏传》曰：“山薮藏疾[18]。”又曰：“薮之薪蒸，虞候守之。”是也[19]。

注释

①以上数句不见于今本《尔雅》。

②泰野：古泽薮名。又作大野、巨野，故址在今山东巨野北，古济水在此通过，向东又有水道和古泗水相接。唐代泽面宽广，南北三百里，东西百余里。五代后，泽南部涸为平地，北部成为梁山泊的一部分。

③泰陆：古泽薮名。一般写作大陆，又名巨鹿、广阿。故址在今河北隆尧、巨鹿、任泽之间。源出今内丘以南，汇集太行山区的河流，泄于漳水。唐时湖面东西二十里，南北三十里。清通称南泊，称其下游宁晋泊为北泊。今已淤成平地。一说古大陆泽兼包清代南泊与北泊，后世淤断，始专以南泊

为大陆。

④阳纡：古泽薮名。又作杨纡、阳华、杨陓。旧说皆以为在今陕西，有在陇县、凤翔、华阴西、泾阳等说法。近人又有说约在今华阴东。

⑤孟诸：古泽薮名。在今河南商丘东北、虞城西北。又作孟猪、望诸、明都、盟猪、盟诸。据《元和郡县志》，唐时周围五十里。金元以后商丘附近屡被黄河冲决，泽遂埋废。

⑥云梦：古泽薮名。据《汉书·地理志》等汉、魏人记载，云梦泽在南郡华容县（今湖北潜江西南）南，范围并不是很大。晋以后的经学家将古之云梦泽的范围越说越大，一般都把洞庭湖包括在内，与汉以前的记载不符。

⑦具区：古泽薮名。一名震泽。即今江苏太湖。

⑧海隅：古泽薮名。郝懿行《尔雅义疏》谓今山东蓬莱、莱州以西，历寿光、广饶至沾化、无棣以北，延袤千余里间，即古代齐地海隅薮的范围。可能是因为这一带沿海地区常有海水倒灌、浸润，时成一片濡湿之地。古人遂视为泽薮。

⑨昭馀祁：古泽薮名。在今山西祁县西南、介休东北。《水经注》称近邬县（今介休东北）者为邬泽，俗名邬城泊，近祁县者为祁薮。唐宋时只有邬城泊见于记载，已日渐涸塞。元初在祁县东南浚得细水灌田，称为昭馀池。此后时塞时溢。

⑩圃田：古泽薮名。一作甫田。春秋时又名原圃，战国时又

名囿中。故址在今河南中牟西，对古黄河下游及鸿沟水系的水量有调节作用。北朝和唐宋时，泽面东西约五十里，南北二十余里。其后渐淤为平地。

⑪焦濩（huò）：古泽薮名。又作焦获、焦护。一说在今陕西泾阳北，一说即今山西阳城西的濩泽。

⑫弦蒲：古泽薮名。故址在今陕西陇县西。

⑬汧（qiān）县：古县名。故址在今陕西陇县南。

⑭奚养：古泽薮名。故址在今山东莱阳东。

⑮虒（sī）县：或为虒奚县。古县名。故址在今北京密云东北。

⑯据上文所言，此当指周之焦濩。

⑰今传本《尚书》未见。另见《左传·昭公七年》："昔武王数纣之罪，以告诸侯曰：'纣为天下逋逃主，萃渊薮。'故夫致死焉。"逋（bū）逃：逃亡，逃亡者。渊薮（sǒu）：鱼和兽类聚集的地方。此指逃亡者聚集的处所。

⑱见《左传·宣公十五年》。山薮藏疾：山林草莽中隐藏着疾害。薮，指草木丛生的湖沼地带。

⑲见《左传·昭公二十年》。薮：在此犹言草野、荒野。薪蒸：柴禾。虞候：守山泽之官。

译文

谨按：《尔雅》上讲："薮，是指泽。薮是厚养的意思，是说这里出产的草木鱼鳖，用来厚养人君和百姓。鲁国有泰野泽，晋国有泰陆泽，秦国有阳纡泽，宋国有孟诸泽，楚国有云梦泽，吴国有具区泽，齐国有海隅泽，燕国有昭馀祁泽，郑国有圃田泽，周地有焦濩泽。”今天汉朝有九州之地的大泽：扬州的大泽称为具区，在吴县的西边；荆州的大泽称为云梦，在华容县的南面，今天有云梦长掌管它；豫州的大泽称为圃田，在中牟县的西边；青州的大泽称为孟诸，不知在何处；兖州的大泽称为大野，在钜野县的北边；雍州的大泽称为弦蒲，在汧县北边的蒲谷亭；幽州的大泽称为奚养，在虒县的东边；冀州的大泽称为泰陆，在钜鹿县的西北边；并州的大泽称为昭馀祁，在邬县的北边；其中还有一个大泽未能考证出它的位置。《尚书》上说：“纣为逃亡者聚集的处所。”《春秋左氏传》上讲：“山林草莽中隐藏着疾害。”又说：“荒野里的柴火，有虞候看守它。”就是说的这个。

泽

原文 谨按:《尚书》:“雷夏既泽[①]。”《诗》云:“彼泽之陂,有蒲与荷[②]。”传曰:“水草交厝[③],名之为泽。”泽者,言其润泽万物,以阜民用也[④]。《春秋左氏传》曰:“泽之莞蒲,舟鲛守之[⑤]。”《韩诗内传》[⑥]:“舜渔雷泽。”雷泽在济阴城阳县。

注释 ①见《尚书·禹贡》。雷夏:泽名。故址在今山东菏泽东北。

②见《诗经·陈风·泽陂》。陂(bēi):水边,水岸。

③交厝:交错,交杂。厝,通“错”。

④阜:使……丰厚。

⑤见《左传·昭公二十年》。莞:今本《左传》作“萑”。萑蒲,芦苇。舟鲛:守沼泽的官吏。

⑥《韩诗内传》:解说《诗经》的著作,西汉韩婴撰,已佚。

译文 谨按:《尚书》上讲:“雷夏已经成了沼泽。”《诗经》上称:“在那沼泽的边上,长着蒲草和荷花。”经传上说:“水草交错的地方,称之为沼泽。”泽,是说它润泽万物,来使民用丰足。《春秋左氏传》上讲:“沼泽中的芦苇，有舟鲛看守它。”《韩诗内传》上说：“舜曾在雷泽渔猎。”雷泽在济阴郡的城阳县。

沆[1]

原文 谨按：传曰：“沆者，莽也，言其平望莽莽无涯际也。”沆，泽之无水，斥卤之类也[2]，今俗语亦曰沆泽。

注释 ①沆（hàng）：大泽。

②斥卤：盐碱地。《尚书·禹贡》：“（青州）厥土白坟，海滨广斥。”孔颖达疏：“《说文》云：卤，咸地也。东方谓之斥，西方谓之卤。”

译文 谨按：经传上说：“沆，即莽的意思，是说它一眼望去莽莽苍苍无边无际。”沆，是没有水的大泽，盐碱地之类的地方，今天俗语也称之为“沆泽”。

沛

原文 谨按:《尚书》[①]《春秋公羊传》[②]:“齐桓公循海而东,师大陷沛泽之中[③]。”《左氏传》:“齐景公田于沛,招虞人以弓[④]。”传曰:“送逸禽之超大沛。”沛者,草木之蔽茂,禽兽之所蔽匿也。

注释 ①卢文弨《群书拾补》云:“此或引《大传》,有脱文。今《大传》亦无考。”

②《春秋公羊传》:又名《公羊传》《公羊春秋》,儒家经典。旧题战国齐公羊高撰。专门阐释《春秋》的“微言大义”。

③沛泽:长满草的沼泽。

④《左传·昭公二十年》载:“十二月,齐侯田于沛,招虞人以弓,不进。”沛:此为齐国泽名,在今山东博兴。虞人:掌管田猎的官。

译文 谨按:《尚书》《春秋公羊传》上记载:“齐桓公沿海边向东行进,军队大半陷入长满草的沼泽之中。”《左氏传》上讲:“齐景公在沛泽田猎,用弓召唤虞人。”经传上说:“目送飞禽飞过大沛。”沛,是草木长得茂盛、禽兽藏匿的地方。

湖

原文 谨按:《春秋国语》:“伍子胥谏吴王[①]:‘与我争五湖之利，非越乎[②]?’”及越灭吴，范蠡乘扁舟于五湖。湖者，都也[③]，言流渎四面所隈都也[④]，川泽所仰以溉灌也。今庐江临湖、丹阳芜湖县是也[⑤]。

注释 ①伍子胥：春秋时吴国大夫。名员，字子胥。楚大夫伍奢次子。楚平王七年（前522）伍奢被杀后，他由宋、郑等国入吴。后帮助阖闾刺杀吴王僚，夺取王位，整军经武，国势日盛。不久攻破楚国，以功封于申，又称申胥。吴王夫差时，劝王拒绝越国求和并停止伐齐，渐被疏远。后吴王赐剑命其自杀。

②语未见于今本《国语》。五湖：古代吴越地区湖泊，其说不一。

③都：水停聚的地方。

④隈都：谓水曲聚。隈，原作“猥”，今据《群书拾补》改。

⑤临湖：古县名。故地在今安徽无为西南。芜湖：古县名。故地在今安徽芜湖。

译文 谨按：《春秋国语》上记载："伍子胥向吴王劝谏：'同我争五湖之利的，难道不是越国吗？'"到了越国灭掉吴国，范蠡乘一叶扁舟泛于五湖。湖，即水停聚的地方，是说河流从四面汇聚到一起，川泽所赖以溉注。今天庐江郡的临湖县、丹阳郡的芜湖县即是因湖而得名。

陂

原文 谨按：传曰："陂者，繁也。"言因下钟水以繁利万物也[①]。今陂皆以溉灌。今汝南富陂县是也[②]。

注释 ①钟：汇聚，集中。《水经注·济水二》："泽水淼漫，俱钟睢泗。"

②富陂：古县名。故地在今安徽阜阳南。

译文 谨按：经传上说："陂，即繁的意思。"这是说依据地势聚水有利于繁养万物。现今陂泽都用来灌溉。今天的汝南富陂县就是因此得名的。

渠

原文 谨按：传曰："渠者，水所居也。"秦时韩人郑国穿渠①，孝武帝时，赵中大夫白公复穿渠②。故其语曰："田于何所？池阳、谷口③。郑国在前，白渠起后④。举锸为云⑤，决渠为雨。泾水一石，其泥数斗。且溉且粪⑥，长我稷黍。衣食京师，数百万口⑦。"又郑当时穿渠以利漕运⑧，若此非一，官民俱赖其饶焉。

注释 ①郑国：战国末韩国水利家。秦王政十年（前237），他受韩命赴秦，游说秦国兴修水利，企图消耗秦的国力。秦王政采纳了他的建议，征发大量民工，由他主持开凿西引泾水、东注洛水的灌溉渠，长达三百余里，溉田四万余顷（灌溉面积约等于现在的二百八十万亩）。工程进行中，秦王觉察韩国意图，拟诛郑国，郑言开渠对秦是万世之利，得以继续施工。渠成后，在盐碱性土地上引灌肥效丰富的泾水，关中成为沃野。汉、魏时，郑国渠为泾水流域主要的灌溉系统。唐代，郑、白二渠趋于混合，主要发展白渠，郑国渠逐渐埋废。

②白公：汉代水利家，赵人，官历中大夫等职。汉武帝太始二年（前95），他奏请在郑国渠南凿渠。自谷口（今陕西礼泉东北）分泾水东南流，经高陵、栎阳（今陕西临潼东北）东至下邽（今陕西渭南东南）南注入渭水。长达二百里，溉田四千五百余顷（约合今二十八万亩），史称白渠。唐时自北而南，分为太白、中白、南白三渠，总称三白渠。宋、元以后，渠工渐废。其上游历有修改，而下游则仍其旧。清末渠身缺漏，灌田仅二百顷。1930年以后改筑为泾惠渠。

③池阳：古县名。汉置，故地在今陕西泾阳。

④起:《水经注·渭水》引作“在”,《汉书·沟洫志》亦作“在”。

⑤锸（chā）：铁锹。

⑥此句谓引泾水既可灌溉，淤泥亦可肥田。

⑦此民谣又见《汉书·沟洫志》。“数百万口”,《汉书》作“亿万之口”。言其受惠者之众，并非确指。

⑧郑当时：参见《穷通》篇末“谨按”下注。《史记·河渠书》载：汉武帝元光中，大司农郑当时言:“异时关东漕粟从渭中

上，度六月而罢，而漕水道九百余里，时有难处。引渭穿渠起长安，并南山下，至河三百余里，径，易漕，度可令三月罢。而渠下民田万余顷，又可得以溉田。此损漕省卒，而益肥关中之地，得谷。”汉武帝采纳了他的建议，派齐人徐伯发动几万士卒挖凿漕渠，三年完成。

译文 谨按：经传上说：“渠，是指水停留的地方。”秦时韩国人郑国凿渠，汉武帝时，赵中大夫白公又凿渠。所以当时流行的歌谣说：“到哪里种田？到池阳、谷口。郑国渠凿在前，白渠凿在后。举起铁锹像云遮，决开水渠如雨落。泾水一石，含泥数斗。既灌溉又肥田，养育我们的稷黍。给京师提供了衣食，受惠的有几百万人口。”又有郑当时凿渠以利于漕运，这样的工程不止一件，官府民众都依赖这些水渠得以丰衣足食。

沟

原文 谨按:《周礼》:“沟者，沟也[①]，广四尺，深四尺[②]。”《汉书》“高祖与项羽要[③]，割鸿沟以东为楚[④]”是也。鸿沟在荥阳县[⑤]。

注释 ①《群书拾补》曰:“此无义理，当依《匠人》作‘九夫为井，井间广四尺，深四尺谓之沟’，与下一例。”译文从。

②此当为《周礼·匠人》文。

③要：要约，盟约。

④事见《汉书·高帝纪》。鸿沟：古运河名。约战国魏惠王十年（前360）开凿。故道自今河南荥阳北引黄河水，东流经今中牟、开封北，折而南经通许东、太康西，至淮阳东南入颍水。连接济、濮、汴、睢、颍、涡、汝、泗、菏等主要河道，形成了黄淮平原上的水道交通网。楚汉相争时曾划鸿沟为界，东面是楚，西面是汉。

⑤荥阳：古县名。故地在今河南荥阳。

译文 谨按:《周礼》上说:“九百亩是一井，两井之间挖宽四尺、深四尺的水道，叫作沟。”《汉书》上记载“汉高祖和项羽盟约，划鸿沟为界，鸿沟以东为楚”，说的就是这个。鸿沟在荥阳县。

洫

原文 谨按：《周礼》：“十里为成，成间广八尺，深八尺，故谓之洫①。”《论语》曰：“禹尽力乎沟洫②。”

注释 ①见《周礼·匠人》。

②见《论语·泰伯》。

译文 谨按：《周礼》上说：“十里见方的面积叫成，两成中间挖宽八尺、深八尺的水道，叫作洫。”《论语》上讲：“禹尽力于治理沟洫之事。”

附录

《风俗通义》佚文

（曾海龙注释）

一

原文 《心政》《古制》《阴教》《辨惑》《析当》《恕度》《嘉号》《徽称》《情遇》《姓氏》《讳篇》《释忌》《辑事》《服妖》《丧祭》《宫室》《市井》《数纪》《新秦》《狱法》①。(《苏魏公集》卷六六《校风俗通义题序》)

太山太守臣劭再拜上书曰:“秦皇焚书坑儒，六艺缺亡②。高祖受命③，四海乂安④，往往于壁柱石室之中⑤，得其遗文⑥，竹朽帛裂，残缺不备⑦，至国家行事⑧，俗间流语⑨，莫能原察⑩。故三代遣𬨎轩使者⑪，经绝域⑫，采方言，令人君不出户牖而知异俗之语耳⑬。”(《苏魏公集》卷六六《校风俗通义题序》)

注释 ①从《心政》到《狱法》皆为《风俗通义》佚篇的篇名。

②六艺：这里指“六经”，即《礼》《书》《诗》《乐》《易》《春秋》。亡：指散佚。

③高祖：指汉高祖刘邦。受命：指接受天命做皇帝。

④乂安：太平。

⑤石室：图书档案的藏室。

⑥遗文：残留的篇章。

⑦备：全。

⑧行事：推行政事。

⑨俗间流语：民间流行语。

⑩原察：追查推究其根源。

⑪三代：夏、商、周三个朝代。輶轩（yóu xuān）使者：乘轻便车的使者。

⑫经绝域：到极远之地。

⑬不出户牖（yǒu）：指不出门。牖，窗。异俗：指不同地域。

二

原文 上古之时，草居霜宿①，冬则山南，夏则山北。（《意林》卷四）

天子治居之城曰都②，旧都曰邑者也。（《华严经音义》卷二）

按《世本》：鲧作城郭。城，盛也③。从土，成声④。郭，大也⑤。（《意林》卷四）

城之为言窚⑥，郭之为言廓，谓宽廓窚受也⑦。（《华

严经音义》卷一）

郭或谓之郛，郛者亦大也[⑧]。(《初学记》卷二四）

注释 ①草居：居住在草丛中。霜宿：冒着霜雾在野外住宿。

②治居之城：处理政务、居住的城。

③盛（chéng）：以器盛物。谓城可以受纳人众居住。

④从土，成声：谓或属“土”旁，念“成”声。

⑤郭，大也：谓郭有大的意思。

⑥为言宬（chéng）：读“宬”音。

⑦宽廓宬受：宽大受纳。

⑧郛（fú）者亦大也：谓郛也有大的含义。

原文 闬，城外郭内之里门也[①]。闬，扞也，言为人藩屏以扞难也[②]。(《天中记》卷一五）

《论语》:“夫子宫墙数仞。”《礼记》:“季武子入宫不敢哭。”由是言之，宫室一也[③]。秦以来，尊者以为常号[④]，乃避之耳[⑤]。室也实[⑥]。《弟子职》曰:“室中握手。”《论语》曰:“譬如墙[⑦]。”由此言之，宫其外，室其内也[⑧]。(《御览》卷一七四）

注释 ①闬：读hàn。城：外城。郭：内城。里门：巷门。

②藩屏：屏障。扞（hàn）难：抵御灾难。

③宫室一也：宫、室为同义词。

④常号：指把宫作为自己居处固定的称号。

⑤避之：指一般人不称自己住宅为宫。

⑥实：容受。

⑦譬如墙：当作“譬如宫墙”。

⑧“由此言之”三句：根据“室中握手”和“譬如宫墙”这两句可以推断：宫在外面，室在里面。

原文 鲁昭公设两观于门[①]，是谓之阙，从门，厥声。(《水经注》卷七)

殿堂象东井形[②]，刻作荷菱[③]。菱，水物也，所以厌火[④]。(《御览》卷一七六)

皇后居椒房[⑤]，以椒涂屋，取其温且香也。(《唐写文选集注残本》曹子建《求通亲亲表》注)

屋，止也[⑥]。(《广韵》卷五屋第一)

门户铺首[⑦],《百家书》云：输般见水上蠡[⑧]，谓之曰：“开汝头，见汝形[⑨]。”蠡适出头，般以足画图之[⑩]，蠡引闭其户[⑪]，终不可开。设之门户，欲使闭藏，当如此固密也。(《御览》卷一八八)

钥施悬鱼[⑫]，翳伏渊源[⑬]，欲令楗闭如此[⑭]。(《御览》

卷一八四)

注释 ①观：宫门前面两边的楼台，中间有道路。

②东井：星宿名，因在银河东，故名。

③荷：荷叶。菱：一年生水生草本，果实俗称“菱角”。

④厌（yā）：通“压”，抑制。

⑤椒（jiāo）房：汉代后妃所住的宫殿，用椒（一种植物名）和泥涂壁，取其温暖有香气，兼有多子之意。

⑥屋，止也：房屋是供人停止休息处。

⑦铺首：门上用以衔环的底盘，作兽形，或饰以金银。

⑧输般：即公输般，著名巧匠。蠡（luó）：螺。

⑨开：张开。见：显现。

⑩般以足画图之：公输般用脚在地上画螺的图形。

⑪引闭其户：谓螺将头身缩进壳里。

⑫钥：钥匙。施：施加有，装饰有。悬鱼：一种饰物，有象征意义，含沉静，如鱼之入水，不能闻见之。

⑬翳（yì）伏：隐藏。渊源：深水底。

⑭楗（jiàn）闭：紧闭。楗，门上关插的木条，横的叫关，竖的叫楗。

原文 屏①，卿大夫以帷②，士以帘③，稍有第以自障蔽也④，

示臣临见自整屏气处也[5]。(《御览》卷一八五）
户帏为帘[6]。(《古今合璧事类备要外集》卷四九）
按天子有外屏[7]，令臣下屏气息。(《意林》卷四）
京师有长寿街、万岁街、士马街，若此非一[8]。街者，携也，离也[9]，四出之路携离而别[10]。(《御览》卷一九五）
秦筑长城，土皆紫色，谓之紫塞[11]。南徼土色丹[12]，谓之丹徼。塞者，壅塞□□也[13]。徼，遶也[14]。(《群书通要》己集卷四）

注释

①屏：屏风。

②帷：帐幔。

③帘：门帘。

④稍：略。第：房宅。

⑤临见：面见。自整屏气：自整仪容，凝神定气。

⑥户帏：门上的帐子。

⑦外屏：不让外人见到自己的一种屏风。

⑧若此非一：像这样的街不一而足。

⑨携、离：均为分离义。

⑩四出之路携离而别：在踏往东西南北之路，奔赴各地时，分离告别。

⑪塞：边塞。

⑫徼：边塞。丹：红色。

⑬壅塞：堵塞。

⑭徼，遶也：谓边塞绵延环绕以拒敌。遶，同“绕”。

三

原文 太山岩石松树，郁郁苍苍如云中。(《文选·之宣城出新林浦向板桥诗》李善注）

梧桐生于峄山阳岩石之上①，采东南孙枝为琴②，声甚清雅。(《御览》卷九五六）

柘材为弓③，弹而放快④。(《御览》卷九五八）

白鹇⑤，古弓名。(《御览》卷三四七）

橙皮可为酱齑⑥。(《御览》卷九七一）

酱成于盐而咸于盐，夫物之变，有时而重⑦。(《书钞》卷一四六）

吴楚之人嗜鱼盐，不重禽兽之肉。(《分门集注杜工部诗》卷一四《岁晏行》注）

菖蒲放花⑧，人得食之长年⑨。(《御览》卷九九九）

水果两角为稜⑩，四角为芰⑪，又水栗。(《押韵释疑》卷四去声五寘“芰”字注）

两角曰菱，四角曰芰，总谓之水栗。(《押韵释疑》卷二下平声十六蒸“蔆”字注）

谨按:《诗》曰:“手如柔荑”者[12]，茅始熟中穰也[13]，既白且滑。(《御览》卷九九六）

注释

①峄（yì）山：山名，在今山东邹城。阳：山的南面。

②孙枝：梧桐树上的新枝。

③柘（zhè）：一种带刺的小乔木。

④弹而放快：弹丸时丸发的速度快。

⑤鹇：读 xián。

⑥酱齑（jī）：酱菜。

⑦重：指加重色味。

⑧菖蒲（chāng pú）：水生草本，有香气。放花：开花。

⑨长年：长寿。

⑩水果：水中植物结的果。稜：同“棱”。

⑪芰：读 jì。

⑫荑（tí）：茅草的嫩芽。

⑬穰（ráng）：禾茎中白色柔软的部分。

原文

蓬生麻中[1]，不扶自直。(《御览》卷九九五）

桑车榆毂[2]，声闻数里。俗说凡人柔桑作车[3]，又以

榆为毂，牢强朗彻[4]，声响乃闻数里。(《书钞》卷一四一)

舟漂泛似散莲花[5]。(《书钞》卷一三七)

罾者[6]，树四木而张网于水，车輓之上下[7]。(《初学记》卷二二)

景师作胡床，此盖其始也。(《事物纪原》卷八)

刻苇伤盗为枪。(《御览》卷三五四)

耳珠曰珰。(《书钞》卷一三五)

火斗曰尉[8]。(《广韵》卷四未第八)

击壤为木戏。壤，木为之，前广后锐[9]，长尺四寸，阔三寸，未戏先侧一壤于地[10]，远三四十步，以手中壤击之，故曰击壤。(《罗氏识遗》卷九《击壤》条)

注释

①蓬、麻：均为植物名。

②桑车榆毂（gǔ）：以桑木作车，以榆木作车毂。毂，车轮中心的圆木，周围与车辐的一端相接，中有圆孔，可以插轴。

③柔桑：使桑木弯曲。柔，通“猱（róu）”，使木弯曲。

④牢强朗彻：谓车轮牢固、行走响亮。

⑤漂泛：漂浮。

⑥罾（zēng）：一种鱼网。

⑦车輓（wǎn）之上下：调用车来牵引网在水中的起落。輓，

同“挽”。牵引，拉。

⑧火斗：熨斗。尉：读yùn。

⑨广：宽。锐：尖。

⑩戏：表演。

原文 织毛褥谓之氍毹[①]。(《广韵》卷一虞第一〇)

丸毛谓之鞠[②]。(《御览》卷七五四)

笈[③]，学士所以负书箱，如冠籍箱也。(《御览》卷七一一)

镰刀自揆[④]，积刍荛之效[⑤]。(《御览》卷七六四)

牛乃耕农之本，百姓所仰[⑥]，为用最大，国家之为强弱也。建武之初[⑦]，军役亟动[⑧]，牛亦损耗，农业颇废，米石万钱[⑨]，天爱斯民，扶助圣主，事有征应[⑩]，于是旅谷弥野[⑪]，野茧被山[⑫]。(《类聚》卷八五)

丁壮小犊[⑬]，跳梁弄角[⑭]，饮水数石，生刍十束[⑮]，当风露夜，至死不曲[⑯]。(《御览》卷八九九)

吴牛望见月则喘[⑰]，使之苦于日，见月怖而喘焉[⑱]。(《事类赋》卷一)

注释 ①毛褥：毛毯。氍毹：读qú shū。

②丸毛：圆形内充毛的皮球。

③笈：此指支撑书箱的架子。

④揆：保管。

⑤刍荛：割草打柴。

⑥仰：依赖。

⑦建武：汉光武帝年号。公元25～56年。

⑧军役亟动：多次发动军事行动。

⑨石：120斤为1石。

⑩事有征应：谓每有征粮抽税之事。

⑪旅谷：军粮。弥：满、遍。

⑫茧：蚕茧。被：覆盖。

⑬丁壮小犊：健壮小牛。

⑭跳梁：腾跃跳动。弄：摆弄。

⑮生刍十束：生吃十捆草。

⑯不曲：不改变其本性。

⑰喘：急促呼吸。

⑱怖：恐怖。

原文 按方言：“豚，猪子也。”今人相骂曰“孤豚之子”是也①。(《文选·答客难》李善注)

伯鱼之生，适有馈孔子鱼者②，嘉以为瑞③，故名鲤，字伯鱼。(《御览》卷九三五)

祝、阿不食生鱼。俗说祝、阿凡有宾婚吉凶大会，有异馔饭食[4]，自极至蒸鱼也[5]。(《书钞》卷一四五)

俗说膊[6]，阔大脯也[7]。按泰山博县十月祠泰山[8]，脯阔一尺，长五分。(《书钞》卷一四五)

今宴饮大会皆先黍臛[9]。(《书钞》卷一四四)

汉顾成庙设投老钩栏[10]。(《群书通要》己集卷四)

注释

①孤豚（tún）之子：孤单的猪生之子。

②馈：赠送。

③嘉：美好之物。瑞：吉兆。

④异馔（zhuàn）：不同寻常的美食。

⑤极：极好的食品。

⑥膊（bó）：大块干肉。

⑦脯（fǔ）：干肉。

⑧博县：县名。治所在今山东泰安东南。祠：祭祀。

⑨黍：黍米。臛：肉羹。

⑩投老钩栏：老人扶持的栏杆。

四

原文 风者，天之号令，谴告人君[1]，风而靡者也[2]。(《书

钞》卷一五一）

风或清明，来久长，不摇树木枝叶，离地三二丈者，此有龙德在其下。风或清明，不及二三尺者[3]，此君之风也[4]。（《御览》卷九）

猛风曰飗[5]，凉风曰浏，微风曰飉[6]，小风曰飕[7]，小风从孔来曰飑[8]。（《御览》卷九）

五月有落梅风，江淮以为信风。又有霖霪[9]，号为梅雨，沾衣服皆败黦[10]。（《御览》卷九七〇）

雍丘县夏后公祠有神仙井[11]，能致雾。（《锦绣万花谷后集》卷二）

积冰曰凌[12]，壮冰曰冻[13]，冰流曰澌，冰解曰泮。（《御览》卷六八）

言人清高如冰之洁。（《文选·汉高祖功臣颂》李善注）

南阳郦县有甘谷[14]，谷中水甘美。云其山上大有菊华[15]，水从山流下，得其滋液。谷中三十余家，不复穿井[16]，仰饮此水，上寿百二三十，其中百余，七十八十名之为夭[17]。司空王畅、太尉刘宽、太傅袁隗为南阳太守[18]，闻有此事，令郦月送水三十斛[19]，用饮食澡浴，终然无益。（《御览》卷九九六）

夫火者，南方阳[20]，光辉为明，圣人向之而治，取其

象也[21]。(《初学记》卷二五)

注释

①谴告：谴责，警告。

②风而靡：闻风而从。指人君闻风而动，接受天之谴告而纠正过失。

③不及二三尺：离地面二三尺。

④君之风：帝王之风。暗示此风吹过，将有帝王出现。

⑤颲：读 liè。

⑥飉：读 liáo。

⑦飕：读 sōu。

⑧颰：读 xuè。

⑨霖霪（lín yín）：久雨。

⑩败：使褪色。黦（yuè）：黄黑色。

⑪雍丘县：县名。治所在今河南杞县。

⑫积冰：积久而成的冰。

⑬壮冰：壮硕的冰。

⑭南阳：郡名。治所在今河南南阳。郦县：县名。治所在今河南内乡县境。

⑮华：花。

⑯穿井：打井。

⑰夭：短命。

⑱司空：官名。掌监察、执法、重要文书图籍。太尉：官名。掌军事。太傅：官名。多以他官加衔，并无实职。

⑲斛（hú）：容量单位。十斗为一斛。

⑳夫火者，南方阳：在五行（金木水火土）、五方（东西南北中）、阴阳的对应关系中，火对应南方，属阳。

㉑象：指象征意义。

五

原文 南北曰阡，东西曰陌。河东以东西为阡[①]，南北为陌。(《史记·秦本纪·索隐》)

里语云："越陌度阡，更为客主。"[②](《文选·短歌行》李善注)

苑[③]，蕴也[④]，言薪蒸所蕴积也[⑤]。(《初学记》卷二四)

囿者，畜鱼鳖之处也，囿犹有也。(《御览》卷一九六)

园，援也[⑥]，从口，袁声[⑦]，四皓园公[⑧]，亦本园者。(《御览》卷八二四)

圃，补也[⑨]，从口，甫声。(《御览》卷八二四)

岳者，称考功德黜陟之[⑩]，故谓之岳。四方皆有七宿，各成形，东方成龙形，西方成虎形，皆南首而北尾；南方成鸟形，北方成龟形，皆西首而东尾。以南方之宿象鸟，故谓之朱鸟七宿也。（《分门集注杜工部诗》卷四《望岳》注）

池者，陂池⑪，从水，也声⑫。（《左传·隐公三年》孔颖达疏）

《孙子》有金城汤池之说⑬，后人因此开地为池，以养鱼鳖。（《初学记》卷七）

《孙子》云："金城汤池而无粟者，太公、墨翟不能守之⑭。"（《意林》卷四）

海曰百谷王，海神曰海若，海一云朝夕池，一云天池，亦云大壑、巨壑⑮。（《初学记》卷六）

注释

①河东：古地区名，战国秦汉时指今山西省西南部。

②里语：乡里俗语。陌：东西向田间小路。阡：南北向田间小路。更：交替。

③苑：为帝王游乐打猎而圈围的场所。

④蕴：积聚。

⑤薪蒸：大木曰薪，小木曰蒸。

⑥园，援也：园有篱笆的含义。援，篱笆。

⑦从口，袁声："园"繁体作"園"，属"口"部，发"袁"声。

⑧四皓：秦末四位年高望重的隐者。其中有一位为东园公，亦称园公，本姓庾，字宣明，居园中，因以为号。

⑨补：裨益。谓“圃（本义为种菜）”有此义。

⑩称考：考评。黜：降职。陟（zhì）：升职。

⑪陂（bēi）池：池塘。

⑫也声：“池”古音为“也”。

⑬金城汤池：金属造的城，开水流成的护城河。形容城池的坚固。

⑭太公：太公望，周朝著名谋臣。墨翟：战国时墨家学派创始人，善于防守城池。

⑮壑（hè）：沟。

六

原文 《周礼》：“五党为州[1]。”州，畴也[2]。州有长，使之相周足也[3]。字从重川[4]，尧遭洪水，居水中，高土曰州。（《玉烛宝典》卷十二）

周制，天子方千里，分为百县，县有四郡。故《左传》云：“上大夫受县，下大夫受郡。”秦始皇初置三十六郡，以监县也[5]。（《史记·秦始皇本纪·正义》）

《周礼》：百里曰同，所以奖王室[6]，协风俗[7]，总名

县[8]。县，玄也，言当玄静，平徭役[9]。(《御览》卷一五七)

《周礼》:“五家为邻，四邻为里[10]。”里者，止也[11]。里有司[12]，司五十家[13]，共居止，同事旧欣[14]，通其所也[15]。(《续汉书·百官志》刘昭注)

国家制度，大率十里一乡[16]。(《续汉书·百官志》刘昭注)

注释

①党：居民组织单位，五百家为一党。

②畴：划定田界。

③周足：保全。

④重川：多条河流。

⑤监：监管。

⑥奖：辅助。

⑦协：和协。

⑧总：皆。

⑨平：使公平。

⑩邻、里：古代地方基层行政组织。今传本《周礼·地官·遂人》作“五邻为里”。

⑪止：有使人止留居住义。

⑫司：管事部门。

⑬司：掌管。

⑭事：侍奉。旧欣：过去所钦慕的人。

⑮所：住所。

⑯乡：古代地方行政组织。

原文 谨按:《春秋国语》有寓望①，谓今亭也，民所安定也。亭有楼，从高省②，丁声也。汉家因秦③，大率十里一亭④。亭，留也。今语有亭留、亭待，盖行旅宿食之所馆也。亭亦平也，民有讼诤⑤，吏留辨处⑥，勿失其正也。亭吏旧名负弩，改为长，或谓亭父。（《御览》卷一九四）

亭长者，一亭之长率也⑦。为率吏⑧，陈、楚、宋、魏谓之亭父，齐海谓之师也⑨。（《书钞》卷七九）

中人城北四十里有左人亭⑩，鲜虞故邑⑪。（《御览》卷一六一）

光武中兴以来，五曹诏书题乡亭壁⑫，岁辅正⑬，多有阙谬⑭。永建中⑮，兖州刺史过翔⑯，笺撰卷别⑰，改著板上⑱，一劳而九逸⑲。（《御览》卷五九三）

注释 ①寓望：古代边境所设的客舍。

②从高省：“亭”字从“亭”，是“高”字省略一“口”。

③因：继承。

④大率：大概，大致。

⑤讼诤：诉讼，争论。

⑥吏留辨处：官吏让讼诤之人留下来辨别清楚的地方。

⑦⑧长率、率吏：长官。

⑨齐海：齐国近海处。

⑩中人城：城邑名。在今河北唐县西南。

⑪鲜虞：春秋时国名。故邑：旧都。

⑫五曹诏书题乡亭壁：将皇帝诏告侍御史五个部门的诏书写在乡间公舍的墙壁上。

⑬辅正：对脱漏之字进行补正。

⑭阙谬：缺漏，错误。

⑮永建：汉顺帝年号。公元126～132年。

⑯兖州：十三刺史部之一。在今山东省西南部。

⑰笺撰卷别：用好纸写成卷次。

⑱著：写。

⑲一劳而九逸：一劳永逸。

七

原文 府，聚也，公卿牧守府道德之所聚也①。藏府、私府②，

财货之所聚也。寺，司也[3]。庭有法度[4]，令官所止，皆曰寺。（《左传·隐公七年》孔颖达疏）

廷，正也，言县廷、郡廷、朝廷皆取平均正直也[5]。（《后汉书·郭太传》李贤注）

丞者，承也[6]。相者，助也。（《类聚》卷四五）

汉武帝讳彻，改曰通侯，或曰列侯。秦时六国未平，将帅皆家关中[7]，故称关内侯。通侯，言其功大通于王室[8]。列者，言其功德列著乃飨爵也[9]。（《御览》卷一九八）

尚书、御史台皆以官苍头为吏[10]，主赋舍，凡守其门户。（《续汉书·百官志》刘昭注）

有秩则田间大夫[11]，言其官裁有秩耳[12]。（《资治通鉴》卷五胡三省注）

啬者，省也[13]。夫，赋也。言消息百姓[14]，均其役赋[15]。（《续汉书·百官志》刘昭注）

注释

①牧：州牧。守：太守。府：官府。

②藏府：朝廷的府库。私府：私人的府库。

③司：掌管。

④庭：朝廷，官府。

⑤平均：公平。

⑥承：接受。此指秉承上级意图办事。

⑦关中：函谷关以西地区。

⑧通：交往。

⑨列著：显著。飨：通“享”，享受。

⑩尚书：官名。掌文书奏章。御史台：官署名。掌监察。官苍头：官府的奴仆。

⑪秩（zhì）：俸禄。田间大夫：掌管农业生产的官名。

⑫裁：通“才”，仅仅。

⑬省：节省。

⑭消息百姓：减轻百姓负担，使其得到休养。

⑮役赋：徭役，赋税。

八

原文 俗说市井者，言至市有所鬻卖[①]，当于井上先濯[②]，乃到市也。谨按：《春秋井田记》：“人年三十，受田百亩，以食五口[③]。五口为一户，父母妻子也。公田十亩[④]，庐舍五亩[⑤]，成田一顷十五亩[⑥]。八家而九顷二十亩，共为一井。庐舍在内[⑦]，贵人也。公田次之，重公也[⑧]。私田在外[⑨]，贱私也[⑩]。井田之义，一曰无泄地气[⑪]，二曰无费一家[⑫]，三曰同风俗[⑬]，四曰

合巧拙[14]，五曰通财货。因井为市，交易而退[15]，故称市井也。”(《后汉书·循吏传》李贤注)

井者，法也[16]，节也[17]，言法制居人[18]，令节其饮食，无穷竭也。(《初学记》卷七)

注释

①鬻（yù）：卖。

②濯（zhuó）：洗。

③食：供养。

④公田：由若干农民共同耕种，而将收获物全部上缴给统治者的土地，同“私田”相对。

⑤庐舍五亩：房舍占地五亩。

⑥成田：十里见方的田。

⑦内：指井田之内。

⑧重：重视。

⑨外：指井田之外。

⑩贱：轻视。

⑪渫（xiè）：散发。

⑫费：浪费钱财。

⑬同：混同。

⑭合：会合在一起。巧：智巧者。拙：拙笨者。

⑮退：指交换财物后各自离去。

⑯法：法度。

⑰节：节制。

⑱法制居人：以法度节制居民。

九

原文 汉改邮为置[①]。置者，度其远近之间置之也。(《后汉书·郭太传》李贤注)

今吏邮书掾、府督邮职掌此[②]。(《续汉书·舆服志》刘昭注)

诸侯及使者有传信[③]，乃得合于传耳[④]。今刺史行部[⑤]，车号传车从事督邮。(《文选·赠张徐州稷诗》李善注)

注释 ①邮：古代传递文书、供应食宿和车马的驿站。

②邮书掾：传递文书的小吏。督邮：官名。代表郡太守督察县乡，宣达教令，兼司狱讼捕亡等事。职掌此：根据刘昭记载，指负有向州郡传递下情文书的职责。

③传信：符信，凭证。

④传：古时在一完整木块或布帛上刻写字，然后分成两半，各持一半，相合才算是符信、凭证。

⑤行部：汉制，刺史常于八月巡视部属，考察行政，称行部。

十

原文 黄帝战蚩尤于涿鹿[①]，常有五色云气金枝玉叶止于帝上，因作华盖[②]。(《古今合璧事类备要外集》卷六〇)

武王伐纣，大风折盖[③]，遂成曲盖[④]。(《古今合璧事类备要外集》卷六〇)

鹿车窄小，裁容一鹿也。或云乐车。乘牛马者，剉轩饮饲达曙[⑤]，今乘此虽为劳极[⑥]，然入传舍[⑦]，偃卧无忧[⑧]，故曰乐车。无牛马而行者，独一人所致耳。(《御览》卷七七五)

俗说高祖与项羽战，败于京、索[⑨]，遁从薄中[⑩]，羽追求之。时鸠正鸣其上[⑪]，追者以鸟在无人，遂得脱。后及即位，异此鸟[⑫]，故作鸠杖以赐老者[⑬]。按少皞五鸠[⑭]。鸠民者，聚民也。《周礼》：罗氏献鸠养老。汉无罗氏，故作鸠杖以扶老。(《御览》卷九二一)

铃柄施悬鱼。鱼者，欲君臣沉静，如鱼之入水，不可复得闻见耳。(《御览》卷三三八)

仗者，刀戟之总名也。(《华严经音义》卷四)

矛长八尺谓之矟[⑮]。(《白孔六帖》卷五八)

注释 ①黄帝、蚩（chī）尤：我国古代传说中的两位部落首领。涿（zhuō）鹿：地名。在今河北省涿鹿县境。

②华盖：帝王的车盖。

③折盖：吹断车盖。

④曲盖：仪仗用的曲柄伞。

⑤剉（cuò）轩饮饲：为驾车的牛马铡切草料、饮水喂食。达曙：到天亮。

⑥劳极：疲劳至极。

⑦传舍：供来往行人居住的旅舍。

⑧偃：仰。

⑨京：县名。治所在今河南荥阳。索：京县境内的索亭。

⑩薄：草木丛生之地。

⑪鸠（jiū）：鸟名。

⑫异：认为不同寻常。

⑬鸠杖：刻有鸠鸟图形的木杖。

⑭少皞（hào）：传说中古代东夷族首领，曾以鸟名为官名。

⑮稍：读shuò。

十一

原文 武帝广开献书之路，立五经博士①，开弟子员②，设科射策[3]，劝以官禄[4]。讫于元始[5]，百有余年，书积如丘山，传业浸众[6]，枝叶繁滋[7]，经说百万言[8]，盖禄利之路然也[9]。(《御览》卷六〇七)

光武车驾徙都洛阳[10]，载素简纸经凡二千两[11]。董卓荡覆王室[12]，天子西移，中外仓卒[13]，所载书七十车，于道遇雨，分半投弃。卓又烧煳观阁[14]，经籍尽作灰烬，所有余者，或作囊帐[15]，先王之道几湮灭矣[16]。(《意林》卷四)

刘向《别录》:"杀青者，直治竹作简书之耳[17]。新竹有汁，善折蠹[18]，凡作简者，皆于火上炙干之[19]，陈、楚间谓之汗。汗者，去其汁也。吴、越曰杀，亦治也。"刘向为孝成皇帝典校书籍二十余年，皆先书竹，改易刊定[20]，可缮写者以上素也[21]。由是言之，杀青者竹，斯为明矣。(《御览》卷六〇六)

按刘向《别录》：雠校[22]，一人读书，校其上下，得谬误为校。一人持本[23]，一人读书[24]，若怨家相对。(《文选·魏都赋》李善注)

二人对校为雠。(慧琳《一切经音义》卷七七)

注释

①五经博士：学官名，传授儒家经典。汉武帝建元五年（前136），设《诗》《书》《易》《礼》《春秋》五经博士。

②开：设置。弟子员：太学生。

③设科：设置考试科目。射策：由主试者出试题，写在简策上，分甲乙科，列置案上，应试者随意解答，主试者按题目难易和所答内容定优劣。

④劝：勉励。

⑤元始：汉平帝年号。公元1～5年。

⑥传业：传授儒家经典。浸：日渐。

⑦枝叶繁滋：谓对儒家经典进行解说的文字越来越多。

⑧经说百万言：谓对某一经文解释文字达到了百万多字。

⑨禄利之路然也：谓这是受利禄之路引诱的结果。

⑩徙都：迁都。

⑪素：白色的生绢。简：竹简。

⑫荡覆：废毁。

⑬中外仓卒：宫内外人员行动慌乱。

⑭焫（ruò）：烧。观阁：宫殿楼台。

⑮囊：盛物的袋子。帐：帐篷。

⑯几：几乎。湮（yān）灭：埋灭，磨灭。

⑰直：特意。治：处理。

⑱善折蠹（dù）：易弯曲和被蛀蚀。

⑲炙（zhì）：烤。

⑳改易刊定：修改审定。

㉑缮（shàn）写：抄写。

㉒雠：读 chóu。

㉓本：底本。

㉔书：指书写在竹简上的文字。

十二

原文 清角，黄帝之琴。号钟，齐桓公琴。绕梁，楚庄王琴。绿绮，司马相如琴。焦尾，蔡邕琴。凤凰，赵飞燕琴。（《天中记》卷四二）

一《将归》，二《猗兰》，三《龟山》，并孔子作。四《越裳》，周公作。五《拘幽》，文王作。六《岐山》，周公为文王作。七《履霜》，尹伯奇作。八《雉朝飞》，牧犊子作。九《别鹄》，商陵穆子作。十《残形》，鲁子作。十一《水仙》，十二《怀陵》，并伯牙作①。（《古今合璧事类备要前集》卷五七）

九引②：一《列女》，楚樊姬作。二《伯飞》，鲁伯飞作。三《贞次》，鲁女作。四《思归》，卫女作。五《霹雳》，楚商梁作。六《走马》，恭侯作。七《箜篌》，霍子高作。八《琴引》，秦皇作。九《楚引》，楚龙丘子作。（《古今合璧事类备要前集》卷五七）

古琴歌曲有五，如《鹿鸣》《驺虞》之类。操有十二，如《将归》《拘幽》《履霜》《别鹤》之类。引有如《烈女》《湘妃》《霹雳》《思归》《走马》之类。又有二十一章如《阳春弄》《连珠弄》之类。(《类说》卷三六)

相[3]，拊也[4]，所以辅相于乐，奏乐之时先击相。(《御览》卷五八四)

雅形如漆筒[5]，有椎。《礼》云“讯疾以雅”是也[6]。(《御览》卷五八四)

谨按:《乐记》:“筝，五弦，筑身也[7]。”今并、凉州筝形如瑟[8]，不知谁作也。按京房制五音[9]，唯加瑟十三弦，此乃筝也。今雅乐筝十二弦，他乐皆十三弦。如筝稍小曰云和，乐府不用[10]。(《御览》卷五七六)

十月之应钟何[11]？应者，应也。钟者，动也。言万物应阳而动不藏也。(《御览》卷二七)

十二月律谓之大吕何[12]？大者，太也。吕，拒也，言阳气欲出，其阴不许也。吕之言拒也，依即拒难之也。(《御览》卷二七)

箫[13]，仲吕之气[14]。(《古今合璧事类备要外集》卷一六)

靡靡之乐[15]。(《白孔六帖》卷六二)

注释

①《将归》《猗兰》《龟山》《越裳》《拘幽》《岐山》《履霜》《雉朝飞》《别鹄》《残形》《水仙》《怀陵》：皆乐曲名。

②引：乐曲体裁之一，有序奏之意。

③④相、拊（fǔ）：皆古乐器名。

⑤雅：乐器名。

⑥讯疾：探问病情。

⑦筝：拨弦乐器。筑：古击弦乐器。

⑧并：州名。约今山西大部和内蒙古、河北的一部。凉州：州名。约今甘肃黄河以西地区。瑟（sè）：拨弦乐器。

⑨京房：人名。西汉易学家、律学家。

⑩乐府：音乐官署名。

⑪应钟：十二律中的第十二律。

⑫大吕：十二律中的第二律。

⑬箫：管乐名。

⑭仲吕：十二律中的第六律。

⑮靡（mǐ）靡：柔弱、萎靡不振。

十三

原文 论数曰："踦者，奇也，履舄之一也。"[①]（《御览》卷六九七）

斛者[②]，角也[③]。庾[④]，三斛四斗。秉[⑤]，二十四斛。（《御览》卷八三〇）

三公一岁共食万石也[⑥]。（《通典·职官二》）

车一辆。谓两两相与为体也[⑦]，原其所以言两者[⑧]，箱装及轮[⑨]，两两而耦[⑩]，故称两耳。（《御览》卷七七三）

马一匹。俗说马比君子，与人相匹[⑪]。或说马夜行，目明，照前四丈，故曰一匹[⑫]。或说度马从横[⑬]，适得一匹。或说马死卖得一匹帛。或云《春秋左氏》说：诸侯相赠乘马束帛[⑭]。束帛为匹，与马之相匹耳。（《御览》卷八九七）

俗说有功得赐金者，皆黄金也。按《孙子兵书》："日费千金。"千金，百万钱也。陈平谏楚千金，赠二疏金五十斤[⑮]，并黄金也，或云一金亦是一万钱也。（《意林》卷四）

秦孝公以二百四十步为畮，五十畮为畦[⑯]。（慧琳《一切经音义》卷七七）

涉始于足，足率长十寸，十寸则尺，一跃三尺，法天地人，再跃则涉。(《文选·四子讲德论》李善注)

注释

①论数:《风俗通义·论数》篇。踦（jī）：单、只。履舄（xì）：鞋。

②③④⑤斛（hú）、角、庾（yǔ）、秉：皆量器名。古以十斗为一斛。

⑥三公：西汉以丞相（大司徒）、太尉（大司马）、御史大夫（大司空）称三公。东汉以太尉、司徒、司空为三公。食：俸禄。

⑦为体：成为整体。

⑧原：推究。

⑨箱装：车箱。

⑩耦：成双。

⑪相匹：相当。

⑫匹：长度单位。四丈为一匹。

⑬度：推测。从：通“纵”。

⑭乘（shèng）：四匹马拉的车。

⑮“陈平谏楚千金”二句：陈平在楚汉战争中曾建议刘邦出金钱离间项羽与部属的关系，刘邦接受了建议，予陈平金，任其所为。踈，同“疏”，粗糙。

⑯畮：同“亩”。畦（qí）：土地面积单位。

原文 十十谓之百[①]，十百谓之千，十千谓之万，十万谓之亿，十亿谓之兆，十兆谓之经，十经谓之垓，十垓谓之秭，十秭谓之选，十选谓之载，十载谓之极。有物者有事者纪于此矣[②]。过此往者则其数可纪，其名未之或闻也。夫数一为特、偶、奇、只，二为再、两、偶、双，三为参，四为乘。（《御览》卷七五〇）

千生万，万生亿，亿生兆，兆生京，京生秭，秭生垓，垓生壤，壤生沟，沟生涧，涧生正，正生载，载地不能载也[③]。（《广韵》卷三旨第五）

十千曰万，十万曰亿，十亿曰兆，十兆曰京，十京曰垓，言数之极多者也。（慧琳《一切经音义》卷三〇）

铢六则锤[④]，锤，晖也。二锤则锱，锱，炽也。（玄应《一切经音义》卷七五）

注释 ①十十：十个十相加的结果。

②纪：通“记”。此：指“极”。

③载：前一“载”指数，后一“载”指承载。

④铢、锤：皆重量单位名。

十四

原文 汉中、巴、蜀自择伏日①。俗说汉中、巴、蜀、广汉土地温暑②，草木蚤生晚枯③，气异中国④，夷狄畜之⑤，故令自择伏日也。谨按:《汉书》：高帝分四都之众⑥，用良、平之策⑦，还定三秦⑧，席卷天下。盖君子所因者本也⑨。论功定封⑩，加以金帛，重复宠异，令自择伏日，不同于风俗也⑪。(《御览》卷三一)

赤春⑫。俗说赤春从人假贷⑬，家皆自乏之时⑭。或说当言斥春。春，旧谷已⑮，新谷未登⑯，乃指斥此时相从假贷乎⑰。斥与赤音相似耳。按《诗》：“春日迟迟⑱，卉木萋萋⑲。春日载阳⑳，有鸣仓庚㉑。”《月令》：“衣青衣，服仓玉㉒。”《尔雅》云：“春曰春阳。”凡三春时不得服赤也㉓。今里语曰：“相斥触㉔。”原其所以，言不当触春从人求索也㉕。(《玉烛宝典》卷一)

注释 ①汉中：郡名。辖境在今大巴山以北、秦岭以南的汉水流域一带。巴：郡名。辖境在今四川东部、湖北西部一带。蜀：郡名。辖境在今四川中部偏西一带。伏日：阳历七月中旬到八月下旬一段时间。

②广汉：郡名。辖境在今甘肃文县、陕西宁强以南，四川旺

苍、剑阁、蓬溪以西，潼南、遂宁、新都以北，什邡、北川以东地区。温暑：温暖，炎热。

③蚤：通“早”。

④中国：指中原一带。

⑤畜（xù）：容留，生存。

⑥四都：指广汉、汉中、巴、蜀四郡。

⑦良、平：刘邦谋臣张良、陈平。

⑧三秦：秦亡后，项羽三分秦故地，封秦降将章邯为雍王，领有今陕西中部咸阳以西和甘肃东部地区；封司马欣为塞王，领有今陕西咸阳以东地区；封董翳为翟王，领有今陕西北部地区，合称三秦。

⑨因：依靠。本：指刘邦还定三秦所依靠的巴、蜀、汉中、广汉这块根据地。

⑩封：指封地。

⑪风俗：指一般的风俗习惯。

⑫赤春：春天的一种称呼。

⑬假贷：借。

⑭自：由于。

⑮已：指吃完了。

⑯登：成熟。

⑰指斥：指名斥责。

⑱迟迟：舒缓。

⑲萋萋：草木茂盛貌。

⑳载：充满。

㉑仓庚：鸟名。

㉒服：佩戴。仓：通“苍”，青色。

㉓赤：指红色的衣物。

㉔斥触：不接触。

㉕触春：在春天。求索：索要财物。

原文 夏至著五彩辟兵[①]，题曰“游光”，厉鬼知其名者无温疾[②]。五彩，辟五兵也。按人取新断织系户[③]，亦此类也。谨按织取始断二三寸帛，缀着衣衿[④]，以己织纴告成于诸姑也[⑤]。后世弥久[⑥]，易以五彩[⑦]。又永建中，京师大疫，云疠鬼字野重游光[⑧]。亦但流言[⑨]，无指见之者[⑩]。其后岁岁有病，人情愁怖[⑪]，复增题之[⑫]，冀以脱祸[⑬]。今家人织缣新[⑭]，皆取着后嫌绢二寸许系户上[⑮]，此其验也。(《御览》卷二三)

五月五日，集五色缯辟兵[⑯]。余问服君，服君曰：“青赤白黑以为四方，黄为中央，襞方缀于胸前[⑰]，以示妇人蚕功也[⑱]。织麦䴵悬于门[⑲]，以示农工成[⑳]，传声以襞为辟兵耳。”(《御览》卷三一)

五月五日续命缕，俗说以益人命。(《类聚》卷四)

五月五日以五彩丝系臂，名长命缕，一名续命缕，一名辟兵缯，一名五色缕，一名朱索。又有条达等，织组杂物以相问遗[21]。古诗云“绕臂双条脱[22]”是也。(《事类赋》卷四)

五月五日以五彩丝系臂者，辟兵及鬼，令人不病温，亦因屈原。(《类聚》卷四)

织女七夕当渡河[23]，使鹊为桥。(《岁华纪丽》卷三)

八月一日是六神日，以露水调朱砆蘸小指[24]，宜点灸去百病[25]。(《天中记》卷五)

元日食鸡子一枚[26]，以鍊形也[27]。(《岁时广记》卷五《咽鸡卵》条)

注释

①夏至：二十四节气之一。著：穿。五彩：五种颜色的布帛。辟兵：躲避兵灾。

②温疾：热病。

③织：绸或锦。

④缀着衣衿（jīn）：连在衣襟上。

⑤纴（rèn）：丝缕。

⑥弥：长久。

⑦易：代替。

⑧疠鬼：给人带来瘟疫的鬼。

⑨但：只是。

⑩指见：亲眼所见。

⑪愁怖：忧虑害怕。

⑫题之：指在五彩帛上题字。

⑬冀：希望。

⑭缣（jiān）：细绢。

⑮嫌：不能令人满意的。户上：门上。

⑯缯（zēng）：古代丝织品的总称。

⑰襞（bì）：折叠衣服。

⑱蚕功：养蚕之功。

⑲织麦䅌（juān）：在丝织物上织上麦秆图形。

⑳农工成：农业生产的收获。

㉑组：丝织的阔带。遗（wèi）：赠送。

㉒条脱：此指丝织的类似手镯的饰物。

㉓河：指天河。

㉔朱珠：一种红色矿物。蘸（zhàn）：沾。

㉕炙：灼、烧。

㉖鸡子：鸡卵。

㉗鍊（liàn）形：刻苦锻炼身体。鍊，同“炼”。

十五

原文 圣者，声也，通也。言其闻声知性，通于天地，条畅万物也[①]。(《类聚》卷二〇)

《易》云："利见大人[②]。"大人与圣人，其义一也。(《意林》卷四)

贤，坚也，坚中廉外[③]。(《御览》卷四〇二)

《论语》云："君子上达[④]。"臧孙纥曰："后有达者，将在孔丘乎?"儒者，区也[⑤]，别古今贤愚。章帝时以贾逵为通儒，时人语曰："问事不休贾长头[⑥]。"(《意林》卷四)

《礼》云："群居五人，长者必异席[⑦]。"今呼权贵作长者，非也。(《意林》卷四)

春秋之末，郑有贤人著书一篇，号郑长者。谓年长德艾[⑧]，事长于人[⑨]，以之为长者故也。(《华严经音义》卷四)

《管子》云：先生施教，弟子则之[⑩]。非知古之道，是师者之称[⑪]。诸生，弟子学者非一[⑫]，故曰诸。先生者，当如醒，学者譬如醉，言生俱醉，独有醒者。(《意林》卷四)

祭酒。《礼》云："饮酒必祭。"尊其先也。孙卿在齐[⑬]，

最是老师[14]，故三称祭酒[15]。(《意林》卷四)

士。《诗》云："殷士肤敏[16]。"髦士俊秀[17]，雅士博达[18]，烈士有不易之分[19]，处士隐居放言[20]。(《意林》卷四)

《易》云："师贞[21]，丈人吉[22]。"非徒尊老[23]，须德行先人也[24]。传云："杖德莫有信者[25]。"其恩德可信杖也[26]。(《意林》卷四)

《礼》云：十尺曰丈，成人之长也。夫者，肤也。言其智肤敏弘教也[27]，故曰丈夫。(《意林》卷四)

注释

①条畅：指对事物的理解没有障碍。

②利：有利，吉利。

③坚中：内心意志坚定。廉外：表现于心外的行为为廉洁、不贪。

④上：努力向上。达：遂心得志。

⑤区：区别。

⑥贾长头：贾逵的别称。

⑦异席：坐在与众不同的席位上。

⑧艾：美。

⑨事长：知道的事情多。

⑩则：作为准则。

⑪师者：老师。

⑫学者：求学的人。

⑬孙卿：即荀况，战国时杰出的思想家。

⑭最是老师：被认为是年辈最尊的学者。

⑮祭酒：对学长的尊称。

⑯殷士：殷商之臣。肤敏：美而敏捷。

⑰髦（máo）：英俊。

⑱雅：高雅脱俗。博达：知识广博，心胸豁达。

⑲烈士：坚贞不屈的刚强之士。易：改变。分：名分。

⑳处士：有才德隐居不仕之人。放言：畅所欲言。

㉑师：《周易》之《师卦》。贞：卜问。

㉒丈人：受尊敬的老年人。

㉓徒：只是，仅仅。

㉔德：感激。行：品行，品德。

㉕杖：依靠。莫：没有什么比得上。信：诚信。

㉖信：信赖。

㉗弘教：弘扬政教。

原文　《论语》云："匹夫匹妇。"传云："一昼一夜成一日，一男一女成一室①。"按古人男女作衣用二匹②，今人单衣③，故言匹。(《意林》卷四)

《礼》言："简不肖[4]。"按生子鄙陋，不似父母，曰不肖。今人谦辞亦曰不肖[5]。(《意林》卷四)

《方言》曰："人不事事而放荡[6]，谓之无赖[7]。"不可恃赖也，犹高祖谓太上皇云[8]："大人以臣无赖也。"(《意林》卷四)

凡人相骂曰死驴，丑恶之称也。董卓陵虐王室[9]，执政皆如死驴[10]。(《御览》卷九〇一)

采女。按采者，择也。以岁八月，洛阳民遣中大夫与掖庭丞、相工阅视童女年十三以上[11]，二十以下，长壮妖絜有法相者[12]，载入后宫。(《文选·后汉书皇后纪论》李善注)

汉以八月算人[13]，后家以金帛赂遗主者以求入也[14]。(《后汉书·皇后纪》李贤注)

列侯尚公主[15]，国人尚翁主[16]，以妻制夫，阳屈于阴耳。(《初学记》卷一〇)

《易》称："帝乙归妹[17]，以祉元吉[18]。"妇人谓嫁娶之礼曰归，归其妹于诸侯，亨终吉也[19]。(《初学记》卷一〇)

夫人当龙变起[20]，不系乡里[21]。若止系风俗，见善不徙[22]，故谓之俗人。(《意林》卷四)

注释

①室：家。

②匹：计算布、绸的长度单位。

③单衣：指男女单独做衣。

④简、肖：像。

⑤不肖：不贤。

⑥事事：做事。放荡：放恣任性。

⑦无赖：生活无依靠，游手好闲。

⑧高祖：刘邦。太上皇：刘邦父亲。

⑨陵虐：欺侮，虐待。

⑩执政：掌权大臣。

⑪中大夫、掖庭丞：皆官名。掌宫中之事。相工：画像的工匠。

⑫妖：妩媚。絜：同“洁”，指纯洁。法相：汉代皇宫选妃嫔、宫女的容貌标准。

⑬算人：向成年人征收人头税。

⑭后家：后妃之家。主者：主事者。

⑮尚：娶。公主：皇帝女。

⑯国人：有权参与议论国事的人。翁主：汉代诸王之女称翁主。

⑰帝乙：指殷高宗。归妹：嫁少女。

⑱祉：得福。元：大。

⑲亨：通达顺利。

⑳龙变：指帝王创业的风云变化之际。

㉑系：束缚。

㉒徙（xǐ）：迁移，指向善靠拢。

十六

原文 《易》称：天先春而后秋，地先生而后凋[①]，日月先光而后幽[②]。是以王者则之，亦先教而后刑，三皇结绳[③]，五帝画像[④]，三王肉刑[⑤]，霸世黜巧[⑥]。此言步骤稍有优劣也[⑦]。（《御览》卷七七）

《咎陶谟》："虞始造律[⑧]。"萧何成九章[⑨]，此关诸百王不易之道也[⑩]。时所制曰令[⑪]，《汉书》：著于甲令[⑫]。夫吏者，治也，当先自正，然后正人。故文书下如律令，言当承宪履绳[⑬]，动不失律令也[⑭]。（《类聚》卷五四）

《易》："噬嗑为狱[⑮]。"狱十月之卦[⑯]，从犬，言声，二犬亦所以守也。廷者[⑰]，阳也，阳尚生长。狱者，阴也，阴主刑煞[⑱]。故狱皆在廷北，顺其位。（《御览》卷六四三）

《周礼》：三王始有狱，夏曰夏台，言不害人，若游观之台，桀拘汤是也。殷曰羑里，言不害人，若于闾里[19]，纣拘文王是也。周曰囹圄，令圄举也[20]，言人幽闭思愆[21]，改恶为善，因原之也[22]。今县官录囚皆举也[23]。（《御览》卷六四三）

狱，自三王制肉刑始有狱，夏曰下台，周曰囹圄，令人思譻改恶[24]。狱字二犬守言，无情状[25]，犬亦得之。囚字罪人置诸圜土，故囚字从口中人。罪字本从自辛[26]，苦忧之。秦皇谓辠字似皇，故改作罪。（《意林》卷四）

《诗》云："宜犴宜狱。"犴，司空也[27]。《周礼》：凡万民之有罪过已离于法者[28]，桎梏以上[29]，坐诸嘉石[30]，役诸司空[31]，令平易道路也[32]。（《御览》卷六四三）

械，戒也，所以警戒使为善也。桎[33]，实也。言其下垂至地，然后吐情首实[34]。（《御览》卷六四四）

顷者，廷尉多墙面而苟充兹位[35]，持书侍御史不复平议[36]，谳当纠纷[37]，岂一事哉！里语曰："县官漫漫[38]，冤死者半。"（《御览》卷二二六）

古制本无奴婢，奴婢皆是犯事者，奴者顽劣，婢者卑陋。里语云："取官漫漫[39]，怨死者半。"昔在清平之世，使明恕君子哀矜折狱[40]，尚有怨言，况在今时耶？（《意林》卷四）

注释

①凋：衰落。

②幽：昏暗。

③三皇：天皇、地皇、人皇。结绳：用结绳的方法治理世事。

④五帝：黄帝、颛顼、帝喾、尧、舜。

⑤三王：夏、商、周三代帝王。

⑥霸世：诸侯争霸的时代。黜：废弃。巧：指美好事物。

⑦步骤：指历史发展的顺序、次第。

⑧虞：虞舜。造律：创制法律。

⑨九章：九章律。西汉法典名。

⑩此：指制定法律。关：符合。道：治国之道。

⑪时：当时。

⑫著：写。甲令：法令。

⑬承宪：接受法令。履绳：依法行事。

⑭失：偏离。

⑮噬嗑：易卦名。此卦讲的是监狱之事。

⑯狱：指《噬嗑卦》。十月之卦：汉代易学家有将易卦与月份相配的解卦法，《噬嗑卦》与十月相配。

⑰廷：官府办公的庭堂。

⑱煞：杀戮。

⑲闾（lú）里：乡里。

⑳圄：监狱。举：释放犯人。

㉑愆（qiān）：过失。

㉒原：赦免。

㉓县官：朝廷，官府。录囚：省察记录囚徒的罪状，有冤者予以平反。

㉔諐：“愆”的古字。

㉕无情状：指犯人不说出犯罪事实。

㉖“罪字”句：“罪”字本来写作“辠”，从自辛。

㉗司空：参见佚文（四）注释。

㉘离：通“罹”，遭受。

㉙桎梏以上：戴上刑具。

㉚嘉石：有纹理的石头。古于外朝门左立嘉石，命罪人坐在上面示众。

㉛役：服役。

㉜平易：平整。

㉝桎：拘束犯人两脚的刑具。

㉞吐情首实：吐出真情，自陈犯罪事实。

㉟廷尉：官名，掌刑狱。墙面：如面墙而立，视而不见。喻不明是非。苟充兹位：得过且过，填充官位。

㊱持书侍御史：官名，掌监察。平议：公正论是非。

㊲谳（yàn）：审判定罪。纠纷：指事理错综复杂。

㊳漫漫：昏愦糊涂。

㊴取官：投机取巧的官吏。

㊵明恕：明智宽大。哀矜（jīn）折狱：以同情心断案。

原文

秦始皇遣蒙恬筑长城，徒士犯罪亡依鲜卑山[①]，后遂繁息[②]。今皆髡头衣赭[③]，亡徒之明效也[④]。(《御览》卷六四九)

昭帝时，大官上食[⑤]，羹中有发，切中有土[⑥]，令承坐不谨敬[⑦]，皆论[⑧]。(《御览》卷八六一)

陈留有富老[⑨]，年九十无男，娶田家女为妻，一交即气绝[⑩]，后生得男。其女曰："我父死时年尊[⑪]，何一夕便有子。"争财数年不决。丞相邴吉出上殿决狱云："老翁儿无影，亦复畏寒。"于时八月，取同岁小儿俱解衣裸之，老翁儿独呼寒。复令并行日中，无影，因以财与男。(《御览》卷八三六)

沛郡有富家公[⑫]，赀二千余万[⑬]。小妇子年裁数岁[⑭]，顷失其母，又无亲近。其女不贤，公病困，思念恐争其财，儿必不全[⑮]，因呼族人为遗令书："悉以财属女[⑯]，但遗一剑与儿，年十五以还付之。"其后又不肯与。儿诣郡自言求剑[⑰]。谨按：时太守大司空何武也，得其辞，因录女及聟[⑱]，省其手书[⑲]，顾谓掾史曰[⑳]："女性强梁[㉑]，聟复贪鄙，畏贼害其儿[㉒]，又计小儿正得此，则不能全护，故且俾与女，内实寄之耳，不当以剑与之乎？夫剑者，亦所以决断。限年十五者，智力足以自居。度此女聓必不复还其剑，当问县官，县官或能证察，得见伸展，此凡庸何能用虑强远如是哉[23]！”悉夺取财以与子，曰：“弊女恶聓温饱十岁，亦以幸矣。”于是论者乃服。（《御览》卷六三九）

南郡谳[24]，女子何侍为许远妻，侍父何阳素酗酒，从远假求[25]，不悉如意，阳数骂詈[26]。远谓侍：“汝翁复骂者，吾必揣之[27]。”侍曰：“共作夫妻，奈何相辱。揣我翁者，搏若母矣[28]。”其后阳复骂，远遂揣之，侍因上堂搏姑耳再三。下司徒鲍宣[29]，决事曰：“夫妻所以养姑者也，今聓自辱其父，非姑所使，君子之于凡庸不迁怒，况所尊重乎！当减死论[30]。”（《御览》卷六四〇）

陈国有赵祐者[31]，酒后自相署[32]，或称亭长、督邮。祐后于外骑马将绛幡云[33]：“我使者也。”司徒鲍昱决狱云：“骑马将幡，起于戏耳，无他恶意。”（《御览》卷八四六）

汝南张妙会杜士[34]，士家娶妇，酒后相戏，张妙缚杜士，捶二十，又悬足指，士遂致死。鲍昱决事云：“酒后相戏，原其本心，无贼害之意，宜减死也。”

（《意林》卷四）

注释

①徒士：服劳役的犯人。鲜卑山：山名。在今内蒙古科尔沁右翼中旗西，本地人称为蒙格。

②繁息：繁衍，生息。

③髡（kūn）头：剃去头发。为犯人的发式。衣：穿。赭（zhě）：赤褐色衣。为犯人的装束。

④明效：确凿证据。

⑤大官：官名。掌饮食。

⑥切：切开的食物。

⑦令承：指掌饮食之官大官令和大官承。坐：犯……罪。

⑧论：定罪。

⑨陈留：县名。治所在今河南开封境。

⑩交：性交。

⑪年尊：年纪大。

⑫沛郡：郡名。治所在今安徽濉溪。

⑬赀：通“资”，钱财。

⑭小妇：小老婆。

⑮不全：指难以保全自己。

⑯属：托付。

⑰诣：到。

⑱录：逮捕。聟：同“婿”。

⑲省：看。

⑳顾：回头。掾史：指何武的属官。

㉑强梁：凶暴，强横。

㉒贼：害。

㉓强：余。

㉔南郡：郡名。治所在今湖北江陵。谳：案件。

㉕假求：借。

㉖詈（lì）：骂。

㉗揣（zhuī）：捶击。

㉘搏：击。若：你。

㉙下：指案子移到某人手里。司徒：官名。掌教化。

㉚减死论：按轻于死刑罪判决。

㉛陈国：东汉国名。治所在今河南淮阳。

㉜相署：占视官署。

㉝将：持，拿。绛：深红色。幡：旗子。

㉞汝南：郡名。治所在今河南上蔡。

原文 临淮有一人[①]，持匹缣到市卖之，道遇雨被戴[②]，后人求共庇荫[③]。雨霁当别[④]，因共争斗，各云我缣。诣府自言，太守薛宣劾实[⑤]，两人莫肯首服[⑥]。宣曰：

"缣直数百钱耳[7]，何足纷纷自致县官。"呼骑吏断缣，各与半。使追听之，后人曰受恩。前撮之[8]。缣主称怨。宣曰："然，固知其当尔也。"因诘责之[9]，具服，悉俾本主。(《御览》卷六三九)

俗说齐人有空车行，鲁人有负釜者，便持釜置车中，行二百里，临别取釜不相问，亦不谢。后车家系狱当死，釜主径往篡之[10]，穿壁未达，曰："极哉[11]!"车者怒，不肯出，釜主惭，欲俱死。明日，主者以事白齐君，齐君义而原之。(《御览》卷四二)

汝南陈公思为五官掾[12]，王祐为兵曹[13]，行会食下亭[14]。子祐曾以县官事考杀公思叔父斌[15]，斌无子，公思欲为报仇，不能得，卒见子祐，不胜愤怒，便格杀之，还府归死[16]。时太守太傅胡广，以为公思追念叔父，仁勇愤发，手刃仇敌，自归司败[17]，便原遣之[18]。(《御览》卷四八二)

颍川有富室[19]，兄弟同居，两妇数月皆怀妊[20]，长妇胎伤，因闭匿之[21]。产期至，同到乳母舍。弟妇生男，夜因盗取之，争讼三年，州郡不能决。丞相黄霸出坐殿前，令卒抱儿，取两妇各十步，叱妇曰："自往取之。"长妇抱持甚急，儿大啼叫。弟妇恐伤害之，因乃放与[22]，而心甚怆怆[23]，长妇甚喜。霸曰："此弟

子也。”责问乃伏。(《御览》卷三六一)

注释

①临淮：郡名。治所在今安徽泗洪。

②被：通“披”。

③后人：后来来了个人。庇荫：在缣（细绢）下避雨。

④霁（jì）：雨停。

⑤劾实：审讯定真伪。

⑥首服：自首认罪。

⑦直：价值。

⑧撮：抓住。

⑨诘责：追问。

⑩径往：前往。篡：取。

⑪极：通“亟”，急。

⑫五官掾：皇帝侍从官的属官。

⑬兵曹：官名。掌军事。

⑭会：碰到一起。食：吃饭。下亭：亭名。

⑮考杀：拷问致死。考，通“拷”。

⑯归死：接受死刑。

⑰司败：即司寇，主刑之官。

⑱原遣：赦免释放。

⑲颍川：郡名。治所在今河南禹州。

[20]妊：怀孕。

[21]闭匿：躲藏。

[22]放与：指放手不抱。

[23]怆怆：悲伤貌。

原文 平原郡谳[1]，鞠谭取周碧为妻，谭阴阳不属[2]，令碧与李方、张小奸通，冀得其子。(《类聚》卷三五)

巴郡宋迁母名静，往阿奴家饮酒。迁母坐上失气[3]，奴谓迁曰："汝母在坐上，何无宜适[4]？"迁曰："肠痛误耳，人各有气，岂止我母。"迁骂奴，乃持木枕击迁，遂死。(《永乐大典》卷一二〇四四)

扶风苏不韦父为司隶李暠所迁[5]，司农不韦穿府北垣[6]，径上厅事[7]，斫暠卧具，暠一宿数迁。(《御览》卷七〇八)

汝南王叔汉，父子方出游二十余年不还。叔汉作尚书郎，有人告子方死于汝南，即遣兄伯三往迎丧，叔汉即发哀[8]，诏书赙钱二十万[9]。既而子方从苍梧还[10]，叔汉诣阙乞纳赙钱[11]，受虚妄罪[12]。灵帝诏将相大夫会议之[13]，博士任敏议曰："凡人中寿七十，视父同侪亡可制服也[14]。子方在远，人指其处，不可验也，罪不可加焉。"诏书还钱复本官[15]。(《意林》卷四)

济北李登为从事吏[16]，病得假归家，复移刺延期[17]。后被召，登自嫌不甚羸瘦[18]，谓双生弟宁曰[19]："我兄弟相似，人不能别，汝类病者，代我至府。"宁曰："府君大严[20]，得无不可[21]。"登曰："我新吏耳，无能觉者，我自行见诊必死。"宁便诣府，医药集诊，有验[22]。后为人所言，事发觉，遂杀登。(《御览》卷六三四)

注释

①平原郡：郡名。治所在今山东平原。

②阴阳不属：不阴不阳，没有生育能力。

③失气：停止呼吸。

④宜适：舒适。

⑤扶风：郡名。治所在今陕西兴平。司隶：司隶校尉的简称。掌纠察辖区百官。迁：调动官职。

⑥司农：官名。掌钱粮。垣：墙。

⑦厅事：官府办公之地。

⑧发哀：发哀书。

⑨赙（fù）钱：赠给丧家办丧事的钱。

⑩苍梧：郡名。治所在今广西梧州。

⑪诣阙：上朝。乞纳：请求交还。

⑫虚妄：所报情况不实。

⑬会议：在一起商议。

⑭侪（chái）：辈。制服：丧服。

⑮复本官：官复原职。

⑯济北：国名。治所在今山东长清。从事吏：官吏名。州刺史之佐吏。

⑰移刺延期：送名片过去要求延长假期。刺，名刺。犹今名片。

⑱不甚：不胜。羸：瘦弱。

⑲双生弟：双胞胎弟弟。

⑳府君：对太守的称呼。大：太。

㉑得无：恐怕。

㉒验：效果。

十七

原文 河南平阴庞俭[①]，本魏郡邺人[②]，遭仓卒之世[③]，卒失其父。时俭三岁，弟才襁抱耳[④]。流传客居[⑤]，庐里中凿井[⑥]，得钱千余万，遂温富[⑦]。俭作府吏，躬亲家事[⑧]，行求老仓头谨信属任者[⑨]，年六十余，直二万钱，使主牛马耕种。有宾婚大会，母在堂上，酒酣陈乐歌笑[⑩]，奴在灶下助厨，窃言："堂上母，我妇也[11]。”客罢，婢语次说老奴无状为妄语[12]，所说不可道也。穷诘具白[13]，母谓婢试问其形状，奴曰：“家居郧时，在富乐里宛西，妇艾氏女，字阿横，大儿字阿嶷，小儿曰越子，时为县吏。为人所略卖[14]。阿横右足下有黑子，右胲下赤志如半柹[15]。”母曰：“是汝公也。”因下堂相对啼泣，儿妇前为汝公拜，即洗浴身见衣被[16]，遂为夫妇如初。时人为之语曰：“庐里诸庞，凿井得铜，买奴得公。”子孙羞之，言我先人初居庐里者兄弟二人，家买奴得公尔。(《御览》卷四七二)

蜀郡任嘉年三四岁时，父腾为诸生[17]，于汉中就师[18]。有盗贼，道路断绝，蜀亦覆没[19]，客转长沙[20]，为州郡吏。后嘉为长沙太守，腾为奏曹掾[21]，默知嘉实其子也。嘉母语次谓嘉曰：“奏曹任掾则汝父也[22]，但差老耳[23]。”嘉曰：“天下岂独有一任[24]，夫人何以老更生邪意[25]?”母曰：“咄！我尚守养汝数十年无嫌讥[26]，岂以垂没更失计哉[27]！顾实真父[28]，不可弃捐。”后嘉问掾声音何类太守，何州里耶？掾曰：“本犍为武阳人[29]，蓬转流宕到此[30]。”母察审谛，又识左耳前赘[31]，因出抱持，对之流涕。嘉自拔榻[32]，歔欷哽咽[33]。(《御览》卷二五九)

注释

①河南：古地区名。今河南省一带。平阴：县名。治所在今河南孟津。

②魏郡：郡名。治所在今河北临漳。邺：县名。治所在今河北临漳。

③仓卒：混乱。

④弟才襁抱：弟弟只是襁褓中的小孩。

⑤流传客居：漂流他乡。

⑥庐里：房屋。

⑦温富：温饱富裕。

⑧躬亲：亲自动手。

⑨仓头：奴仆。属任：托付。

⑩酒酣：喝酒尽兴。陈乐：摆开乐队。

⑪妇：妻子。

⑫语次：谈话之间。无状：无礼。

⑬诘（jié）：追问。具白：说出了全部情况。

⑭略：抢劫。

⑮志：痣。栉（zhì）：梳子。

⑯见衣被：加上衣服、被褥。

⑰诸生：儒生。

⑱就师：向老师求学。

⑲覆没：被攻占。

⑳客转：漂泊。长沙：郡名。治所在今湖南长沙。

㉑奏曹掾：太守的佐吏。掌函牍文书等事。

㉒奏曹任掾：姓任的奏曹掾。

㉓但：只是。差：稍微。

㉔一任：一人姓任。

㉕生邪意：胡思乱想。

㉖无嫌讥：没有受到讥讽。

㉗垂没：快死。失计：考虑问题出差错。

㉘顾：不过。实：确实。

㉙犍（qián）为：郡名。治所常变动，辖境约今四川西南部、贵州西北部、云南北部一带。武阳：县名。治所在今四川彭山。

㉚蓬转：蓬被风卷起，飘在空中，喻人到处飘零。流宕（dàng）：流浪，漂泊。

㉛赘：肉瘤子。

㉜拔榻：移动小床。

㉝歔欷（xū xī）：叹气、抽噎声。

原文 陈留太守泰山吴文章，少与兄伯武相失[①]。二十年后，相会下邳市中[②]，争计共斗[③]。伯武殴之，文章欲报，心悽怅，手不能兴[④]，观者笑之。更相借问[⑤]，乃

亲兄也，相持啼泣[6]。观者复曰："兄得校弟[7]，不得报兄，向者所笑[8]，乃其义也。"（《御览》卷五一六）

将作大匠陈国公孙志节[9]，有苍头地馀，年十七，情性聪慧，仪状端正，工书疏[10]。志节为户曹史[11]，令地馀归取资用，因持车马亡去，到丹阳[12]，自云姓王名斌，字文高，遂留为诸曹史。志节拜扬州刺史[13]，郡选曹史，衣冠子弟皆出斌下[14]，乃用之。斌乞屏左右[15]，叩头涕洟曰[16]："斌即明使君地馀也[17]。"斌后为苍梧太守。（《御览》卷五〇〇）

陈国张伯喈[18]，弟仲喈妇炊于灶下，至井上，谓喈曰："我今日妆好不？"伯喈曰："我伯喈也。"妇人大惭愧。其夕时，伯喈到更衣，妇复逐牵其背曰："今旦大误，谓伯喈为卿。"答曰："我故伯喈也。"盖亲密无过夫妇，然尚如此，况于初未相见而责先识之乎？（《御览》卷三九六）

百里奚为秦相，堂上乐作，所赁浣妇自言知音[19]。呼之，援琴抚弦而歌曰[20]："百里奚，初娶我时五羊皮，临当别行烹乳鸡，今适富贵忘我为。"因寻问之，乃其妻。（《御览》卷五七二）

注释

①相失：互相散失。

②下邳：县名。治所在今江苏睢宁。

③争计共斗：争吵打斗。

④兴：举。

⑤更相借问：互相询问对方情况。

⑥持：抱。

⑦校：拘束。

⑧向者：刚才。

⑨将作大匠：官名。掌宫室、宗庙、路寝、陵园的土木建筑。

⑩工书疏：善于书写奏议。

⑪户曹：官署名。掌管民户、祀祠、农桑。曹，对官府办公部门的称呼，犹今之处、科。史：佐吏。

⑫丹阳：郡名。治所在今安徽宣城。

⑬扬州：州名。辖境相当今安徽淮水和江苏长江以南及江西、浙江、福建三省，湖北英山、黄梅、广济，河南固始、商城等县地。

⑭衣冠子弟：官绅子弟。

⑮屏：屏退。

⑯涕洟（yí）：流眼泪、鼻涕。

⑰明使君：对刺史的一种尊称。

⑱陈国：国名。治所在今河南淮阳。

⑲赁：雇佣。

⑳援：拿。

十八

原文 礼，臣子无爵谥君父之义也[①]，故群臣累其功美[②]，葬日，遣太尉于南郊告天而谥之。(《后汉书·孝明帝纪》李贤注)

皇帝新崩，未有定谥，故揔其名曰大行皇帝[③]。(《事文前集》卷四六)

宫车晏驾[④]。谨按:《史记》曰：王稽谓范雎曰:“夫事有不可知者，有不可奈何者。一日宫车晏驾，是事不可知也。君虽恨于臣，是无可奈何。”谓秦昭王以天下终也。昔周康王一旦晏起[⑤]，侍人以为深刺[⑥]。天子当夜寝早作，身省万机[⑦]，如今崩殒[⑧]，则为晏驾矣[⑨]。(《文选·齐竟陵文宣王行状》李善注)

梓宫者[⑩]，礼，天子敛以梓器[⑪]。宫者，存时所居，缘生事亡[⑫]，因以为名，凡人呼棺亦为宫也。(《文选·齐敬皇后哀策文》李善注)

谨按：礼，臣有大丧[⑬]，三年不呼其门。(《御览》卷五四六)

葬于郭北，北首[⑭]，求诸幽之道[⑮]。(《文选·咏怀诗》

李善注）

葬小儿必于道边者，伤其人道未成，故置于道侧，使视成人之道也[16]。（《书钞》卷九二）

徒不上墓[17]。说新遭刑罪原解者[18]，不可以上墓祠祀，令人死亡。谨按：《孝经》："身体发肤，受之父母。"曾子病困，启手足以归全也[19]。今遭刑者，髡首剃发，身被加笞[20]，新出狴犴[21]，臭秽不洁。凡祭祀者，孝子致斋[22]，贵馨香如亲存也[23]。时见子被刑，心有恻怆，缘生事死，恐明不歆承[24]，当不上墓耳。（《御览》卷六四二）

俗说亡人魂气浮扬，故作魌头以存之[25]，言头体魌魌然盛大也[26]。或谓魌头为触圹，殊方语也[27]。（《御览》卷五五二）

墓上树柏，路头石虎。《周礼》：方相氏葬日入圹驱罔象[28]。罔象好食亡者肝脑，人家不能常令方相立于侧，而罔象畏虎与柏，故墓前立虎与柏。或说秦穆公时，陈舍人掘地得物若羊，将献之，道逢二童子，谓曰："此名谓蝹[29]，常在地中食死人脑。若杀之，以柏束两枝捶其首。"由是墓侧皆树柏。（《封氏闻见记》卷六《羊虎》条）

注释

①谥：人死后根据其生前功绩给予的一种称号。

②累：加在一起。

③揔：同“总”。

④宫车晏驾：指皇帝死。

⑤旦：早晨。晏：晚。

⑥侍人：服侍的人。以为：因此。深刺：受到严厉指责。

⑦身省万机：亲自省察各种事务。

⑧崩殒：指死。

⑨晏驾：车驾晚出。

⑩梓宫：梓木做的棺材。

⑪敛：通“殓”。给尸体穿衣下棺。

⑫缘生：按生时的习惯。

⑬大丧：父母之丧。

⑭首：向。

⑮幽：阴间、地下之城。

⑯成人之道：为人之道的形成情况。

⑰徒：受过刑罚的人。

⑱原解：因赦免而被释放。

⑲启：展开。归全：结果保存得很完整。

⑳被加笞：指遭刑罚。

㉑狴犴（bì àn）：牢狱。

㉒致斋：祭祀时清整身心的礼式。

㉓贵馨香：重视身心的洁美。亲存：亲人在世。

㉔明：神明。歆承：神明享受祭祀的祭品、香火。

㉕魌（qī）头：打鬼驱疫用的面具。

㉖魌魌：大貌。

㉗殊方：异域，他乡。

㉘方相氏：专司驱鬼辟邪的神。圹（kuàng）：墓穴。罔象：一种怪兽。

㉙蝹（ǎo）：常在地中吃死人脑的虫名。

原文 俗说凡祭祀先祖，所以求福。方者，兴旭[①]。相者，所以威厉鬼，驱罔像[②]，方相欲以惊逐鬼魅。（《书钞》卷九二）

汝南周霸字翁仲，为太尉掾[③]。妇于乳舍生女[④]，自毒无男[⑤]，时屠妇比卧得男[⑥]，因相与私货易[⑦]，裨钱数万[⑧]。后翁仲为北海相[⑨]，吏周光能见鬼，署光为主簿[⑩]，使还致敬于郡县[⑪]。因告光曰："事讫，腊日与小儿俱上冢[⑫]，去家经十三年[⑬]，不躬蒸尝[⑭]。主簿微察知[⑮]，相先君宁息，会同饮食忻娱否[⑯]？"往到于冢上，郎君沃酹[⑰]，主簿俯伏在后。但见屠者弊衣蠡结[⑱]，倨神坐[⑲]，持刀割肉，有五时衣带青墨绶数人[⑳]。

彷徨阴堂东西厢[21]，不敢来前。光怪其故。还至，引见[22]，问之，乞屏左右，起造于膝前[23]，白事状如此。翁仲曰："主簿出，勿言。"因持剑上堂，谓妪："汝何故杀吾子?"妪大怒曰："卿常言儿声气喜学似我，老公欲死[24]。欲作狂语。"翁仲曰："祠祭如不具服[25]，子母立截[26]。"妪辞穷情竭，泣涕具陈其故。时子已年十八，呼与辞决，曰："凡有子者，欲以承先祖，先祖不享血食[27]，无可奈何。"自以衣裘僮仆车马送，迎取其女。女嫁为卖饼子妇，后适西平李文思[28]，文思官至南阳太守。翁仲更养从弟子熙[29]，为高邑令[30]。(《御览》卷三六一)

吴王羞见子胥，以帛幕面而死[31]，故后人因之制面衣[32]。(《事物纪原》卷九)

注释

①兴旭：使早晨太阳升起来。

②同像：即"罔象"，怪兽名。

③掾：属官。

④乳舍：产房。

⑤毒：恨。

⑥比：紧挨在一起。

⑦私货易：暗中交易。

⑧裨（bì）：弥补，补助。

⑨北海：国名。治所在今山东昌乐。

⑩署：安排。主簿：官名。掌典文书。

⑪致敬：表达敬意。

⑫腊日：腊祭的日子。汉代以冬至后第三个戌日为腊祭的日子。

⑬去：离。

⑭躬：亲自。蒸尝：祭祀。

⑮微：暗中。

⑯忻（xīn）：欢欣，高兴。

⑰郎君：对长官的称呼。指周霸。沃酹：酹酒祭祀鬼神。

⑱蠡（lǐ）结：磨损欲断的衣带结。

⑲倨：傲慢。

⑳五时衣带：青、红、黄、白、黑五种颜色的衣带。绶：丝带。常用来拴玉和印。

㉑厢：边、面。

㉒引见：上级见下级。指周霸见周光。

㉓造：到。

㉔公：丈夫。

㉕服：顺服。

㉖截：斩断。

㉗血食：杀生祭祀。泛指祭祀。

㉘适：嫁。

㉙从弟：堂弟。

㉚高邑：县名。治所在今河北柏乡。

㉛幕面：把脸覆盖住。

㉜面衣：远行御寒之衣。

十九

原文 恙，病也。凡人相见及通书，皆云“无恙”。又《易传》云：上古之时，草居露宿。恙，啮虫也[①]，善食人心，俗悉患之，故相劳云“无恙”。恙，非病也。（《史记·刺客列传·索隐》）

俗说腊正祖食得兔髌者[②]，名之曰幸。幸者善祥，令人吉利也。或说兔髌者，令人面貌生髌，露见丑恶。今觉得之，嘉不为己疾也。谨案《尚书》：夏禹始作肉刑[③]，则天象[④]，而慎其过。故穿踰盗窃者髌[⑤]，去其膑骨也。逮至暴秦，乱狱纠纷，烹俎车裂[⑥]，黥首穷愁[⑦]，饮泣永叹，凡人食得兔髌，以为佳瑞，物类以感，冀全己之膑也。（《御览》卷六四八）

呼鸡朱朱。俗说：鸡本朱公化而为之，今呼鸡者，朱朱也。谨按:《说文》解㗊;㗊,二口为讙[8],州其声也。读若祝。祝者,诱致禽育和顺之意,㗊与朱音相似耳。(《御览》卷九一八)

鸡伏鸭卵[9],雏成入水[10],鸡母随岸呼之,雏出而随母,鸭鸡异类,能相随也。(《御览》卷九一九)

呼虎为李耳。俗说虎本南郡中庐李氏公所化为[11],呼李耳因喜,呼班便怒。(《御览》卷八九一)

肃肃虾蟇掉尾[12]。俗说虾蟇一跳八尺,再跳丈六,从春至冬,袒裸相逐,无他所作,掉尾肃肃。谨按:虾蟇既处水中,其尾又短,正能使掉之,岂能肃肃乎?原其所以,当言夏马[13],患蚋[14],掉尾振击,常肃肃也。虾蟇、夏马,音相似。(《御览》卷九四九)

烧穰杀瓠[15]。俗说家人烧黍穰[16],则使田中瓠枯死也。(《御览》卷九七九)

众口铄金[17]。俗说有美金于此,众人咸共诋訾[18],言其不纯。卖金者欲其售,因取锻烧以见真,此为众口铄金。(《御览》卷八一一)

众心成城。俗说众人同心者,可共筑起一城。同心共饮,雒阳酒可尽也[19]。(《类聚》卷六三)

城门失火,祸及池中鱼。俗说池中鱼,人姓字,居近城门。城失火,延及其家。谨按《百家书》:宋

城门失火，因汲取池中水以沃灌之⑳。池中空竭，鱼悉露死。喻恶之滋㉑，并中伤重谨也㉒。(《御览》卷九三五）

注释

①啮（niè）虫：一种体小而脆弱的小虫。

②祖：祭祀路神。髌：膝盖骨。

③肉刑：摧残肢体的刑罚。

④则：效法。

⑤穿踰：指穿壁翻墙。

⑥烹：用沸水煮犯人。俎：把犯人剁成肉末。

⑦黔首：百姓。

⑧讙：通“喧”。

⑨伏：孵化。

⑩鸰：同“雏”。指小鸭。

⑪中庐：县名。治所在今湖北南漳。

⑫肃肃：振动声。虾蟇（má）：动物名。体型类似蟾蜍而较小，也作“蛤蟆”。蟇，古同“蟆”。掉：甩动。

⑬⑭夏马、蚋（ruì）：皆虫名。

⑮穰（ráng）：禾茎中白色柔软的部分。瓠（hù）：瓠瓜，俗称“葫子”。

⑯黍：一种植物名。

⑰铄：熔化。

⑱诋訾：毁谤。

⑲雒阳：即洛阳。三国魏时改“雒”为“洛”。

⑳沃灌：浇灌。

㉑滋：蔓延。

㉒重谨：重要的禁地。

原文 钱刀[①]。俗说害中有利，利旁有刀。言人治生，卒多得钱财者，必有刀剑之祸也。按《汉书》曰：王莽造大钱，作契刀、错刀、五铢钱，凡四品并行，故称钱刀也。(《御览》卷八三六)

咸如炭。俗说：咸亦与热正等，炭火不可以入口，人食得大咸亦吐之。谨按：东海朐人晓知盐法者云[②]：搅盐木多日，每燋黑如炭[③]，非谓灶中火炭也。(《御览》卷八六五)

按《孝经》说：古太平蓂荚生阶[④]，其味酸，王者取以调味，后以醯醢代之[⑤]。(《御览》卷八七三)

俗说驒马啖宾客[⑥]，宴食已阕，主意未尽[⑦]，欲复饮酒，余无施，更出脯、鲊、椒、姜、盐、豉，言其速疾如驒马之传命。(《御览》卷八四九)

两袒[⑧]。俗说齐人有女，二人求之，东家子丑而富，西家子好而贫[⑨]。父母疑不能决，问其女定所欲适，“难指斥言者，偏袒，令我知之”。女便两袒。怪问其故，云：“欲东家食，西家宿。”此为两袒者也。(《类聚》卷四〇)

夜籴[⑩]。俗说市买者当清旦而行，日中交易所有，夕时便罢，无人也。今乃夜籴谷，明痴騃不足也。凡靳不敏惠者曰夜籴[⑪]。(《御览》卷八二八)

疲马不能度绳。俗说马之疲羸不能复度绳索，言其极也[⑫]。或云不能度畦塍也[⑬]。谨按：齐有绳水，裁三四步，马疲不能度此水耳。(《御览》卷八九七)

杀君马者，路傍儿也。语云长吏食重禄[⑭]，刍藁丰美[⑮]，马肥希出，路傍小儿观之，却惊致死。按长吏马肥，观者快马之走骤也，骑者驱驰不足，至于瘠死[⑯]。(《御览》卷八九七)

卖牛勿握角，令不售。按恐触人，人不取也。(《御览》卷八九九)

禹入裸国，欣起而解裳[⑰]。俗说禹治洪水，乃播入裸国[⑱]，君子入俗不改其恒，于是欣然而解裳也。原其所以，当言皆裳。裸国，今吴郡是也[⑲]，被发文身，裸以为饰，盖正朔所不及也[⑳]。猥见大圣之君[㉑]，悦禹文德[㉒]，欣然皆着衣裳矣。(《御览》卷六九六)

乱如俗如缊者[23]，粪除不洁[24]，草芥集众，火就烧之，谓之缊。言其烟气缊缊，取其希有淆乱。(《御览》卷八七一)

俗说饮如牸[25]，人饮酒无量，如牸之多也。(《书钞》卷一四三)

里语称：狐欲渡河，无如尾何。且狐性多疑，故俗有狐疑之说。(《水经注·河水》)

注释

①刀：一种刀形钱币。

②朐（qū）：县名。治所在今江苏省连云港市海州区西南锦屏山侧。

③燋：通"焦"，烧焦，烫焦。

④蓂荚（míng jiá）：一种瑞草。阶：台阶。

⑤醯（xī）：醋。醢（hǎi）：酱。

⑥驔（diān）马：额上带白星的马。啖：给人吃。

⑦主：主人。

⑧袒：脱去上衣，露出身体的一部分。

⑨好：指貌好。

⑩籴（dí）：买进粮食。

⑪靳：嘲弄。惠：通"慧"。

⑫极：指疲倦瘦弱到了极点。

⑬畦塍（qí chéng）：田间的界路。

⑭长吏：高官。重禄：优厚的俸禄。

⑮刍藁（gǎo）：指马饲料。

⑯瘠：受累，损伤。

⑰裳：下身衣。

⑱播：迁移。

⑲吴郡：郡名。治所在今江苏苏州。

⑳正朔：帝王颁布的历法。

㉑猥：谦辞，表示谦卑。

㉒文德：以礼乐教化进行统治的方式。

㉓俗：指俗语所说。缊（yùn）：乱。

㉔粪除：扫除。

㉕犊（dú）：小牛。

二十

原文 俗说正月长子解浣衣被①，令人死亡。谨按:《论语》:“死生有命，富贵在天。”补更小事②，何乃成灾。源其所以，正月之时，天甫凄栗③，里语:“大暑在七，大寒在一。”一谓正月也。人家不能羸袍异裳④，脱着身之衣，便为风寒所中，以生疹疾⑤，疹疾不瘳⑥，死

亡必矣。或说正月臣存其君，子朝其父，九族州闾，礼贡当周，长子务于告虔[7]，故未以解浣也。(《玉烛宝典》卷一)

俗说五月五日生子，男害父，女害母。(《史记·孟尝君列传·索隐》)

生三子不举[8]。俗说生子至于三，子似六畜，言其妨父母[9]，故不举之也。谨按《春秋国语》：越王勾践令民生三子者，与之乳母[10]，生二子者，与之饩[11]。三子力不能独养，故与乳母。所以人民繁息，卒灭强吴，雪会稽之耻[12]，行霸于中国者也。古陆终氏娶于鬼方，谓之女嬇，是生六子，皆为诸侯。今人多生三子，子悉成长，父母完安，岂有天所孕育而害其父母兄弟者哉！(《御览》卷三六一)

不举寤生子。俗说儿堕地能开目视者，谓之寤生，举寤生子妨父母。谨按《春秋左氏传》：郑武公娶于申，曰武姜，生庄公及共叔段。庄公寤生，惊姜氏，因名寤生。武公老终天年[13]，姜氏亦然，安有妨其父母乎？(《御览》卷三六一)

不举父同月子[14]，俗云妨父。按《左传》，鲁桓公子与父同月，因名子同，汉明帝亦与光武同月生。(《意林》卷四)

不举生鬓须子[15]。俗说人四十五乃当生鬓须，今生而有之，妨害父母也。谨按《周书》：灵王生而有髭[16]，王甚神圣，亦克修其职[17]，诸侯服享[18]，二世休和[19]，安在其有害乎？（《御览》卷三七四）

不宜归生[20]，俗云令人衰。按妇人好以女易他男，故不许归。（《意林》卷四）

宅不西益[21]。俗说西者为上，上益宅者，妨家长也。原其所以西益者，《礼记》曰："南向北向，西方为上。"《尔雅》曰："西南隅谓之隩[22]。"尊长之处也。不西益者，恐动摇之耳，审西益有害[23]，增广三面岂能独吉乎？（《御览》卷一八〇）

注释

①解：拆除。浣：洗。

②补更：指缝补、更换衣被。

③甫：始。凄栗：寒冷。栗，发抖，哆嗦。

④异：分开。

⑤疹疾：病。

⑥瘳（chōu）：病愈。

⑦务：勉力从事。告虔：诉说自己的恭敬之情。

⑧举：抚养。

⑨妨：妨害。

⑩乳母：奶妈。

⑪饩（xì）：粮食。

⑫会稽：山名。在今浙江省中部绍兴、嵊县、诸暨、东阳间。

⑬天年：自然的年寿。

⑭父同月：与父亲同一个月份出生。

⑮鬓须：面颊两旁近耳的须发。

⑯髭（zī）：嘴上须。

⑰克：能。修其职：扩大其事业。

⑱服享：归顺，朝贡。

⑲休和：安逸和平。

⑳归生：回娘家生。

㉑西益：在西边增建住房。

㉒隩：读yù。

㉓审：仔细考虑。

原文 俗云：五月到官①，至免不迁②。今年有茂才除萧令③，五月到官，破日入舍④，视事五月，四府所表⑤，迁武陵令⑥。余为营陵令⑦，正触太岁⑧，主簿令余东北上，余不从，在事五月，迁太山守。（《意林》卷四）五月盖屋，令人头秃。又曰不得曝床席荐⑨。（《天中记》卷五）

诸郭皆讳秃。(《颜氏家训·书证》)

俗说：临日月薄食而饮[10]，令人蚀口。谨按：日，太阳之精[11]，君之像也。日有蚀之，天子不举乐[12]。里语："不救蚀者，出行遇雨。"恐有安坐饮食，重惧也[13]。(《御览》卷八四九)

雷不作酱。俗说令人腹内雷声。按子路感雷精而生，尚刚好勇，死，卫人醢之[14]，孔子覆醢，每闻雷，心恻怛耳[15]。(《御览》卷八六五)

《堪舆书》云：上朔会客必斗争[16]。按刘君阳为南阳牧[17]，尝上朔设盛馔，了无斗者。(《御览》卷八四九)

俗说：二人共澡手[18]，令人争斗。良无异器，当共澡者，其祝曰："人相爱，狗相啮[19]。"言狗斗时，洒之以水，便自解也[20]。(《御览》卷四九六)

坐不移樽[21]。俗说：凡宴饮者移转樽酒，令人讼诤。(《御览》卷七六一)

俗说：帏帐车不可作衣[22]，令人病疠[23]。(《御览》卷七〇〇)

俗说：卧枕户砌[24]，鬼陷其头，令人病癫[25]。(《御览》卷七三九)

俗说：鸦白日目无见[26]，常隐丘蓁之间[27]，亦深窜墙穴之内，因无见得免[28]。鼠之无遗失于人屋上，庭中

鸮贪鼠，残奸邪[29]，众所憎疾，有此异者，令人死亡也。(《书钞》卷一五八)

俗说：不大饿，不在车饭[30]，谓正得一车饭，不复活也。或曰辅车上饭[31]，小小不足济也[32]。按吴郡名酒杯为榼[33]，言大饿人得一榼饭无所益也。宁相六[34]，不守熟[35]。按蒸饭更泥谓之馏[36]，音与六相似也。(《御览》卷八五〇)

注释

①到官：到官府任职。

②免：免官。迁：升迁。

③茂才：即秀才。避光武帝刘秀名改。除：任命。萧：县名。治所在今安徽萧县。

④破日：打破习俗禁忌之日。

⑤四府：指大将军府、太尉府、司徒府、司空府。

⑥武陵：县名。治所在今湖北竹山。

⑦营陵：县名。治所在今山东昌乐。

⑧太岁：古代天文学家假想的星名，太岁所在方为凶方。

⑨曝：晒。荐：垫。

⑩薄食：日月食。

⑪太：极。

⑫举乐：奏乐。

⑬重惧：加重其恐惧感。

⑭醢（hǎi）：剁成肉酱。

⑮恻怛（dá）：忧伤。

⑯上朔：每月上旬。

⑰牧：太守。

⑱澡：洗。

⑲啮（niè）：咬。

⑳解：分开。

㉑樽：酒器。

㉒帏帐车：指帏帐车的帐幕。

㉓疠（lì）：麻风病。

㉔砌：台阶。

㉕癫：神经错乱。

㉖鸱（chī）：同“鸱”。猫头鹰一类的鸟。

㉗藂：同“丛”。

㉘无见：不为人所见。

㉙残：贪。

㉚饭：吃饭。

㉛辅车：佐助之车。

㉜济：指填饱肚子。

㉝瀁：读yáng。

㉞相六：看蒸饭滤水。

㉟熟：熟饭。

㊱更：第二次。泥：像泥一样柔软的东西。

二十一

原文 羌本西戎卑贱者也，主牧羊，故羌字从羊人，因以为号。无君臣上下，健者为豪[①]，不能相一[②]，种别群分[③]，强者凌弱，转相抄盗[④]。男子战死以为吉，病终者以为凶。(《御览》卷七九四)

氐言抵冒贪饕[⑤]，至死好利，乐在山谿[⑥]，本西南夷之别种[⑦]，号曰白马。孝武帝遣中郎将郭昌等引兵征之[⑧]，降服以为武都郡[⑨]。(《御览》卷七九四)

二氐，本西南夷种。《地理志》武都有白马氐。(《史记·匈奴列传·索隐》)

貊者[⑩]，谨按《春秋传》：大貊、小貊。貊者，路也[⑪]，薄也。不知送往劳来[⑫]，无宗庙粢盛[⑬]，赋敛轻薄也[⑭]。(《御览》卷七八〇)

胡者，谨按《汉书》：山戎之别种也。貊者，略也，云无礼法。又胡者，玄也，其被发左衽[⑮]，言语贽币[⑯]，事殊玄也[⑰]。(《御览》卷七九九)

殷时曰獯粥[18]，改曰匈奴。(《史记·匈奴列传·索隐》)

昔高辛氏有犬戎之寇[19]，帝患其侵暴，而征伐不克[20]，乃访募天下[21]，有能得犬戎之将吴将军头者，购黄金千镒[22]，邑万家[23]，又妻以少女[24]。时帝有畜狗[25]，其毛五采，名曰槃瓠[26]。下令之后，槃瓠遂衔人头造阙下。群臣怪而诊之[27]，乃吴将军首也。帝大喜，而计槃瓠不可妻之以女[28]，又无封爵之道，议欲有报而未知所宜。女闻之，以为皇帝下令，不可违信，因请行[29]。帝不得已，乃以女配槃瓠。槃瓠得女，负而走入南山，止石室中。所处险绝，人迹不至。于是女解去衣裳，为仆鉴之结，著独力之衣。帝悲思之，遣使寻求，辄遇风雨震晦[30]，使者不得进。经三年，生子一十二人，六男六女。槃瓠死后，因自相夫妻。织绩木皮，染以草实，好五色衣服，制裁皆有尾形。其母后归，以状白帝，于是使迎致诸子。衣裳班兰[31]，语言侏离[32]，好入山壑，不乐平旷[33]。帝顺其意，赐以名山广泽。其后滋蔓[34]，号曰蛮夷。外痴内黠[35]，安土重旧[36]。以先父有功，母帝之女，田作贾贩[37]，无关梁符传[38]，租税之赋。有邑君长，皆赐印绶，冠用獭皮[39]。名渠帅曰精夫，相呼为姎徒[40]。(《后汉

书·南蛮西南夷传》)

注释

①健：强壮有力。豪：首领。

②一：统一。

③群分：按群居划分。

④转相抄盗：行踪不定，互相抢劫。

⑤抵冒：触犯，冒犯。贪饕（tāo）：贪得无厌。

⑥谿：同“溪”。

⑦别种：另一个部落。

⑧孝武帝：汉武帝刘彻。中郎将：官名。掌宫中护卫、侍从。

⑨武都郡：郡名。治所在今甘肃西和。

⑩貊：读mò。

⑪路：路人。喻人与人之间薄情，似彼此无关的路人。

⑫劳来：慰问归来的客人。

⑬粢（zī）盛：祭品。

⑭赋敛：征收的赋税。

⑮左衽：衣襟向左掩。

⑯贽：礼物。

⑰殊玄：很不同于一般。

⑱獯：读xūn。

⑲寇：侵扰。

⑳克：胜。

㉑访募：访求。

㉒购：给重金。镒（yì）：重量单位。

㉓邑：封地。

㉔少：小。

㉕畜：养。

㉖槃瓠：读pán hù。

㉗诊：察看。

㉘计：盘算。

㉙行：指与槃瓠同行。

㉚震：雷声震动。晦：天黑。

㉛班兰：颜色错杂鲜明。

㉜侏离：形容语言难辨。

㉝平旷：平坦空旷之地。

㉞滋蔓：繁衍。

㉟黠：狡猾。

㊱安土重旧：安居故土，重视旧交情。

㊲田：通“畋”，狩猎。

㊳关梁：关卡桥梁。符传：信物，凭证。

㊴獭：动物名。

㊵姎：读yāng。

原文 哀牢夷者，其先有妇人名沙壹，居于牢山[①]。尝捕鱼水中，触沈木若有感[②]，因怀妊[③]，十月，产子男十人。后沈木化为龙，出水上。沙壹忽闻龙语曰："若为我生子[④]，今悉何在？"九子见龙惊走，独小子不能去，背龙而坐，龙因舐之。其母鸟语，谓背为九，谓坐为隆，因名子曰九隆。及后长大，诸兄以九隆能为父所舐而黠，遂共推以为王。后牢山下有一夫一妇，复生十女子，九隆兄弟皆娶以为妻，后渐相滋长[⑤]。种人皆刻画其身，象龙文，衣皆著尾[⑥]。（《后汉书·南蛮西南夷传》）

巴有賨人[⑦]，剽勇[⑧]。高祖为汉王时[⑨]。阆中人范目说高祖募取賨人[⑩]，定三秦[⑪]，封目为阆中慈凫乡侯，并复除目所发賨人庐、朴、沓、鄂、度、夕、袭七姓[⑫]，不供租赋。阆中有渝水，賨人左右居，锐气喜舞。高祖乐其猛锐，数观其舞，后令乐府习之。（《文选·蜀都赋》李善注）

槃瓠之后[⑬]，输布一匹二丈，是谓賨布，廪君之巴氏出幏布八丈[⑭]。（《文选·魏都赋》李善注）

廪君乘土船，下至夷城[⑮]，石岸曲[⑯]，水亦曲，廪君望之，如穴状，曰："我既道穴中，又入此，奈何？"石岸为崩，广三丈余，阶级之[⑰]。廪君行至上岸，上

岸有平石，广长五丈，休其上，投算计算处皆有石[18]，因立城其傍。(《书钞》卷一五八)

东方人好生，万物觝触地而出[19]。夷者，觝也。其类有九。(《资治通鉴》卷三三胡三省注)

父子嫂叔同穴无别。狄者，辟也，其行邪辟。其类有五。(《资治通鉴》卷三三胡三省注)

君臣同川而浴，极为简慢[20]。蛮者，慢也。其类有八。(《资治通鉴》卷三三胡三省注)

斩伐杀生，不得其中[21]。戎者，凶也。其类有六。(《资治通鉴》卷三三胡三省注)

汉令蛮、夷、戎、狄[22]，有罪当殊。殊者，死也，与诛同指。(《史记·苏秦列传·集解》)

注释

①牢山：山名。又名九隆山，在云南保山西南。

②沈木：沉于水中之木。沈，同“沉”。

③娎：同“妊”。

④若：你。

⑤滋长：繁衍，增多。

⑥著：附着。

⑦賨：读 cóng。

⑧剽（piāo）勇：行动快捷而勇敢。

⑨高祖：指刘邦。

⑩阆（làng）中：市名。在今四川北部、嘉陵江中游一带。募取：招募。

⑪三秦：见佚文（十四）注。

⑫复除：免除。发：征发。

⑬后：后代。

⑭廪君：古氏族名。分布在今湖北清江流域和四川东部。相传始首领为廪君，故以此名其族。幏（jià）布：一种布名。

⑮夷城：地名。今湖北宜都。

⑯石岸：石头所形成的水岸。

⑰阶级：台阶。

⑱投算：设置筹码。计算：谋算。

⑲觝触：触击。

⑳简慢：轻慢，不严肃。

㉑得其中：达到目的。

㉒令：法令。

二十二

原文 顺帝之末，京师谣曰："直如弦，死道边。曲如钩，反封侯。"梁冀欲树幼主，李固欲立清河王，梁冀遂

奏李固，死于狱中，曝尸路边。如钩，梁冀。如弦，李固。（《意林》卷四）

桓帝元嘉中，京师妇女作愁眉啼妆[1]，坠马髻[2]，折腰步[3]，龋齿笑[4]。愁眉者，细而曲折。啼妆者，薄拭目下若啼处[5]。坠马髻者，侧在一边。折腰步者，足不任体。龋齿笑者，若齿痛不忻忻[6]。始自冀家所为[7]，京师翕然皆放效之[8]，天戒若曰："将收捕冀。"妇女忧愁之眉也。（《后汉书·梁冀传》李贤注）

延熹中[9]，中常侍单超、左琯、徐璜、具瑗、唐衡在帝左右[10]，纵其奸慝[11]。时人为之语曰："左回天，徐转日，具独坐，唐应声。"[12]言信用甚于转圆也[13]。（《御览》卷四九六）

延熹中，京师长者皆着木屐，妇人始嫁，至作漆画屐，五色彩为系[14]。谨按：党事始发[15]，传诣黄门北寺[16]，临时惶恐，不能信天任命[17]，多有逃亡不就榜者[18]。九族拘系，及所过历[19]，长少妇女，皆被桎梏[20]，应木屐之像矣。（《御览》卷六四四）

桓帝之末，京都童谣曰："茅田一顷中有井[21]，四方纤纤不可整[22]。嚼复嚼[23]，今年尚可后年铙[24]。"（《续汉书·五行志》）

征灵帝者[25]，轮班拥节入河间也[26]。（《续汉书·五行

志》刘昭注）

乌腊乌腊。按逆臣董卓滔天虐民，穷凶极恶，关东举兵欲共诛之[27]，转相顾望，莫肯先进，处处停兵数十万，若乌腊虫，相随横取之矣[28]。（《续汉书·五行志》刘昭注）

卓以董逃之歌主为己发[29]，大禁绝之，死者千数。（《续汉书·五行志》刘昭注）

千里草，何青青。十日卜，不得一日生。此董卓字也。青青，暴盛之貌。（《意林》卷四）

孝灵帝建宁中，京师长者皆以苇方笥为妆具[30]。时有识者窃言："苇方笥，郡国谳箧也[31]。今珍用，天下皆当有罪谳于理官也[32]。"后党锢皆谳廷尉，人名悉入方苇笥中，斯为验类。（《御览》卷七一一）

时京师宾婚嘉会[33]，皆作《魁櫑》，酒酣之后，续以挽歌。《魁櫑》，丧家之乐。挽歌，执绋相偶和之者[34]。天戒若曰：国家当急殄悴[35]，诸贵乐皆死亡也。自灵帝崩后，京师坏灭，户有兼尸，虫而相食，《魁櫑》挽歌，斯之效乎？（《续汉书·五行志》刘昭注）

灵帝数以车骑将军过拜孽臣内孽[36]，又赠亡人[37]，显号加于顽凶，印绶污于腐尸[38]。昔辛有睹被发之祥[39]，知其为戎[40]，今假号云集[41]，不亦宜乎！（《续汉

书·五行志》刘昭注）

注释

①愁眉：细而弯曲之眉。啼妆：以粉拭目下，有似啼痕。

②坠马髻：发髻侧在一边的发式。

③折腰步：走路时扭动腰肢，似腿不支腰，腰快折断一般。

④龋齿笑：似牙痛不悦貌。

⑤拭：擦。啼处：流泪之所在。

⑥忻忻：同“欣欣”，高兴貌。

⑦冀：东汉权臣梁冀。

⑧翕（xī）然：统一或协调貌。放：通“仿”。

⑨延熹：东汉桓帝年号，公元158～167年。

⑩中常侍：官名。东汉由宦官专任，掌理文书并传达诏令。

⑪慝（tè）：邪恶。

⑫左：左琯。徐：徐璜。具：具瑗。唐：唐衡。回天、转日：指操纵皇帝。独坐：专席而坐，喻骄横无比。应声：指像应声虫般听从其他宦官的意见。

⑬信用：任意妄为。转圆：转动圆形器物。喻便易迅速。

⑭系：系带。

⑮党事：党锢之事。参见《后汉书·党锢列传》。

⑯诣：到。黄门北寺：监狱名。

⑰信天任命：听天由命。

⑱栲（kǎo）：用竹篾或柳条编成的盛物器具。喻监牢。

⑲过历：指超过了九族的范围。

⑳被桎梏：戴上了刑具。

㉑茅田一顷：指群贤众多。中有井：指国家不失法度。

㉒纤纤：指奸邪猖獗貌。

㉓嚼：喝酒吃肉声。

㉔铙（náo）：通“挠”，乱。

㉕征：迎取。

㉖轮班：轮流。拥节：抱着符节。河间：西汉初为郡，文帝年间改为国。治所在今河北献县。

㉗关东：潼关以东。

㉘随：连。横取：从当中截取了几段。

㉙董逃之歌：民歌名。言董卓虽跋扈，终归逃窜并被消灭。参见《续汉书·五行志》。主：作者。

㉚苇方笥（sì）：芦苇编织的方形器物。妆具：放装饰物的器具。

㉛谳：议罪。

㉜理官：法官。

㉝嘉会：宴会。

㉞绋（fú）：绳子。相偶：两人相对。

㉟殄：灭绝。悴：忧。

㊱车骑将军：将军的一种名号。过拜：授予。孽臣：乱臣。内孽：宫内乱臣。指宦官。

㊲赠亡人：给死人赠封号。

㊳污：沾污。腐尸：指死人。

㊴辛有：人名。被：披。祥：丧祭名。此指祭祀。

㊵戎：戎人。

㊶假号：指虚假的封号。

原文

灵帝于宫中西园驾四白驴，躬自操辔[1]，驱驰周旋[2]，以为大乐。于是公卿贵戚转相仿效，至乘轩以为骑从[3]，价与马齐[4]。(《御览》卷九〇一)

灵帝好胡服、胡帐、胡床，京师皆竞为之。后董卓拥胡兵掠宫掖[5]。(《御览》卷六九九)

京师有胡服、胡帐、胡床、胡箜篌[6]、胡笛、胡舞。按董卓时胡兵填塞是也。(《意林》卷四)

汉灵帝好胡舞。(《书钞》卷一〇七)

巡马生胡子[7]，问养马胡苍头，乃奸此马以生子。(《续汉书·五行志》刘昭注)

龙从兄阳求腊钱[8]，龙假取繁数[9]，颇厌患之。阳与钱千，龙意不满，欲破阳家，因持弓矢射玄武东阙[10]，三发，吏士呵缚首服[11]。因是遣中常侍、尚书、御史中丞、直事御史、谒者、卫尉、司隶、河南尹、雒阳令悉会发所[12]。劭时为太尉议曹掾[13]，白公邓盛："夫礼设阙观，所以饰门，章于至尊[14]，悬诸象魏[15]，示民礼法也。故车过者下，步过者趋，今龙乃敢射阙，意慢事丑，次于大逆，宜遣主者参问变状[16]。"公曰："府不主盗贼，当与诸府相候[17]。"劭曰："丞相邴吉[18]，以为道路死伤。既往之事，京兆、长安职所穷逐[19]，而住车问牛喘吐舌者，岂轻人而贵畜哉！颇念阴阳不和，必有所害。掾史尔乃悦服[20]，《汉书》嘉其达大体。今龙所犯，然中外奔波[21]，邴吉防患大豫[22]，况于已形昭晰者哉！明公既处宰相大任，加掌兵戎之职。凡在荒裔[23]，谓之大事，何有近目下而致逆节之萌者？孔子摄鲁司寇[24]，非常卿也。折僭溢之端[25]，消纤介之渐[26]，从政三月，恶人走境，邑门不阖[27]，外收强齐侵地，内亏三桓之威[28]。区区小国，尚于趣舍，大汉之朝，焉可无乎？明公恬然谓非己[29]。《诗》云：'仪刑文王[30]，万国作孚[31]。'当为人制法，何必取法于人。"于是公意大悟，遣令史谢，申以铃下规应掾自行之[32]，还具条奏[33]。时灵帝诏报[34]，恶恶止其身[35]，龙以重论之[36]，阳不坐[37]。（《续汉书·五行志》刘昭注）

注释

①躬自：亲自。辔（pèi）：驾驶牲口的缰绳。

②周旋：盘旋。

③乘轩：指官员。

④价：地位。齐：相等。

⑤宫掖：指皇宫。

⑥箜篌（kōng hóu）：拨弦乐器。

⑦巡：指汉灵帝时司徒长史冯巡。

⑧龙：指洛阳男子夜龙。腊：祭名，腊祭。

⑨假取：借。

⑩玄武：玄武门。阙：皇宫前面两边的楼台。

⑪首服：自首服罪。

⑫中常侍：参见佚文（二十二）注。尚书：参见佚文（七）注。御史中丞：官名。掌弹劾、纠察事。直事御史：官名。掌纠察事。谒者：官名。掌宾赞受事，即为天子传达。卫尉：官名。掌宫门警卫。司隶：官名。掌督察大奸猾、捕盗贼。河南：郡名。治所在今河南洛阳。尹：行政长官。雒阳：即“洛阳”，县名。治所在今河南洛阳。

⑬劭：应劭。议曹掾：太府的属官。

⑭章：彰明。

⑮象魏：宫阙。

⑯参问：审问。

⑰候：问。

⑱邴吉：邴吉不问道路打斗伤害事，却关心牛喘气吐舌事。参见《汉书·邴吉传》。

⑲京兆、长安：行政区名。皆在今西安市境。

⑳尔乃：然后。

㉑中外：指宫内外。

㉒大豫：事先做好充分准备。

㉓荒裔：边远地区。

㉔摄：暂代理某种职位。

㉕折：制止。僭溢：越礼行为。端：苗头。

㉖纤介：指极小的坏事。渐：影响。

㉗阖（hé）：关。

㉘三桓：即孟孙氏、叔孙氏、季孙氏，他们是鲁桓公的后裔，故称“三桓”。

㉙恬然：安闲貌。非己：不关己事。

㉚仪刑：效法。

㉛孚：信。此指信任周王朝。

㉜铃下规：约束下属的规矩。

㉝还：回来。条奏：分成条理，上奏皇帝。

㉞诏报：下达了诏书。

㉟恶恶：惩罚恶人。

㊱重论：按重罪判处。

㊲坐：牵连受罪。

原文 熹平二年六月[①]，雒阳民讹言虎贲寺东壁中有黄人[②]，形容须眉良是[③]，观者数万，省内悉出[④]，道路断绝。劭时为郎[⑤]，故往观之。何在其有人也！走漏污处，腻赭流漉[⑥]，壁有他剥数寸曲折耳[⑦]。劭又通之曰[⑧]：“季夏土黄，中行用事[⑨]，又在壁中，壁亦土也。以见于虎贲寺者，虎贲国之秘兵[⑩]，扞难御侮。必示于东，东者，动也，言当出师行将[⑪]，天下摇动也。天之以类告人，甚于影响也[⑫]。”（《续汉书·五行志》刘昭注）

光和四年四月[⑬]，南宫中黄门寺有一男子[⑭]，长九尺，服白衣。中黄门解步呵问[⑮]：“汝何等人，白衣妄入宫掖！”曰：“我梁伯夏后[⑯]，天使我为天子。”步欲前收取，因忽不见。劭曰：“《尚书》《春秋左传》曰：伯益佐禹治水，封于梁[⑰]。飂叔安有裔子曰董父[⑱]，实甚好龙，龙多归之。帝舜嘉之，赐姓董氏。董氏之祖，与梁同焉。到光熹元年[⑲]，董卓自外入，因间乘衅[⑳]，废帝杀后，百官总己[㉑]，号令自由，杀戮决前，威重于主。梁本安定，而卓陇西人[㉒]，俱凉州也[㉓]。

天戒若曰，卓不当专制夺矫[24]，如白衣无宜阑入宫也[25]。白衣见黄门寺，及卓之末，中黄门诛灭之际，事类如此，可谓无乎？”（《续汉书·五行志》刘昭注）

灵帝之末，礼乐崩坏，赏刑失中，毁誉无验，竞饰伪服，以荡典制，远近翕然，咸名后生放声者为时人[26]。有识者窃言：旧曰世人，次曰俗人，今更曰时人，此天促其期也[27]。其闲无几[28]，天下大坏也。（《续汉书·五行志》刘昭注）

熹平中，有两樗[29]，一宿长丈余，作人状，头目宛然。（《御览》卷九五九）

夏禹庙中有梅梁[30]，忽一春生枝叶。（《御览》卷九七〇）

光和二年，洛阳上西门外女子生儿，两头异肩，四臂共胸，俱前向，以为不祥，因弃去。朝廷瞀乱[31]，上下无别，二头之象也。（《唐开元占经》卷一一三）

灵帝光和七年，陈留、济阴诸郡路边草生作人状，操持矛弩牛马万状备具。后关东诛董卓，陈留、济阴弃好即戎[32]，吏民歼残，草妖之兴，岂不或信！（《御览》卷九九四）

中平中[33]，怀陵上有雀万余乱斗杀，头悬着树也。（《御览》卷九二二）

注释

①熹平：汉灵帝年号。公元172～178年。

②讹言：谣言。

③形容：容貌。

④省：官署。

⑤郎：皇帝侍从官的通称。

⑥腻：肥厚。赭（zhě）：红土。漉（lù）：干涸。

⑦他：另外。剥：脱落。

⑧通：论述。

⑨中行：泛指军队。

⑩虎贲：勇士之称。

⑪行将：调用将领。

⑫影响：指不实在、无根据的东西。

⑬光和：汉灵帝年号。公元178～184年。

⑭中黄门寺：管理太监的官署。

⑮中黄门：在宫中服役的太监。解步：人名。

⑯梁伯夏：人名。

⑰梁：梁州。古九州之一，在华山以南到怒江之间。

⑱裔子：后代。

⑲光熹：汉少帝年号。公元189年。

⑳衅：间隙，破绽。

㉑总：统领。

㉒陇西：郡名，治所在今甘肃临洮。

㉓凉州：参见佚文（十二）注。

㉔夺娇：剥夺皇权，假传圣旨。

㉕阑（lán）：擅自。

㉖后生：少年。放声：模仿人物发声。放，通“仿”。

㉗促：缩减。

㉘无几：持续不了多长时间。

㉙樗（chū）：木名，即“臭椿”。

㉚梅梁：梅树木做的屋梁。

㉛瞀（mào）：昏暗。

㉜好：指美好的太平之地。戎：指战场。

㉝中平：汉灵帝年号。公元184～189年。

二十三

原文 时汝南主簿应劭议宜为旧君讳，论者皆互有异同。（《三国志·吴书·张昭传》裴松之注）

彭城孝廉张子矫议云[①]：若君臣不得相袭作名[②]，周穆王讳满，至定王时有王孙满，厉王讳胡，庄王之子名胡。（《意林》卷四）

注释 ①彭城：县名。治所在今江苏徐州。孝廉：汉代选拔官吏的科目之一。以伦理道德为标准，由各郡国荐举所属吏民。举孝廉者往往被任为“郎”，在东汉尤为求仕进者之路。

②袭：沿袭。

二十四

原文 按秦昭王太后始临朝也，牧、守、长不宜数易[①]。按《尚书》有考绩[②]。孔子曰：“始有用我者，期月而已[③]，三年有成[④]。”郑子产从政三年，民乃歌之。贤圣尚须渐进，况中才乎！数易岂不纷错道路也[⑤]。(《意林》卷四)

秦政并吞六国，苞宇宙之弘敞[⑥]。(《文选·齐敬皇后哀策文》李善注)

秦相赵高指鹿为马，束蒲为脯[⑦]，二世不觉。(《文选·西征赋》李善注)

注释 ①牧、守、长：指地方行政长官。易：更换，变动。

②考绩：考核官员政绩。

③期月：一个月。

④成：成就。

⑤纷错：错乱。

⑥苞：通“包”，占有。弘敞：宽广。

⑦蒲：蒲草。脯：干肉。

二十五

原文 秦昭王伐蜀，令李冰为守[①]。江水有神，岁取童女二人为妇，主者自出钱百万以行娉[②]。冰曰：“不须，吾自有女。到时装饰其女，当以沉江。”冰径上神坐，举酒酹曰[③]：“今得傅九族[④]，江君大神，当见尊颜，相为进酒。”冰先投杯[⑤]，但澹淡不耗[⑥]，厉声曰：“江君相轻，当相伐耳。”拔剑，忽然不见。良久，有苍牛斗于岸。有顷，冰还，谓官属令相助。曰：“南向要中正白是我绶也[⑦]。”还复斗，主簿刺杀其北面者[⑧]。江神死后，无复患。（《御览》卷八八二）

注释 ①守：指蜀郡太守。

②主者：主事的人。娉：通“聘”，订婚。

③酹（lèi）：洒酒于地祭祀。

④傅九族：指教导百姓。

⑤投杯：赠递酒杯。

⑥滟淡：指杯中酒飘动。耗：减少。

⑦要：腰。正白：纯白。绶：系腰丝带。

⑧其：指李冰。

二十六

原文 天地尊化[①]。(《书钞》卷一〇)

传曰：后稷触冬垦田[②]，流汗而种，田不生者，人力非不至，天时不与[③]。(《御览》卷三八七)

俗说天地开辟，未有人民，女娲抟黄土为人[④]，剧务[⑤]，力不暇供，乃引绳絙泥中[⑥]，举以为人。故富贵者黄土人也，贫贱凡庸者絙人也。(《事物纪原》卷一)

女娲，伏牺之妹，祷神祇，置婚姻，合夫妇也[⑦]。(《北山录注解·天地始》第一)

大禹阙百品之羞而菲庖厨[⑧]，殷汤寐寝黄屋[⑨]，驾而乘露舆[⑩]。(《御览》卷四三一)

彭祖寿年八百岁，犹恨唾远[⑪]。(《御览》卷三八七)

荆鳖令死亡[⑫]，随水上，荆人求之不得也。鳖令至岷山下邑，起见蜀望帝，使鳖令凿巫山，然后蜀得陆处[⑬]。望帝以德不如，以国禅与鳖令为蜀王，号曰开明传。

(《御览》卷五六)

按里语:“厚哉鲍、管[14],探肠按腹[15]。”不清,然尚不盥[16],何共财而生喜怒也[17]。(《御览》卷三九五)

传曰:赵王好大眉,人间半额[18]。楚王好广领[19],国人皆没项。齐王好细腰,后宫有饿死者。(《意林》卷四)

吴王夫差大败齐于艾陵[20],还诛子胥,取其身流之江,抉其目东门[21],曰:“使汝视越之入吴也。”(《匡谬正俗》卷八)

越灭吴,越相范蠡乘扁舟游五湖[22]。(《书钞》卷一三七)

齐人不食而死也。(《御览》卷八四七)

孝文身履革舄而身衣弋绨[23]。(《书钞》卷一二八)

汝南周勃辟太尉清诏[24],使荆州。(《后汉书·第五种传》李贤注)

汤时年八十六[25],有子十二人。(《后汉书·袁安传》李贤注)

颍川张钦字孟孝[26],吴、楚反,与亚夫常为前锋,陷阵溃围。傍人观曰:“壮哉此君!”钦闻自矜[27],遂死军。(《御览》卷三八六)

张仲春,武帝时人也。善雅歌,与李延年并侍。每奏

新歌，莫不称善。然不知休息，至于败亡。以论人之进退，当有节奏。(《御览》卷五七二)

注释

①尊化：尊重变化。

②后稷：人名。周族的始祖。触：遇上。

③与：助。

④抟（tuán）：把散碎的东西聚成团。

⑤剧：繁，多。

⑥縆（gèng）：贯。

⑦合：融合。

⑧阙：缺。羞：通“馐”，食物。菲：微薄。庖：厨房。

⑨黄屋：指帝王车。

⑩露舆：无盖之车。

⑪恨：后悔。唾：唾沫。

⑫荆：楚。鳖令：人名。

⑬陆处：陆地。

⑭厚：交情深厚。鲍：鲍叔牙。管：管仲。

⑮探肠按腹：按着肚皮掏出肠子。比喻坦诚相待。

⑯盥（guàn）：浇水洗手。

⑰喜怒：复词偏义，指怒。鲍、管共财事，参见《史记·管晏列传》。

⑱半额：谓由于眉毛长得太粗大，多占了额头面积，原来的额头只剩下了一半。

⑲广：宽。

⑳艾陵：地名，在今山东泰安。

㉑抉：挖出，挑出。

㉒扁：小。五湖：指太湖流域一带所有的湖泊。

㉓孝文：汉文帝。履：穿。革舄：皮制的鞋。弋：通“黓”，黑色。绨：丝织品。

㉔汝南：参见佚文（十六）注。辟：此指被征召。清诏：官名。东汉时三公府有清诏，其职为承诏派往各州并督察民情，又称清诏史。

㉕汤：指后汉袁汤。

㉖颍川：参见佚文（十六）注。

㉗矜：自以为贤能。

原文 昭帝时，蒙人焦贡为小黄令①，路不拾遗。诏迁贡，百姓挥涕守阙求索还贡，天子听增贡之秩千石②。贡之风化犹存，其民好学多贫，此其风也。(《广博物志》卷一七）

侯霸字君房，为淮平大尹③，政理有能名④。及王莽败，霸保固自守，卒全一郡。更始元年⑤，遣使征霸，百姓老弱相携号哭，遮使者，或当道而卧。皆曰："愿乞侯君行留期年[⑥]。"民乃诫乳妇勿得举子，侯君当去，必不能全。使者虑霸就征，临淮必乱，不敢授玺书，而具以状闻。(《天中记》卷三四)

陈龟为京兆尹[⑦]，民有疾病则给医药，常使户曹巡行[⑧]。(《书钞》卷七六)

按《明帝起居注》曰：东巡泰山，到荥阳，有乌飞鸣乘舆上[⑨]，虎贲王吉射中之[⑩]。作辞曰："乌乌哑哑，引弓射左腋[⑪]，陛下寿万岁，臣为二千石。"帝赐钱二百万，令亭壁画为乌也[⑫]。(《初学记》卷三〇)

赵孝以父田禾将军任为郎，每告归，白衣步担[⑬]。尝从长安还，欲止邮亭[⑭]，亭长闻孝当过，洒扫待之。孝既到，长不肯内[⑮]。因问曰："田禾将军子何时到？"孝曰："寻到矣。"显宗皇帝闻孝名[⑯]，诏拜谏议大夫，迁卫尉。(《广博物志》卷一六)

光禄奉盻上就为主事[⑰]。(《后汉书·独行戴就传》李贤注)

东海王景兴议曰："晏平仲以齐君奢，故浣其朝冠[⑱]，振其鹿裘[⑲]。"(《御览》卷八二六)

黄司农为蜀郡太守，得所失妇，便为正室，使后妇下之。(《通典·礼》四九)

颍川黄子廉者，每饮马投钱于水中。（《御览》卷四二六）

汝南陈伯敬，行必举步[20]，坐必俨然[21]。（《御览》卷三九三）

汉有牛通为陇西主簿，马文渊为太守，羊喜为功曹[22]，凉部云三牲备具[23]。（《广博物志》卷一七）

司隶刘器，以党诸常侍，致位公卿。（《三国志·董卓传》裴松之注）

杨范字文瑞，齐人。齐、宋之乱，母在县贼中，采椹藏于地[24]，夜取之进母，如是非一。忽于地中得米十斛，上有字云："米十斛，赐孝子杨范，以资给母。"（《御览》卷四一一）

注释

①蒙：县名。治所在今河南商丘。小黄：县名。治所在今河南开封。

②听：指听从建议。秩：俸禄。

③淮平：郡名。治所在今江苏泗洪。

④政理：处理政务。

⑤更始：汉帝刘玄年号。公元23～25年。

⑥期年：一年。

⑦京兆尹：既是行政区名（在今西安市以东至华县一带），

又是该行政区长官名。这里指长官名。

⑧户曹：参见佚文（十七）注。巡行：周巡视察。

⑨乘舆：帝王乘坐的车。

⑩虎贲：官名。掌王出入仪卫事。

⑪腋：指乌鸦的胁窝。

⑫亭：路旁公房，供旅客停留。

⑬白衣：平民之衣。步：步行。担：担负物件。

⑭邮亭：驿馆。递送文书投止之所。

⑮内（nà）：接纳。

⑯显宗皇帝：指东汉明帝。

⑰光禄：官名。掌宿卫宫殿门户。奉肸（xī）：人名。就：人名。主事：官名。光禄勋的属官。

⑱晏平仲：春秋时齐国贤相晏婴。浣：洗濯。

⑲鹿裘：粗陋的裘衣。

⑳举步：指有模有样地迈起脚步。

㉑俨然：恭敬端庄貌。

㉒功曹：郡守属官。掌人事并参闻一郡政务。

㉓凉部：指凉州刺史部。三牲：本指祭祀用的牛、羊、豕三种牲畜。此指牛（通）、马（文渊）、羊（喜）三人。

㉔椹（shèn）：通“葚”，桑实。

原文 王逸少出守永嘉[1]，庭列五马，绣鞍金勒[2]，出即鞚之[3]，故永嘉有五马坊焉。（《分门集注杜工部诗》卷一九《将赴成都草堂途中有作先寄严郑公》注）

汉何敞为鬼，苏珠娘按诛亭长龚寿[4]。（《南村辍耕录》卷一四《妇女曰娘》条）

《周礼》媒氏，因三十之男，二十之女，冰泮鸣雁[5]，于是乎合[6]。（《事类赋》卷八）

谨按：自郊貙膢[7]，春秋貙射[8]，天子射麑掩雉[9]，献诸宗庙，扶阳发滞，养老致敬，化之至也。（《御览》卷三三）

名授从者。《礼记》云：孔君既𢷾[10]，执饭与酱，出授从者。（《书钞》卷一四六）

《汉书》注：沛人语初发声皆言"其"。其者，楚言也。高祖始登帝位，教令言"其"，后以为常耳。（《史记·高祖本纪·集解》）

子不以从令为孝，后主固宜是革，浸以为俗[11]，岂不谬哉！（《文选·永明九年策秀才文》李善注）

盗，逃也。言其昼伏夜奔，逃避人也。（《诗·小雅·巧言》孔颖达疏）

乘者，单夫之高爵[12]。（《书钞》卷四八）

大夫衣凑带[13]，不为正卫[14]。（《书钞》卷四八）

五世亲曰祖免[15]。（《书叙指南》卷三）

颜色厚所顾盼，若以亲密也。（《文选·赠秀才入军诗》李善注）

巴吾县者，宋杂陈、楚地，故梁国宁陵种龙乡也[16]。今其都尉印文曰种龙[17]。（《锦绣万花谷后集》卷三六）

月与星并无光，日照之乃光耳。如以镜照日，则影见壁。月初见西方，月望后光见东北[18]，一照也[19]。（《御览》卷六）

楚人谓美色为娃。（《韩文考异》卷八《晚秋郾城夜会联句》朱子《考异》）

积习而成，不敢独否。（《文选·王文宪集序》李善注）

注释

①永嘉：县名。治所在今浙江温州。

②勒：马笼头。

③鞚（kòng）：驰马。

④按诛：击杀。亭长：秦汉时每十里为一亭，设亭长一人，掌治安、诉讼事。

⑤泮（pàn）：溶解。

⑥合：指男女婚配。

⑦貙膢（chū lǘ）：立秋祭名。

⑧飨射：礼仪名。飨食宾客，与诸侯射猎。

⑨麑（ní）：幼鹿。掩：乘其不备而捕捉。

⑩檄：以文书晓谕。

⑪浸：渐渐。

⑫单夫：一妇一夫。

⑬凑带：拼补的衣带。

⑭正卫：正式的侍卫。

⑮袒免：袒衣免冠。古代丧礼，凡五服外远亲，唯袒衣免冠，以示哀思。故五世亲（五服外的远亲）称为袒免。

⑯梁国：国名，治所在今河南商丘。宁陵：县名，治所在今河南宁陵。

⑰都尉：官名。掌郡兵事，维持地方治安。

⑱望：农历每月十五日。

⑲一：指同一个太阳。

二十七

原文 万类之中，唯人为贵。《春秋左氏传》："官有世功①，则有官族②，邑亦如之。"《公羊》讥卫灭邢，《论语》贬昭公娶于吴，讳同姓也③。盖姓有九，或氏于号④，或氏于谥，或氏于爵，或氏于国，或氏于官，或氏于字，或氏于居，或氏于事⑤，或氏于职⑥。以号，唐、虞、夏、殷也。以谥，戴、武、宣、穆也。以爵，王、公、侯、伯也。以国，曹、鲁、宋、卫也。以官，司马、司徒、司寇、司空、司城也。以字，伯、仲、叔、季也。以居，城、郭、园、池也。以事，巫、卜、陶、匠也。以职，三乌、五鹿、青牛、白马也。（《御览》卷三六二）

（乙氏），汉有南郡太守乙世。（《姓氏书辩证》卷三六）

（丁若氏），齐丁公子懿伯食采于若⑦，因氏焉。（《通志·氏族略》第五）

（卜氏），氏于事者，巫、卜、陶、匠是也。春秋鲁有大夫卜齮，鲁庄公车右卜国⑧。（《姓氏书辩证》卷三五）

（刁氏），齐大夫竖刁之后，战国时有刁勃，汉有刁间，齐人，以富闻，子孙居渤海。（《通志·氏族略》第四）

（三伉氏，三伉），卫邑也。晋公子重耳封舅犯于三伉，支孙氏焉⑨。汉有少府三伉充宗⑩，代郡有阳县有三伉氏⑪。（《元和姓纂》卷五）

（三乌氏），凡氏于职，三乌、五鹿。有三乌大夫，

因氏焉。汉有三乌群，为上郡计[12]。(《通志·氏族略》第三)

(工氏)，楚大夫工尹齐。(《姓解》三)

(下门氏)，晋大夫下门聪。(《姓解》三)

(亍氏)，河东亍氏，楚有大夫亍衡[13]。(《姓解》一)

(大氏)，大庭氏之后。又大填、大山稽并黄帝师，大款为颛顼师。《礼记》曰："大连，东夷之子。"(《元和姓纂》卷八)

(山氏)，烈山氏之后,《左传》，晋大夫山祈。汉有武都太守山昱。(《通志·氏族略》第四)

(千氏)，汉有蜀郡都尉千猷。(《姓解》三)

(子氏),《左传》有子钼商[14]，郑大夫子人九。(《元和姓纂》卷六)

(子仲氏)，陈宣公子子仲之后，以字为氏。(《姓氏书辩证》卷二二)

(子献氏)，齐大夫子献之后，楚文王时子献辽为大夫。(《元和姓纂》卷六)

注释

①世功：累世有功绩。

②官族：以官名为氏族称号。

③讳：避忌。

④号：指氏族、朝代的名号。

⑤事：指所从事的职业。

⑥职：职位。

⑦食采：封地。

⑧车右：车乘右边的武士。

⑨支孙：后世子孙。

⑩少府：官名。掌宫中服御诸物、衣服、宝货、珍膳等。汉少府无三伉充宗其人。

⑪代郡：郡名。治所在今山西阳高。代郡无有阳县。

⑫上郡：郡名。治所在今陕西榆林。计：即计吏。掌载录人事、户口、赋税的簿籍。

⑬亍：读chù。

⑭钼：读chú。

原文 （尸氏），其先封尸乡[①]，因以为氏。齐相有尸臣。（《通志·氏族略》第三）

（弓氏），鲁大夫叔弓之后。（《姓解》二）

（方氏），方雷氏之后，汉有方贺。（《通志·氏族略》第三）

（文氏），周文王支孙，以谥为氏。越大夫文种。（《通志·氏族略》第四）

（王人氏），王人子突之后因氏焉。汉有东平太守王人宰公[②]。（《通志·氏族略》第四）

（王史氏），周先王太史，其后号王史氏。（《姓氏书辩证》卷一四）

（五王氏），齐自威、宣、湣、襄至王建五王，因以为氏。（《通志·氏族略》第四）

（五鹿氏），氏于官者，三乌、五鹿。（五鹿），卫邑也。晋公子重耳封舅犯于五鹿，支孙氏焉。汉有少府五鹿充宗。代郡成阳县有五鹿氏[③]。（《通志·氏族略》第三）

（五参氏），《国语》云：楚昭王时有五参蹇。（《广韵》卷三姥第一〇）

（五鸠氏），赵有将军五鸠卢。（《姓解》三）

（云氏），祝融之后。（《元和姓纂》卷三）

（屯氏），《姓氏篇》：混屯，太昊之良佐。汉有屯莫如，为常山太守[④]。（《宋景文公笔记》中引萧该《汉书音义》）

（夫馀氏），吴公子夫槩王奔楚，馀子在吴者，因以为氏焉。（《元和姓纂》卷二）

（太史氏），汉有尚书郎太史熹，司马迁父曰太史公谈。（《姓解》三）

（太阳氏），卫大夫太阳速。（《元和姓纂》卷八）

（牙氏），周穆王大司徒君牙之后，以王父字为氏[⑤]。（《通志·氏族略》第四）

（中氏），汉少府卿中京。（《广韵》卷一东第一）

（中行氏），中行穆子后。（《路史·后纪》卷九下罗苹注）

（中垒氏），刘向为汉中垒校尉[⑥]，支孙以官为氏。（《姓氏书辩证》卷二）

（内史氏），周内史叔兴之后，因官氏焉。周又有内史过。（《元和姓纂》卷九）

（丹氏），尧使子朱处丹渊为诸侯。晋有大夫丹木。（《广韵》卷一寒第二五）

（毋车氏），有乐安毋车伯奇[⑦]，为下邳相[⑧]。有主簿步邵南，时人称毋车府君、步主簿。（《广韵》卷一虞第一〇）

（少王氏），有少王桃甲。（《姓解》一）

（毛氏），毛伯，文王子也，见《左传》。汉有毛樗之，为寿张令[⑨]。（《宋景文公笔记》中引萧该《汉书音义》）

（公文氏），卫有公文要，《庄子》有公文轩。（《姓解》三）

（公玉氏），齐湣王臣有公玉冉，公玉带，其后也。（《史记·孝武本纪·索隐》）
（公叔氏），卫大夫公叔文子。（《姓解》三）
（公族氏），晋成公立嫡子为公族大夫。韩无忌号公族穆子，见《左氏传》。（《后汉书·党锢传》李贤注）
公乘，姓也。（《晋书音义》卷五）

注释

①尸乡：地名。在今河南偃师。

②东平：国名。治所在今山东东平。

③此言代郡成阳县，有误。成阳县不属代郡。

④常山：郡名。治所在今河北元氏。

⑤王父：祖父。

⑥中垒校尉：官名。内掌北军军营军事，外掌西域军事。

⑦乐安：县名。治所在今山东博兴。

⑧下邳：参见佚文（十七）注。

⑨寿张：县名。治所在今山东东平。

原文

公宾，姓也。鲁大夫公宾庚之后。汉公宾就，东海人[1]。（《后汉书·刘玄传》李贤注）
（尹氏），师尹，三公官也[2]，以官为姓。周有尹吉甫，汉尹咸、尹赏、尹齐。（《元和姓纂》卷六）

（尹公氏），卫有尹公佗。（《姓解》三）

（巴氏），汉有太常巴茂[③]。（《姓解》三）

（玄氏），古诸侯有玄都国，子孙以国为氏。（《资治通鉴》卷一〇〇胡三省注）

（立如氏），鲁贤人立如子，著书。（《通志·氏族略》第四）

（古氏），古公亶父之后因氏焉[④]。言古公者，犹言先公也。晋平公时，有舟人古乘[⑤]，汉有孝子古初。（《通志·氏族略》第四）

（古成氏），苦成之后，后随音改焉。有广汉都尉古成云。（《通志·氏族略》第五）

（布氏），赵有布子，善相马。（《通志·氏族略》第五）

（功氏），晋大夫司功景子之后，或去司单为功氏。（《姓氏书辩证》卷一）

（丙氏），齐有大夫丙歜[⑥]，《汉书·货殖传》，鲁有富人丙氏，《古今人表》有丙倩。（《姓解》三）

（甘氏），甘，夏时侯国也，以国为氏。一云周武王同姓于畿内为诸侯[⑦]，因氏焉。甘伯，桓公是也。又周封王子带于甘[⑧]，昭公是也。殷有甘盘，秦有甘茂，生罗，见《史记》。（《古今合璧事类备要续集》

卷二四）

（世氏），战国时有秦大夫世钧。（《十韵汇编》一三祭《唐韵》）

（由氏），《姓氏篇》云：由余，秦相也，见《史记》。汉有由章，至长沙太傅[9]。（《宋景文公笔记》中引萧该《汉书音义》）

（甲氏），太甲之后[10]。一云郑大夫石甲之后，以王父字为氏。（《元和姓纂》卷一〇）

（申公氏），楚申公巫臣之后，《史记》有太子傅申公[11]，遭腐刑者[12]。（《姓解》三）

（申徒氏），本申屠氏，随音改为申徒氏。《尸子》云：申徒狄，夏贤人也。汤以天下授之，耻不以义闻也，自投于河。《庄子》申徒嘉兀者，郑人也。汉有西河将军申徒建。（《通志·氏族略》第三）

（用氏），古有用国，见《毛诗》，在高唐乃用地[13]，故有用国。汉有高唐令用蚪。（《路史·国名纪》卷己）

（丘氏），鲁左丘明之后。齐太公封于营丘，支孙以地为氏，世居扶风。汉末，丘俊持节江、淮[14]，属王莽篡位[15]，遂留江左[16]。（《广韵》卷二尤第一八）

令，姓，令尹子文之后也[17]。（《史记·孝文本纪·

索隐》）

（白马氏），微子乘白马朝周[18]，因氏焉。（《通志·氏族略》第四）

（白鹿氏），白鹿先生，古贤人，著书。（《元和姓纂》卷一〇）

（白象氏），白象先生，古贤人，隐者。（《姓氏书辩证》卷三九）

皮氏，周卿士樊仲皮之后。汉有谏议大夫皮究[19]。（《元和姓纂》卷二）

注释

①东海：郡名。治所在今山东郯城。

②三公：指太师、太傅、太保。

③太常：官名。掌礼乐郊庙社稷事宜。

④古公亶父：人名。周族的祖先。

⑤舟人：船夫。

⑥歜：读chù。

⑦畿（jī）内：王都所在之地的千里地面。

⑧甘：古地名。在今河南宜阳。

⑨太傅：官名。以德义辅弼诸侯王。

⑩太甲：商王名。

⑪太子傅：太子的老师。

⑫腐刑：破坏生殖机能的酷刑。

⑬高唐：县名。治所在今山东禹城。

⑭持节：以使者的身份出巡。古代使者出巡，手持符节以作凭证。

⑮属：适值。

⑯江左：长江下游以东一带地区。

⑰令尹子文：春秋时楚令尹。

⑱微子：人名。商纣王庶兄，周灭商，称臣于周。

⑲谏议大夫：官名。掌议论。

原文

（司寇氏），苏忿生为周武王司寇，其后氏焉。《礼记》：司寇惠子，鲁大夫。(《通志·氏族略》第四）

（司鸿氏），古有司鸿苟，著书。汉有谏大夫司鸿仪[①]。(《姓氏书辩证》卷四）

（弘氏），卫大夫弘演之后，汉有宦者弘恭为中书令[②]。(《元和姓纂》卷五）

（池氏），汉有中牟令池瑗[③]，又有池仲鱼。(《姓氏急就篇》卷上）

（安氏），汉有安成为太守。(《广韵》卷一寒第二五）

（州氏），晋有州绰、州宾，其先食采于州，因以为氏。卫有公子州吁，汉有州辅。又淳于氏谓之州公，

其后亦为州氏，姜姓，春秋时小国也。(《通志·氏族略》第三)

(列氏)，古帝王列山氏之后，子孙氏焉。郑有隐者列御寇，著书八篇，号《列子》。《吕氏春秋》列精子高，六国贤人。(《元和姓纂》卷一〇)

列僊氏[④]。(《路史·前纪》卷四)

(百里氏)，秦百里奚之后，其先虞人[⑤]，家于百里，因氏焉。(《通志·氏族略》第三)

(有氏)，有巢氏之后，仲尼弟子有若，鲁人。汉有光禄勋有光[⑥]。(《通志·氏族略》第四)

(老氏)，颛顼子老童之后,《左传》：宋有老佐。《论语》老彭即彭祖也。或云老氏，老聃、老莱子之后[⑦]。(《元和姓纂》卷七)

(西乡氏)，宋大夫西乡错之后，见《世本》。《尸子》有隐者西乡曹。(《通志·氏族略》第三)

(匠氏)，氏于事者，巫、卜、陶、匠是也。古有匠石。(《通志·氏族略》第四)

(匡氏)，匡，鲁邑也，句须为之宰[⑧]，其后氏焉。汉有匡衡。(《广韵》卷二阳第一〇)

(成阳氏)，汉有护军成阳恢[⑨]。(《姓解》二)

(艾氏)，庞俭母艾氏。(《广韵》卷四泰第一四)

（仲氏），凡氏于字，伯、仲、叔、季是也。汤左相仲虺，孔子弟子仲由。(《姓解》一）

（伊氏），汉有议郎伊推[10]，又伊嘉为雁门都尉[11]，石显党。(《通志·氏族略》第三）

（行氏），汉有行祐，为赵相。(《后汉书·光武帝纪》李贤注）

（舌氏），越有大夫舌庸。(《姓解》一）

（名氏），楚大夫彭名之后也。(《姓解》一）

（伉氏），卫大夫三伉之后，汉有伉喜，为汉中太守。(《姓氏书辩证》卷三三）

（牟氏），牟子国，祝融之后，后因氏焉。汉有太尉牟融。(《广韵》卷二尤第一八）

（汲氏），卫宣公太子伋之后居汲，因以为氏。(《通志·氏族略》第三）

（沃氏），殷太甲子沃丁之后。《神仙传》：沃焦，吴人。(《元和姓纂》卷一〇）

（沐氏），汉有东平太守沐宠。(《广韵》卷五屋第一）

（冲氏），有博士冲和[12]。(《姓解》一）

（沙氏），晋有沙广。(《通志·氏族略》第五）

（武强氏），汉武强侯王梁，其后因封为氏。(《广韵》卷三麌第九）

（李氏），李伯阳之后。（《广韵》卷三止第六）

（巫氏），凡氏于事，巫、卜、匠、陶也。商有巫咸、巫贤，汉有冀州刺史巫捷⑬。又有巫都，著《养性经》。（《通志·氏族略》第四）

注释

①谏大夫：即谏议大夫。

②中书令：官名。掌传宣诏命。

③中牟：县名。治所在今河南中牟。

④僊：同“仙”。

⑤虞人：官名。掌山泽苑囿、田猎。

⑥光禄勋：官名。掌宿卫宫殿门户。

⑦老聃：即道家学派创始人老子。老莱子：春秋末年楚国隐士。

⑧宰：指行政长官。

⑨护军：官名。以调节各部将领的关系为职责。

⑩议郎：官名。掌顾问应对。

⑪雁门：郡名。治所在今山西右玉。都尉：官名。掌一郡之兵事。

⑫博士：学官名。秦及汉初所掌为古今史事待问及书籍典守，汉武帝后专掌经学传授。冲：同“冲”。

⑬冀州：汉十三刺史部之一。东汉初治所在今河北柏乡，东

汉末移治今河北临漳。

原文 （车氏），舜之后也。陈敬仲奔齐称田氏，至汉丞相田千秋，以年老得乘小车出入省中[①]，时号车丞相，子孙以为氏。（《姓解》二）

（赤氏），帝喾师赤松子后，单姓赤。（《姓氏书辩证校勘记》下）

（甫氏），甫侯之后[②]。（《广韵》卷三麌第九）

（投氏），晋中行穆子、荀吴相投壶[③]，为投壶氏，后有投氏。（《姓觿》卷四）

（投壶氏），晋中行穆子相与投壶，因而氏焉。（《姓解》二）

（孝氏），齐孝公之后。（《广韵》卷四效第三六）

（步氏），有步邵南，为下邳主簿，毋车伯琦为明府[④]。时人为之语曰："车府君[⑤]，步主簿。"（《姓解》一）

（快氏），汉有快钦。（《姓解》一）

（岑氏），古岑子国之后，出姬姓，周文王异母弟耀子渠，武王封岑子。汉岑彭、岑晊。（《姓氏急就篇》卷上）

（我氏），我子，六国时人，著书，号《我子》。（《元

和姓纂》卷七）

（伯氏），氏于字，嬴姓，伯益之后，晋大夫伯宗生州犁，仕楚。（《元和姓纂》卷一〇）

（伯成氏），伯成耳渠，晋隐士。谏议大夫伯成衡，《功臣表》吾侯伯成延，传封六代。成或作城。王莽时，伯成修献符命[6]。（《元和姓纂》卷一〇）

（佘丘氏），有侍御史佘丘炳[7]。（《姓解》三）

（佘氏），秦由佘之后，以国为姓。（《广韵》卷一鱼第九）

（作氏），周公之子胙侯，子孙因避地改为作氏[8]。汉有涿郡太守作显[9]。（《通志·氏族略》第二）

（利氏），汉有利乾，为中山相[10]。（《元和姓纂》卷八）

（忌氏），周公忌父之后，以王父字为氏。（《通志·氏族略》第三）

（那氏），朝那[11]，东夷也，其后单姓那氏。（《通志·氏族略》第二）

（京氏），郑武公子段封于京[12]，号京城太叔，其后氏焉。汉京房本姓李，字君明，后推律自定为京氏[13]。（《姓解》三）

夜，姓也。龙有从兄阳[14]。（《姓氏书辩证》卷三三）

（宓氏），宓康公之后[15]，以国为氏。《史记》：仲尼弟

子宓不齐，字子贱，鲁人。(《元和姓纂》卷一〇)

(府氏)，汉有司徒掾府悝。(《姓解》三)

(於陵氏)，陈仲子，齐世家也[16]，辞爵灌园于於陵，子孙氏焉。汉有议郎於陵钦。(《元和姓纂》卷二)

(社北氏)，齐倡徙居社南[17]，因以为氏。又有居社北者，亦以为氏。汉高炀娶扶风社北氏女。(《姓氏书辩证》卷二六)

(社南氏)，齐倡徙居社南，因以为氏。(《姓氏书辩证》卷二六)

(泠氏)，黄帝时典乐泠伦之后。《左传》秦大夫泠至，汉功臣下相侯泠耳，元帝功臣驷望侯泠广。(《通志·氏族略》第四)

注释

①省：皇宫禁地。

②甫侯：人名，即吕侯，周穆王时作《吕刑》的人。

③投壶：古人宴会时的游戏。设特制之壶，宾主以次投矢其中，中多者为胜，负者饮酒。

④⑤明府、府君：均为对太守的称呼。

⑥符命：表明天子受命于天的祥瑞、征兆。

⑦侍御史：官名。掌纠察。

⑧避地："胙"本是古地名，以"作"代"胙"是避地名。

⑨涿郡：郡名。治所在今河北涿县。

⑩中山：国名。治所在今河北定县。

⑪朝那：地名。此指朝那地之人。

⑫京：郑国邑名。在今河南荥阳东南。

⑬推律：按一定法则推算。

⑭龙、阳：指夜龙、夜阳。均为人名。

⑮宓：读mì。

⑯世家：世代显贵的家族。

⑰社：祭土神之所。

原文 沮，姓也。黄帝时史官沮诵之后。（《后汉书·孝献帝纪》李贤注）

（即氏），汉单父令即费[1]，其先食采即墨[2]，因以命氏。（《元和姓纂》卷一〇）

（即墨氏），汉有即墨威，为咸阳令。（《姓解》二）

（武氏），宋武公之后，氏于谥。秦末武臣自立为赵王，项羽之客有武涉。（《姓氏急就篇》卷上）

（武城氏），赵平原君胜封武城[3]，因氏焉。（《元和姓纂》卷六）

（析氏），齐大夫析归父。（《广韵》卷五锡第二三）

（林氏），林放之后。（《广韵》卷二侵第二一）

（东方氏），伏羲之后，帝出于震位[4]，主东方，子孙因氏焉。（《通志·氏族略》第三）

（东郭氏），东郭牙，齐大夫，咸阳其后也[5]。（《史记·平准书·索隐》）

（东陵氏），秦东陵侯邵平之后。又齐景公时有隐居东陵者氏焉[6]。《神仙传》有东陵圣母。谨按《汉·地理志》，广陵县有东陵亭[7]，即盗跖死利于其上之地也。（《姓氏书辩证》卷二）

（东关氏），晋有东关嬖五，汉有将军北亭侯东关义。谨按《春秋》：东关，晋之门名，其先晋守关大夫，以地为氏，而义即其后。（《姓氏书辩证》卷二）

（青史氏），青史善著书。（《分门集注杜工部诗》卷一七《赠郑十八贲》注）

（青乌氏），汉有青乌子，善数术[8]。又有青牛氏、青阳氏。（《广韵》卷二青第一五）

（青阳氏），青阳，黄帝子。《国语》曰：青阳为己姓，黄帝娶方雷氏女，生青阳，少昊氏也，后世以为氏。汉有东海太守青阳愔，又有东海中尉青阳精[9]。（《姓氏书辩证》卷一七）

（非氏），秦非子之后。非子，伯益之后。（《广韵》卷一微第八）

（奄氏），奄[10]，国号，即商奄也，鲁地。卫祝佗曰："因商奄之民，以命伯禽[11]。"《尚书》："成王既践奄[12]。"《左传》秦大夫奄息其后也。（《通志·氏族略》第二）

（来氏），楚有来英，《汉·功臣表》轪侯来苍[13]。（《通志·氏族略》第三）

（到氏），东平太守到质。（《容斋随笔·五笔》卷一《风俗通》条）

（坤氏），坤年子，六国时人，著书。（《元和姓纂》卷四）

（邳氏），奚仲为夏车正[14]，自薛封邳[15]，其后为氏。（《元和姓纂》卷二）

（昔氏），周大夫封昔，子孙氏焉。汉有乌伤令昔登[16]。（《姓氏书辩证校勘记》下）

（芬氏），晋大夫芬贤，见《战国策》。（《通志·氏族略》第五）

（芳氏），汉有幽州刺史芳乘[17]。（《姓氏急就篇》卷上）

（芸氏），晋大夫芸贤，见《战国策》。（《元和姓纂》卷三）

（虎氏），汉有合浦太守虎旗[18]，其先八元伯虎之后[19]。（《广韵》卷三姥第一〇）

（邯郸氏），汉有卫尉邯郸义。（《姓解》一）

注释

①单父：县名。治所在今山东单县。

②即墨：邑名。在今山东平度东南。

③武城：邑名。在今陕西华县一带。

④震位：东方。

⑤咸阳：人名，即东郭咸阳。

⑥氏：指以东陵为氏。

⑦广陵：县名。治所在今江苏扬州西北蜀冈上。

⑧数术：关于天文、历法、占卜的学问。

⑨东海：郡名。治所在今山东郯城。中尉：官名。负责维持治安。

⑩奄：国名。在今山东曲阜旧城东。

⑪命：指交给某人统治。

⑫践：临，到。

⑬轪：读dài。

⑭车正：官名。掌管车服诸事。

⑮薛：邑名。在今山东阳谷东北。邳：邑名。在今山东沂水。

⑯乌伤：县名。治所在今浙江义乌。

⑰幽州：州名。东汉治所在今北京城西南。

⑱合浦：郡名。西汉治所在今广东徐闻南。东汉时移治今广

西合浦东北。

⑲八元伯虎：传说高辛氏有才子八人，号称八元。伯虎是其中之一。

原文 （昊氏），昊英氏之后也[①]。一云少昊之后[②]。（《通志·氏族略》第四）

（昌氏），黄帝子昌意之后。（《古今合璧事类备要续集》卷一四）

典氏。（《元和姓纂》卷七）

（具氏），汉有中山相具褒。（《姓解》三）

周生，姓也。（《后汉书·冯衍传》李贤注）

（沓氏），賨人七姓有沓氏[③]。（《姓觿》卷一〇）

（昚氏），彭城昚景以为计掾[④]，古有此姓。（《晋书音义》卷下）

（帛氏），楚有帛州黎，《神仙传》有帛和。（《姓解》三）

（委氏），汉有太原太守委进[⑤]。（《姓解》一）

（季连氏），晋有棠邑大夫季连齐[⑥]。（《姓解》二）

（所氏），宋大夫华所事之后。汉有谏议大夫所忠，武帝时人。（《元和姓纂》卷六）

（牧氏），汉有越雋太守牧稂[⑦]，黄帝力牧之后[⑧]。

（《姓氏急就篇》卷上）

（牧师氏）。（《广韵》卷一脂第六“师”字注云：“《风俗通》云有牧师氏。”）

（采氏），汉有度辽将军采皓[9]。（《姓解》三）

（金氏），少昊金天氏之后[10]。（《元和姓纂》卷五）

（邸氏），汉有上郡太守邸杜[11]。（《通志·氏族略》第五）

（肥氏），汉有肥韶，英布将肥赫，又仁恕掾肥亲[12]。（《通志·氏族略》第三）

（佶氏）[13]，（佶），殷时侯国，一作吉。（《路史·国名记》卷甲）

（咎氏），汤司空咎单[14]。（《元和姓纂》卷七）

（伞氏），新郑人杨伞村在县西二十五里[15]。（《元和姓纂》卷九）

（阿氏），阿衡者[16]，伊尹也，言倚之如秤，后以为氏。（《姓解》二）

（屈侯氏），魏贤人屈侯鲋，《史记》，汉有郎中令屈侯豫[17]。（《通志·氏族略》第五）

（弦氏），弦子后，《左传》郑有商人弦高，晋有弦超。（《广韵》卷二先第一）

哀姓，鲁哀公之后，因谥为姓。汉王莽时有哀章，梓

潼人[18]。(《姓氏急就篇》卷上)

(宣氏),宋宣公之后,以谥为氏。(《姓氏书辩证》卷九)

(洼氏),洼音圭。(《后汉书·儒林洼丹传》李贤注)

(计氏),汉有司空掾计训,《史》有范蠡师计然,汉有方伎计子勋[19]。(《姓解》一)

(勃氏),宋左师勃之后也[20],晋有寺人勃鞮[21]。(《通志·氏族略》第四)

(南氏),楚大夫南遗,孔子弟子南縚字子容,《论语》南容也。(《姓解》三)

(垣氏),垣,秦邑也,因以为姓。秦始皇有将垣齮,汉西河太守垣恭[22]。(《后汉书·公孙述传》李贤注)

(威氏),齐威王之后,以田氏始王,故其后以为氏。(《通志·氏族略》第四)

(威王氏),汉有中郎威王弼[23],出自楚威王。(《广韵》卷二阳第一〇)

(春氏),楚相黄歇号春申君,子孙氏焉。(《元和姓纂》卷三)

注释

①②昊英、少昊:皆为传说中古帝名。

③賨(cóng)人:秦汉时湖南、四川等地的一种少数民族。

④彭城：郡名。治所在今江苏徐州。春：读guì。计掾：计吏的属官。

⑤太原：郡名。治所在今山西太原西南古城营西古城。

⑥棠邑：古地名。今地不详。

⑦越隽：郡名。治所在今四川西昌东南。

⑧力牧：相传为黄帝臣。

⑨度辽将军：汉时将军名号。

⑩金天：古帝少昊的称号。

⑪上郡：郡名。治所在陕西榆林东南。

⑫仁恕掾：东汉官名。掌诉讼刑狱等事。

⑬佶：读jí。

⑭司空：官名。汤时司空主管工程、制造车服器械、监督手工业奴隶的劳动等。

⑮新郑：地名。在今河南新郑。

⑯阿衡：商代官名，掌保护教养事。伊尹曾任阿衡。

⑰郎中令：官名。掌守卫宫殿门户。

⑱梓潼：县名。治所在今四川梓潼。

⑲方伎：指掌有医药养生之术的人。

⑳左师：春秋战国时宋赵等国执政官名。

㉑寺人：古代宫中供使令的小臣。鞮：读dī。

㉒西河：郡名。治所在今内蒙古东胜。东汉移治今山西离石。

㉓中郎：官名。为皇帝近侍之官。

原文 （柏氏），柏皇氏之后[①]。又柏亮父为颛顼师，柏招为帝喾师，柏同为周太仆[②]。柏国在汝南西平县[③]，为楚所灭，子孙以国为氏。汉有柏英，为大鸿胪[④]。（《元和姓纂》卷一〇）

（柏成氏），柏成子高，尧时诸侯也。（《通志·氏族略》第二）

胡母，姓，本陈胡公之后也。公子完奔齐，遂有齐国，齐宣王母弟别封母乡，远本胡公，近取母邑，故曰胡母氏也。（《后汉书·孝献帝纪》李贤注）

（述氏），《世本》：鲁大夫仲述之后。（《姓氏书辩证》卷三六）

（郅氏），郅，商时侯国也，见《毛诗》。汉有济南太守郅都[⑤]，入《酷吏传》。（《通志·氏族略》第二）

（城氏），氏于居者，城、郭、园、池，皆姓也。（《姓解》一）

（冠氏），古贤者鹖冠子之后。（《广韵》卷一桓第二六）

（恒氏），楚大夫恒思公之后，见《世本》。汉有东安长恒裴[⑥]，子孙因居之。（《通志·氏族略》第五）

（恤氏），鲁有恤由。（《姓解》一）

（苗氏），楚大夫伯棼之后，子贲皇奔晋，晋人与之苗，因命氏焉。汉有长水校尉苗浦[7]，王莽时有苗䜣。（《古今合璧事类备要续集》卷一四）

（苦氏），苦成，越大夫，汉苦均为会稽太守[8]。（《元和姓纂》卷六）

（昭氏），汉有大鸿胪昭猛。（《古今合璧事类备要续集》卷二四）

（侯史氏），晋董狐世为晋侯史，因官氏焉。汉桑洪羊故吏侯史吾匿洪羊子迁[9]。（《姓氏书辩证校勘记》中）

侯叟氏。（《路史·后纪》卷八）

（信氏），魏公子信陵君无忌后氏焉。（《姓氏书辩证》卷三二）

（信都氏），张敖尚汉鲁元公主，封于信都[10]，因氏焉。一云本申屠氏，右者信、申音同，故为信都。（《通志·氏族略》第二）

（俟氏），古贤者俟子著书八篇，六国时人。（《姓解》一）

（段氏），段干木之后[11]。（《广韵》卷四换第二九）

（皇氏），三皇之后，因氏焉。《左传》：郑大夫皇颉、

皇辰。宋有皇氏，世为上卿，本皇甫充石之后，以字为氏者。汉有琅邪相皇运[12]。(《通志·氏族略》第四)

注释 ①柏皇：古帝名。

②太仆：官名。掌规正王者所当穿着的衣服与所当站立的位置，传奏王者的教令、群臣的覆奏及诸侯的告请。

③汝南：参见佚文（十六）注。西平：县名。治所在今河南西平西。

④大鸿胪：官名。原掌接待少数民族事，后渐变为赞襄礼仪之官。

⑤济南：郡名。治所在今山东章丘西。

⑥东安：县名。西汉治所在今江苏东海西北罗庄古城北。

⑦长水校尉：掌长水地区胡骑之官。长水，水名。源出陕西蓝田西北，流经今西安东汇入灞水。

⑧会稽：郡名。治所在今江苏苏州。

⑨匿：藏。

⑩信都：县名。治所在今河北邢台西南。

⑪段干木：战国时魏人。

⑫琅邪：国名。治所在今山东临沂北。

原文 （盆氏），盆成括仕齐见杀，其子逃难，去成为盆氏。

汉有中郎将盆谧[1]。(《姓氏书辩证》卷七)

(盆成氏),齐有盆成格。(《姓解》三)

(禹氏),夏禹之后,支庶以谥为姓[2]。(《元和姓纂》卷六)

胤,夏时侯国,子孙氏焉。(《元和姓纂》卷九)

(衍氏),宋微仲衍之后。(《通志·氏族略》第四)

(郈氏),鲁大夫郈昭伯食采于郈[3],因氏焉。(《元和姓纂》卷七)

(重氏),颛帝、重黎之后,少昊时重为南正司天之事[4],黎为北正司地之事。(《通志·氏族略》第四)

(食氏),汉有博士食子公,河内人[5]。(《姓解》二)

卑氏,郑大夫卑谌之后,汉有卑躬,为北平太守[6]。(《后汉书·皇后纪》李贤注)

(建氏),楚太子建之后。汉有建公,见《元后传》。(《元和姓纂》卷九)

(飞廉氏),飞廉国,秦所灭,因氏焉。《汉书》光禄大夫飞廉安国。(《元和姓纂》卷二)

(家氏),汉有家羡。北海家羡为剧令[7],子孙因居焉。(《古今合璧事类备要续集》卷二二)

(库氏),古守库大夫,因官命氏。汉文、景时有仓氏、库氏。(《元和姓纂》卷八)

（库成氏），苦成，方言音变为库成。（《姓氏书辩证校勘记》中）

（旃氏），吴人也。（《姓解》三）

（旅氏），周大夫子旅之后，汉高功臣昌平侯旅卿，传封六代。（《通志·氏族略》第三）

（浩羊氏），齐大夫浩养氏名嘉。（《姓氏书辩证》卷二六）

（祝其氏），宋戴公之子公子祝其为大司寇，因氏焉。见《世本》。汉有清河都尉祝其承先⑧。（《通志·氏族略》第四）

（神氏），神农氏之后，汉有骑都尉神曜⑨。（《元和姓纂》卷三）

（高堂氏），齐卿高敬仲食采于堂，因氏焉。（《元和姓纂》卷五）

（遴氏），遴到，韩大夫，著《遴子》三十篇。（《元和姓纂》卷九）

（根氏），古贤者根牟子著书七篇。（《姓解》二）

（根牟氏），出自东夷根牟小国，在琅琊阳都县东之牟乡⑩。春秋鲁宣公九年取其国，子孙氏焉。六国时有根牟子著书。（《姓氏书辩证》卷七）

（桓氏），楚大夫桓思公之后，见《世本》。（《元和姓

纂》卷五）

（桂氏），汉有扬州刺史桂褒，燕人。（《通志·氏族略》第五）

（班氏），楚令尹斗班之后，即於菟也[11]。汉有班彪，彪子固。（《姓解》二）

（真氏），汉有太尉长史真祐[12]。（《通志·氏族略》第五）

（轩氏），轩辕之后，汉有谏议大夫轩和。（《元和姓纂》卷四）

（轩辕氏），轩辕即黄帝也，姓公孙，或言姓姬。（《通志·氏族略》第四）

注释

①中郎将：参见佚文（二十一）注。

②支庶：后世子孙。

③郈（hòu）：古邑名。在今山东东平东南。

④正：长官。

⑤河内：郡名。治所在今河南武陟西南。

⑥北平：疑为“右北平”。两汉只有右北平郡，无北平郡。

⑦北海：参见佚文（十八）注。剧：县名。治所在今山东昌乐西。

⑧清河：郡名。治所在今河北清河东南。

⑨骑都尉：官名。掌骑兵。

⑩阳都县：县名。治所在今山东沂南南。

⑪於菟：指於菟的后人。令尹斗班乃令尹子文之子，相传令尹子文出生时，老虎给他喂奶，而楚人称老虎为於菟，令尹斗班认为自己是於菟的后代。

⑫长史：太尉的属官。

原文 敖氏。(《路史·后纪》卷八)

(晋氏)。

(冥氏)，汉有冥都为丞相史。(《广韵》卷二青第一五)

(恩氏)，陈大夫成仲不恩之后也。(《姓解》一)

(晏氏)，《左传》：晏桓子名弱，齐公族，生婴，字平仲。晏父戎，晏父釐，并其族也。汉司隶校尉晏南。《汉书》：御史晏忠。(《元和姓纂》卷九)

(荆氏)，九江太守荆修[①]。(《容斋随笔·五笔》卷一《风俗通》条)

虔氏，出黄帝。(《路史·国名纪》卷甲)

(乘氏)，楚大夫子乘之后，以王父字为氏。又乘睢，古贤人，见《世本》。汉有煮枣侯乘昌，又有乘和，治《易》，为博士。(《通志·氏族略》第三)

（伦氏），黄帝时乐人伶伦氏之后，或单为伦氏。（《姓氏书辩证》卷六）

（兼氏），卫公子兼之后。（《元和姓纂》卷五）

（卿氏），赵相虞卿之后。或云项梁将卿子冠军宋义之后[2]，《战国策》有卿秦为燕将军。（《姓氏书辩证》卷一六）

（师氏），师，乐人瞽者之称[3]，晋有师旷，鲁有师乙，郑有师悝、师触、师蠲、师成也。又师服，晋大夫也。汉有东海师中作《雅琴师氏》八篇。（《通志·氏族略》第四）

（勉氏），汉有上郡守勉昂。（《姓解》三）

（徒人氏），齐有徒人费。（《姓解》一）

息氏。（《路史·后纪》卷九下罗苹注）

（息夫氏），息公子边为大夫，因氏焉。汉有光禄大夫息夫躬。（《通志·氏族略》第五）

（皋氏），汉有司徒长史皋诲[4]。（《通志·氏族略》第四）

（豹氏），八元叔豹后以为氏[5]。（《姓解》二）

（鬼谷氏），鬼谷先生，六国时纵横家。（《资治通鉴》卷二胡三省注）

（孙阳氏），景丹封孙阳侯，丹曾孙汾避乱陇西，因

封为氏。(《元和姓纂》卷四)

宿氏，风姓国。汉有雁门太守宿详。(《姓氏急就篇》卷下)

(寇氏)，苏忿生为武王司寇，后以官为氏。(《广韵》卷四侯第五〇)

(既氏)，吴夫槩之后，子孙因避仇改为既氏。汉有安南长史既凉。(《元和姓纂》卷八)

(望氏)，齐太公望之后⑥。(《通志·氏族略》第四)

(梁氏)，伯益治水，封于梁。(《路史·后纪》卷八罗苹注)

(淳于氏)，(淳于)，春秋时之小国也。桓五年不复其国⑦，子孙以国为氏。(《通志·氏族略》第二)

(渊氏)，齐大夫渊湫。(《姓解》一)

(瓶氏)，汉有太子少傅瓶守⑧。(《广韵》卷二青第一五)

室中，姓。(《史记·高祖功臣侯者年表·索隐》)

(章氏)，秦有将军章邯。(《姓解》三)

(鹿氏)，汉有巴郡太守鹿旗。(《十韵汇编》一屋《唐韵》)

(麻氏)，齐大夫麻婴之后，汉有麻光为御史大夫，又有麻达注《论语》。(《通志·氏族略》第四)

（被氏），汉有大夫被通，牂牁太守被条[⑨]。（《姓氏书辩证》卷二九）

注释

①九江：郡名。治所在今安徽寿县一带。

②卿子冠军：对将军的一种美称。卿子，犹言公子。冠军，军中将领地位最高者。

③瞽（gǔ）：瞎眼。

④长史：司徒的属官。

⑤八元：高辛氏有才子八人，号称“八元”，叔豹是其中之一。

⑥太公望：即姜尚。

⑦桓五年：鲁桓公五年，即公元前707年。

⑧太子少傅：官名。掌辅导太子。

⑨牂牁（zāng kē）：郡名。治所在今贵州贵阳附近，一说在今贵州凯里西北。

原文

（副氏），周公忌父之后，以王父字为氏。（《元和姓纂》卷九）

（区氏），欧冶子之后转为区氏，又音欧，王莽时有郎中区博[①]。（《通志·氏族略》第五）

（捷氏），郏公子捷菑之后，以王父字为氏。《汉·艺文志》有《捷子》二篇，六国时人。（《通志·氏族略》

第四）

（聃氏），周文王第十子聃季载之后。（《通志·氏族略》第二）

（聊氏），汉有侍中聊仓[②]，著书号《聊子》。又汉有颍川太守聊谋，著《万姓谱》，子孙因官为族。（《姓氏书辩证》卷一〇）

（救氏），汉有谏议大夫救仁,《史记》江都人救赫[③]，刘向《别录·易》家有救氏。（《姓氏急就篇》卷上）

（圈氏），楚鬻熊之后，一云本姓卷氏，郑穆公之后，秦末为博士，避难改为圈氏。（《元和姓纂》卷六）

（圈氏），圈，援也，从国袁声，今市语韦氏为围家。（《路史·发挥》卷四）

（堂氏），楚伍尚为棠邑大夫，即棠谿也。伍尚时有以棠为氏者，后人写字讹，乃有堂姓。（《姓解》三）

（堂谿氏），吴夫槩王奔楚，封堂谿，因以为氏。堂谿典为五官中郎将[④]。（《后汉书·延笃传》李贤注）

（常丘氏），有常丘崎。（《姓解》三）

（娄氏），邾娄国之后[⑤]，子孙或以娄为氏，或以邾娄为氏。《左传》：齐大夫娄禋。（《元和姓纂》卷五）

（处氏），《史记》赵有辩士处子，故有处姓也。汉有北海太守处兴。（《后汉书·酷吏李章传》李贤注）

（蛇丘氏），蛇丘，公族采[6]。汉有蛇丘炳，济北有蛇丘惑，为河内太守。(《路史·后纪》卷四注）

（景氏），有景凤，楚景差，秦寺人景监。(《姓解》一）

（莞氏），莞苏，楚大夫，见《吕氏春秋》。汉有莞路，为御史中丞。(《宋景文公笔记》中引萧该《汉书音义》)

（荚氏），荚成僖子，晋大夫也。见《世本》。(《通志·氏族略》第三）

（扈氏），赵有将军扈辄。(《姓解》一）

（第八氏），齐诸田之后，田广弟英为第八门，因氏焉。王莽时讲学大夫第八矫。(《元和姓纂》卷八）

（笮氏），楚有笮伦[7]。(《通志·氏族略》第五）

（鱼氏），宋桓公子公子目夷字子鱼，贤而有谋，子孙以王父字为氏。汉有长安富人鱼翁叔。(《通志·氏族略》第三）

（鱼孙氏），宋大夫鱼石奔楚，在国者因氏焉。(《元和姓纂》卷二）

（移氏），齐公子雍食采于移，其后氏焉。汉有弘农太守移良[8]。(《姓氏书辩证》卷三）

注释

①郎中：官名。管理车、骑、门户，并内充侍卫，外从作战。

②侍中：官名。侍从皇帝左右，出入宫廷。应对顾问，地位贵重。

③江都：汉景帝三年（前154）置有江都国，次年又置江都县。治所均在今江苏扬州。

④五官中郎将：官名。皇帝的侍从官。

⑤邾（zhū）娄国：春秋国名。在今山东济宁市境。

⑥采：采邑，封地。

⑦笮：读zé。

⑧弘农：郡名。治所在今河南灵宝东北故函谷关城。

原文

（张氏），张、王、李、赵，皆黄帝之后也。周有张仲,《礼记》有张老，汉有张耳、张良、张释之、张叔、张苍、张骞、张汤、张禹、张贺、张辟强、张敞。又自武帝封张安世为富平侯，图形麒麟阁[①]，子孙八代冠冕[②]。(《姓解》二）

（习氏），习，国名也。汉习响为陈相。(《元和姓纂》卷一〇）

（阴氏），周文王第三子管叔鲜之后，管夷吾七代孙修适楚为阴大夫，因氏焉。阴康氏之后，周有阴不佞，阴里人也。(《元和姓纂》卷五）

（陶氏），氏于事者，巫、卜、陶、匠。周成王分康叔以商民七族③，一曰陶氏，即其后也。汉有陶舍、陶青。（《姓氏书辩证》卷一一）

（屠氏），汉末有屠景先，河东人④。（《通志·氏族略》第四）

（屠门氏），《琴引》有秦屠门高。（《姓氏急就篇》卷下）

（昼氏），齐大夫食采昼邑⑤，因氏焉。（《通志·氏族略》第三）

（将匠氏），汉官有将匠少府⑥，因官为氏。（《通志·氏族略》第四）

（终古氏），桀内史终古⑦，后氏焉。（《元和姓纂》卷一）

（终黎氏）。

姬姓。（《路史·后纪》卷九下罗苹注）

（渠邱氏），莒有渠邱公⑧，因氏焉。（《元和姓纂》卷二）

（富氏），汉有富留人，为公田使者⑨。（《元和姓纂》卷九）

（期氏），楚大夫居期思城，因以为氏。谨按：春秋楚期思公复遂之后有去思者单为期氏。（《姓氏书辩

证》卷四）

（责氏），鲁有责浦,《汉·功臣表》责赫。（《通志·氏族略》第三）

（堪氏），八元仲堪之后为民[10]。（《姓解》一）

（博氏），汉有博子劳，善相马。（《通志·氏族略》第五）

（勤氏），鲁有大夫勤成。（《通志·氏族略》第五）

（菑丘氏），齐有勇士菑丘䜣。（《姓解》二）

（贵氏），陆终之后。汉有庐江太守贵迁[11]。（《通志·氏族略》第五）

（为氏），汉有南郡太守为昆[12]。（《广韵》卷一支第五）

（甥氏），晋大夫吕甥之后为氏。（《姓解》三）

（舒氏），舒子之后，以国为姓。（《元和姓纂》卷二）

（钧氏），楚大夫元钧之后。汉有侍中钧喜。（《广韵》卷一谆第一八）

（集氏），汉有外黄令集一[13]。（《广韵》卷五缉第二六）

注释

①麟麟阁：殿阁名。在汉未央宫内。

②冠冕：指受人拥戴或出人头地。

③康叔：周武王弟弟。

④河东：见佚文（五）注。

⑤昼邑：邑名。在今山东省淄博市临淄镇西北。

⑥将匠少府：官名。掌宫室、宗庙、陵寝及其他土木营建。

⑦内史：官名。掌管著作简册，策命诸侯卿大夫以及爵禄的废置。

⑧莒：古国名。初建都在今山东胶州西南，春秋初迁至今山东莒县。

⑨公田使者：官名。掌巡视官田。

⑩仲堪：高辛氏才子八人之一。

⑪庐江：郡名。治所在今安徽庐江西南。

⑫南郡：参见佚文（十六）注。

⑬外黄：县名。治所在今河南民权西北。

原文 （须氏），太昊风姓之后有须句国[①]，又殷有密须，并以国为氏。魏有须贾，汉有平陆侯须无，绍封四代[②]。（《古今合璧事类备要续集》卷二八）

（焦氏），（焦），姬姓国也。按《史记》周武王封神农之后于焦，其后以国为姓。《左传》曰：虞、虢、焦、滑，皆姬姓也，为晋所灭。汉有外黄令焦贡。（《古今合璧事类备要续集》卷二三）

（胜屠氏），胜屠即申屠。（《史记·酷吏周阳由传·

索隐》)

(备氏),宋封人备之后[3]。(《广韵》卷四至第六)

御氏。为汉司空史[4],其名长卿。(《史记·殷本纪·索隐》)

(御龙氏),陶唐氏之后有刘累学扰龙[5],事夏孔甲,赐氏曰御龙氏。(《通志·氏族略》第四)

(尊氏),尊庐氏之后。(《姓解》三)

(逯氏)[6],逯,秦邑也,其大夫氏焉。汉有大司空逯并。(《后汉书·郅恽传》李贤注)

(阳成氏),阳成胥梁,晋隐士也。汉有谏议大夫阳成公衡,《功臣表》梧齐侯阳成延,传封六代。成或作城。王莽时阳成修献符命。(《通志·氏族略》第五)

(幾氏),宋大夫仲幾之后,以王父字为氏。(《元和姓纂》卷二)

涂姓,涂山氏之后。汉有谏议大夫涂恽,又涂子真治《尚书》。(《通志·氏族略》第五)

(新垣氏),魏将新垣衍,毕公高之后。《汉书》:文帝时,新垣平善望气[7]。(《通志·氏族略》第四)

(滑氏),汉詹事滑典[8]。《韩子》,周滑之后。(《姓氏急就篇》卷上)

（义氏），义伯阳，卿也。汉有南阳太守义纵[9]。（《元和姓纂》卷八）

（义渠氏），义渠[10]，狄国，为秦所灭，因氏焉。汉有光禄大夫义渠安国，宣帝时使行觇诸羌[11]。（《姓氏书辩证》卷二九）

（资氏），资成，陈留人[12]。（《元和姓纂》卷二）

（鄗氏），东海太守鄗熙。（《容斋随笔·五笔》卷一《风俗通》条）

（雍氏），周文王第十三子雍伯之后，以国为姓。郑大夫有雍纠，楚有雍子，齐有雍廪，宋有雍鉏，汉什邡侯雍齿，沛人也[13]。（《古今合璧事类备要续集》卷二五）

（靖氏），单靖公之后，以谥为氏。一云齐田氏之族，靖郭君之后。（《通志·氏族略》第四）

（楚氏），芈姓[14]，鬻熊封楚，以国为姓。《左传》，鲁有楚尹、楚邱，赵襄子家臣楚隆。（《元和姓纂》卷六）

（啬氏），古啬夫子孙因氏焉[15]。（《元和姓纂》卷一〇）

斟灌氏，夏同姓诸侯，子孙以国为氏。（《姓氏书辩证校勘记》中）

（瑕丘氏），鲁桓公庶子食采瑕丘[16]，子孙氏焉。汉

有瑕丘申阳。(《通志·氏族略》第三)

(肆氏),宋大夫肆臣之后。渔阳太守肆敏⑰。(《元和姓纂》卷八)

(靳氏),楚大夫靳歙,又汾阳侯靳强,秦六国有靳尚。(《古今合璧事类备要续集》卷二二)

注释

①须句国:国名。在今山东东平。

②绍:继承。

③封人:管理疆界的官。

④史:属官之称。

⑤扰:驯养。

⑥逯:读lù。

⑦望气:古代迷信占卜法。望云气附会人事,预言吉凶。

⑧詹事:官名。掌皇后、太子家事。

⑨南阳:参见佚文(四)注。

⑩义渠:国名。在今甘肃庆阳西南。

⑪行觇(chān):巡视,视察。

⑫陈留:参见佚文(十六)注。

⑬沛:县名。治所在今江苏沛县。

⑭芈:读mǐ。

⑮啬夫:官员。司空的属官。

⑯庶子：媵妾所生之子。

⑰渔阳：郡名。治所在今北京市密云区西南。

原文

（项氏），颛顼之后。（《元和姓纂》卷一〇）

（顿氏），顿子国[1]，今南顿是也，后为楚所灭，子孙以国为氏。汉有顿萧。（《元和姓纂》卷九）

（壶氏），汉有谏议大夫壶遂。（《广韵》卷一模第一一）

（载氏），姬姓之后，春秋有载国。（《姓氏急就篇》卷上）

（嗣氏），卫嗣君之后。（《通志·氏族略》第四）

（园氏），氏于居，城、郭、园、池是也。四皓有园公[2]。（《元和姓纂》卷四）

（嵩氏），有嵩极玄子。（《姓氏书辩证》卷一）

（慎氏），慎到为韩大夫，著《慎子》三十篇。（《通志·氏族略》第五）

（督氏），子姓，宋大夫华父督之后，晋有督戎，栾盈之臣。汉有督瓒，又五原太守督琼[3]。（《通志·氏族略》第四）

（敬氏），陈敬仲之后，出平阳[4]，后有扬州刺史敬歆。（《十韵汇编》四三映《唐韵》）

（落氏），皋落氏[5]，翟国也[6]，以国为姓，见《左传》。汉有落下闳，巴郡人，撰《太初历》。(《元和姓纂》卷一〇）

（叶氏），楚沈尹戍生诸梁，字子高，食采于叶[7]，因氏焉。(《元和姓纂》卷一〇）

（葛氏），葛天氏之胤[8]，子孙氏焉。夏时葛伯，嬴姓国也，亦为葛氏。汉有颍川太守葛兴。(《元和姓纂》卷一〇）

（董氏），本飂叔安之裔[9]，子董父实甚好龙，帝舜嘉焉，赐姓曰董。《左传》有董狐、董安于，汉有翟王董翳，又有董仲舒。(《姓解》二）

（农氏），神农之后。(《广韵》卷一冬第二）

（遇氏），汉有遇冲为河内太守。(《广韵》卷四遇第一〇）

（过氏），国过，夏诸侯之裔也，子孙以为氏。汉有兖州刺史过翊[10]。(《姓解》一）

（訾氏），帝喾妃訾娵氏女。(《元和姓纂》卷二）

（徭氏），东越王徭[11]，句践之后，其后以徭为姓。(《后汉书·岑彭传》李贤注）

（会氏），陆终之子会乙之后，汉武阳令会相[12]。(《元和姓纂》卷八）

（遂氏）。

（猷氏），卫有猷康。（《姓解》二）

（廖氏），古有廖叔安，《左传》作飂，盖其后也。汉有廖颉为巨鹿太守[13]。（《元和姓纂》卷九）

（旗氏），齐卿公孙灶之孙栾施字子旗，子孙以王父字为氏。汉有旗光。（《通志·氏族略》第三）

（满氏），荆蛮有瞒氏，音舛变为满[14]。一云陈胡公满之后。《庄子》有满苟得，汉有满昌、满宣、满黔、满殷。（《姓氏急就篇》卷上）

（齐氏），齐、鲁、宋、卫四族，齐为长。（《姓解》三）

（广氏），广成子之后[15]。（《元和姓纂》卷七）

（寿氏），吴王寿梦之后，有寿越，又有寿于姚，吴大夫，汉末兖州牧寿良。（《姓氏书辩证》卷三四）

注释

①顿子国：国名。国都原在今河南商水东南，后迁于今河南项城西（西汉南顿县治所所在）。公元前496年为楚所灭。

②四皓：参见佚文（五）注。

③五原：郡名。治所在今内蒙古包头西北。

④平阳：县名。治所在今山西临汾西南。

⑤皋落氏：远古一部落名。

⑥翟国：国名。在今甘肃临洮一带，后被秦灭。

⑦叶：邑名。在今河南叶县一带。

⑧葛天氏：传说中的远古帝王，在伏羲以前。胤（yìn）：后代。

⑨飂：读liù。

⑩兖州：参见佚文（六）注。

⑪东越：古越人中的一支。居住在今福建、浙江一带。

⑫武阳：县名。治所在今四川彭山东。

⑬巨鹿：郡名。东汉治所在今河北宁晋西南。

⑭舛（chuǎn）：错谬。

⑮广成子：相传为黄帝时人。

原文 （监氏），卫康叔为连属之监①，其后氏焉。《吕氏春秋》，秦大夫监突。《韩子》，宋之富贾有监止子。又《史记》，田常与监止俱为齐左右相。（《姓氏急就篇》卷上）

（綦母氏），晋大夫綦母张，汉有廷尉綦母参。《战国策》，綦母子与公孙龙争辩②。（《元和姓纂》卷二）

（台氏），金天氏裔孙曰台骀③，其后氏焉。汉侍中台崇，逸民台佟④。（《姓氏急就篇》卷上）

裴，伯益之后。（《后汉书·孝桓帝纪》李贤注）

（赫氏），赫胥氏之后也⑤。（《通志·氏族略》第四）

（辄氏），卫出公辄之后，以王父字为氏。汉有辄终古。(《元和姓纂》卷一〇）

（辅氏），智果以智伯刚愎必亡，其别辅氏[6]。汉有辅狠，为尚书令[7]。(《元和姓纂》卷六）

（厉氏），齐厉公之后，汉有魏郡太守义阳侯厉温[8]，见《功臣表》。(《通志·氏族略》第四）

（禄氏），殷纣子武庚禄父后[9]，以王父字为氏。(《元和姓纂》卷一〇）

（尝氏），齐孟尝君之后氏焉。(《姓氏书辩证》卷一三）

（虞氏），凡氏之兴九事，一氏于号，唐、虞、夏、殷是也。(《广韵》卷一虞第一〇）

（虞丘氏），晋有虞丘书为乘马御[10]。(《姓解》二）

（幕氏），舜祖幕，支孙以王父字为氏，见《左传》。(《元和姓纂》卷一〇）

（畅氏），出姜姓，齐后。(《姓氏书辩证》卷三三）

（闻人氏），少正卯，鲁之闻人[11]，其后遂以闻人为氏。汉有太守闻人通，沛人，治《后氏礼》。(《元和姓纂》卷三）

（蒙氏），东蒙主以蒙山为氏[12]，秦有将军蒙骜，生武，武生恬，皆仕秦。(《通志·氏族略》第三）

（蒯氏）[13]，晋大夫蒯得之后。又卫有蒯聩，见《左传》。汉有蒯彻。（《通志·氏族略》第三）

（蒲氏），汉有詹事蒲昌，又有蒲遵。（《元和姓纂》卷三）

（苍氏），八凯苍舒之后[14]，又黄帝史官仓颉之后。春秋时周有仓葛，汉有江夏太守苍英[15]，子孙遂为江夏人。（《古今合璧事类备要续集》卷二五）

（蓐氏），蓐收之后[16]。（《元和姓纂》卷一〇）

（侨氏），黄帝孙侨极之后。（《通志·氏族略》第四）

（仆氏），汉有浑渠侯仆多。（《广韵》卷五沃第二）

（僮氏），汉有交阯刺史僮尹[17]。（《广韵》卷一东第一）

衕伯氏。（《路史·后纪》卷四罗苹注）

（管氏），管夷吾[18]，齐桓佐也。见《论语》。汉有管虢，为西河太守。（《宋景文公笔记》中引萧该《汉书音义》）

铣氏[19]。（《姓解》二）

（熊氏），黄帝有熊氏之后也，《左传》有熊宜僚。（《姓解》二）

（臧孙氏），鲁卿有臧孙辰。（《姓解》二）

（麃氏）[20]，秦皇将军麃公之后。汉有麃宣、麃礼，鲁有麃歆。麃，秦邑。（《姓氏书辩证》卷一一）

（禆氏），郑有禆灶，明天文。《论语》有禆谌。（《姓解》二）

注释

①卫康叔：人名。原名姬封。武王之弟，字叔，武王时封于康，成王改封于卫以监抚殷遗民，故称"卫康叔"。连属之监：即连续之监。周初，以管叔、蔡叔、霍叔监抚殷遗民，但后来三人叛乱，周公东征，平息了叛乱，以卫康叔继续监抚殷遗民，故称卫康叔为连属之监。

②公孙龙：战国时哲学家，名家的代表人物。

③金天氏：古帝少昊之称号。裔孙：后世子孙。

④逸民：隐士。

⑤赫胥氏：传说中的古帝名。

⑥别：指另一个家族。

⑦尚书令：官名。掌章奏文书。

⑧魏郡：参见佚文（十七）注。

⑨禄父：武庚之名。

⑩乘马御：官名。掌驾车马。

⑪闻人：有名望的人。

⑫蒙山：山名。在今山东蒙阴南。因在鲁之东，故又称东蒙。

⑬蒯：读 kuǎi。

⑭八凯：高阳氏有才子八人，称为八凯。苍舒是其中之一。

⑮江夏：郡名。治所在今湖北武汉新洲西。

⑯蓐收：西方神名。

⑰交阯刺史：汉武帝所置十三刺史部之一。东汉治所在今越南北宁省仙游东，建安八年（203）移治今广西梧州，建安十五年（210）又移治今广东广州。

⑱管夷吾：即管仲。

⑲铣：读 xiǎn。

⑳麃：读 pǎo。

原文 （穀梁氏、穀梁赤），子夏门人[1]。（《经典释文·叙录》）

（挚氏），挚畴，古诸侯国也，见《毛诗》。周有挚荒。或言帝喾子挚之后。《汉·货殖传》有茂陵挚纲[2]。（《通志·氏族略》第二）

（播氏），播鼗武[3]，殷末之贤人。（《元和姓纂》卷九）

（颉氏），颉卫，古之贤人。（《通志·氏族略》第四）

（赖氏），汉有交阯太守赖先[4]。（《广韵》卷四泰第一四）

（樗里氏）[5]，有樗里牧恭。（《姓氏急就篇》卷下）

（暴氏），暴辛公，周诸侯也。秦有将军暴鸢，汉御史大夫暴胜之[6]，字公子，河东人。（《通志·氏族略》

第二）

（蒋氏），周公之胤。（《广韵》卷三养第三六）

（贱氏），汉有右北平太守贱琼[7]，又有贱虞。（《通志·氏族略》第五）

（瞒氏），荆蛮之后，本姓蛮，后世音讹遂为瞒氏。或曰本姓盘改焉。《左传》，卫有司徒瞒成[8]。（《姓氏书辩证》卷八）

（墨夷氏），宋大夫有墨夷须、墨夷皋。（《通志·氏族略》第五）

（箴氏），有卫大夫箴庄子。（《广韵》卷二侵第二一）

（绵氏），《孟子》有绵驹，善歌。（《姓解》二）

（耦氏），宋卿华耦之后。汉有侍中耦嘉。（《元和姓纂》卷七）

（鲁氏），氏于国，齐、鲁、宋、卫是也。战国有鲁连仲、鲁句践，汉有鲁赐、鲁翁孺、鲁恭。（《急就篇补注》卷一）

（黎氏），九黎之后[9]。《尚书》："西伯勘黎[10]。"亦见《毛诗》。《左传》，齐大夫黎弥、黎且。（《古今合璧事类备要续集》卷二四）

（澹台氏），澹台灭明字子羽[11]，武城人，汉有博士澹台恭。（《通志·氏族略》第五）

（谋氏），周卿士祭公谋父之后，以王父字为氏。（《元和姓纂》卷五）

（谏氏），《周礼》有司谏[12]，子孙以官为氏。汉有治书侍御史谏忠[13]。（《姓氏书辩证》卷三二）

（谒氏），古有谒者官[14]，因以为氏。汉有汝南太守谒琼，一名焕，又张汤小吏谒居。（《通志·氏族略》第四）

（诸氏），汉有洛阳令诸於。（《广韵》卷一鱼第九）

（诸葛氏），葛婴为陈涉将军，有功，非罪而诛，汉文追封子孙为诸县侯[15]，因并氏焉[16]。《世本》云：有熊氏之后有詹葛氏[17]，齐人语讹，以詹葛为诸葛氏。（《元和姓纂》卷二）

（营氏），周成王卿士营伯之后。汉有京兆尹营郃。（《广韵》卷二清第一四）

（糗氏）[18]，汉有糗宗为嬴长[19]。（《通志·氏族略》第五）

（横氏），韩王子成号横阳君，后以为氏。（《姓解》二）

（萧氏），宋乐叔以讨南宫万立御说之功受封于萧[20]，列附庸之国。汉相国萧何即其后氏也。（《广韵》卷二萧第三）

注释

①子夏：孔子弟子。

②茂陵：县名。治所在今陕西兴平东北。

③鼗：读táo。

④交阯：郡名。西汉治所在今越南河内市西北，东汉移治今越南北宁省仙游东。

⑤樗：读chū。

⑥御史大夫：官名。掌监察、执法、重要文书图籍。

⑦右北平：郡名。西汉治所在今辽宁凌源西南，东汉移治今河北丰润东南。

⑧司徒：参见佚文（十六）注。

⑨九黎：古代南方部落名。

⑩西伯：指周文王。勘：胜。黎：殷的属国。在今山西长治东南。

⑪澹台灭明：孔子弟子。

⑫司谏：官名。主管督察吏民过失，选拔人才。

⑬治书侍御史：官名。随侍皇帝左右，掌管书籍。

⑭谒者：官名。掌传达。

⑮诸县：县名。治所在今山东诸城西南。

⑯因并氏焉：指将“葛”与“诸”并在一起为姓。

⑰有熊氏：古氏族名。

⑱糗：读qiǔ。

⑲嬴：县名。治所在今山东莱芜西北。

⑳萧：地名。在今安徽萧县西北。

原文 （县氏），县成父，孔子门人。汉有甘陵相县芝[①]。（《通志·氏族略》第三）

（郰氏），汉有梁令郰风[②]。（《姓解》一）

（频氏），汉有酒泉太守频畅[③]，一云名阳。（《姓解》一）

（稽氏），稽黄，秦贤人也。《汉·货殖》有稽发。（《通志·氏族略》第四）

（衡氏），伊尹为汤阿衡，子孙以衡为氏。一云鲁公子衡之后，以王父字为氏。汉有衡威、衡骠卿。（《通志·氏族略》第四）

（鸱夷氏）[④]，范蠡适齐为鸱夷子，后人以为氏。（《姓氏书辩证》卷三）

（钱氏），黄帝之后有为周文王师者，封为钱府官，后以为氏。（《姓解》二）

（随氏），随侯之后。汉有博士随何，又有扶风随蕃。（《广韵》卷一支第五）

（龙丘氏），《琴引》有楚龙丘子，汉有高士龙丘苌，吴郡人[⑤]，隐居太末[⑥]，志不降辱。太末有龙丘山[⑦]。

（《姓氏急就篇》卷下）

（濮阳丘），长沙太守濮阳逸。（《姓解》一）

（濯氏），汉有濯辑。（《姓解》一）

（羲氏），尧卿羲仲之后。（《广韵》卷一支第五）

襄姓，楚大夫襄老之后。（《后汉书·襄楷传》李贤注）

（谢邱氏），周宣王支子食采谢邱[8]，因氏焉。《汉书·古今人表》，鲁有谢邱章。（《元和姓纂》卷九）

（蹇氏），汉有蹇兰为交趾刺史。（《通志·氏族略》第四）

（鞠氏），汉尚书令鞠谭，或为麴氏[9]，音之讹也。（《通志·氏族略》第四）

（韩氏），韩之先出于唐叔虞[10]，曲沃桓叔之子万食邑于韩原[11]，因以为氏。《左传》有晋大夫韩宣子，《史》有韩非、韩长孺，汉大将军韩增为麟麟阁功臣，韩信，韩王信，御史大夫韩安国，左冯翊韩延寿[12]。（《姓解》三）

（戴氏），氏于谥，戴、武、宣、穆是也。汉有戴德、戴圣、戴崇、戴长乐、戴野。（《急就篇补注》卷一）

（婴氏），晋大夫季婴之后。（《广韵》卷二清第一四）

（戏阳氏），卫有戏阳速。（《姓解》二）

（薄氏），卫贤人薄疑，汉高帝薄夫人生文帝，夫人弟昭封轵侯⑬，官至车骑将军，子戎奴嗣，子梁嗣⑭。（《通志·氏族略》第五）

注释

①甘陵：县名。治所在今山东临清东北。

②梁：县名。治所在今河南临汝西南。

③酒泉：郡名。治所在今甘肃酒泉。

④鸱：读chī。

⑤吴郡：郡名。治所在今江苏苏州。

⑥太末：县名。治所在今浙江衢县东北。

⑦龙丘山：山名。即今浙江金华西南方山。

⑧支子：嫡长子及继承先祖的儿子为宗子，其余的儿子为支子。谢邱：在今河南南阳一带。

⑨麹：读qǔ。

⑩唐叔虞：周武王子，成王弟，名虞。封于唐，称唐叔虞，其后代迁于曲沃。

⑪曲沃：地名。在今山西闻喜东。桓叔：唐叔虞后世孙，名成师。韩原：地名。在今山西芮城。

⑫左冯（píng）翊：既是政区名，又是该政区的行政长官名。该政区西汉治所在今西安西北，东汉移治今陕西高陵西南，该政区行政长官职掌相当于郡太守。此为行政长官名。

⑬轵：读 zhǐ。

⑭嗣：指继承封号。

原文

（蓟氏），蓟子训为司空。（《姓氏书辩证校勘记》中）

（获氏），宋大夫猛获之后，子孙以王父字为氏。（《元和姓纂》卷一〇）

（矫氏），晋大夫矫父之后也。（《后汉书·逸民矫慎传》李贤注）

（鲜于氏），武王封箕子于朝鲜[①]，其子食采于朝鲜，因氏焉。（《后汉书·李五伦传》李贤注）

储姓，齐大夫储子之后也。（《后汉书·鲍永传》李贤注）

豐氏[②]。（玄应《一切经音义》卷三）

（隐氏），汉有河间太守隐褒[③]。（《姓解》二）

（离氏），离娄，孟子门人。汉有中庶子离常之[④]。（《通志·氏族略》第四）

（职氏），汉有山阳令职洪[⑤]。（《姓解》二）

（鞮氏）[⑥]，晋铜鞮伯华之后，（鞮），晋之别邑也。（《通志·氏族略》第三）

（瞿氏），汉有瞿茂为汉南太守。（《姓解》三）

阙，姓也，阙党童子之后。汉荆州刺史阙栩[⑦]，又有

下邳贼阙宣[8]，又纵横家有《阙子》一篇。(《姓氏书辩证》卷三七)

(颛孙氏)，陈公子颛孙仕鲁，因氏焉。其孙颛孙师字子张，为孔子弟子，生申祥，娶子游之女[9]。(《姓氏书辩证》卷九)

(晁氏)，卫大夫史晁之后，汉有晁错。(《广韵》卷二宵第四)

(旷氏)，师旷之后。(《通志·氏族略》第四)

(豐氏)，鲁大夫豐夏[10]。(《姓解》三)

庐氏。(《路史·国名纪》卷己)

(栎阳氏)，后汉景丹封栎阳侯，丹曾孙分避乱陇西，因封为氏焉。(《通志·氏族略》第二)

(麴氏)，汉有麴衍。(《姓解》二)

(畴氏)，挚畴，古之诸侯，后有挚畴氏、挚氏、畴氏。(《路史·国名纪》卷己)

(关氏)，关令尹喜之后也[11]。一云夏大夫关龙逄之后。汉有长水校尉关阳。(《通志·氏族略》第三)

(鲰氏)，汉有人姓鲰名生。(《姓解》二)

(疆氏)，晋大夫疆剑后，汉疆华，又汉阳太守疆释之[12]。(《通志·氏族略》第五)

(繳氏)[13]，南郡太守繳秘。(《扈林)卷四《希姓》条)

（窦氏），夏帝相遭有穷之难[14]，其妃方娠[15]，逃出自窦[16]，而生少康，子孙以为氏。汉有窦婴。(《姓解》一）

（窦公氏），魏文侯时有乐人窦公氏献古文《乐书》一篇。(《姓解》一）

注释

①箕子：人名，商代的贵族。

②鸗：读chì。

③河间：参见佚文（二十二）注。

④中庶子：官名。太子的侍从之臣。

⑤山阳：县名。治所在今河南焦作西南。

⑥鞮：读dī。

⑦荆州：汉十三刺史部之一。东汉治所在今湖南常德东北。

⑧下邳：参见佚文（十七）注。

⑨子游：人名。孔子弟子。

⑩釁：读xìn。

⑪关令尹喜：人名。其事可参见《史记·老子韩非列传》。

⑫汉阳：郡名。治所在今甘肃甘谷东。

⑬繺：读luán。

⑭有穷：夏代国名。相传有穷国君羿曾夺夏帝相的王位。

⑮娠：怀胎。

⑯窦：孔穴。

原文 （骞氏），仲尼弟子闵子骞之后，以王父字为氏。闵损字子骞。（《通志·氏族略》第三）

（驺氏），越王句践之后。（《姓解》二）

（壤驷氏），息公子边为大夫氏焉。汉有光禄大夫宜陵侯壤驷射。（《元和姓纂》卷七）

（献氏），姬姓，秦大夫献则，晋献公之后，战国有献渊。（《姓氏书辩证校勘记》中）

（鹖冠氏），楚贤人，以鹖为冠[①]，因氏焉。鹖冠子著书。（《元和姓纂》卷一〇）

（饶氏），汉有饶斌，为渔阳太守。（《广韵》卷二宵第四）

（灌氏），斟灌氏，夏同姓诸侯，子孙以国为氏。汉丞相颍阴侯灌婴，又太仆灌夫父张孟常为婴舍人[②]，易姓灌氏。（《姓氏书辩证校勘记》中）

（露氏），汉有上党都尉露平[③]。（《通志·氏族略》第五）

（累氏），嫘祖之后或为累氏[④]。谨按《左传》：晋七舆大夫有累虎。（《姓氏书辩证》卷三）

（顾氏），上党都尉顾平。（《元和姓纂》卷八）

（铎氏），汉有廷尉铎政[5]。（《通志·氏族略》第五）

（续氏），汉有续相如。（《姓解》二）

（懿氏），本齐懿公之后。（《通志·氏族略》第四）

（穰氏），田穰苴，诸田之族，穰，所食之邑，因以氏焉。穰苴为齐大司马。（《通志·氏族略》第三）

（袭氏），赍人七姓有袭氏。（《姓氏急就篇》上）

（铸氏），铸国[6]，尧后也。《左传》臧宣叔娶于铸，后世以国为氏。（《元和姓纂》卷八）

（显氏），有显甫，为周卿。（《广韵》卷三铣第二七）

（变氏），辽东人姓也[7]。（《姓解》三）

（灵氏），齐灵公之后，或云宋公子灵围龟之后。晋有饿者灵辄。《左传》有越大夫灵姑浮，《汉·功臣表》有阳羡侯灵常。（《广韵》卷二青第一五）

（蛮氏），荆蛮之后[8]。《左传》，楚有蛮氏。（《姓氏急就篇》卷上）

（犨氏），晋大夫郤犨之后[9]。（《广韵》卷二尤第十八）

注释

①鹖（hé）：鸟名。

②舍人：门客。

③上党：郡名。秦汉治所在今山西长子西南，东汉末移治今山西长治北古驿。

④嫘（léi）祖：相传为黄帝妻。

⑤廷尉：参见佚文（十六）注。

⑥铸国：古国名。在今山东肥城东南。

⑦辽东：郡名。治所在今辽宁辽阳老城区。

⑧荆蛮：周人对楚的一种蔑称。

⑨郤犨：读xì chōu。

图书在版编目（CIP）数据

风俗通义全译 /（东汉）应劭著；赵泓译注. — 贵阳：
贵州人民出版社，2023.7
（中国历代名著全译丛书）
ISBN 978-7-221-16977-8

Ⅰ.①风… Ⅱ.①应… ②赵… Ⅲ.①风俗习惯-中
国-东汉时代 ②《风俗通义》-译文 Ⅳ.①K892

中国版本图书馆CIP数据核字（2021）第236876号

FENGSU TONGYI QUANYI
风俗通义全译
[东汉]应劭 ◎著　　赵泓 ◎译注

出 版 人　朱文迅
责任编辑　徐小凤
责任印制　尹晓蓓
装帧设计　晓笛设计工作室　舒刚卫　刘清霞

出版发行　贵州出版集团　贵州人民出版社
地　　址　贵州省贵阳市观山湖区会展东路SOHO办公区A座
印　　刷　天津创先河普业印刷有限公司
版　　次　2023年7月第1版
印　　次　2023年7月第1次印刷
开　　本　880mm×1230mm　32开
印　　张　24.125
字　　数　442千字
书　　号　ISBN 978-7-221-16977-8
定　　价　92.00元